REDES E SOCIOLOGIA ECONÔMICA

Reitor	Targino de Araújo Filho
Vice-reitor	Pedro Manoel Galetti Junior
Diretor da EdUFSCar	Oswaldo Mário Serra Truzzi

EdUFSCar - Editora da Universidade Federal de São Carlos

Conselho editorial	José Eduardo dos Santos José Renato Coury Nivaldo Nale Paulo Reali Nunes Oswaldo Mário Serra Truzzi (Presidente)
Secretária Executiva	Maria Cristina Priore

Editora da Universidade Federal de São Carlos
Rod. Washington Luís, km 235 CEP 13565-905 – São Carlos (SP)
Tel.: (16) 3351-8137 edufscar@ufscar.br
www.editora.ufscar.br

Presidente	Carlos Ivan Simonsen Leal
Vice-presidentes	Francisco Oswaldo Neves Dornelles Marcos Cintra Cavalcanti de Albuquerque Sergio Franklin Quintella

Escola de Administração
de Empresas de São Paulo

Diretora	Maria Tereza Leme Fleury
Vice-Diretora Acadêmica	Maria José Tonelli
RAE-publicações	Eduardo Henrique Diniz

Fundação Getulio Vargas
Av. 9 de Julho, 2029 – 01313-902 – São Paulo (SP)
Tel.: (11) 3281-7700
www.fgv.br

Impresso no Brasil/*Printed in Brazil*

REDES E SOCIOLOGIA ECONÔMICA

Ana Cristina Braga Martes
Organizadora

São Carlos, 2009

© 2009, dos autores

Revisão de português
Carolina Tomassi, Francisco José Mendonça Couto,
João Bosco Medeiros e Ruth Kluska

Revisão técnica
Mauricio C. Serafim

Tradução
Allan Vidigal Hastings
Cristina Yamagami
Maurício Serva

Capa e projeto gráfico
Inc. Design Editorial

Padronização dos originais e revisão das provas
Rafael Valente Pedroso de Siqueira

Ficha catalográfica elaborada pela Biblioteca Karl A. Boedecker da Fundação Getulio Vargas

---

Redes e sociologia econômica / organizado por Ana Cristina Braga Martes – São Carlos : EdUFSCar, 2009.

336 p.

ISBN 978-85-7600-148-5

1. Redes de relações sociais. 2. Economia – Aspectos sociológicos. 3. Estrutura social. 4. Redes de relações sociais – Aspectos econômicos. I. Martes, Ana Cristina Braga. II. Martinelli, Alberto. III. Título.

CDU 33

TODOS OS DIREITOS RESERVADOS – É proibida a reprodução total ou parcial de qualquer forma ou por qualquer meio. A violação dos direitos de autor (Lei n° 9.610/98) é crime estabelecido pelo artigo 184 do Código Penal.

Depósito legal na Biblioteca Nacional conforme Decreto n° 1.825, de 20 de dezembro de 1907

Este trabalho é dedicado à Juliana,
Guilherme, Carolina, Marina, Felipe e Vitória.
Promessa de renovação, brilho nos olhos,
sonhos de convivência e amizade.

AGRADECIMENTOS

Como todo livro, este também tem uma história. Ele surgiu como desdobramento de um processo que envolveu uma série de professores pesquisadores e alunos da pós-graduação, que ajudaram a organizar dois fóruns na *RAE-revista de administração de empresas* e *RAE-eletrônica*, um deles sobre Sociologia Econômica e outro sobre Redes Sociais e Interorganizacionais. Embora o livro não seja uma mera reprodução do resultado desses Fóruns, pois foram incluídos outros trabalhos, ele não teria sido possível sem a colaboração de seus organizadores: Maria Rita Loureiro, Mauricio Reinert do Nascimento, Maurício Serva, Paulo Mussi Augusto, Ricardo Abramovay, Sandro Aparecido Gonçalves, Sérgio Bulgacov e destacadamente Mauricio C. Serafim.

O apoio da equipe *RAE* foi imprescindível, particularmente de Ilda Fontes e Rafael Valente. Pelo incentivo e força prestados a este projeto desde seu início, agradeço também aos professores Carlos Osmar Bertero, Francisco Aranha, Flávio Carvalho de Vasconcelos e Eduardo henrique Diniz.

Ana Cristina Braga Martes

SUMÁRIO

Sobre os autores, 15
Diretores da RAE, 19
Introdução, 21

PARTE I – Contribuições teóricas, 29

**1 AÇÃO ECONÔMICA E ESTRUTURA SOCIAL:
O PROBLEMA DA IMERSÃO** Mark Granovetter**, 31**
    Introdução: o problema da imersão, 33
    Concepções super- e subsocializadas da ação humana na sociologia e na economia, 35
    Imersão, confiança e má-fé na vida econômica, 40
    A questão dos mercados e das hierarquias, 47
    Discussão, 60
    Notas, 65
    Nota da Redação, 65
    Referências, 65

2 HABILIDADE SOCIAL E A TEORIA DOS CAMPOS
Neil Fligstein**, 69**
    Introdução, 71
    Pontos em comum no "neo-institucionalismo", 75
    Crítica, 78
    Habilidade social como microfundamento, 82
    Habilidade social e a análise dos campos, 86
    Surgimento dos campos e a habilidade social, 87
    Habilidade e reprodução social, 89
    Habilidade social e a transformação dos campos, 90
    Escopo das teorias institucionais, 92

Implicações da teoria para a pesquisa empírica, 98
Conclusão, 99
Notas, 101
Nota da Redação, 102
Referências, 103

3 CONTRIBUIÇÃO DA NOVA SOCIOLOGIA ECONÔMICA PARA REPENSAR A ECONOMIA NO SENTIDO DO DESENVOLVIMENTO SUSTENTÁVEL Benoît Lévesque, 107

Uma grande transformação: rumo a um novo paradigma, 109
Panorama das abordagens da NSE, 112
    Contribuições de língua francesa, 113
    Literatura de língua inglesa, 119
Conclusão, 124
Referências, 127

4 ANÁLISE DE REDES SOCIAIS: AVANÇOS RECENTES E CONTROVÉRSIAS ATUAIS Mark S. Mizruchi, 131

Introdução, 133
Antecedentes históricos, 133
Princípios e métodos da análise de redes, 134
    Rede e centralidade do agente, 136
    Subgrupos da rede, 138
    Análise de redes e relações interorganizacionais, 140
Sociologia estrutural e a teoria da escolha racional, 143
Problemas da análise de redes e da sociologia estrutural, 146
    O papel das normas, 146
    O papel da agência, 149
Conclusão, 150
Agradecimentos, 153
Notas, 153
Nota da Redação, 153
Referências, 154

5 A SOCIOLOGIA ECONÔMICA DO CAPITALISMO: UMA INTRODUÇÃO E AGENDA DE PESQUISA Richard Swedberg, 161

    Um modelo básico do capitalismo, 165
    A sociologia da distribuição, 170
    A sociologia da produção, 174
        Fator de produção número 1: trabalho, 176
        Fator de produção número 2: capital, 177
        Fator de produção número 3: tecnologia, 179
        Fator de produção número 4: organização (Marshall), 181
    A sociologia do consumo, 182
    A sociologia do lucro, 183
    Fator adicional número 1: o papel do direito, 185
    Fator adicional número 2: o papel da política (inclusive do Estado), 187
    Fator adicional número 3: o papel da cultura na economia, 189
    Sobre as diferentes tentativas de análise do capitalismo, 191
    Observações a título de conclusão, 195
    Notas, 198
    Referências, 198

6 O CONTEXTO DO EMPREENDEDORISMO Alberto Martinelli, 207

    Schumpeter como um ponto de partida, 210
    O estudo do contexto do empreendedorismo na economia e em outras ciências sociais, 212
    A dupla imersão, 215
    Combinações institucionais e *stakeholders*, 216
    Desvio social e marginalidade étnica, 219
    O contexto estrutural do empreendedorismo, 221
    O contexto cultural do empreendedorismo, 223
    A abordagem situacional, 225
    Empreendedorismo étnico como um caso paradigmático, 226
    Referências, 235

PARTE II – Contribuições das pesquisas empíricas no Brasil, 239

7 ECONOMIA E EMPREENDEDORISMO ÉTNICO: BALANÇO HISTÓRICO DA EXPERIÊNCIA PAULISTA
Oswaldo Mário Serra Truzzi e Mário Sacomano Neto, **241**
    Introdução, 243
    Sociologia econômica, 245
    Redes étnicas e capital social, 246
    Cultura em organizações étnicas, 247
    Uma economia étnica, 250
    Economia étnica no Estado de São Paulo, 253
    Considerações sobre o caso paulista, 256
    Notas, 261
    Referências, 261

8 HABILIDADES SOCIAIS NO MERCADO DE LEITE
Reginaldo Sales Magalhães, **263**
    Introdução, 265
    O mercado regional de leite, 269
    A organização das cooperativas, 272
    Habilidades sociais, 274
        Incentivos econômicos, 276
        Incentivos não econômicos, 278
    Conclusão, 280
    Agradecimento, 283
    Referências, 283

9 CALÇADO DO VALE: IMERSÃO SOCIAL E REDES INTERORGANIZACIONAIS Mariana Baldi e Marcelo Milano Falcão Vieira, **285**
    Introdução, 287
    Imersão social: redes sociais e interorganizacionais, 288
    Referências metodológicas, 292
    Aspectos constitutivos e constituintes, 293
        De 1960 a 1980: uma nova configuração social no setor calçadista, 296

Compreender a inserção do *cluster* no mercado mundial, 300
Conclusão, 302
Notas, 306
Referências, 306

10 RENASCENÇA DA INDÚSTRIA BRASILEIRA DE FILMES: DESTINOS ENTRELAÇADOS? Charles Kirschbaum, 309
Introdução, 311
Organizações em rede e análise de redes sociais, 312
Mercados, hierarquias e organizações em rede, 312
Cadeia de valor revisitada, 314
Redes sociais e campos organizacionais, 315
O exemplo da indústria cinematográfica, 316
Hipóteses, 318
    Sucesso do filme entre os consumidores, 318
    Sobrevivência, 319
    Centralidade na rede, 321
Fonte dos dados, 323
Variáveis e estratégia analítica, 324
    Variáveis dependentes, 324
    Variáveis independentes, 324
    Variáveis de controle, 326
    Modelos, 327
Resultados, 328
Discussão e conclusão, 332
    Direções para pesquisa futura, 333
Referências, 334

SOBRE OS AUTORES

Alberto Martinelli. Professor da Università degli Studi di Milano e da Università Bocconi; doutor em Sociologia pela University of California. Autor de *Global modernization*: rethinking the project of modernity; *La democrazia globale*: mercati, movimenti, governi; *La società italiana*; *Recent social trends in Italy* e *Terzo rapporto sulle priorità nazionali*: quale federalismo per L'Italia. Entre suas áreas de interesse, destacam-se empreendedorismo, relações internacionais e políticas sociais, e sistema político italiano. Contato: alberto.martinelli@unimi.it

Ana Cristina Braga Martes. Professora da Escola de Administração de Empresas de São Paulo da Fundação Getulio Vargas; doutora em Ciência Política pela Universidade de São Paulo. Autora de *Brasileiros nos Estados Unidos – um estudo sobre imigrantes em Massachusetts* e *Fronteiras cruzadas – etnidade, redes e gênero*. Entre suas áreas de interesse, destacam-se emigração brasileira, migrações internacionais, movimentos sociais, gestão pública e multiculturalismo. Contato: ana.martes@fgv.br

Benoît Lévesque. Professor emérito da École Nationale d'Administration Publique e da Université du Québec à Montréal; presidente do conselho científico do Centre International de Recherche et d'Information sur l'Économie Publique, Sociale et Coopérative; doutor em Sociologia pela Université du Québec. Autor de *Contre l'exclusion*. Repenser l'économie; *Démocraties métropolitaines*; *Desjardins*: une entreprise et un mouvement?; *Développement économique communautaire* e *Développement local, économie sociale et démocratie*. Entre suas áreas de interesse, destacam-se economia social, desenvolvimento local, trabalho e empresa. Contato: levesque.benoit@uqam.ca

Charles Kirschbaum. Professor em tempo integral, da graduação e mestrado, do Ibmec São Paulo; doutor em Administração de Empresas - Estudos Organizacionais e Estratégia pela FGV-EAESP; aluno visitante de doutorado da Princeton University, mestre em Ciências Políticas pela FFLCH-USP e MBA por Wharton School. Exerceu atividades profissionais como consultor na Bain & Company e analista na Advent International. Entre suas áreas de interesse, destacam-se análise de redes sociais, sociologia das organizações, institucionalismo sociológico, estratégia empresarial, indústrias criativas. Contato: charlesk1@isp.edu.br

Marcelo Milano Falcão Vieira. Professor da Escola Brasileira de Administração Pública e de Empresas da Fundação Getulio Vargas; doutor em Administração pela University of Edinburgh; coordenador do grupo de pesquisa Observatório da Realidade Organizacional. Autor de *O poder nas organizações*; *Geoestratégia global*: economia, poder e gestão do território; *Universidades e desenvolvimento local*: uma perspectiva institucional; *Pesquisa qualitativa em administração*: teoria e prática e *Pesquisa qualitativa em administração*. Entre suas áreas de interesse, destacam-se gestão das artes e da cultura, estrutura e gestão de organizações culturais, cultura e desenvolvimento, práticas organizativas e sua relação com o desenvolvimento sócio-territorial. Contato: marcelo.vieira@fgv.br

Mariana Baldi. Professora da Universidade Federal do Rio Grande do Sul; doutora em Administração de Empresas pela Universidade Federal do Rio Grande do Sul. Autora de *Cultura e estrutura organizacional*: um estudo na Unijuí. Entre suas áreas de interesse, destacam-se arquitetura da rede, imersão social, laços sociais, mecanismo cognitivo, mecanismo cultural e mecanismo estrutural. Contato: mbaldife@yahoo.com.br

Mark Granovetter. Professor da Stanford University; doutor em Sociologia pela Harvard University. Autor de *A theorical agenda for economy sociology*; *Getting a job* e *The sociology of economic life*. Entre suas áreas de interesse, destacam-se sociologia econômica, teoria social e estratificação social. Contato: mgranovetter@stanford.edu

Mark S. Mizruchi. Professor da University of Michigan; doutor em Sociologia pela University of New York. Autor de *The structure of corporate political action*: interfirm relations and their consequences; *The american corporate network*: 1904-1974 e *Intercorporate relations*: the structural analysis of business. Entre suas áreas de interesse, destacam-se análise de redes sociais, teoria das organizações, sociologia econômica e sociologia política. Contato: mizruchi@umich.edu

Mário Sacomano Neto. Professor da Universidade Metodista de Piracicaba e *visiting schollar* na University of Chicago; doutor em Engenharia de Produção pela Universidade Federal de São Carlos e pela Universidade de São Paulo. Entre suas áreas de interesse, destacam-se análise das redes, sociologia econômica, operações e cadeias de suprimentos, formas de coordenação, estratégia e teoria das organizações. Contato: msacomano@unimep.br

Neil Fligstein. Professor e diretor do Center for Culture, Organization, and Politics at the Institute of Industrial Relations da University of California; doutor em Sociologia pela University of Wisconsin. Autor de *The architecture of markets: an economic sociology of capitalist societies* e *The transformation of corporate control*. Entre suas áreas de interesse, destacam-se sociologia econômica, organizações e sociologia política. Contato: fligst@berkeley.edu

Oswaldo Mário Serra Truzzi. Professor da Universidade Federal de São Carlos; doutor em Ciências Sociais pela Universidade Estadual de Campinas, com pós-doutorados na Universidade de Chicago. Autor de *Patrícios:* Sírios e libaneses em São Paulo; *Atlas da imigração internacional em São Paulo,* 1850-1950; *Café, indústria e conhecimento:* São Carlos, uma história de 150 anos e *Sírios e Libaneses:* narrativas de história e cultura. Entre suas áreas de interesse, destacam-se sociologia econômica, redes étnicas, história das migrações e teoria das organizações. Contato: truzzi@ufscar.br

Reginaldo Sales Magalhães. Doutorando em Ciência Ambiental pela Universidade de São Paulo. Autor de *Microfinanças*: racionalidade econômica e solidariedade social. Entre suas áreas de interesse, com base teórica em sociologia econômica, destacam-se mercados, desenvolvimento, microfinanças e meio ambiente. Contato: regi.magalhaes@uol.com.br

Richard Swedberg. Professor da Cornell University; doutor em Sociologia pelo Boston College. Autor de *Tocqueville's political economy; Interest*. Concepts in the social sciences series; *A Max Weber dictionary; Principles of economic sociology* e *Max Weber and the idea of economic sociology*. Entre suas áreas de interesse, destacam-se sociologia econômica, inclusive economia e legislação, e teoria sociológica, com especialidade em clássicos. Contato: rs328@cornell.edu

DIRETORES DA RAE

Raimar Richers	Maio/1961 a junho/1965
Yolanda F. Balcão	Julho/1965 a dezembro/1966
Carlos Osmar Bertero	Janeiro/1967 a junho/1968
Ary Bouzan	Julho/1968 a junho/1969
Orlando Figueiredo	Julho/1969 a junho/1971
Manoel Tosta Berlinck	Julho/1971 a dezembro/1972
Robert N. V. C. Nicol	Janeiro/1973 a junho/1975
Luiz Antonio de Oliveira Lima	Julho/1975 a março/1980
Sérgio Micelli Pessoa de Barros	Abril/1980 a março/1982
Yoshiaki Nakano	Abril/1982 a dezembro/1983
Sérgio Micelli Pessoa de Barros	Janeiro/1984 a setembro/1985
Maria Cecília Spina Forjaz	Outubro/1985 a setembro/1989
Maria Rita Garcia L. Durand	Outubro/1989 a dezembro/1989
Gisela Taschner Goldenstein	Janeiro/1990 a setembro/1991
Marilson Alves Gonçalves	Outubro/1991 a novembro/1995
Roberto Venosa	Dezembro/1995 a dezembro/2000
Thomaz Wood Jr.	Janeiro/2001 a dezembro/2004
Carlos Osmar Bertero	Janeiro/2005 a agosto/2007
Francisco Aranha	Agosto/2007 a setembro/2008
Flávio Carvalho de Vasconcelos	Outubro/2008 a janeiro/2009
Eduardo Henrique Diniz	Fevereiro/2009

INTRODUÇÃO

Redes e Sociologia Econômica

Atualmente duas abordagens se encontram em franca expansão internacional e reconhecimento acadêmico em várias áreas do conhecimento: redes sociais e sociologia econômica. Há sobreposição, embora não necessária, entre elas, como veremos, e um ponto importante a ressaltar é que ambas podem ser utilizadas para se compreenderem inúmeros fenômenos contemporâneos, mais especificamente nas áreas de Administração Pública e Privada, Economia, Antropologia, Ciência Política e Sociologia. Neste livro, o leitor encontrará trabalhos clássicos de elaboração teórica sobre redes e sociologia econômica e trabalhos recentes, baseados em pesquisas empíricas produzidas no Brasil, e que adotam pelo menos uma das duas abordagens.

De que modo as instituições e estruturas sociais conformam os mercados e as organizações econômicas? Como a estrutura de relações, o contexto social e os processos históricos afetam a organização da produção, a troca e o consumo? Essas são questões-chaves da Sociologia, desde seus fundadores Max Weber e Émile Durkheim, mas que também se faziam centrais entre os economistas clássicos, Adam Smith, Ricardo, John Stuart Mill. Atualmente, essas duas "ciências" são consideradas não apenas distintas, mas completamente autônomas. A Economia, com metodologia hipotética e dedutiva, privilegia cada vez mais as variáveis quantitativas e "objetivas". A Sociologia, muito mais indutiva e, em alguns países, qualitativa, busca interpretar, mais do que explicar, o mundo simbólico e as representações culturais. A contraposição entre o "homem econômico" e o "homem social", ou seja, de um lado, a racionalidade e os interesses do agente econômico, e de outro, o ator social modelado por estruturas e normas sociais, trouxe à tona o interminável debate entre estrutura e agência.

A separação entre Sociologia e Economia, ocorrida manifestamente entre os anos 1930 e 1970, segundo Philip Stenier, acabou por reservar à teoria econômica o estudo do comportamento individual racional, restando à Sociologia analisar os demais tipos de comportamento e, particularmente, compreender os motivos que orientam a ação econômica. Dentro desse quadro, a Nova Sociologia Econômica representa uma tentativa de fazer com que os sociólogos voltem a se debruçar sobre os fenômenos da vida econômica, mais especificamente, sobre a formação de mercados, inclusive mercado de trabalho, o impacto das normas sociais e institucionais sobre os agentes, as representações, crenças e valores que propiciam a cooperação ou a competição, as várias formas de capital etc. Os sociólogos não devem restringir seus interesses aos aspectos irracionais da ação ou das organizações econômicas, mas repensar as noções de racionalidade, preferências, mercado e demais conceitos fundamentais da economia.

A Nova Sociologia Econômica – que tem seu marco no capítulo de Mark Granovetter publicado neste livro – tem por objetivo explicar fenômenos econômicos (produção, distribuição, troca e consumo de bens e serviços escassos), por meio de modelos, referências e variáveis sociológicas. (SMELSER e SWEDBERG, 1994). A Granovetter se deve, também, a difusão da análise de redes, como uma das metodologias da SE. Importante não perder de vista que Harrison White, autor do livro *Markets from networks* (2001), foi seu mais influente professor. Na vertente francesa, a SE tem se dedicado a analisar a construção social das relações de mercado e a origem histórica dos fenômenos econômicos, formas de classificação, institucionalização de padrões de qualidade, certificações e *performance*. Enfim, o que se observa nas pesquisas que buscam a interface entre as duas disciplinas é uma grande inovação de temas, interesses e metodologias.

Nos últimos 30 anos, etnicidade, gênero, cultura e redes sociais tornaram-se temas recorrentes desta abordagem, e, importante mencionar, os cientistas sociais passam a estudar fluxos de informação como processos de formação de redes (*networking process*), oferecendo, assim, uma grande contribuição à teoria das organizações. Dentre eles, Paul DiMaggio e Walter Powell se destacam com suas publicações sobre processos de difusão das práticas organizacionais.

Os estudos sobre redes sociais reforçaram a abordagem da Sociologia Econômica e um conjunto de críticas aos pressupostos da teoria econômica neoclássica, que ambos apresentam. Tomar as redes sociais como foco é pressupor que as próprias organizações estejam imersas em outras organizações e redes. Tipos de imersão orientam a formação de interesses e decisões. Conclui-se que as redes colocam em evidência as limitações do pressuposto básico da teoria econômica predominante sobre o "individuo atomizado", na medida em que as relações entre indivíduos, e não indivíduos isolados, é que são tomadas como unidade de análise (POWELL e SMITH-DOERR, 1994). Nos últimos 20 anos, as redes passaram a ser peça fundamental nos estudos organizacionais, utilizando-se para isso tanto a sociologia econômica como a teoria institucional.

As pesquisas empíricas apresentadas na segunda parte deste livro indicam um extenso campo de aplicabilidade quanto aos temas e ao recorte do objeto de pesquisa: empreendedores étnicos e processos de industrialização, cooperativas e desenvolvimento de mercados, internacionalização da economia e seu impacto na organização, dinâmica da rede de fabricantes de calçados, a configuração inicial e o desenvolvimento da indústria cinematográfica no Brasil.

Este livro é composto de duas partes, cujos títulos esclarecem a divisão: "Contribuições Teóricas" e "Contribuições das Pesquisas Empíricas no Brasil".

Parte I – Contribuições Teóricas

"Ação econômica e estrutura social: o problema da imersão", de Mark Granovetter – Considerado um marco no advento da Nova Sociologia Econômica, o artigo traz uma importante discussão sobre o conceito referencial básico na NSE norte-americana: *embededdnes*, que aqui traduzimos por "imersão". Esse conceito, que aparece pioneiramente no livro *A grande transformação*, de Karl Polaniy, é discutido a partir de uma abordagem crítica de duas visões opostas, mas que marcam igualmente as ciências sociais: o homem supersocializado, das vertentes marxista e estrutural-funcionalista; e o homem subsocializado, das abordagens econômicas utilitarista e escolha racional. A modernidade, e mais especificamente o capitalismo, teria obliterado o desenvolvimento das relações sociais e aumentado o poder de agência dos atores sociais? Ou, ao contrário, o contrato social marca a passagem do Estado subsocializado (guerra de todos contra todos no estado de natureza) para o Estado supersocializado, impondo limites à liberdade individual em nome de um Estado soberano? Para Granovetter, a saída não se encontra em nenhum dos dois extremos, pois ambos desconsideram a imersão social dos atores. A imersão das ações econômicas nas relações sociais (poder, sociabilidade, amizade, aprovação, confiança) é variável crítica para a tomada de decisão dos agentes econômicos e coloca em novos trilhos a discussão sobre preferências e racionalidade.

"Habilidade social e a teoria dos campos", de Neil Fligstein – O artigo recupera importante debate sobre a ação social e apresenta uma contribuição original ao clássico problema da ação na sociologia. O conceito de ação apresentado tem suas raízes no interacionismo simbólico e diz respeito à habilidade de agir, que desenvolve a capacidade de induzir a cooperação de terceiros. Segundo o autor, trata-se da habilidade de motivar atores à ação coletiva e, portanto, de um componente crítico para a construção e reprodução da ordem social. A elaboração do conceito de habilidade social é antecedida de uma interpretação crítica dos modelos de ação da escolha racional e dos neo-institucionalistas, que culmina com a apresentação de um conjunto de proposições sobre comportamento dos atores estratégicos e da afirmação de uma relação de dependência entre comportamento e posição no campo social.

Por trás do conceito de habilidade social encontra-se a intenção de explicar "como os atores algumas vezes podem transformar as estruturas sociais, mas na maioria das vezes fracassam em fazê-lo". Dito de outro modo, esse conceito, acoplado ao de "campo social", permite compreender a tendência permanente na vida social, política e econômica de que os recursos e regras institucionalizados favorecem grupos maiores e mais bem organizados. Conseqüentemente, contribui para esclarecer de que modo se dá a reprodução dos arranjos organizacionais dominantes, considerando-se que tais arranjos também dependem da habilidade demonstrada pelos atores sobre o modo de utilizá-los.

"Contribuição da nova sociologia econômica para repensar a economia no sentido do desenvolvimento sustentável", de Benoît Lévesque – O autor apresenta um panorama geral sobre a Nova Sociologia Econômica, destacando a contribuição francesa, e suas diferenças em relação à norte-americana. Inicia esse debate apresentando o Movimento Anti-Utilitarista nas Ciências Sociais (MAUSS), sua crítica ao utilitarismo e à epistemologia da teoria econômica. Como alternativa, o "paradigma da dádiva" é apresentado como aquele capaz de incorporar a imersão social da economia. A dádiva, concebida como um ato social total, é capaz de explicar fenômenos econômicos a partir de seus fundamentos, inclusive ambientais. Ou seja, a crítica ao utilitarismo compreende também a natureza, o que é traduzido pelo autor como a possibilidade de incorporar a questão do desenvolvimento sustentável. Economia social e solidária, ou solidária e plural, e as abordagens da regulação e a das convenções são igualmente compatíveis com o modelo de desenvolvimento sustentável, segundo o autor. Incorporar a dimensão social significa a possibilidade de subordinar a expansão do capital a interesses coletivos, trabalhar com valores e regras que exprimam solidariedade, reciprocidade e justiça social.

"Análise de redes sociais: avanços recentes e controvérsias atuais", de Mark S. Mizruchi – A análise de redes tem origem na sociologia estruturalista, que parte do princípio de que fatores objetivos (mais do que os subjetivos) são determinantes no comportamento humano. Se é assim, é possível compreender os efeitos das relações sociais sobre o comportamento de indivíduos ou grupos. Premissas fundamentais da abordagem das redes são analisadas, com destaque: 1) a estrutura das relações determina o conteúdo das relações; 2) relação entre centralidade e poder (a posição do ator na estrutura social afeta seu comportamento e bem-estar); 3) a formação de subgrupos por meio de dois modelos. O primeiro prediz que atores que interagem diretamente tenderão a influenciar uns aos outros. Atores estruturalmente equivalentes tenderão a adotar comportamentos semelhantes, porque estão sujeitos às mesmas fontes de influência. Um segundo afirma que atores estruturalmente equivalentes competem pelas mesmas posições, acarretando tendência ao isomorfismo entre pares estruturalmente equivalentes. Outras premissas e "impasses" da análise de redes são discutidos pelo autor com o intuito de mostrar o potencial e a versatilidade desse tipo de análise. Um deles, particularmente interessante e que merece ser destacado, diz respeito à teoria institucional. Segundo os institucionalistas, em busca contínua pela legitimidade, as organizações perdem eficiência e reforçam símbolos e mitos. Segundo o autor, a análise de redes não é capaz de explicar por que símbolos e mitos específicos a cada organização são reforçados. Mas é capaz de explicar o que a teoria institucional não consegue: a adoção da forma x e não y, independentemente da efetiva eficiência. Nessa medida, a teoria das redes e a teoria institucional podem ser complementares.

"A sociologia econômica do capitalismo: uma introdução e agenda de pesquisa", de Richard Swedberg – O autor, talvez o mais importante divulgador da NSE atualmente, apresenta um modelo de capitalismo capaz de "delinear perspectivas para uma sociologia econômica do capitalismo". Produção, troca, consumo e lucro devem ser tomados como temas centrais da SE, acrescentando-se os impactos sobre eles, produzidos pelos dos sistemas político, cultural e legal. O principal argumento do texto refere-se à necessidade de colocar os interesses e a forma como eles atuam nas relações sociais, como peças centrais da análise sociológica. Ou seja, não apenas as relações sociais (redes, organizações etc.), mas também os interesses devem ser levados em conta, pois são eles o "motor" da ação social. Contudo, a ênfase recai sobre interesses, e não sobre escolhas. Entretanto, bem distante da teoria da escolha racional, Swedberg descarta a premissa de que "o agente conhece seus interesses e automaticamente escolhe a melhor forma de proceder". Nem sempre os agentes identificam seus interesses, e, mesmo quando o fazem, podem não saber como concretizá-los.

"O contexto do empreendedorismo", de Alberto Martinelli – Chamar a atenção para a importância e os benefícios de se analisar o contexto sociocultural e político-institucional no qual o empreendedorismo surge e se desenvolve é o principal objetivo deste artigo. É nesse contexto que as motivações para inovar se delineiam, os recursos são mobilizados e distribuídos, as restrições ou oportunidades legitimam ou invalidam esforços para a inovação. Nesse processo têm especial importância os *stakeholders*, cuja cooperação é necessária para o bom desempenho nos negócios. Retomando o conceito de empreendedorismo de Joseph Schumpeter, o autor examina as contribuições à análise do empreendedorismo, proporcionadas pelas teorias de desvio social e marginalidade étnica, dos conceitos de "dupla imersão" (*double embeddedness*), combinação institucional (*institutional mix*) e *stakeholder*. Nas conclusões, o empreendedorismo étnico é abordado como um caso exemplar de empresas que se beneficiam da hibridização cultural e da tendência à ampliação das preferências dos consumidores, na era da globalização.

Parte II – Contribuições das Pesquisas Empíricas no Brasil

"Economia e empreendedorismo étnico: balanço histórico da experiência paulista", de Oswaldo Mário Serra Truzzi e Mário Sacomano Neto – Os autores assinalam a contribuição dos estudos sobre empreendedorismo étnico para se compreender o processo de industrialização do Brasil. Com a chegada dos imigrantes europeus, a economia brasileira se complexifica, com proliferação de diferentes conformações de nichos étnicos. Observa-se, por exemplo, o crescimento dos índices de auto-emprego nos grupos imigrantes historicamente comerciais (sírios, libaneses, judeus), seguidos pelos portugueses e depois italianos e espanhóis. Essas diferenças podem ser explicadas pela capacidade empresarial associada aos recursos étnicos específicos de cada grupo. As redes sociais no interior das colônias foram fundamentais para a afirmação das identidades sociais, para reforçar valores como, por exemplo, trabalho duro e confiança, e outros recursos que pudessem valorizá-los diante das elites nativas.

Na presente fase de globalização, a mão-de-obra imigrante e as economias étnicas são fundamentais, especialmente nas metrópoles globais. A subcontratação de pequenas firmas de propriedade de imigrantes recentes, ou que empregam mão-de-obra imigrante, é uma constante nos países industrializados e áreas metropolitanas. Esse é um tema que, segundo os autores, deveria estar sendo acompanhado pelos pesquisadores no Brasil, também em relação aos migrantes recentes.

"Habilidades sociais no mercado de leite", de Reginaldo Sales Magalhães – Os estudos econômicos ortodoxos não incorporam os processo de construção social e as habilidades sociais dos atores envolvidos nas atividades econômicas. O autor analisa o papel das cooperativas no mercado de leite, com foco nas formas de interação social nos mercados. Os resultados apontam para a importância do desenvolvimento de capital social e simbólico, como forma de compensar a falta de capital monetário entre os cooperados. Essa compensação é compreendida como parte de um processo histórico que remonta as Comunidades Eclesiais de Base, sindicatos de trabalhadores rurais e organizações não-governamentais. O papel das cooperativas não se resume às questões de ordem econômica, mas se estende à influencia exercida na política, cultura e sociabilidade. Na conclusão sobre a análise das transformações recentes ocorridas no mercado do leite, é apontada a limitação dos enfoques setoriais para a operacionalização das políticas públicas.

"Calçado do Vale: imersão social e redes interorganizacionais", de Mariana Baldi e Marcelo Milano Falcão Vieira – De que modo os tipos de laço social, posição e arquitetura da rede social e interorganizacional afetaram o setor coureiro-calçadista do Vale do Rio dos Sinos (RS)? A história das transformações do setor é recuperada para mostrar que antes da entrada no mercado externo seus atores estabeleciam apenas contatos redundantes (redes de alta densidade), limitando, dessa forma, o acesso a recursos e benefícios. Apesar da subseqüente criação e ampliação de contatos com os norte-americanos, os benefícios dessa ampliação não foram extensivos, sendo que apenas os agentes que efetivamente se conectaram com o exterior dele se aproveitaram. Tais atores passaram controlar os benefícios advindos da ampliação da estrutura da rede. Ademais, antes da internacionalização, laços fortes ligavam os atores que formavam a rede calçadista do Vale. Ampliada a rede em direção ao mercado externo, os laços se transformam, convertendo-se em relações tipicamente mercadológicas. Desaparecem as relações de confiança como mecanismo de governança, o que acarretou o aumento da formalidade das trocas econômicas. Os resultados confirmam que a posição, a arquitetura e o conteúdo da rede estimulam o comportamento competitivo entre as organizações. Chama a atenção a maneira como os recursos externos fomentaram a competição e, dessa forma, obstacularizaram o desenvolvimento de atividades geradoras de valor.

"Renascença da indústria brasileira de filmes: destinos entrelaçados?", de Charles Kirschbaum – Com o objetivo de aplicar a análise de rede para se compreender a dinâmica em campos organizacionais, o autor retoma o nascimento da indústria de filmes no Brasil, por ser um setor dependente de recursos externos à hierarquia dos estúdios, e por permitir acompanhar as mudanças cruciais ocorridas no desenvolvimento da organização do setor. No seu início, o sucesso dos filmes e o dos papéis podem ser considerados as principais variáveis capazes de explicar a sobrevivência do setor. As chances de sobrevivência dos próprios atores no campo estão relacionadas à sua associação aos filmes de sucesso e à capacidade de se tornarem centrais na rede, ou ao fato de melhorarem a posição centralidade-meio. Ambas as posições, centralidade-meio e pertencimento ao centro da rede, tornam-se variáveis capazes de prever as chances de sobrevivência. Contudo, enquanto o papel era mais importante na centralidade-meio no início da indústria cinematográfica brasileira, o reconhecimento pessoal e a posição estrutural tornam-se fatores mais importantes a partir de então. Ou seja, com o desenvolvimento do setor, o posicionamento estrutural torna-se dimensão crítica.

Ana Cristina Braga Martes

PARTE I
CONTRIBUIÇÕES TEÓRICAS

1
AÇÃO ECONÔMICA E ESTRUTURA SOCIAL: O PROBLEMA DA IMERSÃO*

Mark Granovetter

---

* O artigo "*Economic action and social structure: the problem of embeddedness*", de Mark Granovetter, foi originalmente publicado no *American Journal of Sociology*, v. 91, n. 3, p. 481-510, 1985. Copyright ©1985 The University of Chicago Press. Todos os direitos reservados. Nenhuma parte deste artigo pode ser reproduzida por qualquer meio ou forma sem a permissão por escrito da University of Chicago Press. Para obter autorização, entre em contato com The University of Chicago Press (www.journals.uchicago.edu).

INTRODUÇÃO: O PROBLEMA DA IMERSÃO

Uma das questões clássicas da teoria social é como os comportamentos e as instituições são afetados pelas relações sociais. Como essas relações estão invariavelmente presentes, a situação criada por sua ausência poderia ser imaginada somente por meio de esquemas mentais, como o "estado da natureza" de Thomas Hobbes ou a "posição original" de John Rawls. Grande parte da tradição utilitarista, inclusive a economia clássica e a neoclássica, pressupõe um comportamento racional e de interesse pessoal minimamente afetado pelas relações sociais, invocando, assim, um estado idealizado não muito distante desses esquemas mentais. No outro extremo reside o que chamo de proposta da "imersão" (*embeddedness*): o argumento de que os comportamentos e as instituições a serem analisados são tão compelidos pelas contínuas relações sociais que interpretá-los como sendo elementos independentes representa um grave mal-entendido.

Este artigo trata da imersão do comportamento econômico.[1] Por muito tempo a visão dominante dos sociólogos, antropólogos, cientistas políticos e historiadores tem sido a de que esse comportamento se encontrava profundamente imerso nas relações sociais em sociedades pré-mercantis mas se tornou muito mais autônomo com o advento da modernização. Essa visão interpreta a economia como uma esfera diferenciada e cada vez mais separada na sociedade moderna, com transações econômicas não mais definidas por obrigações sociais ou de parentesco, mas por cálculos racionais de ganho individual. Por vezes chega a se argumentar que a situação tradicional foi invertida: em vez de a vida econômica estar submersa nas relações sociais, essas relações se tornaram um epifenômeno do mercado. A perspectiva da imersão está associada à escola "substantivista" na Antropologia, representada especialmente por Karl Polanyi (1944; POLANYI, ARENSBERG e PEARSON, 1957), e à idéia de "economia moral" em história e em ciência política (THOMPSON, 1971; SCOTT, 1976). Ela também possui uma clara relação com o pensamento marxista.

Poucos economistas, entretanto, aceitaram essa concepção de um rompimento na imersão suscitado pela modernização; muitos deles afirmam, diferentemente, que a imersão em sociedades anteriores não era substancialmente superior aos baixos níveis encontrados em mercados modernos. O tom foi estabelecido por Adam Smith, que postulou uma "certa propensão na natureza humana [...] de trocar, negociar e permutar uma coisa por outra" ([1776] 1979, v. 1, capítulo 2) e considerava que, como o trabalho era o único fator de produção na sociedade primitiva, os bens deviam ter sido trocados na proporção de seus custos de trabalho – como na teoria clássica geral da troca ([1776] 1979, v. 1, capítulo 6). A partir da década de 1920, alguns antropólogos adotaram uma posição similar, que passou a ser chamada de "formalista": mesmo em sociedades tribais, o comportamento econômico era suficientemente independente das relações sociais para que a análise neoclássica padrão fosse adequada (SCHNEIDER, 1974). Essa posição recentemente recebeu um novo impulso na medida em que economistas e seus colegas historiadores e cientistas políticos desenvolveram um novo interesse pela análise econômica das instituições sociais – tendendo sobretudo para a chamada "nova economia institucional" – e sustentaram que os comportamentos e as instituições previamente interpretados como imersos em sociedades anteriores, bem como na nossa própria, podem ser melhor compreendidos como o resultado da busca de interesses próprios por indivíduos racionais, mais ou menos atomizados (por exemplo, NORTH e THOMAS, 1973; WILLIAMSON, 1975; POPKIN, 1979).

Meu ponto de vista diverge de ambas as escolas de pensamento. Afirmo que o nível de imersão do comportamento econômico é mais baixo em sociedades não reguladas pelo mercado do que o sustentado pelos substantivistas e teóricos do desenvolvimento, e que esse nível mudou menos com o processo de "modernização" do que esses autores defendem; mas sustento também que esse nível sempre foi e continua a ser mais substancial do que o considerado pelos formalistas e economistas. Meu propósito aqui não é tentar lidar com as questões apresentadas pelas sociedades não mercantis. Em vez disso, desenvolvo uma elaboração teórica do conceito de imersão, cujo valor é então ilustrado por um problema da sociedade moderna, atualmente considerado pela nova economia institucional: quais transações na sociedade capitalista moderna têm lugar no mercado e quais estão confinadas a empresas hierarquicamente organizadas? Essa questão foi levantada de forma proeminente pelo programa de pesquisas de "mercados e hierarquias" iniciado por Oliver Williamson (1975).

CONCEPÇÕES SUPER- E SUBSOCIALIZADAS DA AÇÃO HUMANA NA SOCIOLOGIA E NA ECONOMIA

Começo recordando a advertência de Dennis Wrong, em 1961, sobre uma "concepção supersocializada do homem na sociologia moderna" – uma concepção das pessoas como decisivamente sensíveis às opiniões dos outros e, portanto, obedientes às diretrizes ditadas por sistemas consensualmente desenvolvidos de normas e valores, interiorizados por meio da socialização, de forma que a obediência não é percebida como um peso. O fato de essa concepção ter sido proeminente em 1961 foi em grande parte resultado do reconhecimento de Talcott Parsons do problema da ordem conforme proposto por Hobbes em sua própria tentativa de solucioná-lo transcendendo a concepção atomizada e *subsocializada* do homem na tradição utilitarista da qual Hobbes participou (PARSONS, 1937, p. 89-94). Wrong aprovou essa ruptura com o utilitarismo atomizado e a ênfase na imersão dos atores no contexto social – o fator crucial, ausente do pensamento de Hobbes – mas alertou para o exagerado nível conferido a essa imersão e para a extensão em que isso poderia eliminar o conflito:

> O papel do sociólogo é com freqüência chamar a atenção para a intensidade com que os homens desejam e lutam pela aprovação de seus associados mais próximos em uma variedade de situações, particularmente aquelas nas quais as teorias ou as ideologias recebidas enfatizaram desproporcionadamente outros motivos. [...] Assim, os sociólogos demonstraram que os operários da indústria são mais sensíveis às atitudes de seus colegas do que a incentivos puramente econômicos. [...] Certamente não é minha intenção criticar as conclusões desses estudos. A minha objeção é que [...] apesar de os sociólogos terem criticado os esforços anteriores para determinar uma motivação fundamental na conduta humana, o desejo de chegar a uma imagem positiva de si mesmo por meio da aprovação dos outros freqüentemente ocupa essa posição em sua própria forma de pensar. (WRONG, 1961, p. 188-189).

Em contraste, as economias clássica e neoclássica se baseiam em uma concepção atomizada e *subsocializada* da ação humana, dando continuidade à tradição utilitarista. Os argumentos teóricos rejeitam por hipótese todo impacto da estrutura social e das relações sociais sobre a produção, a distribuição e o consumo. Em mercados competitivos, nenhum produtor ou consumidor notadamente influencia a demanda ou a oferta agregada, e, portanto, os preços ou outros termos de troca. Como observou Albert Hirschman, esses mercados idealizados implicam,

> [...] grandes números de compradores e vendedores orientados pelos preços e munidos de informações perfeitas [...] e funcionam sem nenhum contato humano ou social prolongado entre as partes. Em condições de concorrência perfeita, não há espaço para barganhas, negociações, objeções ou ajustes mútuos, e os vários operadores que chegam a acordos não devem estabelecer relações contínuas ou duradouras e, em conseqüência disso, conhecer bem uns aos outros. (HIRSCHMAN, 1982, p. 1473).

Há muito tempo se reconhece que essa visão idealista dos mercados de concorrência perfeita sobreviveu aos ataques intelectuais devido, em parte, ao fato de as estruturas econômicas auto-reguladas serem politicamente atraentes para muitos. Outra razão para essa sobrevivência, menos claramente compreendida, é que a eliminação das relações sociais da análise econômica afasta o problema da ordem da pauta intelectual, pelo menos na esfera econômica. No argumento de Hobbes, a desordem surge porque transações econômicas e sociais livres de conflito dependem da confiança e da ausência de má-fé. Isso, contudo, é pouco provável quando os indivíduos são concebidos para não terem relações sociais nem contextos institucionais – como no "estado de natureza". Hobbes restringe a dificuldade ao impor uma estrutura de autoridade autocrática. A solução do liberalismo clássico, e correspondentemente da economia clássica, se volta para a direção contrária: estruturas políticas repressivas se tornam desnecessárias, dado que os mercados competitivos evitam o recurso à força ou à fraude. A competição determina os termos de troca, impossibilitando a sua manipulação por parte dos negociantes individuais. Se os negociantes deparam com relacionamentos complexos ou difíceis, caracterizados pela desconfiança ou pela má-fé, eles podem simplesmente recorrer ao conjunto dos outros negociantes dispostos a fazer negócios nos termos do mercado. Assim as relações sociais e as suas singularidades se tornam questões circunstanciais.

Portanto, na economia clássica e neoclássica, o fato de os atores poderem ter relações sociais entre si tem sido tratado, quando a questão é abordada, como um obstáculo circunstancial que inibe os mercados competitivos. Em uma passagem muito citada, Adam Smith afirmou que "as pessoas envolvidas no mesmo negócio raramente se encontram, mesmo que por divertimento, mas, se esse encontro ocorrer, a conversa acaba por resultar em conspirações contra o público, ou em um artifício qualquer para fazer subir os preços". Sua política de *laissez-faire* permitia poucas soluções para esse problema, mas o autor sugeriu revogar regulamentações que obrigassem os agentes de um mesmo negócio a assinar um protocolo público. A existência pública dessa informação "conecta indivíduos que de outra forma poderiam nunca se conhecer e indica a cada indivíduo envolvido no negócio o modo como pode encontrar todas as outras pessoas". Vale notar aqui não a prescrição política um tanto quanto imperfeita, mas o reconhecimento de que a *atomização social constitui um pré-requisito para a concorrência perfeita* (SMITH, [1776] 1979, p. 232-233).

Comentários mais recentes de economistas sobre as "influências sociais" explicam isso como processos por meio dos quais os atores adquirem costumes, hábitos ou normas que são seguidos mecânica e automaticamente, independentemente da influência da escolha racional. Essa visão, próxima à "concepção supersocializada" de Wrong, se reflete na afirmação espirituosa de James Duesenberry segundo a qual "a economia se resume em como as pessoas fazem escolhas; a sociologia se resume em como elas não têm escolhas a fazer" (1960, p. 233) e na descrição de E. H. Phelps Brown da abordagem sociológica do modo como são determinados os pagamentos. A premissa é que as pessoas agem de "certas maneiras por ser o costume, a obrigação, a 'coisa natural a se fazer', correta e adequada, ou ainda justa e razoável" (1977, p. 17).

No entanto, apesar do aparente contraste entre as visões sub- e supersocializada, deve-se observar uma ironia de grande importância teórica: ambas têm em comum uma concepção de que ações e decisões são conduzidas por atores atomizados. Na abordagem subsocializada, a atomização resulta de uma busca estreitamente utilitarista dos interesses próprios; na supersocializada, deriva da idéia de que os padrões comportamentais são interiorizados e, portanto, as relações sociais existentes exercem efeitos apenas periféricos sobre os comportamentos. O fato de as regras interiorizadas de comportamento serem sociais em sua origem não diferencia decisivamente esse argumento da posição utilitarista, no qual a origem das funções de utilidade é deixada em aberto, abrindo espaço para um comportamento orientado inteiramente por normas e valores consensualmente determinados, como defendido na visão supersocializada. Portanto, as soluções sub- e supersocializada para o problema da ordem convergem assim no fato de isolarem os atores do seu contexto social mais imediato. Essa curiosa convergência já se faz visível no *Leviatã*, de Hobbes, onde os infelizes representantes do "estado de natureza", oprimidos pela desordem resultante de sua atomização, renunciam alegremente a todos os seus direitos em nome de um poder autoritário e, subseqüentemente, se comportam de maneira pacata e honrada; pelo artifício de um contrato social, passando então diretamente de um estado subsocializado para um supersocializado.

Quando os economistas modernos tentam descrever as influências sociais, costumam representá-las da forma supersocializada, conforme representada nas citações anteriores. Ao fazê-lo, invertem a concepção de que as influências sociais são circunstanciais, mas sustentam a concepção de como essas influências são exercidas. Na teoria dos mercados de trabalho segmentados, por exemplo, Michael Piore argumenta que os membros de cada segmento do mercado de trabalho são caracterizados por diferentes estilos de tomada de decisão e que as decisões tomadas por escolha racional, costumes ou controle nos mercados de trabalho primário-superior, primário-inferior e secundário correspondem, respectivamente, às origens dos trabalhadores em subculturas de classe média, classe operária e classe baixa (PIORE, 1975). De forma similar, Samuel Bowles e Herbert Gintis, em seu estudo sobre as conseqüências da educação norte-americana, argumentam que diferentes classes sociais desenvolvem diferentes processos cognitivos em função de diferenças nos modelos educativos que têm à sua disposição. Aqueles destinados a trabalhos menos qualificados são treinados para serem seguidores fiéis de regras, enquanto aqueles que serão canalizados para as posições de elite freqüentam "faculdades de elite" que "enfatizam os relacionamentos sociais compatíveis com os níveis superiores da hierarquia de produção. [...] À medida que 'dominam' um tipo de regulação comportamental, eles têm a chance de progredir para o próximo nível ou são canalizados para o nível correspondente na hierarquia de produção" (BOWLES e GINTIS, 1975, p. 132).

Entretanto, essas concepções supersocializadas do modo como a sociedade influencia o comportamento individual são um tanto quanto mecânicas: uma vez conhecida a classe social do indivíduo ou seu segmento no mercado de trabalho, todo o resto em termos de comportamento é automático, visto que eles são tão bem socializados. A influência social é entendida aqui como uma força externa que, como Deus para os deístas, coloca as coisas em funcionamento sem provocar nenhum outro efeito posterior – uma força que se insinua na mente e no corpo dos indivíduos (como no filme *Vampiros de almas* [*Invasion of the Body Snatchers*]), alterando sua forma de tomar decisões. Uma vez que sabemos exatamente em que medida um indivíduo foi afetado, as estruturas e as relações sociais existentes são irrelevantes. As influências sociais estão totalmente confinadas na mente de um indivíduo, de forma que, nas situações reais de decisão, ele ou ela pode ser atomizado como qualquer *Homo economicus*, apesar de as decisões poderem ser orientadas por regras diferenciadas. Análises mais sofisticadas (e portanto menos supersocializadas) das influências culturais (por exemplo, FINE e KLEINMAN, 1979; COLE, 1979, capítulo 1) esclarecem que a cultura não constitui uma influência completa e definitiva, mas um processo continuado, sendo permanentemente construído e reconstruído durante as interações. Ele não apenas condiciona seus membros, mas também é condicionado por eles, em parte por suas próprias razões estratégicas.

Mesmo quando os economistas levam as relações sociais verdadeiramente a sério, caso de diversos estudiosos importantes como Harvey Leibenstein (1976) e Gary Becker (1976), eles invariavelmente se abstraem da história das relações e de sua posição relativamente a outras relações – o que pode ser chamado de imersão histórica e estrutural das relações. Os laços interpessoais descritos em seus argumentos são extremamente estilizados, convencionais, "típicos" – desprovidos de conteúdo, história ou posicionamento estrutural específicos. O comportamento dos atores resulta de suas posições formais e do conjunto de papéis exercidos; assim, as teorias versam sobre a maneira como os trabalhadores e supervisores, maridos e esposas, ou criminosos e agentes da lei interagem entre si, mas não se pressupõe que essas relações tenham um conteúdo individualizado além do fornecido pelos papéis formais. É exatamente esse procedimento que os sociólogos estruturalistas criticam na sociologia de Parsons – relegar as especificidades das relações individuais a um papel menor no esquema conceitual geral, como epifenômenos, em comparação com estruturas duradouras de prescrições de papéis normativos resultantes de orientações valorativas. Nos modelos econômicos, essa forma de tratar as relações sociais tem o efeito paradoxal de preservar a tomada de decisão atomizada mesmo quando se considera que as decisões envolvem mais de um indivíduo. Visto que o conjunto de indivíduos analisado – normalmente díades, ocasionalmente grupos maiores – é abstraído do contexto social, o grupo é atomizado em seu comportamento em relação ao de outros grupos e à história de suas próprias relações. A atomização não foi eliminada, mas meramente transferida para uma díade ou para um nível superior de análise. Note-se a utilização de uma concepção supersocializada – a de atores se comportando exclusivamente de acordo com os papéis prescritos – para impor uma visão atomizada e subsocializada.

Uma análise proveitosa da ação humana implica que evitemos a atomização implícita nos extremos teóricos das concepções sub- e supersocializadas.

Os atores não se comportam nem tomam decisões como átomos fora de um contexto social, e nem adotam de forma servil um roteiro escrito para eles pela intersecção específica de categorias sociais que eles porventura ocupem. Em vez disso, suas tentativas de realizar ações com propósito estão imersas em sistemas concretos e contínuos de relações sociais. No decorrer deste artigo, ilustro como essa visão de imersão altera nossa abordagem teórica e empírica para o estudo do comportamento econômico. Primeiramente me concentro na questão da confiança e da má-fé na vida econômica, utilizando, em seguida, o problema dos "mercados e hierarquias" para ilustrar o uso da concepção da imersão na análise dessa questão.[2]

IMERSÃO, CONFIANÇA E MÁ-FÉ NA VIDA ECONÔMICA

A partir de 1970, os economistas têm demonstrado maior interesse pelas questões anteriormente negligenciadas da confiança e da má-fé. Oliver Williamson observou que atores econômicos reais se pautam não somente pela busca de seus próprios interesses, mas também pelo "oportunismo" – "a busca ardilosa do interesse próprio; agentes hábeis na dissimulação obtêm vantagens transacionais.[3] O homem econômico [...] é, assim, uma criatura mais sutil e transgressora do que o revelado pelo pressuposto da busca do interesse próprio" (1975, p. 255).

Isso revela um curioso pressuposto da teoria da economia moderna, de que o interesse econômico pessoal é buscado apenas por meio de meios comparativamente cavalheirescos. A questão levantada por Hobbes – como é possível que aqueles que buscam seus próprios interesses não o façam principalmente pela força e pela fraude – é evitada por essa nova concepção. Entretanto, como Hobbes reconheceu tão claramente, não há nada no significado intrínseco de "interesse próprio" que exclua o recurso à força ou à fraude.

Em parte, esse pressuposto persistiu porque se poderia imaginar que as forças em competição, em um mercado auto-regulado, suprimissem a força e a fraude. Mas a idéia também está imersa na história intelectual da disciplina. Em *As paixões e os interesses*, Albert Hirschman (1977) demonstra que uma tendência importante da história intelectual desde a época do *Leviatã* até *A riqueza das nações* consistia em diluir o problema da ordem de Hobbes argumentando que certas motivações humanas mantinham outras sob controle e que, em particular, a busca do auto-interesse econômico não era tipicamente uma "paixão" incontrolável, mas sim uma atividade civilizada e moderada. A ampla – apesar de implícita – aceitação dessa idéia constitui um ótimo exemplo de como as concepções sub- e supersocializada se complementam: atores atomizados em mercados em competição interiorizam esses padrões normativos de comportamento de uma forma tão profunda que asseguram a ordem nas transações.[4]

O que abalou essa confiança nos últimos anos foi a maior atenção despertada pelos detalhes de micronível dos mercados imperfeitamente competitivos, caracterizados por um pequeno número de participantes com custos irrecuperáveis e investimentos em "capital humano específico". Nessas situações, a suposta disciplina dos mercados competitivos não pode ser convocada para mitigar a fraude, de forma que houve o ressurgimento do problema clássico de como a vida econômica diária pode não ser assolada pela desconfiança e pela má-fé.

Na literatura econômica, vejo duas respostas fundamentais a esse problema, e afirmo que uma está relacionada a um conceito subsocializado e a outra, a um conceito supersocializado da ação humana. A perspectiva subsocializada é encontrada principalmente na nova economia institucional – um grupo vagamente definido de economistas interessados em explicar instituições sociais do ponto de vista neoclássico. (Veja, por exemplo, FURUBOTN e PEJOVICH, 1972; ALCHIAN e DEMSETZ, 1973; LAZEAR, 1979; ROSEN, 1982; WILLIAMSON, 1975, 1979, 1981; WILLIAMSON e OUCHI, 1981.) A idéia geral sustentada pelos membros dessa escola é que as instituições e os arranjos sociais, anteriormente considerados como o resultado casual de forças legais, históricas, sociais ou políticas, são mais bem interpretados como sendo soluções eficientes para determinados problemas econômicos. O tom é similar ao da sociologia estrutural-funcionalista entre as décadas de 1940 e 1960, e grande parte da argumentação sucumbe aos testes elementares de uma sólida explicação funcionalista, estabelecida por Robert Merton em 1947. Considere, por exemplo, o ponto de vista de Schotter, de que para entender qualquer instituição econômica observada é necessário somente "identificar o problema evolucionário que necessariamente existiu para que a instituição, como a vemos agora, tenha se desenvolvido. Qualquer problema econômico evolucionário requer uma instituição social que o resolva" (1981, p. 2).

Nesse contexto, considera-se que a má-fé é evitada por arranjos institucionais inteligentes que fazem com que o envolvimento com ela seja custoso demais, e atualmente se considera que esses dispositivos – anteriormente interpretados por muitos como isentos de função econômica – evoluíram para desencorajar a má-fé. Observa-se, contudo, que eles não produzem confiança, mas, em vez disso, representam um substituto funcional para ela. Os principais arranjos consistem na elaboração de contratos explícitos e implícitos (OKUN, 1981), inclusive planos de compensação diferida e aposentadoria compulsória – vistos como meios de reduzir os incentivos à "negligência" no trabalho ou à divulgação de segredos de propriedade (LAZEAR, 1979; PAKES e NITZAN, 1982) – e estruturas de autoridade que combatem o oportunismo por meio da resolução autoritária de questões potencialmente controversas (WILLIAMSON, 1975). Essas concepções são sub-socializadas no sentido de que não permitem que as relações pessoais concretas e as obrigações delas decorrentes possam ser elementos desencorajadores da má-fé, independentemente dos arranjos institucionais. A *substituição* desses dispositivos pela confiança resulta, na verdade, em uma situação hobbesiana, na qual qualquer indivíduo racional seria motivado a desenvolver formas inteligentes de evitá-los; portanto, é difícil imaginar que a vida econômica cotidiana não seria envenenada por ardilosas tentativas de fraude.

Outros economistas reconhecem que um certo grau de confiança *precisa* existir, dada a incapacidade dos dispositivos institucionais de evitar totalmente o recurso à força e à fraude. Mas a fonte dessa confiança permanece sem explicação, e por vezes se apela à existência de uma "moralidade generalizada". Kenneth Arrow, por exemplo, sugere que as sociedades, "ao longo de sua evolução, desenvolveram acordos implícitos de respeito pelo próximo, acordos essenciais para a sobrevivência da sociedade ou pelo menos que contribuem em grande parte para a eficiência de seu funcionamento" (1974, p. 26; veja também AKERLOF [1983] sobre as origens da "honestidade").

Dificilmente se pode contestar a existência de parte dessa moralidade generalizada. Sem ela uma pessoa hesitaria em entregar uma nota de 20 dólares no posto de gasolina para pagar por apenas 5 dólares de combustível. Mas essa concepção tem a característica supersocializada de postular uma resposta automática e generalizada, mesmo quando a ação moral na vida econômica dificilmente é automática ou universal (como se sabe, alguns postos de gasolina, depois que escurece, só aceitam pagamentos no valor exato).

Considere um caso no qual a moralidade generalizada de fato parece estar em funcionamento: o lendário (hesito em dizer apócrifo) economista que, contra qualquer racionalidade econômica, deixa uma gorjeta em um restaurante de beira de estrada distante de sua casa. Note que essa transação apresenta três características que a tornam de alguma forma incomum: (1) os agentes na transação não se conheciam, (2) é pouco provável que voltem a se encontrar, e (3) as informações sobre as atividades de qualquer um dos dois têm poucas chances de ser conhecidas por outros, com quem eles possam fazer, no futuro, outras transações. Afirmo que é somente em situações dessa natureza que se pode atribuir a ausência de força e fraude principalmente à moralidade generalizada. Mesmo nesses casos, é possível questionar se essa moralidade ainda seria efetiva se grandes quantias estivessem envolvidas.

O argumento da imersão enfatiza, por sua vez, o papel das relações pessoais concretas e as estruturas (ou "redes") dessas relações na origem da confiança e no desencorajamento da má-fé. A preferência dominante em fazer transações com indivíduos de reputação conhecida implica que poucos estão realmente dispostos a confiar na moralidade generalizada *ou* nos dispositivos institucionais para evitar problemas. Os economistas *notaram* que um incentivo para não enganar o outro é o custo dos danos infligidos à reputação pessoal; mas essa concepção da reputação como uma *commodity* generalizada, um cálculo entre as vantagens e as oportunidades de enganar, representa uma concepção subsocializada. Na prática, recorremos a essas informações generalizadas quando nada melhor está disponível, mas normalmente buscamos melhores informações. Melhor que a afirmação de que alguém é conhecido pela sua honestidade é a informação de um informante confiável que já lidou com esse indivíduo e o considerou honesto. Ainda melhor é a informação das próprias transações que foram feitas com essa pessoa no passado. Esta última informação é melhor por quatro razões: (1) é barata; (2) uma pessoa confia mais na informação que colheu pessoalmente – ela é mais rica, mais detalhada, e sabe-se que é precisa; (3) os indivíduos com os quais se tem uma relação duradoura têm uma motivação econômica para ser dignos de confiança, para não desencorajar transações futuras; e (4) diferentemente de motivos puramente econômicos, as relações econômicas contínuas tendem a revestir-se de conteúdo social carregado de grandes expectativas de confiança e abstenção de oportunismo.

Nunca pensaríamos em duvidar do último ponto em relações mais íntimas, que tornam os comportamentos mais previsíveis e, portanto, neutralizam parte dos temores que criam dificuldades entre estranhos. Considere, por exemplo, por que os indivíduos em um teatro em chamas entram e pânico e correm todos para a porta, levando a resultados desastrosos. Os analistas do comportamento coletivo consideraram durante muito tempo esse caso como um dos protótipos do comportamento irracional, mas Roger Brown (1965, capítulo 14) salienta que a situação constitui essencialmente um "dilema do prisioneiro" de *n* pessoas. Cada pessoa em pânico está na verdade sendo bem racional, dada a ausência de garantia de que qualquer outra pessoa sairá calmamente do teatro, apesar de que todas as pessoas no teatro se beneficiariam se todos fizessem isso. Observe, entretanto, que, no caso de incêndios em residências que vemos nos noticiários, nunca ouvimos falar de alguém ter fugido em pânico e de membros da família pisoteando-se uns aos outros. No caso de uma família, não se verifica o dilema do prisioneiro porque cada membro tem a confiança de poder contar com os outros.

Nas relações de negócios, o grau de confiança deve ser mais variável, mas o dilema do prisioneiro costuma ser, de qualquer forma, eliminado pela força das relações pessoais, e essa força é entendida não como uma propriedade dos participantes da transação, mas de suas relações concretas. Análises econômicas convencionais negligenciam a identidade e as relações prévias de negociantes individuais, mas a verdade é que os indivíduos racionais tomam decisões com base nos conhecimentos acumulados ao longo desses relacionamentos. Eles também demonstram menos interesse em reputações *gerais* do que em saber se é possível esperar que um outro indivíduo particular negocie com *eles* de forma honesta – principalmente em função de eles ou de seus informantes terem feito negócios satisfatórios com o outro. É possível observar esse padrão mesmo em situações que, em um primeiro momento, pareçam se aproximar das barganhas clássicas de um mercado competitivo, como no bazar marroquino analisado por Geertz (1979).

Até este ponto, sustentei que as relações sociais, mais do que dispositivos institucionais ou de moralidade generalizada, são as principais responsáveis pela produção de confiança na vida econômica. Contudo, corro o risco de trocar um tipo de funcionalismo otimista por outro, no qual as redes de relações, e não a moralidade ou as instituições, constituem as estruturas que asseguram a função de manutenção da ordem. Há duas formas de reduzir esse risco. Uma delas é reconhecer que, como solução para o problema da ordem, a perspectiva da imersão é menos universal do que qualquer argumento alternativo, já que as redes de relações sociais penetram irregularmente e em diferentes graus nos vários setores da vida econômica, permitindo assim os fenômenos que já nos são conhecidos: a desconfiança, o oportunismo e a desordem não estão, de forma alguma, ausentes.

A segunda forma é salientar que, apesar de as relações sociais de fato poderem ser em muitos casos uma condição necessária para a confiança e o comportamento honesto, elas não constituem garantia suficiente e podem até fornecer a ocasião e os recursos para a má-fé e o conflito em uma escala mais ampla do que em sua ausência. Há três motivos para isso.

1. A confiança originada pelas relações pessoais apresenta, por sua própria existência, uma oportunidade maior para a má-fé. Nas relações pessoais, é de conhecimento comum que "sempre se magoa a quem se ama"; a confiança que nos é depositada por essa pessoa resulta em uma posição muito mais vulnerável do que a de um desconhecido. (No dilema do prisioneiro, a certeza de que um cúmplice negará o crime é um motivo perfeitamente racional para confessar, e as relações pessoais que põem um fim a esse dilema podem ser menos simétricas do que julga a pessoa que é enganada.) Esse fato elementar da vida social é a base dos contos do vigário que simulam relacionamentos, por vezes durante longos períodos, de modo a atingir determinados objetivos. No mundo dos negócios, certos crimes, como o desvio de fundos, são simplesmente impossíveis de ser cometidos por pessoas que não construíram relacionamentos de confiança que proporcionem uma oportunidade de manipular as contas. Quanto maior for a confiança, maior é o potencial de ganho por meio da má-fé. O fato de casos como esse serem estatisticamente pouco freqüentes representa um tributo à força das relações pessoais e da reputação; o fato de ocorrer com regularidade, apesar de com pouca freqüência, indica os limites dessa força.

2. A força e a fraude são utilizadas com mais proveito por grupos, e a estrutura desses grupos requer um nível de confiança interna – "honra entre ladrões" – que normalmente obedece a lógicas preexistentes de relacionamento. Esquemas elaborados de subornos e conluios, por exemplo, raramente podem ser executados por indivíduos que trabalham sozinhos, e, quando essa atividade é revelada, costuma ser notável o fato de ter sido mantida em segredo por um número tão grande de pessoas envolvidas. As estratégias de aplicação da lei consistem em encontrar uma brecha na rede de má-fé – um indivíduo cuja confissão implica outros que irão, em um efeito dominó, trair ainda outros, até o grupo todo ser desmantelado.

Assim, as relações pessoais podem originar tanto grande confiança quanto grande má-fé. Yoram Ben-Porath, no estilo funcionalista da nova economia institucional, enfatiza o lado positivo, observando que "a continuidade dos relacionamentos pode gerar comportamentos da parte de indivíduos perspicazes, individualistas e até inescrupulosos, que de outra forma poderiam ser interpretados como idiotas ou puramente altruístas. Diamantes preciosos passam de uma pessoa a outra no comércio de diamantes em acordos selados por um aperto de mãos" (1980, p. 6). Eu poderia acrescentar, seguindo essa linha positiva, que essa transação é possível em parte por não ser isolada de outras transações, mas imersa em uma comunidade fechada de negociantes de diamantes que monitoram de perto o comportamento uns dos outros. Como outras redes de atores densamente interligadas, elas geram padrões claramente definidos de comportamento facilmente policiados pela rápida divulgação de informações sobre eventos de má-fé. Mas as tentações apresentadas por esse nível de confiança são consideráveis, e o negócio de diamantes também foi o cenário de vários roubos, bastante divulgados, cometidos por ladrões "infiltrados", e dos famosos "assassinatos da CBS", em abril de 1982. Nesse caso, o proprietário de uma empresa de diamantes estava roubando uma empresa de serviços de *factoring* apresentando faturas de vendas fictícias. O esquema exigia a cooperação de seus contadores, um dos quais foi intimado pelos investigadores e tornou-se um informante da polícia. Com isso, o proprietário encomendou o assassinato do funcionário desleal e de sua assistente; três técnicos da CBS que vieram em seu auxílio também foram mortos a tiros (SHENON, 1984).

3. A dimensão da desordem resultante da força e da fraude depende em muito de como a rede de relações sociais está estruturada. Hobbes exagerou a extensão da desordem provável em seu estado de natureza atomizado, no qual, na ausência de relações sociais duradouras, podem-se esperar apenas conflitos entre pares aleatórios. Desordens mais extensas e de larga escala resultam de coalizões entre combatentes, o que é impossível sem a existência de relações prévias. Em geral, não costumamos falar em "guerra" sem que os atores tenham se organizado em dois lados como resultado final de várias coalizões. Isso ocorre somente se houver relações de interseção insuficientes, asseguradas por atores com ligações suficientes com ambos os grupos de potenciais combatentes, de modo a terem um grande interesse em evitar o conflito. O mesmo ocorre no mundo dos negócios, no qual os conflitos são relativamente controlados até que os dois lados possam ganhar força convocando números substanciais de aliados em outras empresas, como algumas vezes ocorre em tentativas de implementar ou evitar aquisições indesejadas (*takeovers*).

A desordem e a má-fé obviamente também ocorrem na ausência de relações sociais. Essa possibilidade já foi expressa em meu argumento anterior de que a presença dessas relações inibe a má-fé. Mas o *nível* de má-fé disponível em uma situação social verdadeiramente atomizada é relativamente baixo; as ocorrências só podem ser episódicas, sem relação entre si, em pequena escala. O problema hobbesiano é de fato um problema, mas, ao transcendê-lo pelo efeito da estrutura social, também apresentamos a possibilidade de rupturas em uma escala maior do que as disponíveis no "estado de natureza".

A abordagem da imersão para o problema da confiança e da ordem na vida econômica, portanto, se define entre a abordagem supersocializada da moralidade generalizada e a abordagem subsocializada dos dispositivos institucionais impessoais ao identificar e analisar padrões concretos de relações sociais. Diferentemente das duas alternativas ou da posição de Hobbes, essa visão não produz previsões generalizáveis (e portanto improváveis) de ordem ou desordem universal, mas sustenta que cada situação será determinada pelos detalhes da estrutura social.

A QUESTÃO DOS MERCADOS E DAS HIERARQUIAS

Como uma aplicação concreta da abordagem da imersão à vida econômica, proponho uma crítica ao influente argumento de Oliver Williamson em *Markets and hierarchies* (1975) e artigos posteriores (1979, 1981; WILLIAMSON e OUCHI, 1981). Williamson questiona-se acerca do tipo de circunstâncias nas quais as funções econômicas são desempenhadas dentro das fronteiras de empresas hierarquizadas e não por processos de mercados que cruzam essas fronteiras. Sua resposta, consistente com a ênfase geral da nova economia institucional, é que a forma organizacional observada em qualquer situação é sempre aquela que lida mais eficientemente com o custo das transações econômicas. Nos casos em que os resultados são incertos, em que a recorrência é freqüente e que requerem "investimentos específicos à transação" – por exemplo, dinheiro, tempo ou energia, que não podem ser facilmente transferidos para a interação com outros em diferentes assuntos – é mais provável que as transações ocorram em empresas hierarquicamente organizadas. Nos casos diretos, não repetitivos e que não requerem investimentos específicos à transação – como a compra única de um equipamento padrão – as transações terão mais chances de ocorrer entre empresas, isto é, por meio de uma interface de mercado.

Nesse sentido, o primeiro conjunto de transações é interiorizado em hierarquias por duas razões. A primeira consiste na "racionalidade limitada", a incapacidade dos atores econômicos de antecipar adequadamente a complexa cadeia de contingências que poderiam ser relevantes aos contratos de longo prazo. Quando as transações são interiorizadas, é desnecessário antecipar todas essas contingências; elas podem ser geridas no interior da "estrutura de governança" da empresa em vez de levar a negociações complexas. A segunda razão é o "oportunismo", a busca racional do benefício próprio por parte dos atores econômicos, usando de todos os meios disponíveis, inclusive a trapaça e a fraude. O oportunismo é mitigado e restringido pelas relações de autoridade e pela maior identificação com parceiros de transação que supostamente se têm em maior extensão quando ambos estão contidos em uma entidade corporativa do que quando se encontram face a face, separados pelo espaço de uma fronteira de mercado.

O apelo às relações de autoridade para domar o oportunismo constitui uma redescoberta da análise de Hobbes, ainda que confinada aqui à esfera econômica. O sabor hobbesiano do argumento de Williamson é sugerido por afirmações como a que se segue:

> A organização interna não sofre dos mesmos tipos de dificuldades que assolam os contratos autônomos [entre empresas independentes] quando surgem conflitos entre as partes. Apesar de os conflitos entre as empresas muitas vezes serem resolvidos fora dos tribunais [...] essa resolução é por vezes difícil, e as relações entre empresas tornam-se geralmente tensas. Litígios dispendiosos são por vezes inevitáveis. A organização interna, por outro lado [...], é capaz de resolver muitos desses conflitos recorrendo à autoridade – uma forma muito eficiente de resolver diferenças instrumentais (1975, p. 30).

O autor observa que as transações complexas e recorrentes requerem relações de longo prazo entre indivíduos que se conhecem, mas que essas relações são ameaçadas pelo oportunismo. As necessárias adaptações às circunstâncias variantes do mercado ao longo de um relacionamento são complexas e imprevisíveis demais para serem contidas em um contato inicial, e promessas de boa-fé revelam-se inexeqüíveis na ausência de uma autoridade supervisora:

> Um princípio geral [...] tal como "vou me comportar de forma responsável em vez de buscar o benefício próprio quando surgir uma ocasião de adaptação" seria o suficiente na ausência do oportunismo. Contudo, dada a inexeqüibilidade dos princípios gerais e a tendência dos agentes humanos de proferir afirmações falsas ou mal-intencionadas (nas quais nem os próprios agentes acreditam), [...] tanto o comprador quanto o vendedor estão estrategicamente posicionados para negociar algum ganho incremental sempre que uma proposta de adaptação é feita pela outra parte [...]. Assim, adaptações eficientes, que de outra forma poderiam se concretizar rapidamente, podem resultar em disputas dispendiosas e mesmo não ser mencionadas, temendo-se que os ganhos sejam dissipados pela luta dispendiosa por objetivos secundários. As *estruturas de governança* que atenuam o oportunismo e, por outro lado, injetam confiança são obviamente necessárias (1979, p. 241-242, grifo meu).

Essa análise implica a mesma mistura de pressupostos sub- e supersocializados encontrados no *Leviatã*. A eficácia do poder hierárquico dentro da empresa é exagerada, tal como no Estado soberano supersocializado de Hobbes.[5] O "mercado" se assemelha ao estado de natureza de Hobbes. É o mercado atomizado e anônimo da economia política clássica, menos a disciplina proporcionada por condições plenamente competitivas – um conceito subsocializado que ignora o papel das relações sociais entre indivíduos de empresas diferentes para instaurar a ordem na vida econômica. Williamson reconhece que esse cenário do mercado nem sempre é adequado:

> As normas de comportamento confiável algumas vezes se estendem aos mercados, e seu cumprimento é garantido, em certo nível, por grupos de pressão. [...] Repetidos contatos pessoais cruzando fronteiras organizacionais asseguram um nível mínimo de cortesia e consideração entre as partes. [...] Além disso, expectativas de negócios recorrentes desencorajam esforços de buscar pequenas vantagens em qualquer transação particular. [...] A agressividade individual é refreada pela perspectiva de ostracismo entre colegas, tanto em circunstâncias de negócios quanto nas sociais. A reputação de uma empresa, com base em sua honestidade, também representa um ativo econômico que não pode ser negligenciado (1975, p. 106-108).

Abre-se, assim, uma porta para a análise das influências da estrutura social sobre o comportamento do mercado. Entretanto, Williamson lida com esses exemplos como exceções e deixa de avaliar o quanto as relações entre pares descritas por ele estão, por sua vez, imersas em sistemas mais abrangentes de relações sociais. Afirmo que o mercado anônimo dos modelos neoclássicos praticamente inexiste na vida econômica e que as transações de todos os tipos são associadas às conexões sociais descritas. Isso não ocorre necessariamente mais no caso de transações entre empresas do que dentro das empresas – ao contrário, parece plausível que a rede de relações sociais dentro da empresa possa ser em média mais densa e duradoura do que a existente entre empresas. Entretanto, o que pretendo mostrar aqui é que há sobreposição social suficiente nas transações econômicas entre empresas (no "mercado", para utilizar o termo da dicotomia de Williamson) para nos fazer duvidar da afirmação de que complexas transações de mercado se aproximam de um estado de natureza hobbesiano, que só pode ser resolvido pela interiorização de uma estrutura hierárquica.

De forma geral, estamos cercados de evidências de quanto as relações de negócios se misturam com as sociais. As associações comerciais, desconsideradas por Adam Smith, permanecem sendo de grande importância. É de conhecimento geral que muitas empresas, pequenas e grandes, estão vinculadas por diretorias integradas (*interlocking directorates*), formando numerosos e estreitos relacionamentos entre os diretores das empresas. Essas relações de negócios invadem o âmbito do social e vice-versa, especialmente entre elites empresariais, representando um dos fatos mais bem documentados no estudo sociológico dos negócios (veja, por exemplo, DOMHOFF, 1971; USEEM, 1979). Estudando o quanto o litígio era utilizado para resolver conflitos entre empresas, Macaulay observa que as disputas são:

> Resolvidas com freqüência sem referência ao contrato ou a sanções legais potenciais ou reais. Nessas negociações, hesita-se em mencionar direitos legais ou ameaçar com processos. [...] Ou, como diz um executivo, "é possível resolver qualquer conflito desde que se mantenham os advogados e contadores afastados do assunto. Eles simplesmente não conseguem entender o jogo de reciprocidade necessário nos negócios" [...] Processos legais devidos a quebra de contrato parecem ser raros (1963, p. 61).

Nesse sentido, o autor explica que:

> Os executivos de alto escalão das duas empresas podem se conhecer. Podem se sentar lado a lado em comissões governamentais ou de negócios. Podem se conhecer socialmente e até pertencer ao mesmo clube de golfe. [...] Mesmo quando se pode chegar a um acordo na fase de negociação, arranjos cuidadosamente planejados podem gerar relacionamentos de troca indesejáveis entre as unidades de negócio. Alguns executivos objetam que, em um relacionamento tão cuidadosamente desenvolvido, obtém-se desempenho apenas quando os contratos estipulados são obedecidos. Um planejamento como esse indica falta de confiança e contraria os princípios da amizade, transformando um projeto cooperativo em uma relação entre antagonistas. [...] Ameaçar virar o jogo com a convocação de um advogado pode custar menos do que um selo ou uma ligação telefônica, mas poucos são tão habilidosos em fazer uma ameaça sem os custos resultantes de uma deterioração do relacionamento entre as empresas (p. 63-64).

Não é apenas nos altos escalões que as empresas estão conectadas por redes de relações pessoais, mas em todos os níveis em que as transações devem ocorrer. Por exemplo, na literatura referente ao processo de compras nas empresas, é senso comum que os relacionamentos de compra e venda raramente se aproximem do modelo de mercado à vista (*spot-market*)[6] da teoria clássica. Uma fonte indica que:

> As evidências consistentemente sugerem ser necessário um tipo de "choque" para levar as organizações a comprar fora de um padrão de repetidas encomendas a um fornecedor privilegiado ou a ampliar um restrito grupo de fornecedores viáveis. Uma rápida reflexão sugerirá várias razões para

esse comportamento, entre as quais, os custos associados à busca de novos fornecedores e de novos relacionamentos, o fato de os usuários terem muitas vezes fontes preferenciais, o risco relativamente baixo em lidar com vendedores conhecidos, e a probabilidade de o comprador ter estabelecido boas relações pessoais com representantes da empresa fornecedora (WEBSTER e WIND, 1972, p. 15).

Seguindo uma linha similar, Macaulay observa que os vendedores "muitas vezes conhecem bem os agentes de compra. Os mesmos dois indivíduos podem ter uma relação comercial de 5 ou 25 anos. Cada um tem algo a dar para o outro. Os vendedores dão indicações acerca dos concorrentes, da escassez de produtos e dos aumentos de preço para os agentes de compra que os tratam bem" (1963, p. 63). Os vendedores que não satisfazem seus clientes "se tornam tema de conversas entre agentes de compra e vendedores, em reuniões de associações de compra e associações comerciais, ou até em clubes de lazer ou em encontros sociais [...]" (p. 64). A resolução de conflitos é facilitada por essa imersão dos negócios nas relações sociais:

> Mesmo quando as partes possuem um acordo detalhado e cuidadosamente planejado que indica o que deverá acontecer se, digamos, o vendedor não fizer a entrega no prazo, muitas vezes eles nunca se referirão ao acordo, mas negociarão uma solução quando surgir o problema, como se não houvesse um contrato original. Um agente de compra expressou uma atitude comum nos negócios quando disse: "Se alguma coisa acontecer, você liga para o homem e resolve o problema. Você não fala sobre as cláusulas legais do contrato para o outro se quiser fazer negócios com ele novamente. Não recorre a advogados se quiser permanecer no negócio porque é necessário comportar-se de forma decente" (MACAULAY, 1963, p. 61).

Esses padrões podem ser mais facilmente observados em outros países, onde são supostamente explicados por peculiaridades "culturais". Assim, um jornalista afirmou:

> As amizades e relações pessoais duradouras afetam as relações de negócios em todo lugar. Mas isso parece ser especialmente verdadeiro no Japão. [...] É nas sessões de *happy hour* em bares e casas noturnas que se estabelecem e se aprofundam lentamente os contatos pessoais vitais. Uma vez consolidados, esses vínculos não se desfazem facilmente. [...] A resultante natureza de vínculos estreitos da sociedade de negócios japonesa há muito tem sido fonte de frustração para empresas estrangeiras que tentam vender seus produtos no Japão. [...] Chalmers Johnson, professor em [...] Berkeley, acredita que [...] as negociações exclusivas no interior dos grupos econômicos japoneses, as transações de compra e venda entre eles com base em relacionamentos de décadas e não em competitividade econômica [...] é [...] uma verdadeira barreira não tarifária [aos negócios entre Estados Unidos e Japão] (LOHR, 1982).

A extensiva utilização de subcontratação em muitos setores também apresenta oportunidades para relacionamentos sustentáveis entre empresas que não são organizadas hierarquicamente em uma unidade corporativa. Por exemplo, Eccles menciona evidências de vários países nos quais, no setor de construção civil, quando os projetos

> [...] não estão sujeitos a regulações institucionais que requeiram licitações competitivas [...] as relações entre o empreiteiro geral e seus prestadores de serviço são estáveis e contínuas em períodos relativamente longos de tempo, e só raramente estabelecidas por meio de licitações competitivas. Esse tipo de "quase integração" resulta no que chamo de "quase empresa". Trata-se de uma alternativa preferível às puras transações de mercado ou à integração vertical formal (1981, p. 339-340).

Eccles descreve essa estrutura de "quase empresa" em relacionamentos abrangentes e duradouros entre empreiteiros e prestadores de serviço como uma forma organizacional logicamente intermediária entre o mercado puro e a empresa verticalmente integrada. Eu argumentaria, entretanto, que não se trata de um ponto *empiricamente* intermediário, dada a raridade da primeira situação. O caso do setor de construção civil se aproxima mais da integração vertical do que algumas outras situações em que as empresas interagem, como relações de compra e venda, já que os prestadores de serviço estão fisicamente no mesmo local que o empreiteiro e estão sob sua supervisão geral. Além disso, nos termos dos contratos habituais que estabelecem os preços, há "claros incentivos à negligência no que se refere aos requisitos de desempenho" (ECCLES, 1981, p. 340).

Mesmo assim, uma estrutura hierárquica associada à empresa verticalmente integrada não se desenvolve para lidar com esse "problema". Defendo que as relações de longo prazo entre empreiteiros e prestadores de serviço, bem como a imersão dessas relações em uma comunidade da construção civil, geram padrões de comportamento esperado que não apenas afastam a necessidade da autoridade pura, mas são superiores a ela no desencorajamento da má-fé. O próprio estudo empírico de Eccles da construção civil em Massachusetts mostra não somente que os relacionamentos de subcontratação são de natureza duradoura, mas também que é muito raro um empreiteiro empregar mais de duas ou três empresas de prestação de serviços para um determinado trabalho, independentemente do número de projetos ao longo de um determinado ano (1981, p. 349-351). Isso ocorre independentemente da disponibilidade de grandes números de prestadores de serviço alternativos. Esse fenômeno pode ser explicado em parte em termos de investimento – por meio de uma "associação contínua, ambas as partes podem se beneficiar de um investimento de alguma forma idiossincrático em aprender a trabalhar juntos" (ECCLES, 1981, p. 340) – mas também deve ser relacionado ao desejo dos indivíduos de usufruir das interações sociais que acompanham seu trabalho diário, um prazer que seria consideravelmente embotado por procedimentos de mercado à vista, que requerem parceiros de trabalho completamente novos e desconhecidos a cada dia. Como em outros setores da vida econômica, a sobreposição de relações sociais no que pode começar como transações puramente econômicas exerce um papel crucial.

Alguns comentários sobre mercados de trabalho também se fazem relevantes aqui. Uma vantagem alegada por Williamson das empresas hierarquicamente estruturadas nas transações do mercado é a habilidade de transmitir informações precisas sobre os funcionários. "O principal impedimento para uma boa avaliação de experiências entre empresas", argumenta o autor,

> relaciona-se com a comunicação. Em comparação com a empresa, os mercados não possuem uma linguagem de avaliação rica e comum. O problema da linguagem é particularmente grave quando os julgamentos de valor são altamente subjetivos. As vantagens da hierarquia nessas circunstâncias são especialmente evidentes se as pessoas mais familiarizadas com as características de um funcionário, normalmente seu supervisor imediato, também se envolvem na avaliação da experiência (1975, p. 78).

Contudo, a noção de que boas informações sobre as características de um funcionário podem ser transmitidas apenas dentro de empresas e não entre elas só pode ser sustentada por quem ignora a amplamente variada rede social de interação que liga as empresas. As informações sobre os funcionários circulam entre empresas não somente pelas relações pessoais existentes entre as pessoas de cada empresa envolvidas em negócios conjuntos, mas também, como demonstrei em detalhes (GRANOVETTER, 1974), porque os níveis relativamente altos de mobilidade entre empresas nos Estados Unidos garantem que muitos funcionários serão razoavelmente bem conhecidos pelos funcionários de várias outras empresas que possam solicitar seus serviços. Além disso, a idéia de que as informações internas são necessariamente precisas e neutras devido aos procedimentos de promoção ligados a elas parece ingênua. Considerar, como faz Williamson, que a confiança "na promoção interna representa um incentivo substancial porque os funcionários podem antecipar quais talentos diferenciais e níveis de cooperação serão recompensados" (1975, p. 78) invoca um tipo ideal de promoção na base da recompensa por desempenho que logo se observa não ter mais que uma correspondência limitada com os mercados internos de trabalho existentes (para uma análise mais aprofundada, veja GRANOVETTER, 1983, p. 40-51).

Por outro lado, minha crítica sustenta que Williamson superestimou em muito a eficácia do poder hierárquico ("*fiat*", em sua terminologia) dentro das organizações. Ele afirma, por exemplo, que as organizações internas apresentam uma grande vantagem nas auditorias:

> Um auditor externo costuma se limitar a revisar registros escritos. [...] Um auditor interno, por outro lado, tem maior liberdade de ação. [...] Enquanto um auditor interno é isento e se considera, e é considerado pelos outros, em termos fundamentalmente instrumentais, o auditor externo é associado com "o outro lado" e seus motivos são encarados com suspeita. O nível de cooperação recebido pelo autor da parte auditada varia de acordo com isso. O auditor externo pode esperar receber somente uma cooperação superficial (1975, p. 29-30).

A literatura sobre auditorias internas é escassa, mas a obra de Dalton sobre uma grande indústria química, *Men who manage*, fornece um registro exaustivo. As auditorias de departamentos, organizadas pela matriz, deveriam ser conduzidas com base no fator surpresa, mas eram geralmente noticiadas de forma sub-reptícia. O alto nível de cooperação demonstrado nessas auditorias internas é sugerido pelo seguinte relato:

> O anúncio de que uma contagem de peças estava prestes a começar provocava um rebuliço entre os executivos para esconder algumas peças e equipamentos [...] os materiais que *não* seriam contados eram transportados para: 1) locais pouco conhecidos e inacessíveis; 2) porões e buracos sujos, com poucas chances de serem examinados; 3) departamentos que já tinham sido inspecionados ou que seriam inspecionados superficialmente enquanto os auditores se detinham em áreas oficiais de armazenamento; e 4) locais em que utensílios e provisões poderiam ser usados para camuflar as peças. [...] À medida que essa prática se desenvolvia, a cooperação entre os chefes [de departamento] para utilizar as áreas de armazenamento uns dos outros e esconderijos disponíveis foi se organizando e funcionando cada vez melhor. (DALTON, 1959, p. 48-49).

O trabalho de Dalton mostra de forma brilhante que a contabilidade de custos de todos os gêneros é um processo altamente arbitrário e, portanto, facilmente politizado, em vez de um procedimento técnico determinado com base na eficiência. Isso é especialmente detalhado por Dalton no que se refere ao relacionamento entre o departamento de manutenção e os vários departamentos de produção na fábrica; o departamento para o qual a manutenção foi encarregada de trabalhar tem menos relação com qualquer contagem restrita de tempo do que com a relativa posição política e social dos executivos do departamento em relação ao pessoal da manutenção. Além disso, os chefes de departamento mais agressivos apressavam o trabalho de manutenção "pela utilização de amizade, intimidação e ameaças implícitas. Como todos os dirigentes tinham a mesma posição formal, pode-se dizer que existia uma relação inversa entre a influência pessoal de um determinado chefe e seu volume de reparos incompletos" (1959, p. 34). Ao lhe perguntarem como essas práticas conseguiam escapar à atenção dos auditores, um informante disse a Dalton:

> Se a auditoria resolvesse bisbilhotar por aqui, o que eles poderiam encontrar? E, mesmo se encontrassem alguma coisa, eles saberiam que era melhor não dizer nada a esse respeito. [...] Todos esses caras [chefes de departamento] têm influência na Contabilidade de Custos. Esse papo de as auditorias serem independentes não passa de uma grande besteira (DALTON, 1959, p. 32).

Infelizmente, não existem investigações tão pormenorizadas e abrangentes quanto a de Dalton para um conjunto representativo de empresas, portanto é possível argumentar que a fábrica estudada representa um caso excepcional. Contudo, aferições similares podem ser feitas para o problema dos preços de transferência – a determinação de preços para produtos transacionados entre divisões de uma única empresa. A esse respeito, Williamson argumenta que, apesar de as divisões transacionais

> [...] poderem ter uma posição de centro de lucros, essa função pode ser exercida de forma restrita. [...] As regras de determinação de preços com base em custos, bem como as suas variantes, impedem as divisões fornecedoras de procurar fixar preços de monopólio [que] a sua posição de única fonte fornecedora lhes permitiria, em princípio, determinar. Além disso, os gestores das divisões que fazem as transações são mais sensíveis a apelos de cooperação (1975, p. 29).

Mas em um estudo empírico intensivo de práticas de determinação de preços de transferência, Eccles, depois de entrevistar cerca de 150 gestores em 13 empresas, concluiu que nenhum método com base em custos poderia ser executado de forma tecnicamente neutra, já que

> [...] não existe um critério universal para definir o custo. [...] Com frequência surgem problemas com métodos baseados em custos quando a divisão que

> efetua a compra não tem acesso às informações sobre a proveniência desses custos. [...] Os preços de mercado são especialmente difíceis de determinar quando as compras internas são obrigatórias e não são feitas transações desse produto intermediário. [...] Não existe uma resposta óbvia para o que é uma elevação de preços destinada ao lucro [...] (1982, p. 21).

Nos conflitos em torno dos preços de transferência, o elemento político afeta em muito a definição aceita de "custo": "Em geral, as práticas de determinação de preços de transferência serão vistas de forma favorável quando forem consideradas como uma forma de aumentar o poder e o status pessoal. Quando isso não acontecer, inúmeros motivos estratégicos e outros ligados ao mundo dos negócios serão evocados para sustentar sua inadequação" (1982, p. 21; veja também ECCLES, 1983, sobretudo p. 26-32). Eccles observa o "fato de certa forma irônico de muitos gestores considerarem as transações internas mais difíceis do que as externas, mesmo apesar de a integração vertical ser desenvolvida pelas suas vantagens presumidas" (1983, p. 28).

Assim, a visão supersocializada de que as ordens em uma hierarquia provocam a obediência passiva e que os funcionários interiorizam os interesses da empresa, suprimindo todo conflito com seus próprios interesses, não resiste à avaliação detalhada desses estudos empíricos (ou até mesmo à experiência vivida por muitos de nós em organizações reais). Note também que, como Dalton demonstra excepcionalmente bem em seu detalhado estudo etnográfico, a resistência à imposição de interesses organizacionais sobre interesses pessoais ou departamentais requer uma extensa rede de coalizões. Do ponto de vista da gestão, essas coalizões representam a má-fé gerada pelas equipes; elas não poderiam ser organizadas por indivíduos atomizados. De fato, Dalton afirmou que o nível de cooperação obtido por chefes de departamento na evasão de auditorias centrais envolveu a ação conjunta "de um gênero raramente ou nunca demonstrado ao executar atividades oficiais..." (1959, p. 49).

Além disso, a rotatividade geralmente mais baixa de pessoal que caracteriza as grandes empresas hierarquizadas, bem como seus mercados internos de trabalho bem definidos e planos de promoção elaborados, podem aumentar as chances de uma evasão cooperativa como essa. Quando muitos funcionários possuem bastante tempo na empresa, existem condições para uma densa e estável rede de relações, entendimentos compartilhados e a construção de coalizões políticas. (Veja HOMANS, 1950, 1974, para discussões relevantes no campo da psicologia social; e PFEFFER, 1983, para uma análise da "demografia das organizações".) James Lincoln observa, a esse respeito, que, na burocracia ideal-típica weberiana, as organizações são "desenvolvidas para funcionar independentemente das ações coletivas, que podem ser mobilizadas por meio de redes interpessoais [internas]. A burocracia prescreve relacionamentos fixos entre posições mediante as quais os protagonistas fluem sem teoricamente afetar as operações organizacionais" (1982, p. 26). O autor prossegue com um resumo de algumas teorias que demonstram, entretanto, que, "quando a rotatividade é baixa, as relações assumem conteúdos adicionais de uma espécie expressiva e pessoal que podem, em última instância, transformar a rede e alterar os destinos da organização" (p. 26).

Até este ponto sustentei que as relações sociais entre as empresas são mais importantes, e a autoridade dentro das empresas menos importante, para manter a ordem da vida econômica do que supõe a linha de pensamento dos mercados e hierarquias. Um argumento equilibrado e simétrico requer atenção ao poder nas relações de "mercado" e conexões sociais dentro das empresas. A atenção às relações de poder é necessária para evitar que a ênfase no papel atenuante das relações sociais no mercado leve à subestimação do papel dessas relações nas situações de conflito. O conflito é uma realidade óbvia, variando de litígios bem divulgados entre empresas aos casos ocasionais de "concorrência selvagem", noticiados efusivamente pela imprensa de negócios. Visto que o exercício efetivo do poder entre empresas procura evitar batalhas públicas sangrentas, podemos pressupor que essas batalhas representem apenas uma pequena proporção dos conflitos de interesses reais. Os conflitos provavelmente se tornam públicos apenas quando as duas partes estão em posições relativamente iguais; lembro que essa igualdade hostil foi precisamente um dos argumentos de Hobbes para uma provável "guerra de todos contra todos" no "estado de natureza". Entretanto, quando a posição de poder de uma empresa é claramente dominante, a outra prefere render-se prematuramente de modo a minimizar suas perdas. Essa rendição pode não envolver um confronto explícito, mas apenas um entendimento claro do que a outra parte pretende (como observado na literatura marxista recente sobre a "hegemonia" no mundo dos negócios; para um exemplo, veja MINTZ e SCHWARTZ, 1985).

Ainda que se possa debater o alcance exato da dominação entre empresas, a vasta literatura sobre diretorias integradas, sobre o papel das instituições financeiras em relação às corporações industriais e sobre a economia dual sem dúvida proporciona evidências suficientes para concluir que as relações de poder não podem ser ignoradas. Esse quadro fornece ainda mais uma razão para duvidar que as complexidades surgidas quando agentes em igualdade formal negociam uns com os outros podem ser resolvidas apenas pela assimilação de todas as partes em uma única hierarquia; na verdade, boa parte dessa complexidade é resolvida por relações de poder implícitas ou explícitas *entre* empresas.

Por fim, um breve comentário se faz necessário sobre as redes de relações sociais cuja importância dentro das empresas é bem conhecida pela sociologia organizacional e industrial. A distinção entre a organização "formal" e a "informal" da empresa é uma das mais antigas na literatura, sendo provavelmente desnecessário repetir que os observadores que presumem que as empresas são de fato estruturadas pelo organograma oficial não passam de bebês perdidos na floresta da sociologia. A relação desse fato com a presente discussão é que, na medida em que a interiorização no âmbito das empresas de fato resulta numa melhor gestão de transações complexas e idiossincráticas, de forma alguma é óbvio que a organização hierárquica represente a melhor explicação. Em vez disso, pode ser que o efeito da interiorização seja proporcionar um foco (veja FELD, 1981) para uma rede ainda mais densa de relações sociais que têm ocorrido entre entidades de mercado previamente independentes. Provavelmente essa rede de interações é o principal elemento que explica o nível de eficiência, alto ou baixo, da nova forma organizacional.

Neste ponto faz-se útil resumir as diferenças das explicações e previsões entre a abordagem de mercados e hierarquias de Williamson e a visão da imersão oferecida aqui. Williamson explica a ausência de "oportunismo" ou de má-fé na vida econômica e a existência geral de cooperação e ordem pela assimilação de atividades econômicas complexas em empresas hierarquicamente integradas. As evidências empíricas que menciono mostram, em vez disso, que mesmo com transações complexas, um alto nível de ordem pode muitas vezes ser encontrado no "mercado" – isto é, cruzando fronteiras entre empresas – bem como um alto nível correspondente de desordem dentro da empresa. A ocorrência desses fatores, diferentemente do esperado por Williamson, depende da natureza das relações pessoais e das redes de relações entre as empresas e dentro delas. Sustento que a ordem e a desordem, a honestidade e a má-fé têm mais relação com a estrutura dessas relações do que com a forma organizacional.

Certas implicações se seguem às condições sob as quais se pode esperar a ocorrência de integração vertical em vez de transações entre empresas em um mercado. Em condições idênticas, por exemplo, podemos esperar pressões para a integração vertical em um mercado no qual as empresas que conduzem as transações não possuam uma rede de relações pessoais que as una ou no qual essa rede incorra em conflitos, desordens, oportunismo ou má-fé. Por outro lado, em mercados nos quais uma rede estável de relações assegure a mediação de transações complexas e gere padrões de comportamento entre as empresas, essas pressões estariam ausentes.

Em vez de prognosticar que uma integração vertical sempre seguirá o padrão descrito, utilizo a palavra "pressões" para evitar o funcionalismo implícito no pressuposto de Williamson, de que qualquer forma organizacional observada é a mais eficiente para aquela situação. Antes de podermos assumir esse pressuposto, duas condições adicionais precisam ser satisfeitas: (i) fortes e bem definidas pressões de seleção para a eficiência devem estar em funcionamento, e (ii) alguns atores devem possuir a habilidade e os meios de "solucionar" o problema da eficiência pela construção de uma empresa verticalmente integrada.

As pressões de seleção que garantem a organização eficiente das transações não chegam a ser claramente descritas por Williamson. Como em grande parte da nova economia institucional, a necessidade de explicitar essas questões se anula pelo argumento darwinista implícito de que soluções eficientes, independentemente de sua origem, detêm um poder de estabelecimento semelhante àquele que resulta da seleção natural no mundo biológico. Dessa forma, aceita-se que nem todos os executivos de negócios "percebem adequadamente suas oportunidades de negócio e reagem a elas de forma impecável. No entanto, ao longo do tempo, os processos de integração [vertical] que possuem melhores propriedades de racionalidade (em termos de custos de transação e economia de escala) tendem a apresentar melhores recursos de sobrevivência" (WILLIAMSON e OUCHI, 1981, p. 389; veja também WILLIAMSON 1981, p. 573-74). Mas os argumentos darwinistas invocados por essa moda intelectual desembocam em uma visão panglossiana de qualquer instituição analisada. Nesse quadro, a operação das supostas pressões de seleção não representa nem um objeto de estudo nem mesmo uma proposição falsificável, mas sim um objeto de fé.

Mesmo que fosse possível documentar as pressões de seleção que aumentaram as chances de sobrevivência de determinadas formas organizacionais, ainda faltaria demonstrar como essas formas poderiam ser implementadas. Tratá-las implicitamente como mutações, por analogia à evolução biológica, significa apenas fugir da questão. Como em outras explicações funcionalistas, não se pode automaticamente pressupor que a solução de algum problema seja viável. Entre os recursos necessários para implementar a integração vertical, podem-se incluir um grau significativo de poder de mercado, acesso ao capital por meio de receitas retidas ou mercado de capitais, e vínculos apropriados com autoridades normativas ou legais.

Em situações nas quais as pressões de seleção são fracas (especialmente prováveis nos mercados imperfeitos que Williamson sustenta que produzem a integração vertical) e os recursos são problemáticos, as configurações sociais e estruturais que esbocei ainda permaneçam relacionadas à eficiência dos custos de transação, mas não se pode dar nenhuma garantia de que ocorrerá uma solução eficiente. Motivos para a integração não relacionados com a eficiência, como o aumento de poder pessoal de CEOs ao adquirir empresas, podem, nesses cenários, se tornar importantes.

    O ponto de vista proposto neste artigo requer que as futuras investigações sobre a questão dos mercados e hierarquias dediquem uma cuidadosa e sistemática atenção aos reais padrões de relações pessoais pelos quais as transações econômicas são conduzidas. Essa atenção não apenas esclarecerá os motivos que orientam os processos de integração vertical, mas também facilitará a compreensão das várias e complexas formas intermediárias entre mercados atomizados e idealizados, e empresas completamente integradas, como a "quase-empresa" no setor de construção civil, discutida anteriormente. Formas intermediárias dessa espécie são tão intimamente ligadas em redes de relações pessoais que qualquer perspectiva que considere essas relações como sendo periféricas falharão em distinguir claramente a "forma organizacional" afetada. Os estudos empíricos existentes sobre as organizações não dão a devida atenção aos padrões de relacionamento em parte porque os dados relevantes são mais difíceis de obter do que os dados referentes à tecnologia e à estrutura de mercado, mas também porque o quadro dominante na economia permanece o de atores atomizados, de forma que a importância das relações pessoais é desprezada.

DISCUSSÃO

Neste artigo, sustentei que a maior parte do comportamento está profundamente imersa em redes de relações interpessoais, e que essa abordagem evita os extremos das visões sub- e supersocializada da ação humana. Ainda que seja a minha convicção que isso se aplica a todos os comportamentos, concentrei-me aqui no comportamento econômico por duas razões: (i) constitui um caso típico de comportamento inadequadamente interpretado devido ao fato de que aqueles que o estudam profissionalmente estão fortemente comprometidos com as teorias atomizadas da ação; e (ii) com poucas exceções, os sociólogos têm evitado análises aprofundadas de qualquer assunto previamente abordado pela economia neoclássica. Eles têm implicitamente aceitado o pressuposto dos economistas de que os "processos de mercado" não são objetos apropriados de estudo sociológico porque, nas sociedades modernas, as relações sociais desempenham apenas um papel menor e fragmentário, e não um papel central. (Exceções recentes são BAKER, 1983; BURT, 1983 e WHITE, 1981.) Mesmo nos casos em que os sociólogos estudam processos nos quais os mercados são centrais, eles geralmente evitam sua análise. Até recentemente, por exemplo, a vasta literatura sociológica sobre os salários foi elaborada em termos de "rendimentos auferidos", obscurecendo o contexto de mercado de trabalho no qual os salários são determinados e se concentrando, em vez disso, nas características e ganhos dos indivíduos (para uma crítica aprofundada, veja GRANOVETTER, 1981). Ou, conforme salientado por Stearns, a literatura sobre quem controla as empresas implicitamente assumiu que a análise deve ser feita no nível das relações políticas e considerações gerais sobre a natureza do capitalismo. Apesar de ser amplamente reconhecido que a forma como as empresas adquirem o capital é um dos fatores essenciais do controle, a maior parte dos estudos relevantes "desde a virada do século eliminou o mercado [de capitais] como um objeto de investigação" (1982, p. 5-6). Mesmo na teoria organizacional, em que um número considerável de estudos define os limites impostos em decisões econômicas pela complexidade socioestrutural, têm-se feito poucas tentativas de demonstrar as implicações dessa realidade para a teoria neoclássica da empresa ou para o entendimento geral do processo produtivo, ou de alguns fenômenos macroeconômicos como crescimento, inflação e desemprego.

Ao tentar demonstrar que todos os processos de mercado são passíveis de análise sociológica e que essas análises revelam elementos centrais, e não periféricos, desses processos, concentrei meu foco nos problemas da confiança e da má-fé. Também utilizei o argumento de "mercado e hierarquias" de Oliver Williamson para ilustrar que a perspectiva da imersão gera uma compreensão e previsões diferentes das que têm sido desenvolvidas pelos economistas. A própria perspectiva de Williamson, um "revisionista" entre os economistas, distancia-se da tendência de ignorar as considerações institucionais e transacionais típicas dos estudos neoclássicos. Nesse sentido, essa posição pode parecer mais próxima da perspectiva sociológica do que das habituais discussões econômicas. Contudo, a principal característica dos "novos economistas institucionais" é desviar a análise das instituições dos debates sociológicos, históricos e legais, e mostrar, ao contrário, que elas resultam de soluções eficientes para os problemas econômicos. Essa missão e o penetrante funcionalismo que ela implica desencorajam a análise detalhada das estruturas sociais, que, como argumento aqui, constitui a chave para se compreender como as instituições existentes atingiram seu estado atual.

Na medida em que se referem particularmente a indivíduos atomizados e a objetivos econômicos, as teorias da escolha racional são inconsistentes com a perspectiva da imersão apresentada neste artigo. Em uma formulação mais ampla da teoria da escolha racional, entretanto, essas duas visões têm muito em comum. Grande parte do trabalho revisionista elaborado por economistas que critiquei em minha discussão das concepções super- e subsocializada da ação se baseia em uma estratégia que pode ser chamada de "revisionismo psicológico" – tentativa de reformar a teoria econômica pelo abandono de um pressuposto absoluto da tomada racional de decisões. Essa estratégia conduziu, por exemplo, à "racionalidade seletiva" de Leibenstein (1976) em suas discussões sobre a "ineficiência X", e às afirmações por parte de teóricos dos mercados de trabalho segmentados de que os trabalhadores em diferentes segmentos de mercado possuem diferentes tipos de regras para a tomada de decisão, sendo que a teoria da escolha racional se aplicaria apenas aos trabalhadores do nível primário-superior – isto é, profissionais, gestores e técnicos (PIORE, 1979).

Sugiro, ao contrário, que, apesar de implicar uma problematização constante, o pressuposto da ação racional constitui uma boa hipótese de trabalho, que não deveria ser facilmente abandonada. O que parece ao analista um comportamento não racional pode revelar-se bastante razoável quando restrições situacionais, especialmente as de imersão, são plenamente consideradas. Quando se analisa em profundidade a situação social dos indivíduos em mercados de trabalho não profissionais, seu comportamento sugere menos a aplicação automática de regras "culturais" e mais uma resposta razoável à situação atual (como, por exemplo, na discussão de LIEBOW, 1966). Gestores que enganam auditores e lutam por preços de transferência podem estar agindo de maneira não racional em algum sentido econômico restrito, em termos da maximização de lucros de uma empresa; mas, quando se analisa sua posição e suas ambições nas redes dentro da empresa e nas coalizões políticas, esse comportamento é facilmente interpretado.

Além disso, é mais fácil perceber que esse comportamento é racional ou instrumental se observarmos que ele visa não apenas metas econômicas, mas também a sociabilidade, a aprovação, o *status* e o poder. Os economistas raramente consideram esses objetivos como racionais, em parte em função da distinção arbitrária que, como constatou Albert Hirschman (1977), surgiu historicamente nos séculos XVII e XVIII, entre as "paixões" e os "interesses", sendo que os últimos denotam exclusivamente motivos econômicos. Essa forma de abordar a questão levou os economistas a se especializarem na análise dos comportamentos motivados apenas pelo "interesse" e a pressuporem que outros motivos ocorrem separadamente e em esferas organizadas de forma não racional; daí o tão citado comentário de Samuelson segundo o qual "muitos economistas separariam a economia da sociologia em função de os comportamentos analisados serem racionais ou irracionais" (1947, p. 90). A noção de que a escolha racional é desviada por influências sociais há muito tem desencorajado uma análise sociológica profunda da vida econômica, e levou economistas revisionistas a reformular a teoria econômica concentrando-se nessa psicologia ingênua. Afirmo aqui que, por mais ingênua que essa psicologia possa ser, a principal limitação dessas teorias se encontra em outro lugar – no desprezo pela estrutura social.

Por fim, resta acrescentar que o nível de análise causal adotado na perspectiva da imersão foi o das causas próximas. Tive pouco a dizer sobre as amplas circunstâncias históricas ou macroestruturais que levaram os sistemas a demonstrar as características socioestruturais que possuem, de forma que não recorro a essa análise para responder a questões de ampla escala sobre a natureza da sociedade moderna ou as fontes das mudanças econômicas e políticas. Mas o enfoque sobre as causas próximas é intencional, já que essas questões mais amplas não podem ser satisfatoriamente abordadas sem uma compreensão mais detalhada dos mecanismos pelos quais as mudanças gerais têm seus efeitos. Afirmo que um dos mecanismos mais importantes e menos analisados é o impacto dessas mudanças nas relações sociais em que a vida econômica está imersa. Se é assim, não se pode estabelecer uma ligação adequada entre os níveis micro e macro sem uma compreensão muito mais completa dessas relações.

A utilização da análise da imersão para explicar as causas próximas dos padrões de interesses de nível macro é bem ilustrada pela questão dos mercados e hierarquias. O alcance da integração vertical e as razões para a persistência de pequenas empresas operando no mercado não são questões apenas relativas à organização econômica, mas sim do interesse de todos os que estudam as instituições do capitalismo avançado. Questões similares surgem na análise da "economia dual", do desenvolvimento dependente e da natureza das modernas elites empresariais. Entretanto, o fato de as pequenas empresas serem ou não de fato eclipsadas por corporações gigantes costuma ser analisado em termos macropolíticos ou macroeconômicos gerais e abstratos, com pouca valorização das causas socioestruturais imediatas.

Os analistas da economia dual têm sugerido, por exemplo, que a persistência de um vasto número de pequenas empresas na "periferia" é explicada pela necessidade das grandes corporações de controlar os riscos relativos às flutuações cíclicas da demanda ou a imprevisibilidade das atividades de P&D; o fracasso dessas pequenas unidades não afetará negativamente os lucros das grandes empresas. Sugiro neste artigo, por outro lado, que as pequenas empresas em um contexto de mercado podem persistir em virtude de uma densa rede de relações sociais sobreposta às relações comerciais que conectam essas empresas e reduzem as pressões para a integração. Isso não exclui o relativo valor do debate do controle de riscos. Entretanto, a proposta da imersão pode ser mais adequada para explicar o grande número de pequenos estabelecimentos não caracterizados pelo *status* de satélites ou periféricos. (Para uma discussão sobre a surpreendente dimensão do emprego em pequenos estabelecimentos, veja GRANOVETTER, 1984.) Essa proposta se restringe às causas próximas: apresenta uma sucessão lógica de fatores, mas não explica por que, quando e em que setores o mercado manifesta os vários tipos de estrutura social. Essas questões, contudo, que se relacionam a um nível mais macro de análise, não surgiriam sem uma apreciação prévia da importância da estrutura social no mercado.

A análise dos mercados e hierarquias, por mais importante que possa ser, foi apresentada neste artigo sobretudo como uma ilustração. Acredito que a idéia da imersão possui uma aplicabilidade muito geral e demonstra não apenas que há um lugar para os sociólogos no estudo da vida econômica, mas que sua perspectiva se faz urgentemente necessária. Ao evitar a análise dos fenômenos centrais da teoria econômica dominante, os sociólogos abdicaram desnecessariamente de um amplo e importante aspecto da vida social, e desligaram-se da tradição européia – derivada especialmente de Max Weber – na qual a ação econômica é vista apenas como uma categoria especial, ainda que importante, da ação social. Espero ter demonstrado neste artigo que esse programa weberiano é consistente com alguns dos pontos de vista da moderna sociologia estrutural, e por eles reforçado.

NOTAS

1. As primeiras versões deste artigo foram redigidas no período sabático gentilmente concedido pelo Institute for Advanced Study e pela Harvard University. O apoio financeiro foi proporcionado em parte pelo Instituto, por uma bolsa da John Simon Guggenheim Memorial Foundation e pelo programa SPI 81-65055 da NSF (National Science Foundation) Science Faculty Professional Development. Entre aqueles que ajudaram a esclarecer os argumentos estão Wayne Baker, Michael Bernstein, Albert Hirschman, Ron Jepperson, Eric Leifer, Don McCloskey, Charles Perrow, James Rule, Michael Schwartz, Theda Skocpol e Harrison White.

2. Há muitos paralelismos entre o que é referido neste artigo como as visões "subsocializada" e "supersocializada" da ação e o que Burt (1982, capítulo 9) chama de abordagens "atomista" e "normativa". De forma similar, a abordagem da imersão proposta aqui representa um meio-termo entre as visões sub- e supersocializada e tem uma clara semelhança com a abordagem estrutural de Burt para a ação. Minhas distinções e abordagem também diferem das de Burt em muitos aspectos que não podem ser explicados de forma sucinta; essas diferenças podem ser mais bem compreendidas pela comparação deste artigo com a interessante síntese elaborada por Burt (1982, capítulo 9) e com os modelos formais que implementam a sua concepção (1982, 1983). Outra abordagem que se assemelha à minha ao enfatizar como as conexões sociais afetam o sentido da ação é a extensão de Marsden das teorias de James Coleman da ação e decisão coletivas em situações nas quais essas conexões modificam os resultados que ocorreriam em uma situação puramente atomista (MARSDEN, 1981, 1983).

3. Os estudantes de sociologia dos esportes notarão que esta afirmação foi referida anteriormente, de uma forma ligeiramente diferente, por Leo Durocher.

4. Agradeço ao revisor anônimo que despertou minha atenção para este fato.

5. A confiança de Williamson na eficácia da hierarquia o leva a substituir o conceito de "zona de indiferença" de Chester Barnard – o domínio no interior do qual os empregados obedecem a ordens apenas porque são indiferentes em relação a fazer ou não o que lhes é ordenado – pelo de "zona de aceitação" (1975, p. 77), desvalorizando a ênfase conferida por Barnard à natureza problemática da obediência. Essa transformação da concepção de Barnard parece ter se originado com Herbert Simon, que não a justifica, observando apenas que ele "prefere o termo 'aceitação'" (SIMON, 1957, p. 12).

6. Mercado em que *commodities* são transacionadas à vista, para entrega imediata. (N. T.)

NOTA DA REDAÇÃO
Artigo traduzido e publicado sob o título "*Ação econômica e estrutura social: o problema da imersão*", na *RAE-eletrônica*, v. 6, n. 1, art. 5, 2007.

REFERÊNCIAS
AKERLOF, G. Loyalty filters. *American Economic Review*, v. 73, n. 1, p. 54-63, 1983.

ALCHIAN, A.; DEMSETZ, H. The property rights paradigm. *Journal of Economic History*, v. 33, n. 1, p. 16-27, 1973.

ARROW, K. *The limits of organization*. New York: Norton, 1974.

BAKER, W. Floor trading and crowd dynamics. In: ADLER, P.; ADLER, P. (Eds) *Social dynamics of financial markets*. Greenwich, CT: JAI, 1983.

BECKER, G. *The economic approach to human behavior*. Chicago: University of Chicago Press, 1976.

BEN-PORATH, Y. The f-connection: families, friends and firms in the organization of exchange. *Population and Development Review*, v. 6, n. 1, p. 1-30, 1980.

BOWLES, S.; GINTIS, H. *Schooling in capitalist America*. New York: Basic, 1975.

BROWN, R. *Social psychology*. New York: Free Press, 1965.

BURT, R. *Toward a structural theory of action*. New York: Academic Press, 1982.

BURT, R. *Corporate profits and cooptation*. New York: Academic Press, 1983.

COLE, R. *Work, mobility and participation*: a comparative study of american and japanese industry. Berkeley / Los Angeles: University of California Press, 1979.

DALTON, M. *Men who manage*. New York: Wiley, 1959.

DOERINGER, P.; PIORE, M. *Internal labor markets and manpower analysis*. Lexington, MA: Heath, 1971.

DOMHOFF, G. W. *The higher circles*. New York: Random House, 1971.

DUESENBERRY, J. Comment on "An economic analysis of fertility". In: DUESENBERRY, J. *Demographic and economic change in developed countries*. Edited by Universities-National Bureau Committee for Economic Research. Princeton, NJ: Princeton University Press, 1960.

ECCLES, R. The quasifirm in the construction industry. *Journal of Economic Behavior and Organization*, v. 2, n. 3, p. 335-357, 1981.

ECCLES, R. *A synopsis of transfer pricing*: an analysis and action plan. Cambridge, MA: Harvard Business School, 1982. mimeo.

ECCLES, R. Transfer pricing, fairness and control. Working paper n. HBS 83-167, 1983. Cambridge, MA: Harvard Business School.

FELD, S. The focused organization of social ties. *American Journal of Sociology*, v. 86, n. 5, p. 1015-1035, 1981.

FINE, G.; KLEINMAN, S. Rethinking subculture: an interactionist analysis. *American Journal of Sociology*, v. 85, n. 1, p. 1-20, 1979.

FURUBOTN, E.; PEJOVICH, S. Property rights and economic theory: a survey of recent literature. *Journal of Economic Literature*, v. 10, n. 3, p. 1137-1162, 1972.

GEERTZ, C. Suq: the bazaar economy in Sefrou. In: GEERTZ, C.; GEERTZ, H.; ROSEN, L. (Eds) *Meaning and order in moroccan society*. New York: Cambridge University Press, 1979. p. 123-225.

GRANOVETTER, M. *Getting a job*: a study of contacts and careers. Cambridge, MA: Harvard University Press, 1974.

GRANOVETTER, M. Toward a sociological theory of income differences. In: BERG, I. (Ed) *Sociological perspectives on labor markets*. New York: Academic Press, 1981. p. 11-47.

GRANOVETTER, M. *Labor mobility, internal markets and job-matching*: a comparison of the sociological and economic approaches, 1983. Mimeo.

GRANOVETTER, M. Small is bountiful: labor markets and establishment size. *American Sociological Review*, v. 49, n. 3, p. 323-334, 1984.

HIRSCHMAN, A. *The passions and the interests*. Princeton, NJ: Princeton University Press, 1977.

HIRSCHMAN, A. Rival interpretations of market society: civilizing, destructive or feeble? *Journal of Economic Literature*, v. 20, n. 4, p. 1463-1484, 1982.

HOMANS, G. *The human group*. New York: Harcourt Brace & Co., 1950.

HOMANS, G. *Social behavior*. New York: Harcourt Brace Jovanovich, 1974.

LAZEAR, E. Why is there mandatory retirement? *Journal of Political Economy*, v. 87, n. 6, p. 1261-1284, 1979.

LEIBENSTEIN, H. *Beyond economic man*. Cambridge, MA: Harvard University Press, 1976.

LIEBOW, E. *Tally's corner*. Boston: Little, Brown, 1966.

LINCOLN, J. Intra- (and inter-) organizational networks. In: BACHARACH, S. (Ed) *Research in the sociology of organizations*. v. 1. Greenwich, CT: JAI, 1982. p. 1-38.

LOHR, S. When money doesn't matter in Japan. *New York Times*, Nova Iorque, 30.12.1982.

MACAULAY, S. Non-contractual relations in business: a preliminary study. *American Sociological Review*, v. 28, n. 1, p. 55-67, 1963.

MARSDEN, P. Introducing influence processes into a system of collective decisions. *American Journal of Sociology*, v. 86, n. 6, p. 1203-1235, 1981.

MARSDEN, P. Restricted access in networks and models of power. *American Journal of Sociology*, v. 88, n. 4, p. 686-617, 1983.

MERTON, R. Manifest and latent functions. In: MERTON, R. *Social theory and social structure*. New York: Free Press, 1947. p. 19-84.

MINTZ, B.; SCHWARTZ, M. *The power structure of american business*. Chicago: University of Chicago Press, 1985.

NORTH, D.; THOMAS, R. *The rise of the western world*. Cambridge: Cambridge University Press, 1973.

OKUN, A. *Prices and quantities*. Washington, DC: Brookings, 1981.

PAKES, A.; NITZAN, S. Optimum contracts for research personnel, research employment and the establishment of "rival" enterprises. NBER Working paper n. 871. Cambridge, MA: National Bureau of Economic Research, 1982.

PARSONS, T. *The structure of social action*. New York: Macmillan, 1937.

PFEFFER, J. Organizational demography. In: CUMMINGS, L. L.; STAW, B. (Eds) *Research in organizational behavior*. v. 5. Greenwich, CT: JAI, 1983.

PHELPS, B.; HENRY, E. *The inequality of pay*. Berkeley: University of California Press, 1977.

PIORE, M. Notes for a theory of labor market stratification. In: EDWARDS, R.; REICH, M.; GORDON, D. (Eds) *Labor market segmentation*. Lexington, MA: Heath, 1975. p. 125-150.

PIORE, M. (Ed) *Unemployment and inflation*. White Plains, NY: Sharpe, 1979.

POLANYI, K. *The great transformation*. New York: Holt, Rinehart, 1944.

POLANYI, K.; ARENSBERG, C.; PEARSON, H. *Trade and market in the early empires*. New York: Free Press, 1957.

POPKIN, S. *The rational peasant*. Berkeley/Los Angeles: University of California Press, 1979.

ROSEN, S. Authority, control and the distribution of earnings. *Bell Journal of Economics*, v. 13, n. 2, p. 311-323, 1982.

SAMUELSON, P. *Foundations of economic analysis*. Cambridge, MA: Harvard University Press, 1947.

SCHNEIDER, H. *Economic man*: the anthropology of economics. New York: Free Press, 1974.

SCHOTTER, A. *The economic theory of social institutions*. New York: Cambridge University Press, 1981.

SCOTT, J. *The moral economy of the peasant*. New Haven, CT: Yale University Press, 1976.

SHENON, P. *Margolies is found guilty of murdering two women*. New York Times, June 1, 1984.

SIMON, H. *Administrative behavior*. Glencoe, IL: Free Press, 1957.

SMITH, A. *The wealth of nations* (1776). SKINNER, A. (Ed) Baltimore: Penguin, 1979.

STEARNS, L. *Corporate dependency and the structure of the capital market*: 1880-1980. (Ph. D. dissertation) State University of New York at Stony Brook, 1982.

THOMPSON, E. P. The moral economy of the English crowd in the eighteenth century. *Past and Present*, v. 50, p. 76-136, 1971.

USEEM, M. The social organization of the American business elite and participation of corporation directors in the governance of American institutions. *American Sociological Review*, v. 44, n. 4, p. 553-572, 1979.

WEBSTER, F.; WIND, Y. *Organizational buying behavior*. Englewood Cliffs, NJ: Prentice-Hall, 1972.

WHITE, H. C. Where do markets come from? *American Journal of Sociology*, v. 87, n. 3, p. 517-547, 1981.

WILLIAMSON, O. *Markets and hierarchies*. New York: Free Press, 1975.

WILLIAMSON, O. Transaction-cost economics: the governance of contractual relations. *Journal of Law and Economics*, v. 22, n. 2, p. 233-261, 1979.

WILLIAMSON, O. The economics of organization: the transaction cost approach. *American Journal of Sociology*, v. 87, n. 3, p. 548-577, 1981.

WILLIAMSON, O.; OUCHI, W. The markets and hierarchies and visible hand perspectives. In: VAN DE VEN, A.; JOYCE, W. (Eds) *Perspectives on organizational design and behavior*. New York: Wiley, 1981. p. 347-370.

WRONG, D. The oversocialized conception of man in modern sociology. *American Sociological Review*, v. 26, n. 2, p. 183-193, 1961.

2
HABILIDADE SOCIAL E A TEORIA DOS CAMPOS*

Neil Fligstein

---

* O artigo "*Social skill and the theory of fields*", de Neil Fligstein, foi originalmente publicado no *Sociological Theory*, v. 19, n. 2, p. 105-125, 2001. Copyright ©2001 American Sociological Association. Todos os direitos reservados. Nenhuma parte deste artigo pode ser reproduzida por qualquer meio ou forma sem a permissão por escrito da American Sociological Association. Para obter autorização, entre em contato com a American Sociological Association (www.asanet.org).

INTRODUÇÃO

Na teoria sociológica clássica, a reprodução e a mudança sociais são explicadas, tipicamente, pela estrutura social. Essa visão tem o efeito de transformar as pessoas em agentes da estrutura que exercem pouco efeito independente sobre a constituição de seu mundo social. Nos últimos 20 anos, houve uma renovada tentativa teórica de estabelecer um papel independente para os atores sociais na mudança e reprodução sociais. Esse debate tem sido desenvolvido em torno de questões que relacionam a estrutura e os atores ou, como foi algumas vezes expresso, o problema dos agentes e das estruturas (GIDDENS, 1984; SEWELL, 1994; ALEXANDER e SMELSER, 1987). O debate tem sensibilizado os acadêmicos em relação ao importante papel que as pessoas reais exercem na reprodução da vida social. Contudo, após os pesquisadores terem produzido vários livros e artigos, muitos desenvolvidos em um nível um tanto quanto abstrato, parece haver pouco consenso geral quanto à maneira de pensar essas questões, e, certamente, não existe um programa positivo para a pesquisa social.[1]

Este artigo se inclui nessa discussão por dois motivos. Primeiro, afirmo que se pode encontrar nas várias teorias "neo-institucionalistas" das ciências sociais um importante conjunto de ferramentas conceituais úteis para repensar as estruturas e a ação. Em segundo lugar, desenvolvo uma visão sociológica da ação, que se origina tanto da literatura empírica quanto da teórica, que aborda diretamente o problema da ação. O conceito de ação proposto aqui, que tem suas raízes no interacionismo simbólico, pode ser denominado habilidade social.[2] A idéia de habilidade social é que os atores precisam induzir a cooperação dos outros. A habilidade de motivar os outros a tomar parte em uma ação coletiva é uma habilidade social que se prova crucial para a construção e reprodução de ordens sociais locais.

Essa idéia pode ser utilizada para compreender como identificar a contribuição distinta dos atores, independentemente de estarem defendendo um conjunto existente de arranjos sociais ou impondo ou negociando uma nova ordem. O propósito de apresentar a idéia de habilidade social é fornecer um microfundamento sociológico, em oposição ao individualismo metodológico, para utilizar teorias neo-institucionalistas. A vida social gira em torno de obter uma ação coletiva, e isso requer que os participantes dessa ação sejam induzidos a cooperar. Algumas vezes se utilizam coerções e sanções para compelir os outros. Entretanto, muitas vezes, os atores estratégicos hábeis proporcionam identidades e quadros culturais para motivar os outros. Gostaria de desenvolver essas idéias de forma que tenham implicações empíricas na maneira como estudamos a formação de campos ao longo de uma ampla variedade de cenários.

A principal contribuição deste artigo é sintetizar esclarecimentos conceituais já existentes na literatura para estimular uma visão mais coerente do quanto podem progredir as abordagens sociológicas institucionalistas. Não proponho oferecer aqui uma teoria completamente desenvolvida para a iniciativa dos atores ou instituições, nem apresentar uma série de hipóteses comprováveis. Em vez disso, proporciono um esquema conceitual abstrato que fornece aos sociólogos empíricos um conjunto de ferramentas para ajudá-los a analisar o papel dos atores no surgimento, estabilidade e transformação de vários tipos de ordens sociais locais. O cerne deste artigo é uma tentativa de desenvolver uma visão interacionista simbólica da ação ao mesmo tempo estratégica e baseada em fornecer atores com identidades coletivas como motivação para a ação. Esse também é o propósito de outros trabalhos, como os de Emirbayer e Goodwin (1994), Emirbayer e Mische (1999), Hays (1994), Joas (1996) e Sewell (1992, p. 16-19).[3]

Este artigo impulsiona esse projeto em duas frentes. Na primeira, integro a literatura existente sobre a ação estratégica na sociologia para descrever as táticas que os atores sociais utilizam visando conseguir a cooperação dos outros. Assim, por exemplo, analiso como o "quadro" ["*framing*"] (SNOW e outros, 1992), a "definição de agenda" ["*agenda setting*"] (LUKES, 1974), a "intermediação" ["*brokering*"] (GOULD, 1993) e a "ação robusta" (PADGETT e ANSELL, 1992) descrevem alternativas de formas estratégicas de ação. Afirmo que o que todas essas táticas têm em comum são atores assumindo o ponto de vista de outros atores para persuadi-los a cooperar. Na segunda, relaciono explicitamente o projeto da ação para o interacionismo simbólico ao projeto neo-institucionalista de compreensão das ordens ou campos locais. Meu interesse aqui é demonstrar o que atores estratégicos hábeis farão em diferentes condições de poder e incerteza. Os atores sociais são sempre importantes para a reprodução dos campos. Em geral, a reprodução dos campos depende do desempenho habilidoso dos atores em organizações dominantes (GIDDENS, 1984). Mas, em condições de crise ou formação, os empreendedores institucionais podem criar sistemas completamente novos de significado. Esses empreendedores são atores estratégicos hábeis que encontram formas de induzir grupos muito diferentes a cooperar colocando-se na posição dos outros e criando significados que exercem apelo a um grande número de atores. Esses momentos são o objeto de muitos de nossos estudos empíricos da política, movimentos sociais, empresas e mercados.

Por quase 20 anos houve um interesse crescente das ciências sociais para explicar como as instituições sociais, definidas como regras que produzem a interação social, surgem, permanecem estáveis e se transformam.[4] Apesar das diferenças, todas as teorias neo-institucionalistas apresentam pontos em comum (HALL e TAYLOR, 1996). Elas se concentram na construção de ordens sociais locais, que poderiam ser chamadas de "campos", "arenas" ou "jogos".[5] As teorias neo-institucionalistas são construções sociais no sentido de abordarem a criação de instituições como o resultado da interação social entre atores se confrontando em campos ou arenas. Mais importante, regras preexistentes de interação e distribuição de recursos agem como fontes de poder e, quando combinadas com um modelo de atores, servem como a base na qual as instituições são construídas e reproduzidas. Uma vez existentes, as instituições tanto capacitam quanto coagem os atores sociais. Atores privilegiados podem utilizar as instituições para reproduzir sua posição. Os atores podem usar as instituições existentes para fundar novas arenas de ação. Atores sem recursos são, na maioria das vezes, coagidos por instituições, mas, em certas circunstâncias, podem utilizar as regras existentes de forma não planejada para criar novas instituições. Os pontos em comum cunhados pela "teoria neo-institucionalista" ao afirmar que o nível apropriado de teorização se inclui na dimensão meso, isto é, se concentram na construção de ordens sociais locais, podem ser aplicados a uma ampla variedade de cenários de pesquisa. Grande parte da ciência social empírica nos campos da sociologia política, sociologia econômica, sociologia organizacional e movimentos sociais se refere à produção de novos campos ou à transformação de campos antigos. Os acadêmicos que trabalham nessas subáreas precisam definir seu campo de interesse específico e entender as instituições "locais", quem são os participantes e quais são seus recursos.

Meu principal interesse diz respeito ao modelo de ação nessas teorias. A visão sociológica da ação proposta aqui se concentra na tentativa de um conjunto de atores de obter a cooperação de outros atores. Há dois grupos relevantes com os quais os atores trabalham para obter a cooperação: aqueles de um determinado grupo ou organização (membros) e aqueles existentes em outras organizações (o campo). As pessoas que atuam como líderes em grupos devem estabilizar suas relações com os membros de seu próprio grupo para fazer com que ajam de forma coletiva e devem desenvolver seus movimentos estratégicos mais gerais na direção de outras organizações em seu campo ou domínio. A habilidade da parte dos atores para analisar e obter essa cooperação pode ser vista genericamente como uma habilidade social. Todos os seres humanos têm alguma habilidade social em função de sua atuação em grupos. Contudo, sabemos que alguns atores são socialmente mais hábeis em obter a cooperação dos outros, atuando com atores mais poderosos e sabendo em geral como construir coalizões políticas na vida.

As teorias neo-institucionalistas enfatizam que as regras e os recursos existentes são os elementos constitutivos da vida social. Gostaria de acrescentar que a capacidade dos atores de utilizar habilmente as regras e os recursos também faz parte do cenário. Em algumas situações nas quais regras e recursos têm um peso muito maior na direção dos grupos mais poderosos, a habilidade social pode não fazer muita diferença. Na presença de mais incertezas ou de turbulência social, a habilidade social pode ter uma função crucial para manter as ordens locais unidas. Além disso, no surgimento das ordens, a habilidade social normalmente tem destaque. Não é por acaso que falamos de empreendedores na vida econômica, social e política. Esses atores são pessoas de visão que criam novas coisas. Eles não somente têm uma idéia, mas devem utilizar essa idéia para induzir a cooperação entre os outros (DIMAGGIO, 1988). Utilizando os termos de Giddens (1984), os "desempenhos hábeis" dos atores sociais estão no âmago da produção e reprodução da vida social. Contudo, em algumas condições sociais, os desempenhos hábeis de certos atores podem ser mais cruciais do que em outras condições.

A visão da dimensão meso da vida social que provém dos neo-institucionalismos e a idéia de habilidade social oferecem uma abordagem para pensar a questão da estrutura-agente. Começo analisando como as teorias neo-institucionalistas nos oferecem uma visão da dimensão meso da construção de ordens locais. Critico o modelo de ação tanto na versão de escolha racional quanto sociológica dos neo-institucionalismos. Em seguida, o modelo de habilidade social é elaborado. Ofereço proposições sobre os diferentes modos de comportamento dos atores estratégicos, que varia dependendo de suas posições nos campos.

Analiso o quanto essas proposições afetam diretamente a maneira como formulamos a pesquisa e, finalmente, considero o escopo empírico desse tipo de conceitualização examinando alguns exemplos da literatura existente que ilustram tanto as proposições quanto as questões de pesquisa.

PONTOS EM COMUM NO "NEO-INSTITUCIONALISMO"

As instituições são regras e significados compartilhados (implicando que as pessoas estão conscientes delas ou que elas podem ser conscientemente conhecidas) que definem as relações sociais, ajudam a definir quem ocupa qual posição nessas relações e orientam a interação ao proporcionar aos atores quadros cognitivos ou conjuntos de significados para interpretar o comportamento dos outros. Elas são intersubjetivas (podem ser reconhecidas pelos outros); cognitivas (dependem das habilidades cognitivas dos atores); e, em um certo nível, requerem a auto-reflexão dos atores (para uma boa revisão das várias bases das instituições, veja SCOTT, 1996, capítulo 3). As instituições podem, é claro, afetar as situações dos atores com ou sem seu consentimento ou compreensão.

Os pontos em comum centrais nas teorias neo-institucionalistas se concentram no conceito de ordens sociais locais, que podem ser chamadas de "campos" (BOURDIEU, 1977; BOURDIEU e WACQUANT, 1992), "campos organizacionais" (DIMAGGIO e POWELL, 1983), "setores" (MEYER e SCOTT, 1983) ou "jogos" (AXELROD, 1984). Os campos se referem a situações nas quais grupos organizados de atores se reúnem e desenvolvem suas ações recíprocas face a face. As teorias neo-institucionalistas se interessam pelo modo como os campos de ação surgem, permanecem estáveis e podem ser transformados. A produção de regras em uma arena social trata da criação das instituições.[6] A institucionalização é o processo pelo qual as regras passam de abstrações a constituintes de repetidos padrões de interação em campos (JEPPERSON, 1991).[7]

Por que os atores desejam produzir padrões estáveis de interação? Minha posição é que o processo de construção de instituições ocorre no contexto de atores poderosos tentando produzir regras de interação para estabilizar sua situação em relação a outros atores poderosos e menos poderosos. Os campos atuam para ajudar a reproduzir o poder e o privilégio dos grupos responsáveis e definir as posições dos desafiantes.[8] Enquanto os grupos responsáveis se beneficiam da maior parte dos campos, os grupos desafiantes ganham certa estabilidade ao sobreviver, apesar de terem um nível mais baixo de recursos.[9] Os momentos de construção das instituições ocorrem quando grupos de atores sociais se confrontam uns aos outros em algum cenário de interação social de contestação. Esses momentos são inerentemente políticos e dizem respeito a lutas por recursos escassos por parte de grupos detentores de diferentes níveis de poder. Os momentos de construção das instituições originam-se das crises dos grupos existentes (ou, na linguagem da teoria dos jogos, equilíbrios subóbtimos) seja na tentativa de produzir interações estáveis seja quando as regras atuais não servem mais a seus propósitos.

Instituições estáveis podem ser desenvolvidas de várias formas. Alguns grupos chegam para dominar e impor um conjunto de regras e relações a outros grupos. Uma força externa, como um governo (que também é composto de campos), pode exercer a ordem e privilegiar a si mesma ou a seus grupos mais favorecidos. Algumas vezes, os grupos podem desenvolver uma coalizão política para negociar um resultado que proporcione regras para esses grupos, como sugerido pela teoria dos jogos. Se uma situação é suficientemente fluida e muitos grupos começam a aparecer, é possível para atores sociais hábeis ajudar grupos a superar suas diferenças propondo uma nova identidade para o campo. É importante reconhecer que a construção de instituições pode fracassar. Diferentes interesses e identidades de grupos podem impedir o surgimento de instituições estáveis.

Uma dos maiores sacadas dos "neo-institucionalistas" é que grande parte da dinâmica da sociedade moderna vem das difíceis relações entre grupos desafiantes e responsáveis; da luta entre grupos responsáveis, dentro e através dos campos, para estabelecer e montar campos; e das conseqüências, intencionais ou não, causadas por essas lutas em campos adjacentes (SILBER, 1995). Essas lutas podem ser entendidas como "jogos", isto é, interações sociais orientadas no sentido de produzir resultados para cada grupo. A possibilidade de novos campos depende de os atores utilizarem entendimentos existentes para criar novos campos. Seu ímpeto para isso é com freqüência baseado em sua situação atual, como desafiantes ou como responsáveis. A possibilidade de mudar a situação coletiva de um grupo pode causar a invasão de um campo próximo ou a tentativa de criar um novo.

Os campos são construídos pela utilização da "cultura" de três maneiras. Primeiro, as práticas sociais preexistentes, que incluem leis, definições de recursos e regras relevantes, e a habilidade dos atores de explorar tecnologias organizativas (por exemplo, tecnologias que criam várias tipos de organizações formais) influenciam a construção do campo. Em segundo lugar, as regras de cada campo são únicas e estão imersas nas relações de poder entre os grupos; elas funcionam como o "conhecimento local" (GEERTZ, 1983). Finalmente, os atores possuem estruturas cognitivas que utilizam quadros culturais, semelhantes ao que Bourdieu (1977) chama de *"habitus"*, para analisar os significados das ações dos outros. Esses quadros ajudam os atores a decidir "o que se passa" e quais as ações disponíveis à medida que as interações se desenrolam (HAYS, 1994). Uma vez estabelecidos, os campos e as posições sociais que eles definem restringem as ações e opções de conjuntos de atores. Isso não significa, contudo, que os significados e as hierarquias dos campos não sejam objetos de contestação. De fato, a ação em campos estáveis é um jogo no qual os atores são constituídos por recursos e em que as regras são determinadas. Nas interações entre o mais e o menos poderoso, o jogo para o mais poderoso é reproduzir a ordem.

A teoria dos campos pode ser facilmente relacionada ao problema estrutura-agente. Ao se concentrar na construção de ordens sociais locais, a teoria dos campos faz com que os analistas concentrem sua atenção na maneira como grupos específicos chegam a definir um domínio social. Uma vez estabelecidas, essas definições podem ser utilizadas pelos grupos dominantes para reproduzir suas vantagens de forma periódica. É mais fácil, assim, compreender o problema da reprodução de estruturas sociais existentes. Os grupos dominantes, que podem ser identificados em uma determinada arena de ação, trabalham para reproduzir sua posição. Os grupos desafiantes tentam explorar as oportunidades apresentadas a eles na interação e por crises geradas seja na lógica interna do campo seja pelas ações de membros de campos próximos. A estabilidade ou, nos termos de Giddens, a reprodução resulta quando, conforme o jogo se desenrola, os grupos dominantes reproduzem seu poder.

A transformação de campos é possível quando os equilíbrios atuais começam a se romper, o que normalmente é precipitado por algum tipo de crise. As crises podem se originar nas relações entre grupos em um determinado campo. Com mais freqüência, a crise deriva de outros campos ou dla invasão de grupos em um campo específico. Os campos se formam, primeiramente, quando grupos mais poderosos são capazes de construir uma ordem social local. Isso pode ser imposto a outros grupos ou negociado com outros grupos poderosos dentro ou fora do campo.

A teoria dos campos tem uma enorme vantagem analítica sobre as visões sociológicas convencionais, que promoveram pouca teorização sobre os campos de ação social. Ela oferece uma visão de como as ordens locais são criadas, sustentadas e transformadas. Essa teoria ajuda os acadêmicos a observar ordens específicas para determinar quais forças externas a um determinado campo estão em funcionamento. Ela também permite que os acadêmicos analisem em que condições e quando os grupos em um campo podem, de fato, criar novas ordens. Ao substituir um foco sobre a dimensão meso da ação, as teorias "neo-institucionalistas" sugerem uma teoria radical da sociedade. Aqui, a sociedade consiste em um número potencialmente ilimitado de campos, que são constantemente criados e destruídos. Isso abre a possibilidade de teorizar mais claramente sobre as ligações entre campos. A idéia de campos pode ser utilizada em vários estudos empíricos. Em economia, os campos são consistentes com as visões atuais de mercados de produção na organização industrial (GIBBONS, 1992). Na sociologia política, os domínios políticos são arenas da ação política (LAUMANN e KNOKE, 1987). Na sociologia de mercados, os produtores definem os mercados como campos (WHITE, 1981; FLIGSTEIN, 1996). Finalmente, a teoria dos movimentos sociais, com seu foco em responsáveis e desafiantes nas arenas políticas, muitas vezes implica uma metáfora para o campo (GAMSON, 1975).

CRÍTICA

Os "neo-institucionalistas" discordam no que se refere aos papéis dos atores, da cultura e do poder. Em um extremo, a escolha racional sugere que as instituições são o resultado das interações de atores racionais individuais em situações semelhantes a jogos de regras e recursos fixos (por exemplo, AXELROD, 1984). Em outro extremo, os institucionalistas sociológicos se concentram, por sua vez, no fato de que os mundos sociais são obscuros e requerem interpretações, e de que as ações podem ou não ter conseqüências (MEYER e ROWAN, 1977). Para lidar com isso, os atores utilizam roteiros prontamente disponíveis, muitas vezes fornecidos por governos ou profissionais, para estruturar suas interações (JEPPERSON, 1991; DIMAGGIO e POWELL, 1983).

A crítica tanto da perspectiva sociológica quanto da escolha racional que eu gostaria de fazer sugere que nenhuma delas está aberta para o problema da ação nem concede às pessoas reais a possibilidade de criar seus mundos sociais. Uma teoria sociológica da ação precisa levar a sério as visões do ator racional no sentido de que os atores de fato buscam seus interesses e se envolvem agressivamente em interações estratégicas. Contudo, ela deve "socializar" os atores para coletivizá-los, e motivar suas ações fazendo com que eles orientem seu comportamento estratégico aos grupos.[10]

As concepções sociológicas da ação no neo-institucionalismo sugerem que as instituições fornecem significados coletivos pelos quais ocorre a estruturação do campo. Uma vez estabelecidos, esses significados fornecem aos atores roteiros para interpretar as ações dos outros e as ações para reproduzir seus grupos sociais. A maioria das análises neo-institucionalistas na sociologia começaram com ambientes institucionalizados. Uma vez que um conjunto de crenças ou significados é compartilhado, esse argumento sugere que os atores o disseminam ou reproduzem, consciente ou inconscientemente. Como os atores muitas vezes não podem conceitualizar nenhuma alternativa, utilizam os mitos racionalizados existentes no que se refere a suas situações para estruturar e justificar suas ações (DIMAGGIO, 1988).

Infelizmente, a teoria da ação nesse modelo faz dos atores "incompetentes" culturais (GIDDENS, 1984), transformando-os em receptores passivos das instituições. Significados compartilhados tornam-se a força causal na discussão, e os atores são os transmissores que divulgam esses significados aos grupos. Meyer e alguns de seus alunos (MEYER e outros, 1987) levaram essa discussão a seu extremo lógico argumentando que a vida social no Ocidente pode ser responsabilizada pelo mito do individualismo, que produz tanto a estabilidade social quanto a mudança nos campos.[11]

A maioria das versões da teoria neo-institucionalista na sociologia organizacional não é acompanhada de uma teoria do poder, que se relaciona com o problema da teoria da ação. As questões 'por que os campos devem existir' e 'no interesse de quem eles existem' nunca são focalizadas pelas teorias institucionais. A dinâmica e a análise dos campos raramente dizem respeito ao poder (exceção feita à versão de Bourdieu para a teoria [BOURDIEU, 1977; BOURDIEU e WACQUANT, 1992]), a quem se beneficia ou não. A teoria da ação encoraja esse distanciamento das questões do poder fazendo dos atores propagadores de significados compartilhados e seguidores de roteiros. Se os atores são agentes de mitos racionalizados, muitas vezes conduzidos por profissionais, eles são deixados sem "interesses", e ficamos a nos perguntar: por que eles atuam? Em função da falta de uma teoria real de interação e poder, a maioria das versões do neo-institucionalismo na sociologia não consegue explicar nem mesmo o surgimento das instituições (POWELL e DIMAGGIO, 1991; DIMAGGIO, 1988; SCOTT, 1996; COLIGNON, 1997). De onde vêm as oportunidades para essas novas formas de ação? Quais atores podem organizar? Quais significados estão disponíveis e quais não estão e por quê? Por que e como os atores que deveriam apenas ser capazes de seguir roteiros reconhecem essas situações e criam novas instituições?

Isso também cria problemas que vão contra as teorizações sociais atuais, tanto na teoria da escolha racional quanto na sociologia recente. O modelo neo-institucionalista da ação na sociologia simplesmente não se envolve na afirmação da escolha racional de que as pessoas têm motivos para agir, isto é, que elas buscam algum conceito de seus interesses e agem em relação aos outros para obtê-los. As discussões teóricas na sociologia, nos últimos 15 anos, implicam que a produção e a reprodução de conjuntos atuais de regras e distribuições de recursos dependem do desempenho hábil dos atores que utilizam seu poder social e conhecimento para agir por si próprios e contra os outros (GIDDENS, 1984; BOURDIEU, 1977; BOURDIEU e WACQUANT, 1992; SEWELL, 1992). Os atores, em condições institucionais tanto estáveis quanto instáveis, não são simplesmente levados pelos significados compartilhados em seus campos, entendidos como roteiros que devem ser interpretados por profissionais ou burocratas do governo. Em vez disso, eles atuam com um certo nível de habilidade social para reproduzir ou contestar sistemas de poder e privilégio. E o fazem como membros ativos de um campo cuja vida está imersa no campo e dele depende.

As teorias da escolha racional na economia e na ciência política são fortes em salientar como os atores se unem, quais são seus motivos e como e por que produzem instituições. Entretanto, os modelos da escolha racional e da teoria dos jogos também apresentam teorias problemáticas de poder e ação. Pelo fato de os atores serem conceitualizados como indivíduos, mesmo quando representam coletividades, a natureza das arenas sociais e o papel dos atores em produzir, manter e assumir posições nessas arenas não recebem um embasamento teórico suficiente. Os estados, os processos políticos em geral e o poder são considerados como regras e recursos. Isso forma as bases sobre as quais os atores racionais desenvolvem seus jogos.

O problema básico é que essas teorias deixam de abordar o fato de os atores (tomadores de decisão, gestores, líderes ou elites) terem muitos constituintes para equilibrar e devem continuamente estar conscientes de que precisam produzir equilíbrio para induzir a cooperação tanto com seus aliados quanto com seus oponentes.[12] Assim, por exemplo, os atores em grupos desafiantes precisam manter seus grupos unidos e continuar a motivá-los a cooperar. Os modelos de ator racional, ao tratarem as regras e os recursos como sendo exógenos e os atores como sendo indivíduos com preferências fixas, deixam de abordar a criatividade e a habilidade necessárias para que os indivíduos, como representantes das coletividades, atuem politicamente em relação aos outros atores para produzir, reproduzir e transformar os equilíbrios institucionais.

Os cientistas políticos e os sociólogos orientados pela escolha não racional se frustram, com freqüência, pelo fato de os teóricos da escolha racional não se interessarem pelos detalhes dos processos sociais históricos nos quais os arranjos são feitos. Se a vida social é fundamentalmente construída socialmente, então as identidades, os interesses e as ações devem ser construídos à medida que o processo emerge (STEINMO e outros, 1992, capítulo 1). Isso significa que o processo social é inerentemente importante na constituição de instituições. Entretanto, essa falta de interesse no processo social na teoria da escolha racional deriva exatamente de seu modelo de ação. Uma vez que as regras e os recursos existentes são conhecidos e os interesses dos atores são determinados, a habilidade de formar instituições pode ser deduzida das regras do jogo. De fato, o modelo da teoria dos jogos não se sustenta se esse não for o caso (TSEBELIS, 1990). A negociação real nos grupos e entre eles e seus efeitos na constituição de interesses são rejeitados *a priori* como tendo possivelmente conseqüências para o resultado.

As minhas críticas implicam a necessidade de uma concepção alternativa da ação. Aqui, os atores interessam porque alguns precisam ajudar os grupos a decidir quais são seus interesses e identidades e a se envolver em negociações entre grupos. Essa visão mais sociológica sugere que, para induzir a cooperação para formar instituições, os atores sociais devem ter a necessária habilidade, que chamo de habilidade social. É a habilidade social de atores-chave que permite que os grupos funcionem; é sua habilidade de induzir a cooperação entre os atores ao definir os interesses e as identidades coletivas que permite o surgimento e a reprodução das instituições.

HABILIDADE SOCIAL COMO MICROFUNDAMENTO

Meu objetivo nesta seção é caracterizar uma visão mais sociológica daquilo que as pessoas fazem em organizações e grupos. Não considero isso uma teoria, mas sim um grupo de percepções conceituais que ajuda a esclarecer, de um ponto de vista sociológico, o que os atores fazem em grupos e organizações. A habilidade social pode ser definida como a capacidade de induzir a cooperação nos outros. Atores sociais hábeis se relacionam empaticamente com as situações das outras pessoas e, ao fazê-lo, são capazes de fornecer a essas pessoas razões para cooperar (MEAD, 1934; GOFFMAN, 1959, 1974). Atores sociais hábeis devem compreender a percepção dos conjuntos de atores de seu grupo em relação às suas múltiplas concepções de interesse e identidade, bem como a percepção dos atores dos grupos externos. Eles utilizam essa compreensão em situações específicas para proporcionar uma interpretação da situação e determinar ações que estejam de acordo com os interesses e as identidades existentes.[13]

Esse conceito de habilidade social se origina na interação simbólica (MEAD, 1934; GOFFMAN, 1959, 1974; JOAS, 1996). As concepções dos atores de si mesmos são altamente moldadas por suas interações com os outros. Ao interagir, os atores tentam criar um senso positivo de si mesmos ao se envolverem em produzir significado para si e para os outros. As identidades se referem a conjuntos de significados que os atores possuem e que definem quem eles são e o que querem em uma determinada situação. Atores em posições dominantes que são eficazes e bem-sucedidos podem ter uma boa auto-estima.[14] Atores em posições dominadas podem ser estigmatizados e forçados a se envolver em estratégias de enfrentamento para contestar sua estigmatização (GOFFMAN, 1963). Como Giddens (1984) observou, todos os membros da sociedade são capazes de desempenhos sociais hábeis. As pessoas aprendem a interagir com as outras, cooperar e ganhar um senso de identidade no processo da socialização.

Mead (1934) demonstra que alguns atores sociais são melhores do que os outros em induzir a cooperação. Isso ocorre por serem capazes de criar um senso positivo de identidade que ressoa entre os outros. A eles chamo de atores socialmente mais hábeis. Os atores sociais hábeis produzem significado para os outros porque, ao fazê-lo, produzem significado para si mesmos. Seu senso de eficácia não vem de alguma concepção estreita de interesse próprio (apesar de os atores hábeis tenderem a se beneficiar materialmente de sua habilidade), mas do ato de induzirem a cooperação e ajudarem os outros a obter seus fins. Eles farão o que for necessário para induzir a cooperação, e, se um caminho estiver fechado, escolherão outro. Isso significa que os atores sociais hábeis não se limitam a seus interesses próprios e não têm metas fixas. Eles não têm interesses individuais fixos, mas, por outro lado, se concentram em desenvolver os fins coletivos. Mantêm suas metas de certa forma abertas e estão preparados para aceitar o que o sistema lhes der. Isso faz com que os atores estratégicos hábeis se comportem mais ou menos com motivações opostas às dos atores racionais, que se limitam a buscar seus próprios interesses e metas em uma espécie de competição com os outros.

Ter mais habilidade social implica que alguns atores são melhores em obter a cooperação do que outros porque algumas pessoas poderão compreender melhor uma determinada situação e produzirão significado compartilhado para os outros, conseguindo sua cooperação (MEAD, 1934). Todos os seres humanos precisam de habilidade social para sobreviver. Todos nós conhecemos pessoas que são socialmente mais habilidosas do que outras; isto é, possuem a habilidade de promover a cooperação dos outros. Elas estão presentes em universidades, na política e no mundo dos negócios. Algumas vezes essas pessoas são líderes ou gestores com posições formais de poder, mas isso não significa que todos os "gestores" tenham um alto nível de habilidade social. A afirmação aqui é apenas de que algumas pessoas têm maior capacidade de induzir a cooperação do que outras.[15]

A idéia de que algumas pessoas são mais eficazes do que outras em induzir a cooperação nos outros, entretanto, é abstrata. Há dois problemas que precisam ser resolvidos para tornar essa idéia empiricamente útil. O primeiro é a necessidade de especificar que tipo de táticas os atores socialmente hábeis utilizam para induzir a cooperação. Isso permitirá que os acadêmicos empiricamente orientados reconheçam quem são os atores socialmente hábeis e procurem as várias táticas que eles possam utilizar para conseguir a cooperação. Então, é necessário relacionar mais estreitamente o uso dessas táticas à posição dos atores nos campos.[16] A teoria da habilidade social nos indica o caminho para estudar a formação, a estabilidade e a transformação dos novos campos.

A literatura identificou várias táticas importantes utilizadas pelos atores socialmente hábeis (PADGETT e ANSELL, 1992; BOURDIEU, 1977; WHITE, 1994; COLEMAN, 1988; LEIFER, 1988; NEE e INGRAM, 1997; DIMAGGIO, 1988; FLIGSTEIN, 1997; GOFFMAN, 1959, 1974). O problema básico dos atores sociais hábeis é compor "histórias" que ajudem a induzir a cooperação das pessoas de seu grupo que apelem à sua identidade e a seus interesses, e ao mesmo tempo utilizar essas mesmas histórias para desenvolver ações contra vários oponentes. Esse é o problema geral dos quadros, identificado por Goffman (1974).

Uma das fontes mais importantes para os quadros é a autoridade direta para dizer a alguém o que fazer. Weber (1978), há muito tempo, observou que a autoridade era a probabilidade de um comando direto ser obedecido com base na posição de legitimidade da pessoa que comanda. Ao sustentar uma posição em um determinado grupo social, os atores acharão mais fácil obter a cooperação dos outros. Contudo, mesmo se tiver uma posição formal em um grupo, ainda é preciso induzir a cooperação nos subordinados (BARNARD, 1938). Isso significa que deve haver um repertório de outras táticas que os atores hábeis utilizam para estruturar as interações com pessoas dentro de um grupo e entre grupos.

A definição da agenda é a habilidade de definir para os outros os parâmetros da discussão (KINGDON, 1984; LUKES, 1974). Se um ator hábil puder fazer com que os outros aceitem os termos da discussão, metade da negociação já estará ganha. A definição da agenda normalmente é obtida por meio de uma ação nos bastidores para convencer múltiplos atores e grupos de que uma determinada agenda é de seu interesse. Quando os grupos se encontram, definem-se a agenda e os termos da discussão, e estabelecem-se a identidade e os interesses dos atores. Isso requer que os atores compreendam seus interesses em certos limites e definam algumas ações.

Os atores hábeis entendem as ambigüidades e as certezas do campo e as exploram. Eles têm um senso do que é possível e do que é impossível. Se a situação lhe proporciona oportunidades não planejadas mas que podem resultar em algum ganho, o ator hábil as usará, mesmo se não tiver certeza de sua utilidade ou do ganho. Essa abordagem pragmática para obter a cooperação é semelhante ao que Levi-Strauss chama de *bricolage* (1966). O resultado é que o ator hábil aceitará o que o sistema lhe oferece a qualquer momento, mesmo que não seja exatamente o que o ator ou os outros possam idealmente querer.

De fato, os atores sociais hábeis muitas vezes acabam convencendo os outros de que o que conseguem é o que eles querem. Para isso, os atores hábeis precisam convencer os outros, que não compartilham necessariamente os mesmos interesses, de que o que ocorrerá é consistente com sua identidade e seus interesses. Isso pode ser feito persuadindo os outros a aceitar certos valores prioritários ou convencendo-os de que o que ocorrerá estará de acordo com seus interesses, pelo menos de uma certa forma. Como interesses e preferências podem ser formados ao mesmo tempo que os campos, é necessário relacionar quadros mais amplos às concepções de interesse existentes no grupo.

O ator social hábil se envolverá em intermediar mais do que as disputas (GOULD, 1993). Isso ocorre de duas formas. Primeiro, os atores estratégicos se apresentam como neutros em uma situação como se estivessem apenas tentando fazer a mediação entre dois grupos. Depois, os atores estratégicos se apresentam como mais ativos em vender a identidade coletiva do grupo e motivar os outros a encontrar uma forma de unir as pessoas. Sua solução é vendida para ajudar a manter a paz ou para se certificar de que o campo como um todo não entre em colapso. Para ser intermediários, os atores hábeis precisam convencer os outros de que não se limitam aos interesses próprios e que os outros ganharão pessoalmente se chegarem a uma solução negociada.

Uma tática de negociação comum para os atores hábeis é pressionar para obter mais do que estão dispostos a aceitar, tanto dos membros recalcitrantes do grupo quanto dos que estão de fora. Como as situações são com freqüência ambíguas, ninguém nunca poderá dizer até onde os outros estão dispostos a ir. Essa tática deve ser utilizada com critério: se alguém pedir demais, arrisca alienar o outro lado, e é nesse ponto que a habilidade estratégica entra em jogo.

Como o objetivo da ação hábil é obter a cooperação dos outros, os atores socialmente hábeis parecem difíceis de decifrar e sem valores orientados para o benefício pessoal (isso é o que PADGETT e ANSELL [1992] e LEIFER [1988] chamaram de ação robusta). Se os outros pensarem que alguns atores querem algo e que agem meramente em benefício próprio, eles podem facilmente determinar ações para impedir esses atores. Por outro lado, se um ator parece estar aberto às necessidades dos outros e não comprometido com alguma ação, os outros considerarão a situação mais atraente para a negociação e estarão mais dispostos a permitir a intermediação ou ajudar a forjar uma identidade coletiva.

Um problema central para os atores socialmente hábeis é encontrar uma forma de unir atores ou grupos com preferências amplamente diferentes e ajudar a reorganizar essas preferências. Esse processo de agregação, uma vez desencadeado, pode assumir vida própria. Quando um grande número de atores entra em cena, os outros os seguirão. O truque é trazer um número suficiente em cena e manter o ritmo para que outros continuem aderindo. Isso normalmente é feito ao se tentar criar uma identidade coletiva comum (ANSELL, 1998). Essa identidade permite que os grupos unam as percepções divergentes de seus interesses num projeto comum.

Os atores hábeis muitas vezes manterão várias bolas no ar. Enquanto a maioria das coisas não tiver sucesso, bastam algumas vitórias para convencer os outros a aderir. Posteriormente, outros atores ou grupos só se lembrarão dos sucessos, e deve-se tentar muitas opções, esperando que algumas funcionem. Faz parte dessa ilusão de ação tentar convencer os outros de que a visão deles contém mais realidade do que eles possam imaginar. Se for possível convencer os outros de que possuem mais poder, controle ou habilidade para fazer com que outros cooperem, então, quando algo for posto em funcionamento, todos seguirão esse exemplo.

Outra tática dos atores estratégicos é fazer com que os outros acreditem que os atores estratégicos não estão no controle. Uma das táticas de ação mais engenhosas é armar situações nas quais outros atores assumam a liderança e ajam de acordo com o que pensam ser as idéias deles. Ao fazer com que os atores que estão relativamente isolados cooperem e ao convencê-los de que sua cooperação foi idéia deles, os atores estratégicos conseguem a cooperação dos outros sem parecer maquiavélicos.

Padgett e Ansell (1992) demonstraram que uma boa forma de obter a cooperação de grupos muito diferentes é fazer alianças com as pessoas que têm menos opções ou isolar os grupos mais divergentes e particularmente difíceis. A ação preferível é incluir o tantos grupos divergentes quanto possível no campo e fazer com que eles concordem com uma identidade coletiva. Uma boa forma de fazer isso é ser o núcleo da rede para esses grupos divergentes. Assim, o ator hábil é a fonte de informações e de construção de coalizões. Às vezes, certos atores ou grupos podem ser tão perturbadores que a melhor tática é o isolamento. Se estiverem perturbados e houver muitos atores perturbados mas isolados, eles geralmente permanecem desorganizados. Como esses tipos de atores costumam ser incapazes de ação estratégica por si sós, permanecem isolados.

HABILIDADE SOCIAL E A ANÁLISE DOS CAMPOS

A habilidade social funciona como uma microestrutura para compreender o que os atores fazem nos campos. Para começar, é a combinação de recursos, de regras preexistentes e das habilidades sociais dos atores que funciona para produzir campos, estabilizá-los periodicamente e produzir a transformação. Os atores sociais hábeis ajustam suas ações dependendo da organização atual do campo, sua posição nesse campo e os movimentos atuais dos atores hábeis de outros grupos no campo. O processo social é importante porque, mesmo em campos estáveis, os atores sociais hábeis precisam manipular regras e recursos para auxiliar a reprodução das ordens locais. Na próxima seção, descrevo o que podemos esperar que os atores sociais hábeis façam em diferentes condições estruturais de regras estáveis e diferentes posições no sistema de poder de um campo. Forneço algumas proposições para descrever a relação conceitual entre os atores sociais hábeis, seus recursos no campo e a organização do campo. Elas não têm o intuito de ser proposições causais, mas sim ferramentas conceituais para auxiliar a análise empírica.

SURGIMENTO DOS CAMPOS E A HABILIDADE SOCIAL

O surgimento de novos campos ocorre quando um número significativo de membros de diferentes grupos percebe novas oportunidades. A crise dos novos campos reflete o fato de que não surgiram regras estáveis de interação e que os grupos estão ameaçados de extinção. Os atores sociais hábeis orientarão suas ações para estabilizar internamente seu grupo e estabilizar a relação do grupo com os outros grupos. É importante notar que, nessas situações, os atores sociais hábeis podem fracassar. Os atores hábeis podem não ser capazes de desenvolver coalizões políticas ou podem ser membros de grupos fortes o suficiente para impingir uma ordem social local. Toda a habilidade social do mundo pode falhar em produzir a ordem se ninguém puder reivindicar os recursos com força suficiente e não houver possibilidade de desenvolver quadros em comum.

> **Proposição 1:** Atores sociais hábeis são fundamentais para o surgimento de novos campos. Eles devem encontrar uma forma de aplicar os recursos e regras existentes na produção de ordens locais convencendo seus partidários a cooperar e encontrando meios de acomodação com outros grupos.[17]

A ordem pode ser produzida de duas formas. Os maiores e mais poderosos grupos podem impor uma ordem à sua própria imagem. Nessa situação, os recursos e regras preexistentes levados ao campo emergente pelos grupos podem ser suficientes para impor uma ordem no novo campo. Isso requer que os atores estratégicos, para estabelecer uma nova ordem, utilizem as regras e recursos existentes muitas vezes com base no poder dos outros campos. É possível que um único grupo possa fazer isso se for forte o suficiente. Contudo, com freqüência, há mais que um grupo forte. Nesse caso, os grupos mais poderosos devem encontrar uma forma de cooperar para impor essa ordem. Os atores estratégicos hábeis podem negociar ou sinalizar suas intenções a seus concorrentes principais e encontrar, coletivamente, uma forma de impor uma ordem sob seu poder. Nessa situação, os recursos superiores de um pequeno número de grupos ganham a batalha. Essa situação requer ação social hábil porque os grupos precisam ser convencidos de que não ter uma ordem é pior do que uma ordem na qual eles possam estar em desvantagem.

> **Proposição 2:** Atores sociais hábeis podem ajudar a produzir quadros culturais completamente novos para seus campos. Isso é feito construindo-se identidades de comprometimento que unem muitos grupos. Nesse processo, podem ser transformadas todas as identidades e os interesses de um grupo.

A segunda forma de produzir a ordem envolve atores hábeis inspirados, chamados por DiMaggio (1988) de empreendedores institucionais, que elaboram novos conceitos culturais para ajudar a fabricar instituições completamente "novas". O truque é obter coalizões políticas sob uma nova bandeira que una grupos muito diferentes. As novas concepções culturais são desenvolvidas com base no material disponível aos atores estratégicos para propiciar, aos atores coletivos, identidades que repercutem em suas concepções coletivas de ser. Esses novos conceitos culturais podem reorganizar as identidades e os interesses dos atores. Ao decidir quem e como ser, os grupos aceitam uma posição na ordem que pode redefinir quem são e o que querem. Também ocorre de essas situações muitas vezes serem forças políticas cujos conceitos culturais unem grupos muito diferentes.

Isso possibilita que novas e inimagináveis coalizões surjam com base em novos quadros culturais (como exemplo, veja ANSELL, 1998).[18] Esse processo muitas vezes surge em movimentos sociais nos quais os interesses, as identidades e as preferências dessas organizações emergem a partir da interação. Aqui, os empreendedores institucionais são capazes de envolver muitos grupos em um projeto de construção de significado que pode levar estabilidade ao campo.

HABILIDADE E REPRODUÇÃO SOCIAL

A habilidade social proporciona um esclarecimento útil para o problema da reprodução social. Atores sociais hábeis em campos estáveis ou estão tentando reproduzir sua dominância ou estão tentando encontrar oportunidades para contestar a dominância dos outros. Em grupos dominantes, os atores sociais hábeis devem garantir a cooperação dos membros em seus grupos e nos grupos dominantes. Enquanto continuarem a garantir recompensas para os membros do grupo, os atores sociais hábeis provavelmente manterão seu poder.

> **Proposição 3:** Atores sociais hábeis de grupos responsáveis em campos estáveis utilizarão os recursos e as regras existentes para reproduzir seu poder.

Os campos existentes dão aos atores responsáveis mais chances de reproduzir sua vantagem justamente porque implicam uma distribuição desigual de regras e recursos. Se os atores estratégicos hábeis forem atraídos às posições de poder nos grupos responsáveis, sua energia será direcionada para jogar o "jogo". Os atores sociais hábeis ajustam seus movimentos em relação aos outros com o objetivo de elevar ou manter a posição de seu grupo no campo.

As relações entre grupos dominantes são complexas. Periodicamente, pode-se esperar que os atores hábeis que lideram grupos dominantes tentarão melhorar sua posições em relação aos seus principais desafiantes. Isso também funcionará bem com outros membros do grupo, que perceberão seus líderes como tentando obter vantagens de suas relações com os outros. Assim, os atores hábeis em grupos dominantes estarão constantemente pressionando os limites das regras atuais que produzem a ordem. Os atores estratégicos hábeis precisam tomar cuidado para não questionar a ordem existente por meio de um confronto direto demais com outros grupos dominantes principais. Essa interação pode criar uma tensão permanente em um campo e a percepção de que o campo está sempre em algum tipo de crise.

> **Proposição 4:** Atores sociais hábeis em grupos desafiantes tentarão criar nichos e explorar o que o sistema lhes dá para evitar grupos dominantes em campos estáveis, visando manter seu grupo unido e suas esperanças de desafio vivas.

Os atores estratégicos hábeis em grupos dominados enfrentam problemas difíceis em tempos de estabilidade. Provavelmente serão os grupos em maior desvantagem devido às ações estratégicas hábeis de grupos dominantes e de seus atores estratégicos. Afinal, sua posição é a mais frágil, e se os grupos dominantes quiserem obter alguma vantagem, devem escolher confrontar não outros grupos dominantes, mas os dominados. Mesmo assim, os atores estratégicos hábeis devem manter seu grupo unido. Devem encontrar uma identidade para seu grupo a fim de manter a colaboração das pessoas. Muitas vezes, a identidade é de oposição e "nicho". Os atores estratégicos hábeis em grupos dominados tendem a explorar o que o sistema lhes fornece.

> **Proposição 5:** Em campos em que há pouca turbulência interna ou ameaça externa, é possível que a habilidade social seja menos importante para a reprodução de grupos.

É possível, em campos estáveis, que os atores possam ter menos importância para a reprodução do campo. Afinal, os grupos dominantes têm os recursos e as regras a seu favor, e os dominados têm menores oportunidades. Isso é especialmente verdadeiro quando há poucos grupos dominantes, quando há recursos ociosos no campo ou quando o sucesso e o fracasso são de avaliação difícil (por exemplo, em escolas ou delegacias de polícia). Nesse caso, a legitimidade das organizações no sentido de seu direito de existir raramente pode ser desafiada (MEYER e outros, 1981), e mesmo quando há uma crise, as organizações não se retiram do negócio. Também ocorre que esses tipos de campos adquirem um *status* "tido como certo" pelos participantes e desafiantes potenciais.

HABILIDADE SOCIAL E A TRANSFORMAÇÃO DOS CAMPOS

Há campos que entram em crise como resultado de mudanças ocorridas fora deles, especialmente campos dependentes de um determinado campo. Assim, uma regressão dos negócios em um fornecedor ou do mercado principal de um campo, ou, no caso de governos, uma guerra ou crise econômica, terá conseqüências para uma ordem local específica. As crises podem com freqüência ser causadas por ações intencionais ou não de governos ou pela invasão de um campo por elementos externos. É possível identificar uma crise real em um campo existente como uma situação na qual os grupos principais estão tendo dificuldades em reproduzir seu privilégio já que as regras que governavam a interação não estão mais funcionando.

> **Proposição 6:** Atores hábeis de grupos dominantes geralmente defendem o *status quo* mesmo em uma crise.

Os atores estratégicos hábeis em grupos dominantes começarão a agir em uma situação de crise tentando defender o *status quo*. Isso ocorre por duas razões. Primeiro, é difícil distinguir uma crise que ameaça a legitimidade do campo como um todo de uma subversão "normal" das regras do "jogo". Os atores estratégicos hábeis reagem às ações dos outros no campo, desafiantes ou responsáveis, envolvendo-se em ações que sempre funcionaram de forma vantajosa. A segunda razão é que, como essas ações sempre reforçaram a posição dos grupos dominantes, os atores hábeis continuarão a utilizá-las. Os atores hábeis, portanto, manipularão os mesmos símbolos, identidades e táticas que sempre tiveram sucesso no passado.

Se isso falhar ao longo do tempo e grandes grupos dominantes começarem a deixar de se reproduzir, surgirão possibilidades de novas formas de ação estratégica. Os desafiantes podem encontrar uma oportunidade (o que as teorias dos movimentos sociais [TARROW, 1998] chamam de uma "oportunidade política") para forçar mudanças na ordem existente. Eles podem se aliar a outros grupos dominantes, a invasores de outros campos ou ao governo para ajudar a reconstituir um determinado campo. Ocasionalmente, os responsáveis podem passar para o lado dos desafiantes e ajudar a produzir mudanças no campo.

> **Proposição 7:** Novos quadros surgirão de atores hábeis tanto do grupo invasor quanto do desafiante. Eles tentarão criar novas regras e uma nova ordem, e assim desenvolverão uma nova coalizão política com base no interesse ou criarão um novo quadro cultural que reorganizará os interesses e identidades.

A fluidez social dessa situação indica que são possíveis novas negociações. Isso faz com que a situação seja similar à que ocorre no momento do surgimento. Assim, os grupos maiores ainda podem ser capazes de impor uma ordem, ainda que baseada em princípios diferentes. Contudo, novas instituições têm mais chances de ser tomadas por grupos desafiantes ou invasores por serem as únicas que não são comprometidas com a ordem antiga. Os que defendem o *status quo* podem aceitar uma nova ordem e adotar uma posição diferente nessa ordem. Contudo, isso exigirá que seus líderes mudem de identidade e interesses para justificar sua nova posição.

ESCOPO DAS TEORIAS INSTITUCIONAIS

Até agora a discussão da habilidade social e da construção de campos se manteve no nível da abstração. A teoria da habilidade social e dos campos é aplicável a uma série de fenômenos sociológicos que compartilham características comuns. É possível, portanto, considerar o escopo empírico das idéias propostas neste artigo. Os subcampos da sociologia que são mais bem analisados a partir dessa perspectiva contêm grupos organizados que possuem razões para determinar regras para um espaço social específico. Esses grupos e seus líderes possuem certa identidade coletiva, alguma concepção de interesse e uma visão que os levará a organizar seus campos. Depois de analisar quais subcampos parecem mais relevantes para esses tipos de análises, apresento alguns casos empíricos desses subcampos contrastantes. O propósito desses casos é ilustrar como algumas das idéias que desenvolvi já informam a essência acadêmica desses subcampos. Isso implica que há mais possibilidade de criar uma teoria institucional geral do que provavelmente imagina a maioria dos acadêmicos que estudam esses problemas.

Na sociologia, os subcampos em que atores autoconscientes lutam para organizar grupos com fins coletivos são: a política organizada; movimentos sociais cujas metas são transformar campos políticos e sociais existentes; a economia, em que empresas e governos criam mercados; e o setor sem fins lucrativos de economias capitalistas, em que grupos organizados produzem campos orientados para a organização de determinados setores da sociedade. Todas essas arenas de ação contêm atores que querem construir instituições para orientar suas interações de forma que suas identidades e interesses coletivos possam evoluir. Eles querem criar novos espaços sociais nos quais seus grupos possam dominar ou prosperar. Em todos esses territórios empíricos, observamos organizações formais, leis e práticas informais que orientam a interação. Sem dúvida, as metas dos atores são muito diferentes entre estados, mercados, setores sem fins lucrativos e movimentos sociais, porém, em todas essas arenas, minha afirmação é que os atores estão lutando para obter a cooperação em seus grupos e para estabilizar as interações entre os grupos.

Meu debate sobre a generalidade das idéias de campos e a habilidade social pretende ser provocativo. Apesar de muitos acadêmicos suspeitarem que deve haver uma visão mais geral das instituições na sociologia, poucos tentaram alargar o escopo dos fenômenos aos quais esses elementos conceituais se aplicam (para uma tentativa, veja POWELL, 1991). Em virtude da limitação de espaço, atenho-me a casos em que os empreendedores institucionais são fundamentais para a formação de um campo ou para a transformação de um campo existente. Discuto a crise ou a oportunidade que precipitou a construção do campo, ou o momento de transformação do campo, e depois analiso "quem" foram os empreendedores, como eles criaram uma coalizão política em torno de sua nova "identidade" para o campo e como ele se tornou institucionalizado. Os exemplos ilustram as proposições gerais anteriormente discutidas. Seleciono exemplos da sociologia política, movimentos sociais, sociologia econômica, e dos estudos de organizações sem fins lucrativos.

A política "normal" se refere a grupos bem estabelecidos que utilizam sistemas políticos para manter sua dominância sobre os campos. O institucionalismo histórico é uma abordagem ao estudo dos estados que é consistente com a teoria dos campos e dos atores hábeis (EVANS e outros, 1985; STEINMO e outros, 1992). Para Evans e outros, os estados são caracterizados como tendo diferentes capacidades. As capacidades são definidas como as habilidades de organizar ou intervir em um setor da sociedade. Para os institucionalistas históricos, os estados desenvolvem tradições de formas de intervenção ou regulamentação (STEINMO e outros, 1992; DOBBIN, 1994). A possibilidade de mudança política requer que os institucionalistas históricos levem em consideração a natureza da crise atual, as possíveis idéias para solucionar a crise, quem eram os desafiantes e os responsáveis e como as idéias foram utilizadas pelos empreendedores políticos para unir os desafiantes e mudar as políticas (HALL, 1992; KINGDON, 1984).

O estudo de caso apresentado por Weir (1992) dos estímulos fiscais keynesianos durante o New Deal ilustra esses pontos. A Depressão dos anos 1930 criou uma crise política para o governo federal. Em essência, as antigas idéias que governavam a economia fracassaram e estavam em descrédito. Dois problemas impediam a transformação do campo da política econômica. Em primeiro lugar, grupos bem estabelecidos e poderosos representados pelos republicanos e pelos democratas conservadores eram contra a mudança. Em segundo lugar, qual era a alternativa? Roosevelt era, é claro, um empreendedor político. Uma das coisas que ele fez para sacudir o governo foi trazer pessoas sem autoridade ou posição formal e pedir que elas estudassem os problemas e propusessem novas soluções (WEIR, 1992, p. 195-196). Ele estava disposto a tentar várias soluções para os problemas da Depressão em sua busca de encontrar uma saída. Um dos empreendedores aos quais ele deu autonomia foi Marvin Eccles, nomeado para chefiar o Federal Reserve Board. Eccles recrutou pessoas que tinham novas idéias para desenvolver a economia. Em particular, trouxe pessoas favoráveis ao desenvolvimento de planos keynesianos para o déficit orçamentário.

Essas idéias, entretanto, precisavam de uma base política para se tornarem diretrizes oficiais. Os republicanos ainda controlavam o Congresso e, como os responsáveis, favoreciam e equilíbrio do orçamento do governo e um controle mais restrito da base monetária. As idéias da intervenção keynesiana na economia demandavam um grupo desafiante para levantar a bandeira. Com o tempo, cada vez mais atores na administração Roosevelt, no movimento trabalhista e no movimento dos agricultores passaram a favorecer uma maior intervenção governamental para acabar com a Depressão. Eccles liderou esse esforço divulgando o evangelho do keynesianismo. Roosevelt permaneceu cético em relação ao valor do déficit orçamentário (WEIR, 1992, p. 197). O que finalmente o fez mudar de idéia foi que isso acarretou uma coalizão política no Partido Democrático. Essas idéias propiciavam um conjunto de políticas para unir eleitores de interesses muito diferentes. Na eleições de 1934 e 1936, o Partido Democrata, com base na plataforma política de utilizar a intervenção governamental para tirar o país da Depressão, assumiu o comando do Congresso. Nesse ponto, o keynesianismo passou das margens para o centro da política federal, onde formou o projeto político central para a coalizão eleitoral do Partido Democrata.

A principal questão nas teorias dos movimentos sociais são as condições em que os grupos têm sucesso em formar, expressar descontentamento, agir contra grupos poderosos e reorganizar a sociedade (GAMSON, 1975; TARROW, 1998, p. 4). Políticas extralegais, não institucionais ou de movimentos sociais se dedicam a tentar abrir novos campos e criar novas capacidades políticas para os grupos desafiantes.[19] Sua capacidade de sucesso é uma função de uma crise ou oportunidade política, da existência prévia de grupos com recursos que possam obter vantagens da oportunidade, e da produção de uma identidade coletiva em que grupos muito diferentes possam se unir (TARROW, 1998, p. 6-7). Essa, claro, é uma versão da dinâmica geral dos campos apresentada aqui. Os desafiantes têm sucesso em uma crise (oportunidade política) quando são capazes de mobilizar recursos e conseguem produzir uma identidade política para unir os grupos.

O campo das relações inter-raciais nos Estados Unidos estava em processo de instabilidade na década de 1950. O declínio do sistema agrícola baseado no algodão e a mudança dos negros para as cidades do Sul apresentaram aos negros uma oportunidade política para mudar sua situação. O livro de Aldon Morris (1984) se concentra principalmente na função dos vários grupos nas mobilizações que ocorreram. Morris enfatiza como a rede preexistente de grupos religiosos propiciou tanto uma base organizacional para a mobilização quanto os jovens que puderam ser recrutados pelas organizações de direitos civis. Entretanto, seu estudo também focaliza quem eram os líderes desse movimento e que identidades eles utilizaram para ganhar partidários para sua perspectiva. Uma das questões centrais do Movimento de Direitos Civis era descobrir como mobilizar as pessoas. Havia várias possibilidades para isso, mas a que acabou se destacando foi a filosofia do protesto não violento. O livro de Morris mostra como as pessoas nas igrejas e em torno delas (inclusive Clara Luper e os reverendos James Lawson e Kelly Smith, entre outros e, é claro, o reverendo Martin Luther King) desenvolveram a filosofia do protesto não violento. Essa abordagem era consistente com os valores cristãos em geral e produziu uma identidade positiva para os participantes. Foram os líderes específicos que desenvolveram essa idéia e a divulgaram aos outros. Esses líderes e a abordagem das identidades para a mobilização foram fundamentais para o sucesso do movimento.

Os mercados econômicos existentes têm sido caracterizados como campos e extensivamente estudados na literatura organizacional (HAMILTON e BIGGART, 1988; WHITE, 1981; FLIGSTEIN, 1996; HANNAN e FREEMAN, 1984; BIGGART e GUILLEN, 1999). O caso de mudança institucional que eu gostaria de utilizar vem de Alfred Chandler, historiador de negócios. Em seu livro *Strategy and structure* (1962), Chandler se interessa pela relação entre o que os gestores querem que as corporações façam (estratégia) e como eles conseguem fazer isso (estrutura). Seu relato da ascensão do formato multidivisional (MDF) é um dos trabalhos clássicos da teoria organizacional. Nesse caso, o campo eram as grandes corporações na economia norte-americana em torno de 1920. A crise que motivou os gestores a mudar a organização da estrutura da empresa na década de 1920 foi o fato de serem incapazes de controlar suas empresas e de elas terem se tornado cada vez mais diversificadas em seus produtos (1962, p. 6-7).

O primeiro empreendedor institucional a analisar esse problema foi Alfred Sloan, que se tornou presidente da General Motors em 1922. Sloan percebeu que as cinco divisões de produto da General Motors eram altamente diversificadas e seus líderes desconfiavam uns dos outros. Como presidente, ele tinha dificuldade de fazer com que cooperassem. Os diretores de divisão, que eram os responsáveis, hesitavam em coordenar suas atividades porque não queriam ser culpados por problemas de desempenho que estavam fora de seu controle. Nas palavras do próprio Sloan (1957), isso criava um problema político no qual os gestores não cooperavam uns com os outros compartilhando informações e tecnologia ou se envolvendo em determinações justas de preços de transferência. A solução de Sloan para o problema foi o MDF (*multi-divisional format*). O MDF proporcionava controle operacional sobre as divisões aos gestores de cada unidade da empresa. Eles se tornaram responsáveis pelo desempenho das divisões, que era o que todos queriam. O MDF se tornou a base pela qual Sloan pôde forjar um novo comprometimento político entre seus líderes de divisão. Então, eles ficaram livres para reorganizar cada divisão como uma operação independente, com departamentos de produção, finanças e *marketing*. Entretanto, o preço que pagaram por isso foi uma centralização dos controles financeiros em Sloan, utilizada para avaliar o desempenho das divisões. O MDF permitiu que as corporações crescessem indefinidamente em tamanho. Ao dividir suas unidades em divisões de produto, o controle poderia ser descentralizado e, ao mesmo tempo, as divisões poderiam ser monitoradas simultaneamente. Os gestores de outras empresas ficaram sabendo da solução para esse grande problema por terem participado da análise de Sloan para o problema ou ao verem seus principais concorrentes adotando a mesma solução. Esse passou a ser o formato organizacional padrão que dominou o campo das maiores corporações (FLIGSTEIN, 1985).

    O setor sem fins lucrativos pode ser utilmente analisado do ponto de vista dos campos (POWELL, 1991). No caso, as organizações precisam obter financiamento, isto é, recursos, e descobrir o que fazer, isto é, estruturar (DIMAGGIO, 1982, 1988). Esses problemas são particularmente graves ao se fundarem novos campos de empreendimento. Há toda uma literatura que relaciona as atividades filantrópicas de vários grupos na sociedade ao formato final do que essas organizações fazem. O problema é que nem sempre é claro o que essas organizações deveriam fazer. Isso faz com que o problema da estruturação, especialmente no início de novos campos, seja fundamental.

    DiMaggio analisou a situação em que a orquestra sinfônica e o museu de arte foram fundados em Boston no final do século XIX. No caso dos museus de arte, as questões eram: O que seria mostrado e quem seria o público? O problema da arte apresenta a questão da alta cultura versus baixa cultura. DiMaggio demonstrou que as pessoas das classes altas, os patronos das instituições de arte, tinham interesse em marcar uma distinção entre as duas, mas que precisavam, de alguma forma, elaborar e executar esses critérios. A idéia de "alta cultura" precisava ser estruturada para ser possível determinar o que poderia se enquadrar nessa classificação e o que não poderia. Assim, por exemplo, no início os museus se viam servindo a uma função educativa para as massas e muitas vezes apresentavam reproduções, e não arte original (DIMAGGIO 1982, p. 304).

A visão que preponderou era representada por pessoas que DiMaggio chama de os "estetas". A perspectiva desse grupo era de que a arte era uma representação da beleza e o museu deveria ser um templo para a apreciação da arte, não um veículo para a educação das massas. A diretriz era adquirir e exibir apenas arte original da mais alta qualidade. Muitos defensores dessa perspectiva eram acadêmicos (profissionais). O empreendedor que liderou esse movimento no museu foi Edward Robinson, um historiador de arte de Harvard. DiMaggio conclui provando que esse elitismo oferecia um apelo às pessoas que estavam pagando pelo museu, isto é, as pessoas abastadas de Boston. A identidade conferia a elas o *status* de ser de "alta cultura" e reforçava sua visão de si mesmas como especiais e privilegiadas (DIMAGGIO, 1982, p. 317-19). Essa visão dos museus de arte passou a organizar o campo dos museus de arte nos Estados Unidos na década de 1920. Ela unia os interesses dos profissionais, que queriam manter seu *status* de alta cultura, e os dos patronos, que passavam a se ver como esclarecidos.

Selecionei casos nos quais os acadêmicos proporcionaram evidências suficientes para determinar se houve ou não crises em um determinado campo, analisaram a definição social de crise e suas possíveis soluções, e apresentaram o papel dos empreendedores institucionais em estruturar essas novas ações para os grupos que passaram a organizar ou reorganizar campos. O fato de os próprios autores se sentirem compelidos a produzir evidências para todos esses pontos sugere que, em seus estudos, eles viram todos os processos sociais em funcionamento. Essas semelhanças fundamentais não são geradas pela elaboração da pesquisa ou perspectivas teóricas em comum. Pelo contrário, esses autores só estão tentando compreender os seus casos empíricos. Minha afirmação é que a dinâmica dos campos é central para todas essas histórias empíricas. Os atores precisaram produzir idéias e identidades, e os grupos precisaram ser mobilizados para aceitar e adotar essas identidades. Uma vez estabelecidas, essas identidades informaram as interações subseqüentes e definiram a estrutura do campo.

IMPLICAÇÕES DA TEORIA PARA A PESQUISA EMPÍRICA

Os microfundamentos da habilidade social fazem com que os pesquisadores empíricos concentrem sua atenção nos grupos que formam um campo, nas regras e recursos disponíveis aos atores hábeis e seus grupos, nas relações entre os campos e na interpretação das relações dentro de um campo e entre os campos por atores estratégicos hábeis nos grupos. É importante estudar esses atores para compreender os projetos neo-institucionais e seu potencial de sucesso ou fracasso. Os recursos e as regras proporcionam atores poderosos com ferramentas para controlar os destinos de seus grupos. Contudo, a utilização hábil desses recursos e, onde for importante, a habilidade de construir amplas coalizões políticas e novos quadros culturais que reorganizam identidades e interesses significam que os atores também são sempre importantes.

Quando se observa o surgimento ou a transformação de um campo existente, a teoria dos campos implica que é necessário identificar quem são os principais atores coletivos, quais são seus recursos e as regras que orientam a possibilidade de ação. A habilidade social implica que, em situações instáveis, alguns atores tentarão elaborar projetos institucionais alternativos para organizar o campo. A meta do analista deve ser identificar os principais projetos possíveis e quem são seus defensores. Normalmente, há somente um pequeno número de modelos possíveis para elaborar instituições em um campo específico. No caso de DiMaggio, por exemplo, os dois principais modelos eram o modelo no qual os museus existiam para educar o público e o modelo no qual os museus existiam para exibir objetos belos. Ao investigar como os defensores dessas possíveis ordens institucionais estruturaram seus projetos, modificaram-nos para torná-los mais atrativos aos outros e basicamente desenvolveram poderes políticos ao redor deles, o analista pode tentar ver como os grupos de empreendedores institucionais produzem novas ordens.

O analista também pode se sensibilizar pelo fato de alguns quadros ganharem e outros perderem. Pode simplesmente ocorrer de os grupos que se alinham em torno de um quadro específico terem poder suficiente para serem capazes de promover esse quadro em todos os outros grupos no campo. Em outras palavras, recursos e regras pré-existentes devem ser suficientes para explicar qual quadro ganha. Por outro lado, os quadros podem ser bloqueados e nenhum quadro surgir como forma de organizar um campo. Nesse caso, os atores hábeis não foram capazes de superar os pontos potenciais de rejeição ao processo. Finalmente, os atores estratégicos hábeis podem ser capazes de estruturar um quadro que de fato reorganize os interesses do grupo ao encontrar formas de criar acordos, fazendo com que os grupos mudem a concepção de seu interesse.

Há várias implicações metodológicas óbvias para a teoria dos campos e a idéia da habilidade social. Os analistas devem reservar algum tempo para procurar os empreendedores e examinar suas táticas. Como eles divulgam suas idéias, constroem coalizões políticas, persuadem os outros e criam novas identidades? Além disso, podemos observá-los reorientando seus quadros? E quem eles atraem quando aceitam o que o sistema oferece, descobrem como fazer com que os outros cooperem e percebem com quem devem cooperar? Observo que com freqüência há múltiplos empreendedores em qualquer campo. Um projeto pode ter vários defensores. As pessoas que acabam tendo sucesso em unir o campo podem não ser aquelas que iniciaram o processo.

Os acadêmicos muitas vezes acabam observando instituições estáveis quando são confrontadas por novos desafios, devido a crises provenientes de fora ou de dentro dos campos. Como estudamos a reação dos atores estratégicos em organizações responsáveis? Meu argumento é que os acadêmicos devem entender quem são os participantes em um campo, como ele funciona e quais são as ferramentas disponíveis para que os atores estratégicos reforcem o *status quo*. Os atores devem utilizar as ferramentas que mantenham o *status quo* durante uma crise. Primeiro eles negarão a existência de crise. Se isso falhar, proporão ações elaboradas para reforçar seu poder no campo. Ao final, promoverão reformas gradativas ou pequenas mudanças que manterão intacta a distribuição de poder no campo enquanto tentam cooptar a oposição ou os grupos desafiantes.

CONCLUSÃO

A idéia de habilidade social nos oferece uma forma de começar a estudar como os atores algumas vezes podem transformar as estruturas sociais mas na maioria das vezes fracassam em fazê-lo. Ela nos permite entender como recursos e regras, uma vez estabelecidos, tendem a favorecer os grupos maiores e mais organizados. A teoria dos campos nos ajuda a ver que, uma vez estabelecidos, em geral os arranjos organizacionais dominantes se reproduzem periodicamente. Isso também ocorre graças à distribuição de regras e recursos para os grupos dominantes e à habilidade dos atores hábeis em utilizá-los para reproduzir seu poder.

A reprodução do poder dos grupos nem sempre é garantida. Sempre há desafiantes para o poder social de qualquer grupo. Além disso, a base do poder de um grupo, sua reivindicação de recursos e regras, pode ser questionada em crises sociais periódicas. Essas crises podem se originar fora ou dentro do campo. À medida que as crises se intensificam, aumenta o papel dos atores sociais hábeis na reprodução de um determinado conjunto de poder social. Da mesma forma, em condições sociais mais turbulentas, em uma crise grave ou com o surgimento de um campo, os atores sociais hábeis exercem funções ainda mais visíveis. Eles elaboram quadros alternativos para a organização do campo, propagam esses quadros e convencem outros atores a cooperar para estabelecer identidades e interesses recém-definidos. À medida que os novos quadros se espalham e ganham defensores no campo, a estrutura do campo emerge e o quadro se institucionaliza para formar a estrutura do campo.

Demonstrei que as idéias sociológicas dos campos e da habilidade social oferecem muitas características atraentes. Elas reapresentam os atores nas discussões sociológicas sobre política, estado e economia. Oferecem papéis tanto para os atores quanto para as estruturas que auxiliam na compreensão de qualquer episódio de construção de campo. Além disso, elas proporcionam idéias conceituais para se estudarem esses episódios e se entender o que fazem os atores hábeis e os grupos por eles liderados. Acredito que grande parte dos nossos melhores trabalhos acadêmicos sobre os processos sociais nessas arenas sociais perceberam explícita ou implicitamente como os atores e as estruturas estão envolvidos nos momentos de construção das instituições. Ainda há muito trabalho teórico a ser feito. Este artigo proporciona uma abertura para uma teoria sociológica mais geral dos atores e das instituições. Essa teoria demandará a cooperação tanto dos acadêmicos empiricamente orientados que têm estudado o mundo social em vários contextos quanto a dos mais teoricamente orientados. De fato, sem essa cooperação, seremos incapazes de preencher a lacuna entre a teoria e a pesquisa.

NOTAS

** Uma versão deste artigo foi preparada para a conferência "Poder e organização", patrocinada pela Associação Sociológica Alemã, na Universidade de Hamburgo, em Hamburgo, Alemanha, em 9-11 out. 1997. Este artigo também foi apresentado no Departamento de Política e Sociedade da Universidade da Califórnia, em Irvine. Eu gostaria de agradecer a Victor Nee por uma conversa que me ajudou a elaborar este artigo. Chris Ansell, Frank Dobbin e Doug McAdam ofereceram comentários úteis.

1. A questão da ação é importante em várias subáreas da sociologia: movimentos sociais, teoria organizacional, sociologia política e sociologia da cultura. Acredito que isso reflita o fato de essas áreas lidarem com a questão da mudança social, em que atores ou conjuntos de atores regularmente contestam formas estabelecidas de fazer as coisas e são capazes, por vezes, de elaborar novas orientações de ação.

2. A teoria da habilidade social também se assemelha às idéias propostas por Anthony Giddens no que se refere à "reprodução hábil da vida social" (1984) e à noção de Hans Joas da "criatividade da ação social" (1996).

3. Meu propósito aqui não é me envolver diretamente no debate sobre as teorias da ação, conduzido por Emirbayer e Misch (1999). Ao contrário, meu propósito é estimular o projeto conceitual de conectar uma visão particular de ação às teorias neo-institucionalistas.

4. Para alguns exemplos, veja, em ciência política, March e Olsen, 1989; Steinmo e outros, 1992; Pierson, 1995; Cox e McCubbins, 1993; Krehbiel, 1991; Shepsle, 1989; em sociologia, Meyer e Rowan, 1977; Bourdieu e Wacquant, 1992; Scott, 1996; Scott e Meyer, 1983; Powell e DiMaggio, 1991; Dobbin, 1994; Nee e Brinton, 1998; e, em economia, Simon, 1957; Williamson, 1985; North, 1990; Milgrom e Roberts, 1982; Jensen e Meckling, 1974.

5. Há, sem dúvida, discordâncias substanciais também entre as várias teorias do neo-institucionalismo. Hall e Taylor (1996) demonstram que existem pelo menos três variedades de teorias neo-institucionalistas, que chamam de sociológica, institucionalismo histórico e teoria da escolha racional.

6. Os estados contêm os campos nas sociedades modernas, em que as regras gerais são modeladas e colocadas em execução. Os campos fora dos estados se organizam de acordo com regras gerais da sociedade e regras locais provenientes da interação dos grupos nesses campos.

7. Trata-se de uma distinção importante. As leis podem, de forma intencional ou não, criar novos campos. As práticas podem ser trazidas de outros campos. Qualquer instituição preexistente pode ser utilizada pelos atores para enquadrar interações. Esse processo de institucionalização é separado e de certa forma ortogonal à produção original das leis ou práticas. À medida que os atores interagem, podem acabar estruturando um campo que não era pretendido pelos construtores originais de instituições.

8. Os *responsáveis* (*incumbent groups*) se referem aos grupos dominantes em um campo, enquanto os *desafiantes* (*challenger groups*) se referem aos grupos de fora. Esses termos foram utilizados por Gamson (1975) para descrever organizações de movimentos sociais.

9. Meu foco sobre o poder não é a única maneira de entender os campos. Muitas versões da teoria institucionalista se concentram em normas ou interesses como o fator determinante da estruturação dos campos. Opto por considerar o poder e o significado a base para os campos.

10. É nesse ponto que este artigo definitivamente rompe com Nee e Brinton (1998).

11. Concordo com Meyer que a modernidade se refere à construção do mito do individualismo e à reconstituição dos atores, conforme demonstrei acima. Contudo, acredito que essa idéia abstrata seja apenas uma parte da história, que pode ser utilizada para justificar um grande

número de ações e arranjos sociais. A maior e mais importante parte da história é o desenvolvimento de atores determinantes e tecnologias de organização e sua subseqüente utilização na construção do estado e da economia. Ademais, o propósito da construção de instituições é que conjuntos de atores produzam arenas de poder nas quais suas posições sejam reproduzidas.

12. Há uma literatura da teoria da escolha racional sobre jogos de dois níveis, nos quais atores individuais atuam em constituições diferentes. Mesmo assim, essa literatura se baseia em atores individuais em busca de interesses seus próprios individuais.

13. Este ponto de vista não apenas transforma a perspectiva "do outro" no que se considera que essa perspectiva seja (uma "volta"), mas é uma tentativa séria de compreender empaticamente o que o outro pensa.

14. A baixa auto-estima pode estar associada também a atores eficazes. As pessoas podem ser impelidas à ação para se sentirem melhores consigo mesmas e para sentirem ligações significativas com os grupos. Entretanto, se tiverem uma auto-estima suficientemente baixa, considerarão que o "sucesso" não lhes proporciona mostras suficientes de seu próprio valor. Isso pode levá-las a continuar se envolvendo em agressivos projetos de construção de "significado", nos quais nunca conseguirão encontrar significado nem construir uma identidade positiva para si.

15. Na recente literatura sobre as origens e os propósitos da mente humana, observa-se que grande parte da evolução do cérebro dos primatas e dos humanos parece se relacionar ao seu alto nível de sociabilidade (LEAKEY, 1994, capítulo 8; BYRNE e WHITMAN, 1988; HUMPHREY, 1993; JERISON, 1991). A mente e a autoconsciência funcionam, desse ponto de vista, para ajudar os primatas a acompanhar e participar da vida social. Há evidências da existência de uma identidade individual (*self*) em primatas não humanos (BYRNE e WHITMAN, 1988). As evidências das pesquisas de campo sugerem que uma concepção de identidade individual pode ser deduzida da habilidade dos primatas em formar alianças e redes, cooperar e se envolver em "atos de falsidade". Nos humanos, tanto a linguagem quanto a identidade individual são mais altamente desenvolvidas. A habilidade social é uma qualidade que todas as pessoas devem ter para o progresso da vida social. Nossa habilidade de conseguir as coisas das quais precisamos, de conceitualizá-las e envolver os outros em nossa busca coletiva constitui o núcleo da vida social.

16. Nem todos os atores sociais hábeis são líderes ou estão em organizações dominantes. Como todos os atores sociais possuem habilidade social, segue-se que as pessoas que estão em posições de menor poder utilizarão sua habilidade social para resistir à sua submissão, se envolverão em atos de subterfúgio e tentarão trabalhar contra os aspectos mais difíceis de suas situações.

17. Essas proposições não são afirmações causais de que os atores sociais hábeis farão ou não diferença na organização de seu campo. Em vez disso, resumem expectativas quanto ao comportamento dos atores sociais hábeis em diferentes condições estruturais.

18. Até agora, todas as teorias da escolha racional na economia e na ciência política têm resistido a essa idéia. Penso que isso reflete duas preocupações. Primeiro, é difícil ver como o surgimento de um empreendedor pode ser previsto, e se o sentido da teorização é fazer previsões, os empreendedores estão fora do contexto da teoria. Em segundo lugar, a teoria dos jogos estabeleceu parâmetros relativamente fixos, e é difícil imaginar como se poderia desenvolver um "jogo" cujo principal objetivo fosse transformar o próprio jogo.

NOTA DA REDAÇÃO
Artigo traduzido e publicado, sob o título "Habilidade social e a teoria dos campos", na *RAE-revista de administração de empresas*, v. 47, n. 2, p. 61-80, 2007.

REFERÊNCIAS

ALEXANDER, J.; SMELSER, N. *The micro-macro link*. Berkeley, CA: University of California Press, 1987.

ANSELL, C. Symbolic networks. *American Journal of Sociology*, v. 103, n. 2, p. 359-390, 1998.

AXELROD, R. *The evolution of cooperation*. New York: Basic Books, 1984.

BARNARD, C. *The functions of the executive*. Cambridge, MA: Harvard University Press, 1938.

BIGGART, N.; GUILLEN, M. Developing difference: social organization and the rise of the auto industry in South Korea, Taiwan, Spain, and Argentina. *American Sociological Review*, v. 64, n. 5, p. 722-747, 1999.

BOURDIEU, P. *Outline of a theory of practice*. Cambridge, UK: Cambridge University Press, 1977.

BOURDIEU, P.; WACQUANT, L. *Invitation to a reflexive sociology*. Chicago: University of Chicago Press, 1992.

BYRNE, R.; WHITMAN, A. *Machiavellian intelligence*. Oxford: Clarendon Press, 1988.

CHANDLER, A. *Strategy and structure*. Cambridge, MA: MIT Press, 1962.

COLEMAN, J. Social capital in the creation of human capital. *American Journal of Sociology*, n. 94, supplement, p. 95-120, 1988.

COLIGNON, R. *Power plays*. Albany, NY: State University of New York Press, 1997.

COX, G.; McCUBBINS, M. *Legislative Leviathan*: party government in the house. Berkeley, CA: University of California Press, 1993.

DIMAGGIO, P. Cultural entrepreneurship in nineteenth century Boston. *Media, Culture, and Society*, v. 4, n. 1, p. 303-322, 1982.

DIMAGGIO, P. Interest and agency in institutional theory. In: ZUCKER, L. (Ed) *Institutional patterns and organization*. Cambridge, MA: Ballinger Press, 1988. p. 3-21.

DIMAGGIO, P.; POWELL, W. The iron case revisited. *American Sociological Review*, v. 48, n. 2, p. 147-160, 1983.

DOBBIN, F. *Forging industrial policy*. Princeton, NJ: Princeton University Press, 1994.

EMIRBAYER, M.; GOODWIN, J. Network analysis, culture, and the problem of agency. *American Journal of Sociology*, v. 99, n. 6, 1411-1454, 1994.

EMIRBAYER, M.; MISCHE, A. What is agency? *American Journal of Sociology*, v. 106, n. 6, p. 187-211, 1999.

EVANS, P.; RUESCHMEYER, D.; SKOCPOL, T. *Bringing the state back in*. Cambridge, UK: Cambridge University Press, 1985.

FLIGSTEIN, N. The spread of the multidivisional form. *American Sociological Review*, v. 50, n. 2, p. 377-391, 1985.

FLIGSTEIN, N. Markets as politics: a political-cultural approach to market institutions. *American Sociological Review*, v. 61, n. 4, p. 656-673, 1996.

FLIGSTEIN, N. Social skill and institutional theory. *American Behavioral Scientist*, v. 40, n. 4, p. 397-405, 1997.

GAMSON, W. *The strategy of social protest*. Homewood, IL: Irwin Press, 1975.

GEERTZ, C. *Local knowledge*. New York: Basic Books, 1983.

GIBBONS, R. *Game theory for applied economists*. Princeton, NJ: Princeton University Press, 1992.

GIDDENS, A. *The constitution of society*. Berkeley, CA: University of California Press, 1984.

GOFFMAN, E. *Presentation of self in everyday life*. Garden City, NJ: Doubleday Press, 1959.

GOFFMAN, E. *Stigma*. Englewood Cliffs, NJ: Prentice-Hall, 1963.

GOFFMAN, E. *Frame analysis*. Cambridge, MA: Harvard University Press, 1974.

GOULD, R. Collective action and network analysis. *American Sociological Review*, v. 58, n. 2, p. 182-196, 1993.

HALL, P. The movement from keynesiansim to monetarism. In: STEINMO, S. (Ed) *Structuring Politics*. New York: Oxford, 1992.

HALL, P.; TAYLOR, R. Political science and the three new institutionalisms. *Political Studies*, v. 44, n. 5, p. 936-957, 1996.

HAMILTON, G.; BIGGART, N. Market culture and authority. *American Journal of Sociology*, v. 94, supplement, p. 52-94, 1988.

HANNAN, M.; FREEMAN, J. Structural inertia and organizational change. *American Sociological Review*, v. 49, n. 2, p. 149-164, Apr. 1984.

HAYS, S. Structure and agency and the sticky problem of culture. , v. 12, n. 1, p. 124-142, 1994.

HUMPHREY, N. *The history of the mind*. New York: Harper Collins, 1993.

JENSEN, M.; MECKLING, P. The theory of the firm: managerial behavior, agency costs, and ownership structure. *Journal of Financial Economics*, v. 3, n. 4, p. 305-360, 1974.

JEPPERSON, R. Institutions, institutional effects, and institutionalization. In: POWELL, W.; DI-MAGGIO, P. (Eds) *The new institutionalism in organizational theory*. Chicago: University of Chicago Press, 1991. p. 143-163.

JERISON, H. *Brain size and the evolution of the mind*. The 59th Annual James Arthur Lecture on the Brain. New York: American Museum of Natural History, 1991.

JOAS, H. *The creativity of action*. Chicago: University of Chicago Press, 1996.

KINGDON, J. *Agendas, alternatives, and public policy*. Boston: Little, Brown, 1984.

KREHBIEL, K. *Information and legislative organization*. Ann Arbor, MI: University of Michigan Press, 1991.

LAUMANN, E.; KNOKE, D. *The organizational state*. Madison, WI: University of Wisconsin Press, 1987.

LEAKEY, R. *The origins of humankind*. New York: Basic Books, 1994.

LEIFER, E. Interaction preludes to role setting. *American Sociological Review*, v. 53, n. 6, p. 865-878, 1988.

LEVI-STRAUSS, C. *The savage mind*. Chicago: University of Illinois Press, 1966.

LUKES, S. *Power*: a radical view. London: Macmillan, 1974.

MARCH, J.; OLSEN, J. *Rediscovering institutions*. New York: Free Press, 1989.

MEAD, G. H. *Mind, self, and society*. Chicago: University of Chicago Press, 1934.

MEYER, J.; BOLI, J.; THOMAS, G. Ontology and rationalization in the Western cultural account. In: THOMAS, G.; MEYER, J.; RAMIREZ, R.; BOLI, J. (Eds) *Institutional structure*: constituting state, society, and the individual. Beverly Hills, CA: Sage, 1987.

MEYER, J.; ROWAN, B. Institutionalized organizations: formal structure as myth and ceremony. *American Journal of Sociology*, v. 83, n. 2, p. 340-363, 1977.

MEYER, J.; SCOTT, W. R. *Organizational environments*. Beverly Hills, CA: Sage, 1983.

MEYER, J.; SCOTT, W. R.; DEAL, T. Institutional and technical sources of organizational structure: explaining the structure of educational organizations. In: STEIN, H. (Ed) *Organization and the human services*. Philadelphia: Temple University Press, 1981.

MILGROM, P.; ROBERTS, J. Limit pricing and entry under incomplete information. *Econometrica*, v. 40, p. 443-459, 1982.

MORRIS, A. *Origins of the civil rights movement*. New York: Free Press, 1984.

NEE, V.; BRINTON, M. *The new institutionalism in sociology*. New York: Sage, 1998.

NEE, V.; INGRAM, P. Embeddedness and beyond: institutions, exchange, and social structure. In: BRINTON, M.; NEE, V. (Eds) *The new institutionalism in sociology*. New York: Sage, 1997.

NORTH, D. *Institutions, institutional change, and economic performance*. Chicago: University of Chicago Press, 1990.

PADGETT, J.; ANSELL, C. Robust action and the rise of the Medici. *American Journal of Sociology*, v. 98, n. 6, p. 1259-1320, 1992.

PIERSON, P. When effects become cause: policy feedbacks and political change. *World Politics*, v. 45, n. 4, p. 595-628, 1995.

POWELL, W. Expanding the scope of institutional analysis. In: POWELL, W.; DIMAGGIO, P. (Eds) *The new institutionalism in organizational theory*. Chicago: University of Chicago Press, 1991.

POWELL, W.; DIMAGGIO, P. *The new institutionalism in organizational analysis*. Chicago: University of Chicago Press, 1991.

SCOTT, R. W. *Institutions and organizations*. Beverly Hills, CA: Sage, 1996.

SCOTT, W. R.; MEYER, J. The organization of societal sectors. In: MEYER, J.; SCOTT, R.W. (Eds) *Organizational environments*. Beverly Hills, CA: Sage, 1983. p. 129-153.

SEWELL, W. A theory of structure: duality, agency, and transformation. *American Journal of Sociology*, v. 98, n. 1, p. 1-29, 1992.

SEWELL, W. *A rhetoric of the bourgeois revolution*: the abbe sieyes and what is the third estate. Durham, NC: Duke University Press, 1994.

SHEPSLE, K. Studying institutions: some lessons from the rational choice approach. *Journal of Theoretical Politics*, v. 1, n. 2, p. 131-147, 1989.

SILBER, I. Spaces, fields, boundaries. *Social Research*, v. 62, n. 2, p. 323-355, 1995.

SIMON, H. *Administrative behavior*. New York: MacMillan, 1957.

SLOAN, A. *My years at General Motors*. New York: Basic Books, 1957.

SNOW, D.; ROCHFORD, E. B.; WORDEN, S. K.; BENFORD, R. Frame alignment processes, micromobilization, and movement participation. *American Sociological Review*, v. 51, n. 4, p. 464-481, 1992.

STEINMO, S.; THELEN, K.; LONGSTRETH, F. *Structuring politics*: historical institutionalism in comparative perspective. New York: Cambridge University Press, 1992.

TARROW, S. *Power in movements*. Ithaca, NY: Cornell University Press, 1998.

TSEBELIS, G. *Nested games*. Berkeley, CA: University of California Press, 1990.

WEBER, M. *Economy and society*. Berkeley, CA: University of California Press, 1978.

WEIR, M. Ideas and the politics of bounded innovation. In: STEINMO, S. e outros. (Eds) *Structuring politics*. New York: Cambridge University Press, 1992.

WHITE, H. Where do markets come from? *American Journal of Sociology*, v. 87, n. 3, p. 517-547, 1981.

WHITE, H. *Identity and control*. Princeton, NJ: Princeton University Press, 1994.

WHITE, H. *The economic institutions of capitalism*. New York: Free Press, 1985.

WILLIAMSON, O. *Markets and hierarchies*. New York: Free Press, 1975.

3
CONTRIBUIÇÃO DA NOVA SOCIOLOGIA ECONÔMICA PARA REPENSAR A ECONOMIA NO SENTIDO DO DESENVOLVIMENTO SUSTENTÁVEL*

Benoît Lévesque

---

* O artigo "*Contribuição da nova sociologia econômica para repensar a economia no sentido do desenvolvimento sustentável*", de Benoît Lévesque, foi traduzido e originalmente publicado na *RAE-revista de administração de empresas*, v. 47, n. 2, p. 49-60, 2007.

UMA GRANDE TRANSFORMAÇÃO: RUMO A UM NOVO PARADIGMA

Inicialmente, quatro hipóteses guiaram nossa pesquisa sobre a produção recente no campo da NSE. Nossa primeira hipótese sugere que a idéia de uma *nova* sociologia econômica procura diferenciar-se da *antiga*, não exatamente a dos "pais fundadores", mas daquela dos anos 1920-1970, ou seja, a do paradigma parsoniano "economia e sociedade" e a de uma sociologia mais especializada: sociologia do trabalho, sociologia industrial, sociologia da empresa, sociologia do desenvolvimento etc. Deixando para os economistas os objetos centrais da economia, tais como o mercado e a moeda, a antiga sociologia econômica tratava exclusivamente do que se passava na origem das atividades econômicas (as condições do desenvolvimento) ou nos seus efeitos (as conseqüências sociais), confirmando assim a separação entre o econômico e o social. A NSE se diferencia igualmente da sociologia marxista ao reverter o determinismo econômico da sociedade em favor de uma determinação social da economia. Paradoxalmente, ela reconsidera outros clássicos (Weber, Durkheim, Simmel), a partir de sua tentativa de dar conta da economia como totalidade social. Essa releitura dos clássicos revela que estes últimos buscavam estabelecer explicitamente um contraponto à teoria econômica que se impunha naquela época por meio do marginalismo (CUSIN e BENAMOUSIG, 2004; GISLAIN e STEINER, 1995; SWEDBERG, 1987).

Nossa segunda hipótese propõe que a NSE surge num contexto comparável àquele dos clássicos, isto é, num contexto de "grande transformação". O fim do século XIX foi marcado, entre outras coisas, pela afirmação do *laissez-faire*, o qual justifica uma economia política que se autoproclama ciência, uma internacionalização que toma a forma de imperialismo, uma organização científica do trabalho que engendra o desaparecimento de diversas profissões e uma desqualificação da massa trabalhadora. Naquele contexto, o sindicalismo e a economia social começam a se institucionalizar, ao passo que os partidos de trabalhadores se organizam em contraponto à afirmação do *laissez-faire* e às suas conseqüências. Já o fim do século XX é igualmente caracterizado por um período de crise seguido de mutações que se multiplicam para esboçar os contornos de uma grande transformação. Um período de "destruição criadora", segundo a expressão de Schumpeter, na qual o questionamento de Marx e de Keynes é acompanhado do desvelamento das economias administradas de tipo soviético e até mesmo social-democrata, tornando possível a proposta neoliberal de uma auto-regulação pelo mercado. Paradoxalmente, "no momento em que o capitalismo conquistador parece se impor no campo econômico, a necessidade de intervenções sociais das quais ele pretende prescindir ganha uma amplitude jamais vista" (DRAPERI, 2000, p. 7). Tudo se passa como se o neoliberalismo sem querer tivesse contribuído para a reabilitação da sociedade civil, sem eliminar, no entanto, a necessidade de instâncias governamentais de regulação.

A grande transformação em curso seria, assim, composta de diversos vetores que representam tanto ameaças como oportunidades para pensar de outra maneira o desenvolvimento econômico, inclusive no sentido de um desenvolvimento sustentável. O primeiro vetor seria o de uma dupla crítica, reportando-se ao fim dos anos 1960: uma "crítica social", que se queria corretiva do capitalismo industrial, e uma crítica artística, mais radical, cujas demandas de autonomia e de criatividade exigiam transformações mais amplas do sistema de produção e de consumo, crítica esta prolongada pelos ambientalistas (BOLTANSKI e CHAPIELLO, 1999). O segundo vetor é o de uma globalização associada estreitamente a uma espécie de "financeirização", que engendra a criação de riquezas e, ao mesmo tempo, o forte crescimento de desigualdades entre o Norte e o Sul, como também no seio de todas as sociedades. Todavia, a globalização revela igualmente novas interdependências, uma nova inter-relação entre o local e o global (SOUSA SANTOS, 2001; ZIMMERMAN, 2005), que abrem um espaço comum aos militantes antiglobalização e aos promotores de outra forma de globalização, por meio do encontro de experimentos socioeconômicos com demandas por novas regulações da economia mundial. O terceiro vetor é constituído pelas tecnologias de informação e comunicação (TIC) e, sobretudo, pela nova economia, cujos *inputs* provêm da esfera do conhecimento e do saber, colocando a ênfase na interdependência entre o econômico e o social. Assim, a qualidade das relações sociais se impõe no contexto de uma economia que se torna cada vez mais relacional (GADREY, 1996). O quarto e último vetor é o do aumento dos riscos, até o ponto em que alguns autores não hesitam em falar de uma "sociedade de risco" (BECK, 2001), colocando assim a questão do desenvolvimento sustentável no centro das preocupações. O crescimento dos riscos revela os limites da racionalidade tecnocientífica e a necessidade de uma racionalidade social e ética, se quisermos que o futuro não seja moldado por cegos. Essa escalada dos riscos dá igualmente uma dimensão política a campos considerados apolíticos até algum tempo atrás, como é o caso do campo do meio ambiente. Assim, a modernização torna-se reflexiva, ou seja, objeto de reflexão e de questionamento (GIDDENS, 1994).

Segundo nossa terceira hipótese, a NSE participa de um novo paradigma, principalmente no que diz respeito ao lugar dos atores na mudança social, à fronteira entre ciência e valor, às relações entre o que se designa geralmente como economia e como social, bem como às regulações correspondentes. Diferentemente da sociologia econômica de cunho marxista dos anos 1960 e 1970, a NSE dá espaço aos atores sociais e individuais. Assim, a ruptura entre ciência e valor é questionada em nome da diversidade dos mundos (BOLTANSKI e THÉVENOT, 1991) e dos repertórios, ou, ainda, das relações de força que presidem a produção do conhecimento científico (CALLON, LASCOUMES e BARTHE, 2001). Nessa visão, as relações entre o econômico e o social são reconfiguradas, e seu conteúdo é redefinido. O econômico cessa de ser reduzido ao mercantil para incluir o não mercantil e o não monetário, na acepção de Polanyi, originando a expressão "economia plural" (LAVILLE, 1994). O social, por sua vez, deixa de ser reduzido à distribuição e aos gastos sociais para tornar-se "capital social" (PUTNAM, 2001), um espaço de "investimento social". A segurança visa menos a impedir a mudança do que a promover a capacidade de enfrentá-la, daí a ênfase nas competências para conter a exclusão (CASTEL, 1995). Enfim, se a díade Estado-mercado havia relegado a sociedade civil ao segundo plano em favor da solidariedade abstrata da redistribuição realizada pelo Estado, as novas regulações e as novas formas de governança que lhes são associadas apóiam-se doravante na sociedade civil, no engajamento cidadão e nos *stakeholders* (LÉVESQUE, 2005). Em seguida à forte valorização do Estado e do progresso técnico, emergem novos valores concernentes à qualidade de vida, à democracia e ao respeito ao meio ambiente. Em suma, a profundidade das transformações em curso seria tal que atualmente se pode falar de "uma transformação dos fundamentos da transformação" (BECK, 2001, p. 20).

Como quarta e última hipótese, supomos que a maioria das abordagens originadas da NSE, mesmo que bastante diversificadas entre si, sejam pertinentes para melhor repensar e compreender a economia como objeto sociológico. Assim, quisemos tirar vantagem de cada uma dessas abordagens em lugar de opô-las com o risco de banalizá-las ou de neutralizá-las. Resta agora a questão do método adotado para elaborar um panorama geral dessas abordagens. No caso da literatura anglo-americana, a tarefa seria mais fácil, pois dispomos de várias revisões de literatura relativamente exaustivas, como são os trabalhos de Martinelli e Smelser (1990), de Smelser e Swedberg (1994), e de Swedberg (2003, 1994). Entretanto, se nos limitássemos às obras de língua inglesa, assumiríamos que a NSE de língua francesa não existe; daí o interesse por uma pesquisa mais atenta a esta última.

PANORAMA DAS ABORDAGENS DA NSE

Para termos uma visão de conjunto da NSE que se manifestou no início dos anos 1980, concentramos nossa atenção nos estudos principais das diversas abordagens que se podem identificar a partir dos núcleos de produção (por exemplo, centros de pesquisa) e de difusão (revistas, editoras). Essas referências nos permitiram identificar uma dezena de novas abordagens (veja Quadro 1). Para cada uma delas adotamos uma grade visando a caracterizar a sua definição de economia, os conceitos utilizados e os objetos estudados. Dessa pesquisa (LÉVESQUE, BOURQUE e FORGUES, 2001), consideramos aquilo que nos pareceu passível de contribuição para uma análise sociológica do desenvolvimento sustentável e adicionamos algumas contribuições mais recentes. Com base nessas premissas, numa primeira seção revisamos a literatura de língua francesa, e, posteriormente, a de língua inglesa. Em ambos os casos, a ordem adotada reflete uma seqüência lógica e não uma ordem de importância relativa.

Quadro 1 – Abordagens da NSE

LÍNGUA FRANCESA	LÍNGUA INGLESA
MAUSS: contra o utilitarismo; paradigma da dádiva (Caillé e Godbout)	**Nova Sociologia Econômica:** redes e imersão social da economia (Granovetter)
Economia social e solidária, economia plural (Laville e Roustang)	**Evolucionistas e neoschumpeterianos:** sistemas sociais de inovação (Nelson, Winter, Dosi, Freeman)
Regulacionistas: instituições e compromissos sociais, modelo de desenvolvimento (Aglietta, Boyer e Lipietz)	**Neocorporativistas:** governança e democracia social (Schmitter e Streeck, Hollingsworth)
Economia da grandeza: mundos e cidades (Boltanski, Chapiello, Thévenot)	**Novos institucionalistas:** bifurcação e especialização flexível (Piore, Sabel, Hodgson)
Economia das convenções: mundo da produção e mercado como organização (Favereau, Orléan, Salais)	**Socioeconomia:** nova disciplina e dupla dimensão da economia (Etzioni, Lawrence e Coughlin)

Contribuições de língua francesa

A abordagem do Movimento Anti-Utilitarista nas Ciências Sociais (MAUSS) vai mais além da inspiração no antropólogo Marcel Mauss, pois, em seguida a uma crítica ao utilitarismo, ela propõe um novo paradigma – o paradigma da dádiva – para interpretar a imersão social da economia. O esforço iniciado por Caillé (1988) nos conduz a uma crítica epistemológica da ciência econômica. O desdobramento dos trabalhos do MAUSS propõe uma reconstrução do objeto da economia partindo do paradigma da dádiva. Esta se torna, ao mesmo tempo, um elemento revelador da relação social e da troca mercantil, que é considerada posterior à dádiva, contrariando os diversos mitos defendidos pelos economistas. Se a troca mercantil libera as partes de qualquer dívida, a dádiva cria uma obrigação, como atesta o ciclo dádiva-contradádiva, ou melhor, dar-receber-ofertar. Nessa visão, nem a sociologia durkheimiana da obrigação, nem a teoria econômica do interesse conseguem interpretar a dádiva (CAILLÉ, 1997). Segundo essa perspectiva, "não se deve tentar compreender a dádiva a partir dos princípios de funcionamento das esferas mercantil ou estatal, mas, ao contrário, tentar compreender essas esferas buscando aquilo que fundamenta a dádiva, partindo da própria dádiva" (GODBOUT, 2000, p. 8). Dito de outra forma, a dádiva como "fato social total" relaciona todos os elementos da sociedade: econômicos, políticos, religiosos, imaginários e familiares. Daí a idéia de um novo paradigma da dádiva para dar conta da inserção da economia na sociedade.

Se essa abordagem é pertinente para analisar as associações e, de forma mais ampla, um terceiro setor situado entre as redes baseadas em relações primárias e secundárias, pode-se perguntar se ela seria igualmente pertinente para analisar o Estado e o mercado. Os autores respondem positivamente, pois, segundo eles, a dádiva mostra bem como a relação das pessoas às coisas codifica as relações pessoais: é pelos objetos dados que se exprimem as relações pessoais. Ademais, se a sociabilidade da dádiva se diferencia das lógicas abstratas e anônimas do Estado e do mercado, ela se imiscui em seus interstícios e acaba por constituir o fundamento das sociedades modernas (GODBOUT, 1992, p. 265). Enfim, essa socioeconomia se inspira na idéia de que o valor da relação entre as pessoas determina a troca dos bens, permitindo pensar-se a economia como imersa na sociedade, mesmo que essa imersão seja acompanhada de diversas formas de dominação e de exploração, o que a análise também visa a desvelar. Contrariamente à independência contextual defendida pela ciência econômica, essa socioeconomia dispõe-se a explicar os fenômenos econômicos relacionando-os aos seus fundamentos sociais, políticos, culturais e ambientais. Se a relação com a natureza não é claramente explicitada, a crítica ao utilitarismo, às pretensões da dádiva e ao seu papel nas relações sociais duráveis pode trazer uma nova luz para uma abordagem do desenvolvimento sustentável.

Caso queiramos falar de uma abordagem da economia solidária e plural, então devemos nos reportar a alguns sociólogos, como Laville, Eme e Roustang, que defendem uma espécie de recontextualização da nova economia social. Essa recontextualização desemboca em análises que vão além das iniciativas socioeconômicas em si: ela promove um questionamento da relação economia/sociedade (PERRET e ROUSTANG, 1993). A abordagem parte das análises de regulação da sociedade salarial dita fordista para questionar a finalidade das atividades econômicas, principalmente o fato de que o desemprego se faz acompanhar paradoxalmente por um crescimento das necessidades não satisfeitas. As iniciativas da economia solidária provêm de um engajamento cidadão que visa a ampliar a democracia e promover a eqüidade. Como se pode perceber, os trabalhos dessa corrente trazem uma dupla contribuição: uma análise da relação economia/sociedade e uma análise das experiências empreendidas na economia solidária.

Diversamente dos economistas que definem a economia de um ponto de vista formal – "ciência que estuda o comportamento humano enquanto relações entre os fins e os raros meios de utilização alternativa" (ROBBINS, 1935) – os autores da economia solidária definem a economia de um ponto de vista substantivo, como sugere Polanyi. Assim procedendo, o campo das práticas econômicas é ampliado para incluir não somente as atividades mercantis, mas igualmente as atividades não mercantis (a redistribuição) e não monetárias (a reciprocidade), atividades em que ocorre a produção ou a distribuição de um bem ou de um serviço. Entretanto, o lugar e o papel dessas diversas formas de atividade variam segundo o tipo de regulação prevalecente numa dada sociedade. Assim, a regulação keynesiana, que apostava na conjunção do Estado e do mercado, tinha por conseqüências a separação e a hierarquização das atividades, sempre relegando as atividades não monetárias (reciprocidade e dádiva) a um lugar e um papel residuais. Essa corrente propõe então uma economia plural para a sociedade e a pluralidade de atividades para os indivíduos. Tais propostas abrem espaço para a defesa de uma economia solidária, na qual o Estado é chamado não somente a reconhecê-la, mas também a apoiá-la.

Por outro lado, a análise das iniciativas geradas pela economia solidária permite ver como a associação de pessoas, combinada a um funcionamento democrático, facilita a hibridação de uma grande variedade de recursos. Os chamados novos serviços de proximidade concretizam a interiorização da oferta e da demanda por meio da construção conjunta pelos usuários e pelos profissionais afetados pela co-produção desses serviços. Se essa construção conjunta é observável nas iniciativas emergentes, ela supõe um funcionamento engendrado por uma democracia plural que se baseia não somente na representatividade, mas também na deliberação e numa governança apropriada (LÉVESQUE, 2004). As experiências revelam a possibilidade de uma nova configuração das relações Estado-mercado-sociedade civil e uma reimersão da economia no social e no político. Para tanto, um salto qualitativo se impõe, como atesta a proposta de um novo contrato social em escala nacional, européia e mundial. Enfim, a definição da economia social e solidária compartilha vários elementos com a definição do desenvolvimento sustentável, principalmente no que tange à eqüidade, à predominância das pessoas sobre o capital, ao domínio das comunidades sobre o seu próprio destino etc. A internalização da oferta e da demanda pelas empresas, além de uma definição ampla da economia para incluir diversas formas de atividade, poderiam se revelar muito pertinentes para a construção de uma socioeconomia de desenvolvimento sustentável.

As duas abordagens seguintes, a da regulação e a das convenções, são fruto de estudos de economistas heterodoxos, ainda que diversos sociólogos utilizassem esses estudos e, em certos casos, lhes dessem uma versão sociológica (BÉLANGER e LÉVESQUE, 1991). Esse aporte sociológico não passou despercebido aos olhos de Perret (2001, p. 11), para quem "a abordagem de regulação foi mais bem compreendida e utilizada por sociólogos e historiadores do que pelos economistas". Segundo algumas interpretações, tal abordagem surge no quadro do antigo paradigma da ciência econômica, distinguido-se deste, porém, em vários pontos, principalmente por uma explicação nova da crise e do papel das instituições.

Elaborado por Aglietta (1976) e popularizado por Boyer (1986), que foi reconhecido como o principal autor, a abordagem da regulação fornece uma explicação coerente tanto do sucesso da díade Estado-mercado como da sua decadência. Esse sucesso repousava sobre um compromisso patronal e sindical que promovia um alinhamento das normas de consumo às normas da produção em massa, por meio de diversas formas institucionais, inclusive da convenção coletiva e das políticas sociais. Esse modelo foi questionado por razões econômicas e políticas, como o esgotamento dos ganhos de produtividade, ocasionando a quebra do compromisso entre patronato e sindicato, seguido de novas demandas dos trabalhadores (por exemplo, demanda de autonomia e de participação). Além disso, o surgimento de novos atores (jovens, mulheres, ambientalistas, minorias culturais) deixa claros os limites do compromisso patronato/sindicato. A globalização também contribui para desfazer o ciclo virtuoso keynesiano: os aumentos de salários e de gastos sociais, em vez de gerar resultados desejados, representarão custos cujo peso será sentido tão fortemente quanto mais as economias nacionais se abrem ao mundo.

Do ponto de vista de uma sociologia econômica, a abordagem da regulação nos leva a considerar não somente as instituições em sua relação com a economia, mas igualmente a considerá-las como uma resultante de compromissos sociais entre atores coletivos, sob a égide do Estado e visando a sua institucionalização. Se as relações sociais são assimétricas, o consentimento das diversas partes não deixa de ser necessário numa sociedade de direito, ao menos por duas razões: primeiro, pelo fato de que qualquer uma das partes não pode se impor independentemente da outra; segundo, a parte dominante tem necessidade da outra parte para o alcance de seus objetivos. Essa corrente propicia a compreensão da dimensão política da economia. As instituições cessam de representar uma realidade externa sobre a qual os atores sociais não teriam qualquer influência, todavia elas continuam marcadas pela ambivalência, já que constituem um espaço de limitações e também um espaço de aquisição de direitos. Sob esse ângulo de visão, o mercado é uma instituição que pode assumir uma forma moldada prioritariamente pela concorrência, como foi o caso no século XIX e no primeiro terço do século XX, mas também que pode ter uma forma administrada, como durante o período fordista (1945-1975). Desde então, a crise, que se inicia em 1975, é bem uma crise da díade Estado-mercado e não apenas do Estado.

Por outro lado, a corrente da regulação apresenta dois pontos fracos: ela tende, em sua maior parte, a limitar a sua análise ao território nacional, se bem que as últimas contribuições levam em consideração a globalização e a "financeirização", com o objetivo de identificar trajetórias nacionais (BOYER, 1999); ela confere centralidade às relações de trabalho, o que deixa pouco espaço às relações com os novos movimentos sociais, a exemplo do movimento ecológico. À exceção de Lipietz (1993), os partidários da regulação deram pouca atenção ao desenvolvimento sustentável, ainda que essa abordagem fornecesse uma definição do modelo de desenvolvimento.

Assim, o desenvolvimento seria realizado segundo as configurações nacionais comportando cinco elementos: i) um grande compromisso ou um contrato social entre as classes ou grupos sociais quanto aos grandes desafios a serem enfrentados pela sociedade; ii) um paradigma social no qual estejam claros os valores que circunscrevem os grandes desafios; iii) um regime de acumulação que dá certa estabilidade à partilha entre o que é relacionado ao investimento (lucro) e o que é relacionado ao consumo (salário), de um lado, e entre o investimento na produção e o incentivo ao consumo, de outro; iv) um modo de regulação sob a coordenação do Estado, sendo organizadas de forma coerente as diversas formas institucionais para assegurar a regulação tanto da produção como do consumo; v) uma inscrição na divisão internacional do trabalho entre os vários países. Essa definição suporia reordenações significativas para melhor lidar com a globalização e a reconfiguração do poder do Estado-nação. Ela permite conceber a profundidade das mudanças que exigiria um modelo de desenvolvimento sustentável, a começar por um novo contrato social, seguida por um regime de acumulação "não produtivista" e um modo de regulação, levando em conta a interdependência entre o local e o global. Não obstante, o paradigma social emergente parece cada vez mais aberto ao desenvolvimento sustentável, engendrando assim um novo espaço de debates e de conflito (BECK, 2001).

Se a regulação elabora uma definição do mercado em termos de instituição, a economia da grandeza e a economia das convenções oferecem uma definição do mercado em termos de organização. A corrente da economia da grandeza, fortemente sociológica, e a corrente das convenções, sobretudo econômica, merecem ser distinguidas, mas no plano deste trabalho elas são tratadas como próximas.

Boltanski e Thévenot (1991) demonstram como a crítica da ciência econômica pela sociologia de inspiração durkheimiana, ou inversamente, da sociologia pela ciência econômica, apenas conseguiram banalizar ambas. Tal operação teórica apenas interpreta uma "cidade" – a mercantil – no caso da ciência econômica, por uma outra, a "cidade cívica", no caso da sociologia durkheimiana. A contribuição desses autores nos leva a acompanhar um esforço epistemológico para identificar os pressupostos desses "mundos" transformados em "cidades", ou seja, em mundos legítimos. Se esse esforço suscitar um entusiasmo bem mais expressivo, será necessário então reconhecer que a abordagem da economia das convenções (diferentemente da economia da grandeza) não conseguiu ir mais além do que ser uma corrente disciplinar no âmbito da ciência econômica.

As cidades, tais como definidas pela economia da grandeza, em número de seis, constituem lógicas de ação ou de justificações legítimas para reduzir a incerteza no âmago das interações sociais. Elas foram formalizadas em estudos em que se podem facilmente identificá-las. Dessa maneira, temos *A cidade de Deus*, de Santo Agostinho, a cidade da inspiração que repousa sobre o princípio da graça; *A política extraída das próprias palavras da Sagrada Escritura*, de Bossuet, a qual representa a cidade doméstica que reside na dependência pessoal; o *Leviatã*, de Hobbes, como a cidade da opinião que se baseia na honra; uma *Investigação sobre a natureza e as causas da riqueza das nações*, de Adam Smith, exemplo da cidade mercantil que repousa no desejo de possuir bens raros; *O contrato social*, de Rousseau, a cidade apoiada na atividade cívica que tem por base o bem comum; e *Da fisiologia social*, de Saint-Simon, a cidade industrial que repousa sobre a eficácia. Mais recentemente, Boltanski e Chapiello (1999) propuseram uma sétima cidade emergente: a *cidade do projeto*, que daria uma legitimidade nova ao mundo da conexão ou das redes, evidenciado pela atual literatura administrativa. Numa perspectiva diacrônica, essa nova cidade corresponderia ao surgimento de um novo espírito do capitalismo, posterior ao capitalismo mercantil e ao capitalismo industrial.

Como afirma Dosse (1995), essa corrente constitui um dos pilares do pólo pragmático da nova configuração das ciências humanas na França. Se aceitarmos que esses seis ou sete mundos explicam a diversidade das lógicas de ação e as incertezas resultantes da ação dos atores, segue-se que a tipologia das cidades é útil para distinguir as diferenças que nascem no interior de um mundo, assim como os conflitos entre os diversos mundos: as diferenças podem ser eliminadas no interior de um mundo, enquanto os conflitos exigem um compromisso entre mundos, ou ainda o apelo a um bem superior a construir. A corrente da economia das convenções adicionará convenções específicas às exigências de coordenação próprias para a produção de bens e serviços. Daí as convenções de produtividade, de desemprego, de participação e de identidade para caracterizar as empresas e seu mundo de produção, além dos sistemas regionais e nacionais relacionados à produção (SALAIS e STORPER, 1994). Comparados aos partidários da regulação centrados nas instituições, os convencionalistas elaboram uma teoria da organização na qual esta não é explicada como um substituto do mercado, como fazem os institucionalistas, mas onde o mercado é abordado como uma forma de organização entre outras, como uma criação social cuja legitimidade, quer dizer a constituição em "cidade", é relativamente recente.

Seria necessário, portanto, verificar como tais abordagens poderiam enriquecer uma socioeconomia do desenvolvimento sustentável e do ambiente, como também as conseqüências que representaria o surgimento de mundo da conexão e de uma cidade do projeto, conferindo-lhe legitimidade, estabelecendo assim um novo espaço de reivindicação. Sob essa perspectiva, Boltanski e Chapiello demonstram que os projetos incentivam claramente a proliferação de redes, porém ainda estão longe de ser intercambiáveis.

Literatura de língua inglesa

Granovetter (1985) é freqüentemente identificado como o principal autor da Nova Sociologia Econômica (SWEDBERG, 1994; 1987). Sua abordagem é baseada mais na crítica da concepção do indivíduo atomizado do que na crítica da racionalidade defendida pelos economistas. Nessa visão, sua análise se aproxima da economia da grandeza, uma vez que se distingue da sociologia durkheimiana e da ciência econômica neoclássica. Granovetter critica Polanyi por ter superestimado a imersão social da atividade econômica nas sociedades tradicionais e primitivas e por ter subestimado essa imersão nas sociedades modernas, nas quais o autor considera que o mercado só funciona bem quando mobiliza redes. Para ele, a sociologia durkheimiana, a ciência econômica clássica e a neoclássica não têm sucesso ao tentar conceber o indivíduo socialmente situado. No caso da sociologia, as preferências individuais desaparecem em favor da obrigação e da coerção que se exercem do exterior sobre os indivíduos. No caso da economia, os indivíduos deixam de existir como entes socialmente situados e diferenciados em favor de preferências fundadas unicamente na racionalidade formal.

Inspirado em Berger e Luckmann (1992) com a construção social dos mercados e em Harold C. White (1981) com as redes, Granovetter (2000; 1990) estabelece três postulados para a análise da economia: toda ação econômica é uma ação social; a ação econômica é socialmente situada; e as instituições econômicas são construções sociais. Partindo desses postulados, o autor defende que a sociologia econômica deve reunir condições para fornecer uma explicação da economia alternativa àquela dada pelos economistas neoclássicos, principalmente os neo-institucionalistas, os quais sustentam que as instituições se impõem pela sua eficiência e que são apenas substitutas para o mercado. Análises empíricas lhe permitem demonstrar como as tecnologias e as formas de propriedade impostas não resultam do cálculo de rentabilidade nem da superioridade da tecnologia escolhida, mas de redes nas quais os promotores estão inseridos, como revela a vitória de Edison no caso da eletricidade nos Estados Unidos. Da mesma forma, o sucesso dos chineses, se comparado com o de outras minorias nos Estados Unidos, pode ser explicado não apenas pela força dos laços mantidos entre eles, mas também pela sua capacidade de se "desconectarem". Dessa forma, as empresas que criaram se beneficiam do amparo das redes, mas sem serem forçadas a assumir sem restrições a sustentação de todos os aliados. Para vencer nos negócios, como para obter um emprego, as redes são indispensáveis, porém não são impermeáveis à ineficiência. Ademais, os laços fracos são freqüentemente mais determinantes que os laços fortes, pois criam condições para o estabelecimento de passarelas entre as redes afastadas, mais ricas em informações novas e variadas (GRANOVETTER, 2000).

Para Granovetter, a Nova Sociologia Econômica não pode se contentar em interpretar as instituições e o contexto no qual evoluem as atividades econômicas, devendo explicar igualmente o que decorre do centro do processo econômico, ou seja, dos mercados e da moeda (STEINER, 1999). Ao explicar por que os empresários decidem fazer uma operação de compra no mercado (*buy*) para obter um bem necessário à sua produção, ou adquirir uma empresa (*make*) para obter esse mesmo bem, Granovetter elabora uma crítica à teoria dos custos de transação de Williamson (1981) e propõe uma explicação sociológica mais convincente. Na ausência de redes confiáveis que lhe forneçam o bem necessário, o empresário acha mais seguro produzir aquele bem. A eficácia das redes é igualmente ilustrada pela busca de emprego da parte dos indivíduos. Esses diversos estudos contribuem para estabelecer que a economia de mercado incrusta-se no social por meio de redes. A pertinência da explicação sociológica é reafirmada sempre quando a ciência econômica neoclássica pressupõe que a economia mobiliza apenas indivíduos atomizados.

As outras abordagens elaboradas no âmbito da NSE (da qual faz parte a New Economic Sociology) podem ser qualificadas de institucionalistas, desde que fiquem bem distintas entre si. Em primeiro lugar, os "neo-institucionalistas", que continuam as idéias dos antigos institucionalistas Veblen e Common (não confundir com os neo-institucionalistas como Coase e Williamson). Em segundo lugar, os evolucionistas, inspirados em Schumpeter. Em terceiro lugar, os neocorporativistas, que fornecem uma tipologia muito pertinente das formas de governança. Além disso, é preciso situar num bloco à parte a socioeconomia, que, por meio da SASE – Society for Advancement of Socio-Economics, reúne sob um mesmo título todos os institucionalistas considerados num sentido amplo, mais as correntes culturais e normativas. A seguir, apresentamos breves comentários sobre essas abordagens.

Os "neo-institucionalistas" não tentam integrar as instituições no paradigma neoclássico, mas questioná-lo e criticá-lo. Essa abordagem se baseia em três hipóteses: a economia não pode ser considerada, ainda que de forma analógica, como uma ciência; a força principal da evolução é a tecnologia, entendida como um processo que pode incluir todos os tipos de instrumentos (até mesmo a linguagem) e de comportamentos que a eles se agregam; a economia deve ser considerada de um ponto de vista substantivo e levando em conta a sua inserção nas sociedades e instituições bem definidas (HODGSON, 1988). Estas últimas compreendem tanto as regras e as codificações oriundas do Estado como também as preferências e os esquemas cognitivos gerados no seio da cultura.

As novas propostas dessa escola se afirmam particularmente no início dos anos 1980, com Piore e Sabel (1984). Seu livro *The Second Industrial Divide* representa, sem dúvida, uma das contribuições mais conhecidas dessa corrente. A análise da prosperidade do pós-guerra, baseada numa combinação da hierarquia estatal e do mercado, aproxima-se da explicação dada pelos partidários da regulação. Mas o livro acaba por evidenciar uma bifurcação em termos da organização do trabalho ocorrida nos anos 1980, a partir das transformações do mercado e do surgimento de novas tecnologias de produção. De uma parte, a saturação da demanda de certos produtos de massa combinada a uma nova demanda de qualidade e, de outra, uma tecnologia que permite uma nova geração de instrumentos polivalentes estabelecem, ambas, as bases para uma especialização flexível, tornando possível uma produção diversificada, uma requalificação do trabalho e novas formas de cooperação. Assim, operacionalizando novos arranjos institucionais, seria possível repensar a produção, apostando mais em redes de pequenas empresas bem enraizadas no território, e, sobretudo, abandonar uma forma de organização do trabalho que tem como fundamento o parcelamento das tarefas. Em suma, na síntese que alguns autores propõem do institucionalismo e do evolucionismo, Hodgson, Samuels e Tool (1994) pregam um diálogo com todas as outras abordagens que se opõem à ortodoxia neoclássica.

Os evolucionistas de inspiração schumpeteriana, que são parte dos institucionalistas considerados num sentido amplo, defendem a idéia de que a ciência econômica se inspira erroneamente num modelo mecanicista, enquanto a biologia poderia ser mais apropriada para interpretar as transformações da economia (DOSI, 1991). Se os neoschumpeterianos se interessam principalmente pelas inovações, sofrem influência dos institucionalistas ao propor os conceitos de novo paradigma tecnológico e de sistemas sociais de inovação (NELSON e WINTER, 1982; FREEMAN, 1991; DOSI, 1982; LUNDVALL, 1992). Os autores dessa corrente analisam a dinâmica econômica em termos de ciclo longo e de paradigma tecnológico no plano macro, sem renunciar, entretanto, a abrir a "caixa-preta" das empresas no plano micro para desvendar as rotinas, aprendizagens e inovações de agentes econômicos caracterizados pela sua racionalidade limitada. Porém, mesmo reconhecendo o processo seletivo do desenvolvimento tecnológico, os neoschumpeterianos dão ênfase à importância dos aspectos intencionais da mudança tecnológica. Trabalhando com a idéia de inovações radicais que provocam uma ruptura no paradigma produtivo, essa abordagem questiona a noção de eficácia das técnicas, que não se verificam eficazes senão dentro de um dado paradigma (FREEMAN, 1991). Nessa perspectiva, as instituições tanto podem favorecer como bloquear a difusão de inovações, de maneira que uma dada trajetória constitui rapidamente um caminho de dependência, levando ao primeiro plano a determinação das escolhas políticas. Assim, é possível ampliar essas análises para dar conta das inovações tecnológicas e também das inovações sociais, que constituem, por sua vez, as inovações organizacionais e institucionais.

Os neocorporativistas, que reúnem institucionalistas principalmente europeus (STREECK e SCHMITTER, 1985), evidenciam a governança como modalidade e coordenação das pessoas e das relações sociais formalizadas num conjunto de regras e de mecanismos. Além de uma tipologia de modos de governança econômica, eles ressaltam o potencial econômico dos bens coletivos ou dos bens públicos, que, mesmo que constituindo um custo, representam uma vantagem para uma economia nacional. Nessa visão, os fatores extra-econômicos ou fatores sociopolíticos são freqüentemente determinantes para a maior parte das atividades econômicas. O qualificativo "neocorporativo" advém do fato de que eles levam em consideração não somente os indivíduos, mas também os atores coletivos e os grupos de interesse presentes na democracia social, muitas vezes mobilizados para a construção de bens coletivos no contexto da articulação ou da parceria.

Quanto à governança, os neocorporativistas destacam quatro formas ou ordens que combinam um princípio e uma instituição: a concorrência dispersa e o mercado, a hierarquia e o Estado, a articulação organizacional e a associação, a solidariedade e a comunidade. Se a duas primeiras formas dizem respeito basicamente a indivíduos, as duas últimas pressupõem atores coletivos que emergem da sociedade civil. A distinção entre a forma comunitária e a forma associativa é particularmente pertinente, já que evita confundir as governanças tradicionais, que repousam sobre o pertencimento comunitário (por vezes não voluntário), com as governanças modernas, que residem na associação voluntária de pessoas. Nessa interpretação, a democracia social pode complementar a democracia representativa, na medida em que favorece a deliberação entre indivíduos que representam interesses coletivos para construir um bem comum, ou ainda um interesse geral que vá além dos interesses coletivos. Essas análises foram continuadas por Hollingsworth e Boyer (1997), que demonstraram que o mercado e a hierarquia são apenas duas modalidades de coordenação entre uma pluralidade de outras igualmente importantes, ressaltando o engajamento, a associação, as alianças, as redes, as comunidades, as parcerias etc.

Não poderíamos concluir este breve levantamento sem mencionar a socioeconomia, promovida pelo sociólogo americano Etzioni (1988). Essa abordagem, que se propõe reunir todas as correntes que aqui relacionamos, se diferencia claramente da economia política na medida em que esta última esteve freqüentemente ligada ao marxismo e, mesmo quando esse não é o caso, sempre se inclinou a redirecionar a economia à política. A socioeconomia, por sua vez, centra-se mais no social do que na política, afirmando que a economia é parte integrante da sociedade. Se nos ativermos à plataforma que serviu ao lançamento desse grupo, veremos que a socioeconomia visa a desenvolver um paradigma que combina as variáveis e os conceitos próprios da ciência econômica com aqueles de outras ciências sociais e humanas.

Mesmo que se reconheça sua complementaridade com a ciência econômica neoclássica e a utilidade de seus trabalhos, a socioeconomia não deixa de defender a inserção da economia e do mercado na sociedade. Ela também reconhece a multiplicidade das lógicas de ação, colocando, desde o ponto de partida, que o cálculo dos próprios interesses é acompanhado de outras motivações muitas vezes mais fortes e que provêm da moral, da obrigação, da emoção, da confiança e dos laços sociais. Em resumo, essa abordagem responde em grande parte a uma forte demanda de ética nos negócios e, mais amplamente, na sociedade (TURCOTTE e SALMON, 2005; CAPRON, 2000). Se por um lado, por meio da SASE, essa corrente promoveu um novo espaço de debate, onde as preocupações sobre o desenvolvimento sustentável e o ambiente estão presentes, por outro lado, com ela corremos o risco de nos reintroduzir no ciclo da especialização que caracterizava a antiga sociologia econômica.

CONCLUSÃO

A NSE de língua francesa e a de língua inglesa, que se ignoram mais do que se reconhecem, apresentam certas especificidades principalmente no plano da atenção que dão ao Estado, ao mercado, às instituições e aos atores sociais. Todavia, ao se considerar a diversidade das abordagens nas duas tradições lingüísticas, é possível encontrar fortes semelhanças, por exemplo, entre os convencionalistas e a NSE americana, entre os partidários da regulação e os novos institucionalistas anglo-americanos, entre o MAUSS e a socioeconomia de Etzioni. Ademais, as condições de surgimento são praticamente idênticas nos dois casos, isto é, uma grande transformação que se afirma no início dos anos 1980 e que dá lugar a um novo paradigma, em que a economia aparece fortemente dependente do social, mesmo que nesse momento o neoliberalismo proponha a auto-regulação mercantil.

Pode-se concluir desse panorama da NSE que, por meio de suas diversas correntes, ela busca demonstrar que a economia é social. A economia é social pelos seus *inputs*, sejam estes subvenções, bens coletivos e públicos, sistema social de inovação, engajamento de empregados para além do contrato de trabalho ou, ainda, coletividades locais que aportem capital social, dotações institucionais e dotações culturais. Ela o é também por *outputs*, que não são apenas bens e serviços produzidos, mas também exterioridades, tais como empregos, desenvolvimento de coletividades, relação com a natureza, qualidade de vida etc. Além disso, a NSE acrescenta que a economia é social pelo fato de o mercado constituir tanto uma forma institucional e organizacional como uma construção social. Enfim, a coordenação das atividades econômicas e da circulação de bens diz respeito ao mercado, à hierarquia e a governanças baseadas num nível elevado de engajamento social, como é o caso das associações, das redes, das alianças, das comunidades e coletividades as mais diversas.

Então, se a economia é social de ponta a ponta, onde se situa o problema? Por que alguns falam de economia social e solidária e da necessidade de uma reviravolta em direção ao desenvolvimento sustentável? A resposta é simples. A economia capitalista, de acordo com a ciência econômica clássica, geralmente não reconhece a dimensão social da economia. Como tudo é aparentemente pago em seu justo valor, reconhecem-se apenas os acionistas aos quais é concedido o monopólio relativamente exclusivo das decisões e dos resultados (lucros). Daí, os preços refletirem somente uma parte do valor da produção e uma parte dos custos, de maneira que a contabilidade nacional é igualmente falsa (LIPIETZ, 1993, p. 26). Sob esse ângulo, há uma imersão social da economia, como demonstra Granovetter, mas essa imersão é instrumentalizada em favor de uma economia totalmente capitalista e submetida ao curto prazo, o que dá finalmente razão a Polanyi.

O reconhecimento da dimensão social da economia, como bem demonstra a economia social e solidária, pressupõe um funcionamento democrático. Com efeito, o social e o sustentável são multidimensionais e adquirem plenamente sentido a longo prazo (por meio de diversas gerações), de maneira que seu reconhecimento será sempre uma construção social complexa e difícil, uma construção suscetível de variar consideravelmente no tempo, segundo os grupos envolvidos e os paradigmas sociais predominantes. Se o balanço contábil das empresas é realizado segundo normas relativamente conhecidas, uma contabilidade socioeconômica exige um tipo de acordo entre as partes sobre o que se pode reconhecer num dado momento como valor social, inclusive os aspectos econômicos, sociais e ambientais, como propõe o desenvolvimento sustentável. Ainda que esse reconhecimento não possa ser decretado espontaneamente pelo Estado, ele é eminentemente político. Nessa mesma perspectiva, Capron (2000) afirma que um comportamento socialmente responsável deve ter o cuidado de:

> [...] constituir contrapoderes, de deixar que se exprimam as expectativas das diversas partes envolvidas [...] de criar condições para que as diferentes lógicas (mais ou menos antagonistas) possam ser consideradas nas escolhas fundamentais, de maneira que o máximo de aspectos econômicos, sociais e ambientais sejam levados em conta (CAPRON, 2000, p. 276.).

Portanto, o que se denomina comumente economia social e solidária representa um amplo leque de experimentos no domínio da economia. Nesse contexto, busca-se reconhecer a dimensão social, dando prioridade às pessoas sobre o capital, à utilidade social e ao interesse coletivo sobre o interesse particular, e trabalhando com os valores da solidariedade, da cooperação, da ajuda mútua, da eqüidade e da justiça social. Assim procedendo, a economia social fornece alguns princípios e regras que poderiam estabelecer um ponto de partida para se pensar de forma realista o desenvolvimento sustentável e uma economia socialmente responsável. Desse modo, o reconhecimento do social, abrangendo entre outros aspectos a eqüidade, a qualidade de vida e a relação Norte–Sul promovida pelo desenvolvimento sustentável, pressupõe não somente uma transformação do conjunto do sistema de produção e consumo, mas também uma democratização da economia e das instâncias apropriadas de regulação.

Enfim, a NSE mostra bem explicitamente que a economia, tal como é concebida pelos economistas neoclássicos, é uma economia mutilada, que torna mais problemáticas as políticas ao priorizar apenas a redistribuição feita pelo Estado e a ajuda internacional para restabelecer o equilíbrio, *a fortiori* para pensar um desenvolvimento sustentável. A NSE põe em questão uma visão igualmente mutilada da dimensão política, que se prende à política institucionalizada para lidar com o engajamento cidadão e as iniciativas socioeconômicas da sociedade civil, o que amplia ainda mais o raio de ação de um neoliberalismo centrado na auto-regulação mercantil. Com efeito, "desde que integremos as interações sociais, todos os tipos de ineficácia macroeconômica aparecem, devido ao descompasso entre os dados ligados às pessoas (justamente suas responsabilidades) e os dados 'objetivos' (agregados, variáveis globais) da política econômica" (MAHIEU, 2000, p. 263). Nessa perspectiva, a NSE engaja-se num esforço ecológico que se preocupa menos em tomar o poder do Estado e mais em mudar os comportamentos cotidianos e realizar uma série de micro-rupturas, ou ainda "uma revolução molecular que jamais se completará" (LIPIETZ, 1993, p. 41).

REFERÊNCIAS

AGLIETTA, M. *Régulation et crises du capitalisme*: l'expérience des États-Unis. Paris: Calmann-Lévy, 1976.

BECK, U. *La société du risque*: sur la voie d'une autre modernité. Paris: Aubier, 2001.

BÉLANGER, P. R.; LÉVESQUE, B. La théorie de la régulation, du rapport salarial au rapport de consommation. Un point de vue sociologique. *Cahiers de Recherche Sociologique*, n. 17, p. 17-52, 1991.

BERGER, P. L.; LUCKMANN, T. *The social construction of reality*: a treatrise in the sociology of knowledge. New York: Anchor Books, 1966.

BOLTANSKI, L.; THÉVENOT, L. *De la justification*: les économies de la grandeur. Paris: Gallimard, 1991.

BOLTANSKI, L.; CHIAPELLO, E. *Le nouvel esprit du capitalisme*. Paris: Gallimard, 1999.

BOYER, R. La politique à l'ère de la mondialisation et de la finance: le point sur quelques recherches régulationnistes. *L'Année de la Régulation*, v. 3, 1999.

BOYER, R. *La théorie de la régulation*: une analyse critique. Paris: La Découverte, 1986.

CAILLÉ, A. Don, association et solidarité. *Revue Internationale de l'Économie Sociale*, n. 265, p. 49-57, 1997.

CAILLÉ, A. *La démission des clerc*: la crise des sciences sociales et l'oubli du politique. Paris: La Découverte, 1993.

CAILLÉ, A. *Critique de la raison utilitaire*. Paris: La Découverte, 1988.

CALLON, M.; LASCOUMES, P.; BARTHE, Y. *Agir dans un monde incertain*: essai sur la démocratie technique. Paris: Seuil, 2001.

CAPRON, M. Vous avez dit éthique? Éthique et économie: l'impossible (re) mariage. *Revue du MAUSS*, n. 15, p. 271-277, 2000.

CASTEL, R. *Les métamorphoses de la question sociale*: une chronique du salariat. Paris: Fayard, 1995.

CUSIN, F.; BENAMOUZIG, D. *Économie et sociologie*. Paris: PUF, 2004.

DOSI, G. Perspective on evolutionary theory. *Science and Public Policy*, v. 18, n. 6, p. 353-369, 1991.

DOSI, G. Technological paradigms and technological trajectories: a suggested interpretation of the determinants and directions of technical change. *Research Policy*, n. 11, p. 147-162, 1982.

DOSSE, F. *L'empire du sens*: l'humanisation des sciences humaines. Paris: La Découverte, 1995.

DRAPERI, J.-F. De nouvelles relations entre l'économie et la société? *Revue Internationale de l'Économie Sociale*, n. 275-276, p. 7-10, 2000.

EIGLIER, P.; LANGEARD, E. *Servuction*: le marketing des services. Paris: McGraw Hill, 1998.

ETZIONI, A. *The moral dimension, toward a new economics*. New York: The Free Press, 1988.

FREEMAN, C. Innovation, change of techno-economic paradigm and biological analogies in economics. *Revue Économique*, n. 2, mars, 1991.

GADREY, J. *Services*: la productivité en question. Paris: Desclée de Brouwer, 1996.

GIDDENS, A. *Les conséquences de la modernité*. Paris: L'Harmattan, 1994.

GISLAIN, J.-J.; STEINER, P. *La sociologie économique* 1890-1920. Paris: PUF, 1995.

GODBOUT, J. T. *Le don, la dette et l'identité*: homo donator vs homo oeconomicus. Montréal: Boréal, 2000.

GODBOUT, J. T.; CAILLE, A. *L'esprit du don*. Paris: La Découverte, 1992.

GRANOVETTER, M. *Le marché autrement*: essais de Mark Granovetter. Paris: Desclée de Brouwer, 2000.

GRANOVETTER, M. The old and the new economic sociology: a history and a agenda. In: FRIEDLANG, R.; RICHARDSON, A. F. (Org) *Beyond the marketplace*: rethinking economy and society. New York: Aldine de Gruyter, p. 89-112, 1990.

GRANOVETTER, M. Economic action and social structure: the problem of embeddedness. *American Journal of Sociology*, v. 91, n. 3, p. 481-510, 1985.

HODGSON, G. M. *Economics and institutions*: a manifesto for a modern institutional economics. Philadelphia: University of Pennsylvania Press, 1988.

HODGSON, G.; SAMUELS, W. J.; TOOL, M. R. *The Elgar Companion to institutional and evolutionary economics*. Aldershot: Edward Elgar, 2 tomes, 1994.

HOLLINGWORTH, J. R.; BOYER, R. (Orgs) *Contemporary capitalism*: the embeddedness of institutions. Cambridge: Cambridge University Press, 1997.

LAVILLE, J.-L. (Org) *L'économie sociale, une perspective internationale*. Paris: Desclée de Brouwer, 1994.

LÉVESQUE, B. Un nouveau paradigme de gouvernance: la relation autorité publique-marché-société civile pour la cohésion sociale/A new governance paradigm: public authorities-markets-civil society linkage for social cohesion. Les choix solidaires dans le marché: un apport vital à la cohésion sociale/Solidarity-Based Choices in the Market-Place: A Vital Contribution to Social Cohesion. Strasbourg: Édition du Conseil de l'Europe/Council of Europe Publishing (coll. Tendances de la Cohésion Sociale, n. 14/Trends in Social Cohesion, n. 14), p. 29-66/29-67, 2005.

LÉVESQUE, B. Les enjeux du développement et de la démocratie dans les pays du Nord: l'expérience du Québec. In: FALL, A.; FAVREAU, L.; LAROSE, G. (Orgs) *Le Sud...et le Nord dans la mondialisation*: quelles alternatives? Québec: Presses de l'Université du Québec, p. 97-132, 2004.

LÉVESQUE, B.; BOURQUE, G.; FORGUES, É. *La nouvelle sociologie économique*: originalité et diversité des approches. Paris: Desclée de Brouwer, 2001.

LUNDVALL, B.-A. (Org) *National system of innovation*: toward a theory of innovation and interactive learning. London: Pinter Pub, 1992.

PERRET, B.; ROUSTANG, G. *L'économie contre la société*: affronter la crise de l'intégration sociale et culturelle. Paris: Le Seuil, 1993.

LIPIETZ, A. *Vert esperance*: l'avenir de l'écologie politique. Paris: La Découverte, 1993.

MAHIEU, F. R. De la responsabilité des économistes et des agents économique. Pour une éthique de la personne en économie. Éthique et Économie. L'impossible (re) marrage. *Revue du MAUSS*, n. 15, p. 257-267, 2000.

MARTINELLI, A.; SMELSER, N. (Orgs) *Economy and society*: overviews in economic sociology. London: Sage, 1990.

NELSON, R.; WINTER, S. *National systems of innovation*: a comparative study. Oxford: University Press, 1982.

PERRET, B. Préface. In: LÉVESQUE, B.; BOURQUE, G.; FORGUES, É. *La nouvelle sociologie économique*: originalité et diversité des approches Paris: Desclée de Brouwer, p. 9-15, 2001.

PIORE, M. J.; SABEL, C. Les chemins de la prospérité: de la production de masse à la spécialisation souple. Paris: Hachette (Primeira edição em inglês: The Second Industrial Divide, 1984), 1989.

PUTNAM, R. D. *Making democracy work*: civic traditions in modern italy. Princeton: Princeton University Press, 1993.

ROBBINS, L. *The nature and significance of economic science*. London: Allen and Unwin, 1935.

SALAIS, R.; STORPER, M. *Les mondes de production*: enquête sur l'identité économique de la France. Paris: Éditions de l'École des Hautes Études en Sciences Sociales, 1993.

SCHMITTER, P. Interest systems and the consolidation of democracies. In: MARKS, A. (Org) *Reexaminimg democracy*. London: Sage Publications, 1992, 156-181.

SOUSA SANTOS, B. La globalisation contre-hégémonique et la réinvention de l'émancipation sociale. In: MERCURE, D. *Une société-monde?* Les dynamiques sociales de la mondialisation. Québec: Les Presses de l'Université Laval, 2001.

STEINER, P. *La sociologie économique*. Paris: La Découverte, 1999.

STREECK, W.; SCHMITTER, P. (Orgs) *Private interest government*: beyond market and state. London: Sage, 1985.

SWEDBERG, R. *Principles of economic sociology*. Princeton: Princeton University Press, 2005.

SWEDBERG, R. *Une histoire de la sociologie économique*. Paris: Desclée de Brouwer, 1994.

TURCOTTE, M.-F.; SALMON, A. *Responsabilité sociale et environnementale de l'entreprise*. Québec: PUQ, 2005.

WHITE, H. C. Where do markets come from? *American Journal of Sociology*, v. 87, n. 3, p. 517-547, 1981.

WILLIAMSON, O. E. The economics of organization: the transaction cost approach. *American Journal of Sociology*, v. 87, n. 3, p. 548-577, 1981.

ZIMMERMANN, J.-B. Entreprises et territoires: entre nomadisme et ancrage territorial. La Revue de l'IRES, Restructuration. *Nouveaux Enjeux*, v. 47, n. 1, p. 21-35, 2005.

4
ANÁLISE DE REDES SOCIAIS: AVANÇOS RECENTES E CONTROVÉRSIAS ATUAIS*

Mark S. Mizruchi

---

* O artigo "*Social network analysis: recent achievements and current controversies*", de Mark S. Mizruchi, foi originalmente publicado na *Acta Sociologica*, v. 37, n. 4, p. 329-343, 1994. Copyright ©2008 Sage Publications. Todos os direitos são reservados. Nenhuma parte deste artigo pode ser reproduzida por qualquer meio ou forma sem a permissão por escrito de Sage Publications. Para obter autorização, entre em contato com Sage Publications (www.sagepublications.com).

4

ANÁLISE DE REDES SOCIAIS:
AVANÇOS RECENTES E
CONTROVÉRSIAS ATUAIS

INTRODUÇÃO

A análise de redes tem conquistado um número crescente de adeptos nas últimas três décadas. Multiplicam-se as pesquisas que sugerem que as redes sociais influenciam o comportamento de indivíduos e grupos. Com sua crescente popularidade, as críticas à análise de redes também proliferaram. Este artigo atende a dois objetivos. Primeiro, apresentarei um breve panorama da literatura sobre redes em três importantes áreas: centralidade e poder; subgrupos da rede e relações interorganizacionais. O intuito dessa discussão é demonstrar os avanços que têm ocorrido nessas áreas. Segundo, discutirei três questões que têm sido fonte de controvérsias teóricas: a relação entre a análise de redes e a teoria da escolha racional; o papel das normas e da cultura e a questão da agência humana. Concluirei com uma breve discussão sobre as perspectivas futuras para a análise de redes.

ANTECEDENTES HISTÓRICOS

A análise de redes tem suas raízes em diversas perspectivas teóricas. Alguns encontram suas origens no trabalho do psiquiatra J. L. Moreno (1934), que desenvolveu uma abordagem conhecida como sociometria, em que as relações interpessoais eram representadas graficamente. Outros as encontram no trabalho dos antropólogos britânicos John Barnes (1954), Elizabeth Bott (1957) e J. Clyde Mitchell (1969). Ainda outros (BERKOWITZ, 1982) vêem a análise de redes como um apêndice do estruturalismo francês de Claude Lévi-Strauss (1969).

A análise de redes também pode ser vista como um subtipo do arcabouço geral da sociologia estrutural (WELLMAN 1988). A sociologia estrutural é uma abordagem segundo a qual estruturas sociais, restrições e oportunidades são vistas como afetando mais o comportamento humano do que as normas culturais ou outras condições subjetivas. As raízes clássicas da sociologia estrutural são encontradas em Durkheim, Marx e (especialmente) Simmel. A influência deste último sobre a sociologia estrutural decorre de sua preocupação com as propriedades formais da vida social. Para Simmel, certas relações sociais seguiram padrões que assumiram características semelhantes em uma ampla gama de contextos. Em qualquer situação que envolva três agentes, por exemplo, um agente será bem sucedido na medida em que possa explorar um conflito entre os outros dois. Esse padrão pode ocorrer entre pessoas, organizações e até países. Para Simmel, as formas e padrões das relações sociais eram mais importantes do que seu conteúdo. Como colocou Blau (1982, p. 276), os sociólogos estruturalistas estão mais preocupados com a "proporção de agentes isolados num grupo do que com o fato de seus nomes serem Jack e Jim ou Jill e Joan".

Embora possa haver diferenças entre correntes da sociologia estrutural, a maioria dos sociólogos estruturalistas concorda que os fatores objetivos sejam determinantes mais significativos do comportamento do que os subjetivos. A análise de redes é um tipo de sociologia estrutural que se baseia numa noção clara dos efeitos das relações sociais sobre o comportamento individual e grupal.

PRINCÍPIOS E MÉTODOS DA ANÁLISE DE REDES

O princípio básico da análise de redes é que a estrutura das relações sociais determina o conteúdo dessas relações. Os teóricos das redes rejeitam a noção de que as pessoas são combinações de atributos, ou de que as instituições são entidades estáticas com limites claramente definidos. Os sociólogos usam com freqüência os termos "sociedade", "governo" e "economia", e referem-se aos indivíduos usando termos tais como "protestantes de classe média baixa que residem nas áreas urbanas centrais e que votam no Partido Democrata" (WHITE, BOORMAN e BREIGER, 1976, p. 733). Mas esses termos e categorias ofuscam aquilo que, para os teóricos de redes, seria a matéria principal da vida social: as redes concretas de relações sociais, que ao mesmo tempo incorporam e transcendem organizações e instituições convencionais. O governo, por exemplo, não é uma instituição fixa e unitária, mas uma série de subunidades, muitas vezes operando em oposição umas às outras, cujos membros desenvolvem coalizões e disputas não apenas dentro das agências e entre elas, mas também com diversos agentes externos ao Estado (MARTIN, 1991). Seria necessário compreender as relações sociais entre agentes dentro e fora das agências estatais para explicar o desenvolvimento da política governamental, por exemplo.

A discussão de Simmel a respeito de díades e tríades [1917] (1950) ilustra o princípio segundo o qual a estrutura das relações sociais afeta seu conteúdo. Não só a entrada de uma terceira pessoa num encontro entre duas outras altera a natureza da relação entre as duas pessoas originais, como, também, a natureza da tríade em si é significativa. Numa tríade fechada, exemplificada no painel A da Figura 1, cada agente interage com os dois outros. Numa tríade hierárquica, como a do painel B da Figura 1, o agente central ocupa uma posição de corretagem entre os dois outros, que são obrigados a lidar com o corretor para efetuar comunicação um com o outro. Essas duas estruturas, segundo a teoria das redes, criam formas de interação muito diferentes entre os membros do grupo. O potencial para corretagem permite que o agente central da tríade extraia benefícios de qualquer situação em que os dois outros agentes procurem se comunicar (FREEMAN, 1979; COOK, 1982; MARSDEN, 1982; GOULD e FERNANDEZ, 1989).

A análise de redes é, em tese, aplicável a virtualmente qualquer assunto empírico. Embora os analistas de redes tenham abordado uma ampla gama de assuntos, três áreas que mereceram atenção especial por causa de sua relevância teórica são os efeitos da centralidade do agente sobre o comportamento, a identificação de subgrupos da rede e a natureza das relações entre as organizações.

Figura 1 – Dois tipos de tríades

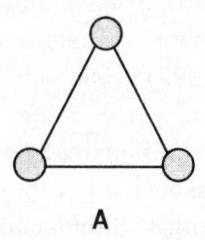

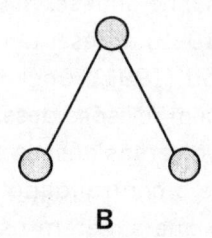

Rede e centralidade do agente

Durante as décadas de 1950 e 1960, diversos experimentos, a começar pelos realizados no MIT sob a condução de Bavelas (1950; LEAVITT, 1951; posteriormente, HOPKINS, 1964; FAUCHEUX e MACKENZIE, 1966; MACKENZIE, 1976), identificaram diferenças consideráveis no caráter das atividades de solução de problemas em grupo entre diversas estruturas de comunicação. De especial importância foi a relação entre a centralidade de um agente e sua influência sobre o grupo. Leavitt (1951), por exemplo, demonstrou, por meio de diversos tipos de estrutura de comunicação, que as diferenças de influência entre o agente mais central e o menos central aumentavam com a crescente hierarquia das estruturas. A Figura 2 apresenta exemplos de estruturas clássicas, hierárquica e não hierárquica, de cinco agentes. Na estrutura hierárquica, conhecida como a "roda" (painel A), o agente central controla o fluxo de informação entre qualquer par de outros agentes. Na estrutura não hierárquica (painel B), que neste caso é um "subgráfico máximo completo" em que estão presentes todos os laços possíveis, qualquer membro do grupo pode se comunicar diretamente com qualquer outro. Freeman (1979) desenvolveu uma medida da centralização da rede com base na diferença entre a centralidade da unidade mais central e a das demais unidades.[1] Freeman demonstra que, por meio do uso dessa medida, a rede hierárquica da Figura 2 apresenta grau de centralização igual a 1 (a maior possível), enquanto a rede não hierárquica da Figura 2 apresenta grau zero (a menor possível).

O rápido desenvolvimento da análise de redes nos últimos anos levou ao ressurgimento de pesquisas experimentais e não experimentais sobre a relação entre a centralidade e o poder dos agentes sociais. Marsden (1982), Cook e outros (1983), Markovsky, Willer e Patton (1988) e os artigos da edição especial de setembro/dezembro de 1992 da publicação *Social Networks* fornecem exemplos de trabalhos experimentais e de simulação. Galaskiewicz (1979), Mizruchi (1982), Mintz e Schwartz (1985) e Laumann e Knoke (1987) fornecem exemplos de trabalhos não experimentais que operam no nível interorganizacional de análise. Astley e Zajac (1990), Brass e Burkhardt (1992) e Krackhardt (1992) apresentam exemplos do papel da centralidade nas organizações. Scott (1991), Cook e Whitmeyer (1992) e Mizruchi e Galaskiewicz (1993) oferecem revisões dessa literatura.

Embora diversos desses estudos tenham demonstrado uma associação positiva entre a centralidade e o poder, a associação entre os dois é mais complexa do que sugerem os primeiros estudos. Simulações e resultados

Figura 2 – Estruturas hierárquica e não hierárquica

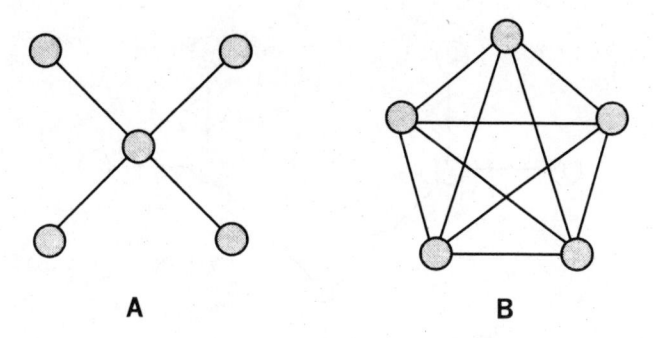

A   B

experimentais de Marsden (1982, 1987), Cook e outros (1983) e Markovsky e outros (1988) revelaram que, em determinados tipos de estruturas (como a estrutura de acesso restrito apresentada na Figura 3), agentes com elevada centralidade "local" (NIEMINEN, 1974), tais como 7, 8 e 9, podem ser mais poderosos do que agentes com elevada centralidade "global", como o agente 10.[2] Em algumas situações, a elevada centralidade pode até representar um empecilho. Num estudo a respeito da conspiração para a fixação de preços da indústria de equipamentos elétricos dos Estados Unidos ocorrida no início da década de 1960, Baker e Faulkner (1993) descobriram que os agentes centrais foram aqueles com maior probabilidade de serem considerados culpados de crimes, presumivelmente porque suas posições centrais nas redes de comunicação os deixaram mais vulneráveis à detecção. Bonacich (1987) observou que o poder de um agente pode ser maior se suas ligações se derem com agentes relativamente periféricos, que são forçados a lidar com o agente focal. Na maioria das medidas de centralidade, contudo, os agentes ligados a agentes periféricos serão menos centrais do que aqueles ligados a agentes centrais. Isso pode explicar algumas situações em que a centralidade e o poder não estão altamente correlacionados. Estudos de Cook e outros (1983) e Marsden (1987) sugerem que a relação centralidade-poder é afetada por serem as redes "positiva" ou "negativamente" conectadas. Em redes negativamente conectadas, um laço entre os agentes A e B impede qualquer laço entre A e C. Isso corresponde à situação relatada por Bonacich, e foi nas redes negativamente conectadas que Cook e outros fracassaram em produzir a associação esperada entre centralidade e poder. Nas redes de Cook e outros, os agentes de elevada

Figura 3 - Rede de acesso restrito com dez agentes

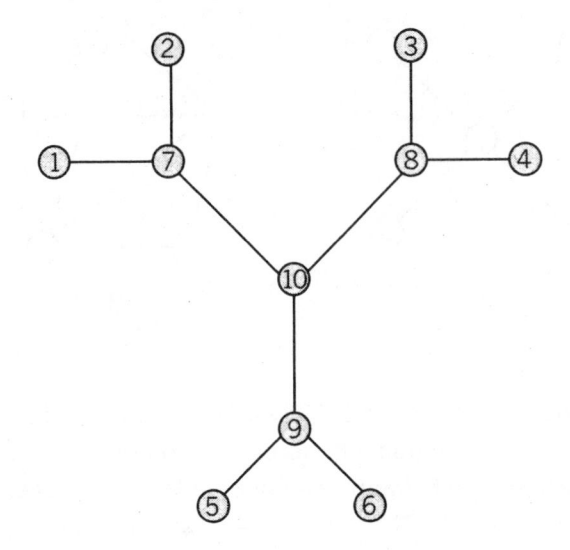

centralidade local eram mais poderosos do que aqueles com elevados níveis de centralidade global. Marsden (1987) demonstra que o poder relativo dos agentes com elevada centralidade global depende da medida em que os agentes centrais se revelam capazes de formar coalizões.

Apesar da variedade de conclusões sobre a relação entre centralidade e poder, a maioria dos estudos revelou pelo menos alguma associação substancialmente significativa. Eles condizem, portanto, com um princípio básico da teoria das redes: de que a posição de um agente numa estrutura social tem impacto significativo sobre seu comportamento e bem-estar.

Subgrupos da rede

Outra área importante da análise de redes é a identificação de subgrupos da rede. A maioria das análises operou dentro de duas grandes tradições, que Burt (1982) intitulou "relacional" e "posicional". Os modelos relacionais se baseiam primordialmente nas técnicas gráfico-teóricas (HARARY, NORMAN e CARTWRIGHT, 1965). Seu foco se dá na identificação de "cliques", regiões densamente conectadas das redes em que a totalidade ou maioria dos agentes está diretamente ligada entre si, como na estrutura não hierárquica da Figura 2 (ALBA, 1973). Os modelos posicionais se baseiam predominantemente em técnicas de matriz algébrica (LORRAIN e WHITE, 1971). Seu foco é na identificação de agentes estruturalmente equivalentes, pares de agentes ligados aos mesmos terceiros. A mais proeminente dessas técnicas é o *blockmodeling*, desenvolvida por Harrison White e seus alunos (WHITE, BOORMAN e BREIGER, 1976; veja na edição especial de junho de 1992 da publicação *Social Networks* um panorama dos avanços recentes). *Blockmodels* são representações binárias de matrizes relacionais entre agentes de uma rede, permutadas de tal maneira que agentes estruturalmente equivalentes se agrupem em submatrizes quadradas, ou "blocos". Os blocos são identificados alternativamente como "blocos-zero" ou "blocos-um", dependendo da densidade dos laços entre os agentes que os compõem. Na prática, usa-se uma determinada densidade como ponto de corte para distinguir blocos-zero de blocos-um. Por exemplo, no *blockmodel* de uma rede de pesquisa biomédica produzido por White e outros, os autores descobriram que densidades de corte na faixa entre 0,10 e 0,50 produziam resultados semelhantes. As representações das estruturas podem ser ainda mais reduzidas por meio do agrupamento de blocos estruturalmente equivalentes em matrizes 2 x 2. Os padrões de blocos identificam diferentes tipos de estruturas sociais (WHITE e outros, 1976). Consideremos, por exemplo, um modelo em que todos os dados brutos sejam escolhas de amizade, de tal maneira que os agentes possam indicar outras pessoas específicas como amigas, mas os laços podem ou não ser recíprocos. Se a matriz, quando reduzida a um *blockmodel* de 2 x 2, contiver um bloco-zero na segunda coluna da primeira linha e blocos-um nas demais células, como na representação a seguir,

1 0

1 1

representaria uma estrutura hierárquica em que os laços vão dos agentes de menor *status* aos de maior *status*, mas não o contrário (WHITE e outros, 1976, p. 742). Nesse exemplo, os agentes de *status* elevado (linha 1) escolhem outros agentes de *status* elevado (coluna 1), mas não escolhem agentes de baixo *status* (coluna 2). Os agentes de baixo *status* (linha 2), por outro lado, escolhem agentes tanto de baixo quanto de alto *status* (colunas 1 e 2, respectivamente). Os *blockmodels* não são as únicas técnicas que empregam a equivalência estrutural como base para o agrupamento. Outras técnicas largamente utilizadas, como a análise fatorial (ALLEN, 1978), as escalas multidimensionais (LEVINE,

1972; LAUMANN e PAPPI, 1976) e as técnicas de agrupamento por equivalência estrutural não discreta empregadas por Burt (1982) muitas vezes rendem agrupamentos semelhantes aos produzidos pelos modelos em bloco (veja, em BREIGER, BOORMAN e ARABIE, 1975, uma comparação dos *blockmodels* com as escalas multidimensionais).

Os proponentes de virtualmente todas as técnicas de agrupamento concordam que os membros de "cliques" ou agrupamentos específicos devem apresentar atitudes e comportamento semelhantes. Mas como os "cliques" gráfico-teóricos se baseiam em laços diretos entre os agentes, ao passo que os blocos e outros agrupamentos posicionais se baseiam em equivalência estrutural, os dois modelos levam a previsões diferentes quanto às fontes da influência e da similaridade interpessoal. As relações nos "cliques" se baseiam em laços coesos entre agentes. Nos modelos de coesão, que são os mais largamente utilizados pelos analistas de redes, aqueles que interagem diretamente tenderão a influenciar uns aos outros. Os modelos de equivalência estrutural levam a duas interpretações possíveis. Uma, apresentada por Friedkin (1984) e Mizruchi (1993), sugere que agentes estruturalmente equivalentes têm a probabilidade de apresentar comportamentos semelhantes porque estão sujeitos a fontes comuns de influência direta. Um argumento alternativo apresentado por Burt (1987) sugere que os agentes estruturalmente equivalentes, por ocuparem as mesmas posições nas estruturas sociais, competem pelos favores dos ocupantes de outras posições. Por causa dessa competição, os agentes tendem a imitar os atos de seus pares estruturalmente equivalentes.

Os modelos de coesão e de equivalência estrutural obtiveram considerável apoio na literatura. Alguns dos muitos exemplos que apóiam o modelo de coesão são os estudos de Moore (1979), Friedkin (1984), e Laudmann e Knoke (1987). Os estudos que apóiam o modelo de equivalência estrutural incluem os de Burt (1987), Johnson (1986) e Galaskiewicz e Burt (1991). Alguns estudos fornecem apoio às duas abordagens (MIZRUCHI, 1992, 1993).

Análise de redes e relações interorganizacionais

Por muito tempo, uma crítica freqüente à análise de rede era de que seus proponentes tiveram sucesso na criação de descrições matemáticas elegantes das estruturas sociais, mas não foram tão bem- sucedidos na demonstração de que tais estruturas tenham, realmente, conseqüências comportamentais. Em área alguma essas críticas foram tão enfáticas quanto na do estudo das relações interorganizacionais.

Embora alguns dos primeiros estudos tenham demonstrado que a centralidade nas redes interorganizacionais estaria associada a resultados organizacionais identificáveis, inclusive a probabilidade de sucesso político de uma organização (GALASKIEWICZ, 1979) e suas estratégias de investimento (RATCLIFF, 1980), tais demonstrações foram pouco numerosas até meados da década de 1980. Desde então, contudo, proliferaram estudos que sugerem que a posição de uma empresa nas redes interorganizacionais afeta seu comportamento. Grande parte desses trabalhos surgiu em publicações de administração de empresas e se dedicou aos efeitos da composição dos conselhos de administração sobre as estratégias administrativas. Os conselhos de administração são importantes porque os conselheiros de uma empresa muitas vezes são membros dos conselhos de outras, criando aquilo que se chama "diretorias interligadas" [*interlocking directorates*]. As redes interligadas são a forma mais estudada de relação interorganizacional. Embora haja muitas visões concorrentes a respeito do papel representado por essas interligações, inúmeros teóricos acreditam que elas forneçam um indicador de relações sociais interorganizacionais que, se as previsões da teoria das redes estiverem corretas, deve influenciar o comportamento das empresas (veja revisões desses modelos em PETTIGREW, 1992; MIZRUCHI, 1996).

Diversos estudos sobre a composição de conselhos de administração encontrados na literatura de Administração de Empresas se concentram no papel dos conselheiros externos. Como os conselheiros externos costumam estar associados a outras empresas, essa variável também proporciona um indicador do grau de integração de uma empresa com redes interorganizacionais. A literatura organizacional sugere que esses laços têm impacto significativo sobre as estratégias corporativas. Num estudo do uso de *"greenmail"*, como é chamada a recompra privada de ações de uma empresa, Kosnik (1987) descobriu que as empresas que resistiam ao *greenmail* tinham mais conselheiros externos e mais conselheiros representantes de empresas com as quais a empresa focal mantinha transações do que as empresas que eram vítimas do *greenmail*. Estudos de Cochran, Wood e Jones (1985), Singh e Harianto (1989) e Wade, O'Reilly e Chandratat (1990) constataram que a proporção de membros externos no conselho de administração de uma empresa estava positivamente associada à existência de políticas de *"golden parachute"* para os altos executivos da empresa.[3] Davis (1991), num estudo sobre adoção de defesas contra a tomada de controle (conhecidas como *"poison pills"*), descobriu que havia maior chance de uma empresa adotar *poison pills* se compartilhasse conselheiros com empresas que já as tivessem adotado. Baysinger, Kosnik e Turk (1991) identificaram uma associação negativa entre a proporção de conselheiros externos e as despesas de pesquisa e desenvolvimento das empresas. Clawson e Neustadtl (1989) e Mizruchi (1992) descobriram que as interligações de conselheiros influenciavam as estratégias políticas corporativas. Haunschild (1993), Fligstein e Markowitz (1993) e Palmer e outros (1995) encontraram uma associação entre as interligações e a participação das empresas em fusões e aquisições. Boeker e Goodstein (1993) descobriram que empresas com elevada proporção de pessoas de fora em seus conselhos de administração apresentavam maior probabilidade de indicar CEOs de fora da empresa. E Stearns e Mizruchi (1993; MIZRUCHI e STEARNS, 1994) descobriram que a presença de representantes de instituições financeiras no conselho de administração de uma empresa influenciava o tipo e o montante dos financiamentos por ela usados.

Quais são os processos por meio dos quais se sustenta que essas redes influenciam o comportamento empresarial? Um exemplo pode ser encontrado num estudo sobre a ação política das corporações (MIZRUCHI, 1992). O objetivo do estudo foi a semelhança do comportamento político entre os pares de grandes empresas industriais americanas. Entre as variáveis de rede que se esperava levar à semelhança de comportamento, estavam a interdependência econômica das duas empresas, o fato de estar ou não o capital das empresas em poder dos mesmos investidores institucionais, e dois tipos de interligação de conselheiros: um criado por laços diretos entre as empresas e aquele em que ambas as empresas compartilham conselheiros com uma mesma terceira. Voltando a atenção para os efeitos da interligação, o argumento prosseguia da seguinte maneira: numa determinada situação política, as empresas se envolvem com um conjunto de preferências, umas claras, outras incertas. Todos os demais fatores permanecendo constantes, os líderes das empresas interligadas terão maior probabilidade de se comunicar uns com os outros do que os das empresas não interligadas. Entre as idéias que podem ser comunicadas estão informações sobre candidatos políticos. A exposição a informações positivas ou negativas vindas de representantes de outras empresas a respeito de candidatos pode afetar as tomadas de decisão dessa empresa. Quando duas empresas compartilham interligações com diversas outras (laços indiretos, que interpretei como indicador de equivalência estrutural), estão expostas a diversas fontes comuns de informação. Isso aumenta ainda mais a probabilidade de que contribuam para os mesmos candidatos. Os achados desse estudo indicam que a presença de laços indiretos entre empresas estava mais fortemente associada a contribuições aos mesmos candidatos do que a presença de elos diretos. A exposição simultânea a diversas fontes de informação em comum pode ser uma explicação para esse fato.

Até mesmo atividades econômicas cotidianas podem ser afetadas pelas relações interorganizacionais. Uzzi (1996), por exemplo, num estudo sobre o setor de vestuário de Nova York, descobriu que empresas em vias de deslocar suas instalações para o exterior avisaram seus fornecedores com meses de antecedência, apesar do fato de que tal conhecimento criaria um incentivo para que os fornecedores recusassem pedidos. Uzzi atribuiu esse comportamento aparentemente irracional às íntimas relações sociais entre os membros do setor.

Granovetter (1985) forneceu um modelo teórico genérico para explicar esse comportamento. Desvinculando-se da versão de Oliver Williamson (1975) da economia dos custos de transação, Granovetter argumenta que as relações sociais que se desenvolvem entre clientes e fornecedores muitas vezes atenuam, ou mesmo anulam, o oportunismo, que segundo Williamson caracteriza as transações no mercado. Williamson (1991) é capaz de explicar o comportamento não oportunista por meio do conceito da especificidade de ativos, em que transações repetitivas criam incentivos para a manutenção das relações, apesar das menores oportunidades de comportamento oportunista. Mas Williamson considera essas situações como aberrações e não como componentes básicos de seu modelo.

SOCIOLOGIA ESTRUTURAL E A TEORIA DA ESCOLHA RACIONAL

O contraste entre os modelos de Granovetter e Williamson sobre as transações entre empresas levanta a questão da relação entre os modelos de rede e os modelos econômicos em geral. A sociologia estrutural se desenvolveu nos Estados Unidos durante a década de 1970 como alternativa ao modelo normativo que dominara o campo durante as décadas de 1950 e 1960. Esse modelo, mais bem caracterizado pelo trabalho de Talcott Parsons (1951), sugeria que a base da ordem social estava em crenças generalizadas compartilhadas (valores) e em expectativas de comportamento (normas). Tais valores e normas, segundo o modelo, eram interiorizados predominantemente por meio da socialização na infância. Na medida em que essa socialização fosse bem-sucedida, a ação humana prosseguiria voluntariamente de acordo com os valores e normas sociais.[4] A sociologia estrutural, com sua ênfase sobre as restrições e oportunidades que influenciam o comportamento, tende a reduzir a importância ou desconsiderar totalmente o papel das normas interiorizadas. As pessoas podem se comportar de acordo com as normas não por as terem interiorizado, mas porque temem as sanções a que poderiam estar sujeitas se as infringissem.

Uma vez que a sociologia estrutural e a análise de redes podem ser vistas como alternativas à sociologia normativa, seria útil considerar a relação entre a sociologia estrutural e uma alternativa bastante usada à sociologia normativa: a teoria da escolha racional. A crítica da escolha racional à perspectiva normativa compartilha muitas características com a crítica estruturalista. Os teóricos da escolha racional também se preocupam com a dificuldade em distinguir entre a interiorização da norma e o medo da sanção. Quando observamos os clientes de uma loja pagando por suas compras, abstendo-se do furto, não temos meios para saber se o fazem porque interiorizaram a norma de que furtar é errado ou porque apenas temem as conseqüências caso sejam flagrados. Como é impossível distinguir empiricamente entre as duas hipóteses, e como até mesmo os teóricos normativistas reconhecem que a segunda hipótese também ocorre, os teóricos da escolha racional tendem a supor que é o medo da sanção, e não a interiorização da norma, que move o comportamento normativamente prescrito. Os teóricos da escolha racional, portanto, concordam com os teóricos estruturalistas que, na falta de evidências claras de que os agentes interiorizam as normas, há pouco benefício analítico em admitir que o façam (HECHTER, 1987). Ademais, os dois modelos se preocupam com as oportunidades e restrições com que se deparam os agentes. A sugestão de Hedström (1993, p. 167) de que a teoria da escolha racional "presume que, em geral, as variações do comportamento individual são explicadas por diferenças entre as estruturas de oportunidade com que se deparam os agentes e não por variações da sua composição interna", também poderia se aplicar à sociologia estrutural.

O ponto de divergência entre a sociologia estrutural e a teoria da escolha racional é a análise que fazem dos determinantes do comportamento. Os teóricos da escolha racional normalmente presumem que os indivíduos adentram situações sociológicas dotados de preferências formadas exogenamente e que se mantêm constantes pela duração do encontro social. Essa premissa permitiu aos teóricos da escolha racional desenvolver modelos convincentes e rigorosos de resultados sociais, mas que muitas vezes são empiricamente suspeitos devido às premissas simplificadoras adotadas em sua geração. A sociologia estrutural não traz em seu bojo premissas inerentes quanto à racionalidade dos agentes humanos. Mas nada há no modelo estrutural que exclua a racionalidade humana, e muitos sociólogos estruturalistas admitem, implícita ou expressamente, um modelo de agente racional (BURT, 1982; GRANOVETTER, 1985; MIZRUCHI, 1992). As principais diferenças entre o modelo estrutural e o modelo de escolha racional são que, no primeiro (1), as preferências humanas são consideradas endógenas, ou seja, a formação das preferências é tida como algo a ser explicado, e no segundo (2), a ação humana é tida como sendo afetada por estruturas sociais explicitamente definidas.

Como exemplo das diferenças entre as duas perspectivas, apresentei uma distinção entre o que chamo de interesses "individuais" e "estruturais" (MIZRUCHI e POTTS, 1998; veja também BURT, 1982, capítulo 5). Como os teóricos das redes argumentam que todos os interesses são endógenos, uso como principal ferramenta analítica o conceito de interesses individuais. Um interesse individual é uma preferência de um agente na ausência de restrições externas. Um interesse estrutural é uma preferência de um agente sujeito a restrições sociais, que pode diferir do que seria essa preferência se ausentes tais restrições. Uma empresa que mude seu posicionamento em relação a uma questão política para agradar um cliente poderoso revela um interesse estrutural. Nada há nesse modelo que impeça a empresa de ser vista como um agente racional. Mas a ação racional da empresa é considerada dentro de um sistema de restrições identificado pelas estruturas sociais em que a empresa está imersa.

Consideremos um caso retirado de um estudo atual sobre tomadas de decisão políticas (MIZRUCHI e POTTS, 1998). Admitamos que um agente adentre uma situação política com uma determinada posição sobre uma questão e um determinado nível de saliência, este último estabelecido pela importância da questão para o agente. Admitamos também que o agente esteja inserido numa rede de relações de dependência em que os outros de quem o agente depende mantêm posições políticas opostas. Se o agente determinar que a necessidade de manter relacionamentos positivos com os outros de quem depende supera a importância dada à questão, poderá decidir mudar para a posição do outro agente. No estudo citado acima, realizamos uma simulação que ilustra o quanto os resultados políticos podem ser afetados até mesmo por pequenos níveis de dependência na rede. Embora o modelo contenha determinados elementos decisórios de escolha racional, a estrutura social altera sistematicamente os resultados políticos. Esses resultados não podem ser compreendidos sem um exame da estrutura. Para exemplos correlatos, veja a modificação realizada por Marsden (1982) do modelo de poder de Coleman (1990), além de Stokman e Van den Bos (1992).

PROBLEMAS DA ANÁLISE DE REDES E DA SOCIOLOGIA ESTRUTURAL

A sociologia estrutural revitalizou diversas áreas da Sociologia, inclusive a teoria do movimento social, o estudo da desigualdade social, a sociologia do desenvolvimento e até mesmo as pesquisa sobre formação de atitudes. A abordagem estruturalista forçou os pesquisadores a considerar aspectos do mundo social que até então haviam recebido atenção insuficiente, mas um foco exagerado sobre as restrições estruturais faz com que nossas explicações sejam incompletas em duas áreas: as origens e o conteúdo das preferências, e os efeitos da agência humana. Essas áreas têm sido um foco predileto das críticas recentes à análise de redes.

O papel das normas

Apesar das críticas anteriormente mencionadas, uma vantagem do modelo normativo é sua tentativa explícita de identificar tanto as origens quanto o conteúdo das visões de mundo das pessoas. A teoria das redes pode explicar por que, dado que os amigos de uma pessoa sejam liberais do ponto de vista político, a pessoa em questão também tenderá a apresentar posições liberais. Como observamos na seção anterior, tal endogeneidade das preferências é uma vantagem do modelo estrutural em relação ao da escolha racional. Mas a abordagem de redes não é capaz de explicar por que determinados grupos de pessoas mantêm posições liberais. Suponhamos que um agente seja membro da classe operária de uma nação industrializada. Historicamente, os membros da classe operária tendem a apoiar os partidos trabalhistas ou socialistas. Nem sempre é possível determinar se uma pessoa apóia candidatos de orientação trabalhista porque estes atendem a seus interesses individuais (ou, em outras palavras, que esse apoio existiria mesmo na ausência de influência de outros), ou se a pessoa apóia esses candidatos por causa da influência de outros. Algumas versões do modelo estruturalista podem explicar por que alguém teria interesse em votar em candidatos trabalhistas ou socialistas mesmo que não estivesse sob a influência de outros. Nesse caso, cada pessoa vota de acordo com os próprios interesses econômicos. Mas o modelo de rede não explica por que alguém vota em determinado candidato sem ser influenciado por outros, pois não é capaz de determinar o conteúdo das preferências de uma pessoa. [Até a premissa de que seja possível identificar objetivamente os interesses econômicos de um eleitor é em si problemática. Seria possível argumentar, por exemplo, que, a longo prazo, medidas protecionistas prejudicariam a economia, o que poderia prejudicar os próprios trabalhadores que as medidas pretendiam proteger. Isso poderia explicar por que, nos Estados Unidos, uma parcela significativa dos trabalhadores apóia candidatos políticos conservadores.]

É possível argumentar que as preferências de todas as pessoas, independentemente do quão isoladas possam parecer, foram influenciadas por outras em algum ponto. Mas se uma preferência é resultado de uma experiência de socialização anterior, então o modelo estrutural perde grande parte de sua vantagem analítica sobre o normativo, já que a preferência da pessoa é conduzida por normas interiorizadas e não por relações sociais que estão ocorrendo. No exemplo anterior, o apoio do trabalhador ao Partido Trabalhista poderia ter se cristalizado durante a socialização infantil. Ademais, muitos argumentos estruturalistas somente são viáveis por causa de uma presunção implícita de normas bem-estabelecidas, embora não seja necessário que os agentes interiorizem essas normas, desde que concordem em respeitá-las (SCIULLI, 1992). O estudo de Baker (1984) sobre a volatilidade de preços no pregão da Bolsa de Chicago é um bom exemplo. Baker concluiu que os preços flutuavam mais nos grandes grupos do que nos de menor porte porque a interação face a face entre os corretores era mais difícil nos grupos maiores. Mas o estudo de Baker só funciona se admitirmos que os participantes da Bolsa concordem com as regras do pregão.

Se for possível identificar as preferências políticas de um agente, e se essas preferências prevêem o comportamento mesmo na ausência de influência interpessoal clara, então os atributos pessoais de um agente, como classe ou raça, são capazes de gerar previsões precisas. Assim, podemos prever que um membro da classe operária irá apoiar o Partido Trabalhista simplesmente pela observação de que a pessoa pertence à classe operária. Nesse caso, um modelo estrutural pode ser de utilidade, mas um modelo de rede em que o uso de categorias é desprezado pode ser desnecessário. Mesmo que o pensamento por categoria muitas vezes ofusque os processos sociais por meio dos quais as preferências se formam e a ação ocorre, ele também pode fornecer um poder preditivo que, em alguns casos, supera o de um modelo de rede.

Esse argumento representa a base de uma crítica da análise de redes formulada por Brint (1992). Concentrando-se especificamente no trabalho de White, Brint sugere que as categorias são freqüentemente as bases das identidades e papéis sociais que contêm os vários preceitos normativos que fornecem as bases para ação. Em sua réplica, White (1992a) não nega que as normas sejam necessárias para que as estruturas sociais operem, mas argumenta que as estruturas sociais são uma pré-condição necessária para a geração de arcabouços normativos comuns. Um dos motivos pelos quais pessoas de diferentes grupos numa dada sociedade (jovens urbanos *versus* suburbanos de meia-idade, por exemplo) têm dificuldades de comunicação é o fato de que seu isolamento social lhes proporcionou poucas oportunidades de experiências e entendimentos comuns.

Com efeito, o conceito de equivalência estrutural foi inicialmente desenvolvido para captar o conceito de papel. Mais tarde se descobriu que a representação matemática da equivalência estrutural era incapaz disso porque a equivalência estrutural era definida em termos dos laços com os mesmos agentes específicos (de modo que dois pais só poderiam ser estruturalmente equivalentes se tivessem os mesmo filhos; ver WINSHIP [1973] 1988). Os teóricos de redes desenvolveram o conceito de equivalência de papéis para lidar com essa questão. Agentes de papéis equivalentes não precisam ter laços com o mesmo agente, mas apenas estar envolvidos em relacionamentos de tipo semelhante com agentes de tipo semelhante (veja, além do artigo de WINSHIP, SAILER, 1978; WHITE e REITZ 1983; BURT, 1990; BORGATTI e EVERETT, 1992; MIZRUCHI, 1993). O conceito de equivalência de papéis e suas variantes, inclusive a equivalência automórfica e a regular, reconhecem o fato de que os papéis sociais tendem a vir acompanhados de prescrições normativas. O que importa é que esses papéis sejam definidos em termos da posição que uma pessoa ocupa na estrutura social.

É improvável que o debate entre os teóricos das redes e os proponentes da posição de Brint se resolva logo, mas o volume de diálogos aumentou significativamente nos últimos anos. Aqueles que enfatizam o papel da cultura muitas vezes reconhecem a importância da estrutura social. E os analistas de redes reconhecem cada vez mais a existência de lacunas nas explicações estruturais cujo preenchimento pode exigir explicações culturais ou normativas. Ainda assim, mesmo que os defensores de uma posição específica admitam que a alternativa tem algo a oferecer, o debate levanta uma questão de estratégia analítica: qual abordagem, qual ponto de partida, fornece maior poder de explicação? Essa pergunta também fica em aberto. O que se pode dizer é que, como estratégia de pesquisa, a análise de redes tem demonstrado considerável poder analítico.[5]

O papel da agência

Um segundo problema que compartilham a análise de redes e a sociologia estrutural é o tratamento dado à agência humana. [O modelo normativo muitas vezes não tem melhor sina nesse aspecto, mas isso é irrelevante para os fins deste artigo.] Os teóricos estruturalistas enfatizam o quanto a ação humana é afetada por restrições e oportunidades. Mas não foram capazes de desenvolver um modelo abrangente da agência humana.

O argumento de que os modelos estruturais muitas vezes apresentam concepções pouco desenvolvidas da agência humana foi levantado por diversos teóricos (GIDDENS, 1984; HAINES, 1988; COHEN, 1989; BRINT, 1992). Uma primeira tentativa explícita de incluir a agência numa teoria estrutural foi apresentada por Burt (1982). No modelo de Burt, a estrutura social afeta a ação tanto direta quanto indiretamente por meio de seus efeitos sobre os interesses do agente. A ação é vista, portanto, como capaz de modificar a própria estrutura social (BURT, 1982, p. 9). Alguns críticos (HAINES, 1988; COHEN, 1989) argumentaram, contudo, que até mesmo Burt falha em desenvolver um modelo que explique como exatamente a ação social modifica as estruturas sociais. Haines (1988), partindo de Giddens, deu ênfase à natureza recursiva da ação humana, em que as ações simultaneamente são afetadas pelas estruturas sociais e as recriam. Diversos trabalhos recentes de teóricos das redes nos aproximaram mais de um modelo teoricamente rigoroso da agência. Dois deles em especial, de autoria de Burt (1992) e White (1992b), lidaram explicitamente com essa questão.[6]

Burt se preocupa com a maneira como os agentes identificam e exploram oportunidades nos sistemas sociais, espaços vazios que ele chama de "buracos estruturais". Essa atenção aos espaços vazios nas estruturas sociais foi um componente significativo do trabalho de White (1970, 1992a; WHITE, BOORMAN e BREIGER, 1976). Ao preencher um buraco, um agente aumenta sua probabilidade de mobilidade ascendente, mas também altera a estrutura de tal forma que deixa de existir um buraco na mesma posição. Burt demonstra que os agentes habilidosos no preenchimento de buracos estruturais e na maximização de seus laços sociais (por meio da diminuição do número de contatos redundantes, por exemplo) têm maior mobilidade ascendente numa organização do que os agentes de menor sucesso no uso e na alteração da estrutura social. Mizruchi e Stearns (2001), num estudo com funcionários de bancos comerciais, demonstram que aqueles capazes de conceber redes com contatos não redundantes apresentavam chance desproporcionalmente maior de fechar negócios com seus clientes corporativos.

White (1992b) procurou reconceitualizar a ação humana em termos de identidade em busca de controle. Identidade é qualquer forma de atividade a que possamos atribuir significado. Existe apenas na medida em que os agentes são capazes de se diferenciar uns dos outros. A ação humana é, assim, uma busca constante de nichos nos quais se possam sustentar identidades. Além de buscarem um nicho peculiar, os agentes de White procuram criar ambigüidade perante aqueles com que interagem, ao mesmo tempo em que mantêm a previsibilidade para si mesmos. O estudo de caso de Padgett e Ansell (1993) sobre a ascensão ao poder de Còsimo dei Medici na Florença renascentista é um exemplo desse tipo de ação. Còsimo manteve seu sucesso evitando que suas intenções se revelassem, e evitando compromisso com metas específicas, mantendo, assim, suas opções em aberto.

CONCLUSÃO

A sociologia estrutural e a análise de redes, com a ênfase que dão a forças sociais objetivas e observáveis e à sua capacidade de gerar hipóteses falsificáveis, representam um avanço em relação a alguns dos aspectos problemáticos dos modelos normativos tradicionais. Mas os modelos estruturais são limitados por sua incapacidade de lidar com o conteúdo cultural da ação social e por sua concepção pouco desenvolvida da agência humana. A discussão acima sugere que a análise de redes é particularmente promissora no que se refere ao tratamento das questões de cultura e agência humana que vêm representando problemas para a sociologia estrutural de modo geral. Com a ênfase que dá às relações sociais concretas em vez de às categorias, a análise de redes apresenta uma concepção mais dinâmica da ação social do que os modelos normativos ou estruturais tradicionais.

É importante reconhecer que a análise de redes pode tanto complementar quando suplantar as perspectivas existentes. Um bom exemplo de como a análise de redes pode ampliar o poder analítico de uma teoria alternativa é sua relação com aquele que talvez seja o mais popular modelo sociológico das organizações: a teoria institucional. Esta teoria se baseia na premissa de que as organizações, em vez de fornecer soluções racionais para problemas bem definidos, têm igual chance de reforçar os símbolos ou "mitos" sociais (MEYER e ROWAN, 1977; POWELL e DIMAGGIO, 1991). Como parte desse reforço, as organizações constantemente buscam legitimidade a partir de seus ambientes externos. Em vez da busca de uma noção objetiva de eficiência, o comportamento organizacional se torna uma busca da legitimidade. Um argumento importante desse modelo foi apresentado por DiMaggio e Powell (1983). Esses autores afirmam que as formas organizacionais das sociedades modernas assemelham-se umas às outras não porque sejam necessariamente as mais eficientes, mas porque a necessidade de legitimidade exige isso delas. DiMaggio e Powell identificam três tipos desse "isomorfismo": o coercitivo, em que as organizações desenvolvem estruturas para se adequarem às expectativas de outras organizações das quais são dependentes; o mimético, em que as organizações, sob condições de incerteza, simplesmente adotam as estruturas de seus pares; e o normativo, em que experiências de socialização semelhantes levam a visões de mundo que geram tipos semelhantes de soluções prescritas a problemas organizacionais. O que falta ao modelo de DiMaggio e Powell, e a análise de redes é capaz de suprir, é uma concepção detalhada dos processos pelos quais se transmite o isomorfismo. O isomorfismo coercitivo tende a ocorrer em situações de relacionamento direto e coeso entre organizações. O isomorfismo mimético tende a ocorrer quando as organizações observam e tentam acompanhar seus pares em equivalência estrutural ou de papéis. A teoria das redes não é capaz de nos dizer por que há símbolos e mitos específicos que as organizações procuram reforçar. Mas pode explicar por que algumas formas e não outras são adotadas, independentemente de serem ou não mais eficientes em termos objetivos. Nesse sentido, embora a teoria de redes possa exigir uma perspectiva institucional ou outra semelhante para explicar completamente um fenômeno, a teoria institucional também pode precisar da teoria de redes, a qual pode tornar mais concretos e rigorosos os conceitos da primeira.

De fato, a versatilidade é um dos pontos fortes da análise de redes. Não só pode ser usada conjuntamente com a teoria institucional, como também é compatível com ela e é capaz de ampliar os modelos da ecologia populacional e dos custos de transação. A noção de nicho organizacional da ecologia populacional foi reconceitualizada nos termos da equivalência estrutural por DiMaggio

(1986; veja também, BURT, 1992). E o conceito de custos de transação foi formalizado em análises de corretagem (MARSDEN, 1982) e ampliado na discussão de Granovetter (1985) sobre imersão. A ligação entre a análise de redes e o modelo de dependência de recursos já está bem estabelecida e não precisa ser repetida aqui (BURT, 1983; PFEFFER, 1987; MIZRUCHI, 1992).

Embora a luta dos pesquisadores em análise de redes prossiga contra os problemas teóricos acima discutidos, há motivos para otimismo. Uma atenção maior dada à questão da agência gerou avanços significativos nos últimos anos. À medida que os teóricos aproveitam as premissas estocásticas que há por trás dos modelos de rede, avanços em relação ao dilema agência-estrutura parecem iminentes. Maiores esforços para reconhecer a importância da cultura também têm sido alentadores [veja, por exemplo, o trabalho de WHITE (1993) sobre arte, e trabalhos sobre redes e cultura na revista *Poetics*]. Como demonstrou White, a análise de redes pode ser de grande valia no exame dos contextos por onde a cultura se transmite.

A análise de redes é uma das abordagens que mais crescem no âmbito das Ciências Sociais. Acumulam-se evidências de que a ação humana é afetada pelas relações sociais em que os agentes estão imersos. Apresentei, aqui, apenas uma pequena amostra dessas evidências. O bolo vai continuar crescendo.

AGRADECIMENTOS
Esta pesquisa recebeu o apoio da U.S. National Science Foundation (bolsa #SBR-9308443). O autor agradece a Julia Adams, Peter Hedström, Richard Swedberg e a três revisores anônimos por seus comentários sobre versões anteriores.

NOTAS
1. Essa medida apresenta três variantes, com base nas três concepções de centralidade de Freeman abaixo discutidas. O cálculo básico envolve a soma das diferenças entre a centralidade da unidade mais central e de todas as demais unidades e a divisão dessa soma pela máxima soma possível das diferenças numa rede do porte em questão.

2. Embora possa ter havido diversos avanços nos últimos anos, o argumento teórico mais abrangente sobre a centralidade ainda está no trabalho de Freeman (1979). Freeman distinguiu três tipos de centralidade, baseados em *grau* [degree], *proximidade* [closeness] e *intermediação* [betweenness]. O grau se refere ao número de laços diretos entre um e outros agentes de uma rede. A proximidade se refere à medida na qual um agente pode alcançar um grande número de outros, com pequeno número de passos. E a intermediação se refere à medida em que um agente cria um caminho singular até outros agentes, de modo que estes precisem passar por ele se quiserem se comunicar. A definição de centralidade apresentada por Bonacich (1972 e elaborada e modificada em 1978) também foi muito influente. Veja, ainda, Mizruchi e outros (1986), Stephenson e Zelen (1989), e Friedkin (1991).

3. Os acordos de *golden parachute* são lucrativos pacotes demissionários garantidos aos principais executivos em caso de demissão involuntária. Esses planos proliferaram no mundo empresarial dos Estados Unidos durante a década de 1980.

4. Evidentemente o modelo era bem mais complexo e variado do que sugere essa breve descrição. Mas dava grande ênfase ao papel das normas aprendidas na influência sobre o comportamento.

5. É necessário considerar o papel da cultura para entender o conteúdo das prescrições normativas associadas às relações sociais. Uma concepção de cultura que poderia ser útil à sociologia estrutural foi apresentada por Swidler (1986). Ele argumenta que se pode compreender melhor a cultura como um sistema de comportamentos aprendidos que os agentes usam para negociar suas atividades diárias. Esses comportamentos são aprendidos em contextos sociais específicos e precisam ser continuamente reforçados nesses contextos. O que esse modelo tem de valioso é a visão de que as normas não são necessariamente parte de um sistema generalizado de valores, mas, ao contrário, desenvolvem-se em contextos comportamentais específicos.

6. Veja também os artigos em Weesie e Flap (1990), que incluem discussões de métodos para lidar com mudanças havidas nas redes ao longo do tempo.

NOTA DA REDAÇÃO
Este capítulo é uma versão gentilmente atualizada pelo autor para a publicação no Fórum de Redes Sociais e Interorganizacionais da *RAE-revista de administração de empresas*, v. 46, n. 3, p. 72-86, 2006, sobre o título *"Análise de redes sociais: avanços recentes e controvérsias atuais"*.

REFERÊNCIAS

ALBA, R. D. A graph-theoretic definition of a sociometric clique. *Journal of Mathematical Sociology*, v. 3, n. 1, p. 113-126, 1973.

ALLEN, M. P. Economic interest groups and the corporate elite structure. *Social Science Quarterly*, v. 58, n. 4, p. 597-615, 1978.

ASTELY, W. G.; ZAJAC, E. J. Beyond dyadic interdependence. *Organization Studies*, v. 11, n. 4, p. 481-501, 1990.

BAKER, W. E. The social structure of a national securities market. *American Journal of Sociology*, v. 89, n. 4, p. 775-811, 1984.

BAKER, W. E.; FAULKNER, R. R. The social organization of conspiracy: illegal networks in the heavy electrical equipment industry. *American Sociology Review*, v. 58, n. 6, p. 837-860, 1993.

BARNES, J. A. Class and committees in a Norwegian island parish. *Human Relations*, v. 7, n. 1, p. 39-58. 1954.

BAVELAS, A. Communication patterns in task-oriented groups. *Journal of the Acoustical Society of America*, v. 57, p. 271-282, 1950.

BAYSINGER, B. D.; KOSNIK R. D.; TURK, T. A. Effects of board and ownership structure on corporate R&D strategy. *Academy of Management Journal*, v. 34, n. 1, p. 205-214, 1991.

BERKOWITZ, S. D. *An introduction to structural analysis*. Toronto: Butterworths, 1982.

BLAU, P. M. Structural sociology and network analysis: an overview. In: MARSDEN, P. V.; LIN, N. (Eds) *Social structure and network analysis*. Beverly Hills, CA: Sage, 1982.

BOEKER, W.; GOODSTEIN, J. Performance and successor of choice: the moderating effects of governance and ownership. *Academy of Management Journal*, v. 36, n. 1, p. 172-186, 1993.

BONACICH, P. Technique for analyzing overlapping memberships. In: COSTNER, H. (Ed) *Sociological methodology*. San Francisco: Jossey-Bass, 1972.

BONACICH, P. Power and centrality: a family of measures. *American Journal of Sociology*, v. 92, n. 5, p. 1170-1182, 1987.

BORGATTI, S. P.; EVERETT, M. G. The notion of position in social network analysis. In: MARSDEN, P. V. (Ed) *Sociological methodology*. Oxford: Basil Blackwell, 1992.

BOTT, E. *Family and social network*: roles, norms, and external relationships in ordinary urban families. London: Tavistock, 1957.

BRASS, D. J.; BURKHARDT, M. E. Centrality and power in organizations. In: NOHRIA, N.; ECCLES, R. G. (Eds) *Network and organizations*. Boston: Harvard Business School Press, 1992.

BREIGER, R. L.; BOORMAN, S. A.; ARABIE, P. An algorithm for clustering relational data with applications to social network analysis and comparison with multidimensional scaling. *Journal of Mathematical Psychology*, v. 12, n. 3, p. 328-383. 1975.

BRINT, S. Hidden meanings: cultural content and context in Harrison White's structural sociology. *Sociological Theory*, v. 10, p. 194-208, 1992.

BURT, R. S. *Toward a structural theory of action*: network models of social structure, perception, and action. New York: Academic Press, 1982.

BURT, R. S. *Corporate profits and cooptation*. New York: Academic Press, 1983.

BURT, R. S. Social contagion and innovation: cohesion versus structural equivalence. *American Journal of Sociology*, v. 92, n. 6, p. 1297-1335, 1987.

BURT, R. S. Detecting role equivalence. *Social Networks*, v. 12, p. 83-97, 1990.

BURT, R. S. *Structural holes*: the social structure of competition. Cambridge, MA: Harvard University Press, 1992.

CLAWSON, D.; NEUSTADTL, A. Interlocks, PACs, and corporate conservativism. *American Journal of Sociology*, v. 94, p. 749-773, 1989.

COCHRAN, P. L.; WOOD, R. A.; JONES, T. B. The composition of boards of directors and incidence of golden parachutes. *Academy of Management Journal*, v. 28, n. 3, p. 664-671. 1985.

COHEN, J. S. *Structuration theory*. London: Macmillan, 1989.

COLEMAN, J. S. *Foundations of social theory*. Cambridge: Harvard University Press, 1990.

COOK, K. S. Network structures from an exchange perspective. In: MARSDEN, P. V.; LIN, N. (Eds) *Social structure and network analysis*. Beverly Hills, CA: Sage, 1982.

COOK, K. S.; EMERSON, R. M.; GILLMORE M. R; YAMAGISHI, T. The distribution of power in n-person exchange networks: theory and experimental results. *American Journal of Sociology*, v. 89, p. 275-305, 1983.

COOK, K. S.; WHITMEYER, J. M. Two approaches to social structure: exchange theory and network analysis. *Annual Review of Sociology*, v. 18, p. 109-127, 1992.

DAVIS, G. F. Agents without principles? The spread of the poison pill through the intercorporate world. *Administrative Science Quarterly*, v. 36, n. 4, p. 583-613, 1991.

DIMAGGIO, P. J. Structural analysis of organizational fields: a blockmodel approach. In: STAW, B. M.; CUMMINGS, L. L. (Eds) *Research in organizational behavior*. Greenwich, CT: JAI Press, 1986.

DIMAGGIO, P. J.; POWELL, W. W. The iron cage revisited: institutional isomorphism and collective rationality in organizational fields. *American Sociological Review*, v. 48, n. 2, p. 147-160, 1983.

FAUCHEUX, C.; MACKENZIE, K. D. Task dependency of organizational centrality: its behavioral consequences. *Journal of Experimental Social Psychology*, v. 2, p. 361-375, 1966.

FLIGSTEIN, N.; MARKOWITZ, L. Financial reorganization of American corporations in the 1980s. In: WILSON, W. J. (Ed) *Sociology and the public agenda*. Newbury Park, CA: Sage, 1993.

FREEMAN, L. C. Centrality in social networks: I. Conceptual clarification. *Social Networks*, v. 1, n. 2, p. 215-239, 1979.

FRIEDKIN, N. E. Structural cohesion and equivalence explanations of social homogeneity. *Sociological Methods and Research*, v. 12, n. 3, p. 235-261, 1984.

FRIEDKIN, N. E. Theoretical foundations for centrality measures. *American Journal of Sociology*, v. 96, n. 6, p. 1478-1504, 1991.

GALASKIEWICZ, J. *Exchange networks and community politics*. Beverly Hills: Sage, 1979.

GALASKIEWICZ, J.; BURT, R. S. Inter-organizational contagion and corporate philanthropy. *Administrative Science Quarterly*, v. 36, n. 1, p. 88-105, 1991.

GIDDENS, A. *The constitution of society*: outlines of a theory of structuration. Cambridge, England: Polity Press, 1984.

GOULD, R. V.; FERNANDEZ, R. M. Structures of mediation: a formal approach to borkerage in transaction networks. In: CLOGG, C. C. (Ed) *Sociological methodology*. Washington, DC: American Sociological Association, 1989.

GRANOVETTER, M. S. Economic action and social structure: the problem of embeddedness. *American Journal of Sociology*, v. 91, n. 3, p. 481-510, 1985.

HAINES, V. A. Social network analysis, structuration theory, and the holism-individualism debate. *Social Networks*, v. 10, p. 157-182, 1988.

HARARY, F.; NORMAN, R.; CARTWRIGHT, D. *Structural models*: an introduction to the theory of directed graphs. New York: Wiley, 1965.

HAUNSCHILD, P. R. Interorganizational imitation: the impact of interlocks on corporate acquisition activity. *Administrative Science Quarterly*, v. 38, n. 4, p. 564-592, 1993.

HECHTER, M. *Principles of group solidarity*. Berkeley: University of California Press, 1987.

HEDSTRÖM, P. Introduction to this special issue on rational choice theory. *Acta Sociologica*, v. 36, n. 3, p. 167-169, 1993.

HOPKINS, T. K. *The exercise of influence in small groups*. Totowa, NJ: Bedminster. 1964.

JOHNSON, J. C. Social networks and innovation adoption: a look at Burt's use of structural equivalence. *Social Networks*, v. 8, p. 343-364. 1986.

KOSNIK, R. D. Greenmail: a study of board performance in corporate governance. *Administrative Science Quarterly*, v. 32, n. 2, p. 163-185. 1987.

KRACKHARDT, D. The strength of strong ties: the importance of philos in organizations. In: NOHRIA, N.; ECCLES, R. G. (Eds) *Networks and organizations*. Boston: Harvard Business School Press, 1992.

LAUMANN, E. O.; KNOKE, D. *The organizational state*: social choice in national policy domains. Madison: University of Wisconsin Press, 1987.

LAUMANN, E. O.; PAPPI, F. U. *Networks of collective action*: a perspective on community influence systems. New York: Academic Press, 1976.

LEAVITT, H. J. Some effects of certain communication patterns on group performance. *Journal of Abnormal and Social Psychology*, v. 46, n. 1, p. 38-50, 1951.

LEFIER, E. M.; WHITE, H. C. A structural approach to markets. In: MIZRUCHI; M. S.; SCHWARTZ, M. (Eds) *Intercorporate relations*. New York: Cambridge University Press, 1987

LEVI-STRAUSS, C. *Elementary structures of kinship*. Boston: Beacon, 1969.

LEVINE, J. H. The sphere of influence. *American Sociological Review*, v. 37, n. 1, p. 14-27, 1972.

LORRAIN, F.; WHITE, H. C. Structural equivalence of individuals in social networks. *Journal of Mathematical Sociology*, v. 1, p. 49-80, 1971.

MACKENZIE, K. D. *A theory of group structures*. New York: Gordon and Breach, 1976.

MARKOWSKY, B.; WILLER, D.; PATTON, T. Power relations in exchange networks. *American Sociology Review*, v. 53, n. 2, p. 220-236, 1988.

MARSDEN, P. V. Brokerage behavior in restricted exchange networks. In: MARSDEN, P. V.; LIN, N. (Eds) *Social structure and network analysis*. Beverly Hills, CA: Sage, 1982.

MARSDEN P. V. Elements of interactor dependence. In: COOK, K. S. (Ed) *Social exchange theory*. Newbury Park, CA: Sage, 1987.

MARTIN, C. J. *Shifting the burden*: the struggle over growth and corporate taxation. Chicago: University of Chicago Press, 1991.

MEYER, J. W.; ROWAN, B. Institutionalized organizations: formal structure as myth and ceremony. *American Journal of Sociology*, v. 83, n. 2, p. 340-363, 1977.

MINTZ, B.; SCHWARTZ, M. *The power structure of american business*. Chicago: University of Chicago Press, 1985.

MITCHELL, J. C. *Social networks in urban situations*. Manchester, UK: Manchester University Press, 1969.

MIZRUCHI, M. S. *The american corporate network*: 1904-1974. Beverly Hills, CA: Sage, 1982.

MIZRUCHI, M. S. *The structure of corporate political action*: interfirm relations and their consequences. Cambridge, MA: Harvard University Press, 1992.

MIZRUCHI, M. S. Cohesion, equivalence, and similarity of behavior: a theoretical and empirical assessment. *Social Networks*, v. 15, p. 275-307, 1993.

MIZRUCHI, M. S. What do interlocks do? An analysis, critique, and assessment of research on interlocking directorates. *Annual Review of Sociology*, v. 22, p. 271-298, 1996.

MIZRUCHI, M. S.; GALASKIEWICZ, J. Networks of interorganizational relations. *Sociological Methods and Research*, v. 22, n. 1, p. 46-70, 1993.

MIZRUCHI, M. S.; MARIOLIS, P.; SCHWARTZ, M.; MINTZ, B. Techniques for disaggregating centrality scores in social networks. In: TUMA, N. B. (Ed) *Sociological methodology*. Washington: American Sociological Association, 1986

MIZRUCHI, M. S.; STEARNS, L. B. A longitudinal study of borrowing by large american corporations. *Administrative Science Quarterly*, v. 39, n. 1, p. 118-140, 1994.

MIZRUCHI, M. S.; POTTS, B. B. Centrality and power revisited: actor success in group decision making. *Social Networks*, v. 20, p. 353-387, 1998.

MIZRUCHI, M. S.; STEARNS, L. B. Getting deals done: the use of social networks in bank decision-making. *American Sociological Review*, v. 66, n. 5, p. 647-671, 2001.

MOORE, G. The structure of a national elite network. *American Sociological Review*, v. 44, n. 5, p. 673-692, 1979.

NIEMINEN, U. J. On centrality in a graph. *Scandinavian Journal of Psychology*, v. 15, p. 322-336, 1974.

PADGETT, J. F.; ANSELL, C. K. Robust action and the rise of the Medici, 1400-1434. *American Journal of Sociology*, v. 98, n. 6, p. 1259-1319, 1993.

PALMER, D.; BARBER, B. M.; ZHOU, X.; SOYSAL, Y. The friendly and predatory acquisition of large U.S. corporations in the 1960s: the other contested terrain. *American Sociological Review*, v. 60, n. 4, p. 469-499, 1995.

PARSONS, T. *The social system*. New York: Free Press, 1951.

PETTIGREW, A. M. On studying managerial elites. *Strategic Management Journal*, v. 13, p. 163-182, 1992.

PFEFFER, J. A resource dependence perspective on intercorporate relations. In: MIZRUCHI, M. S.; SCHWARTZ, M. (Eds) *Intercorporate relations*. New York: Cambridge University Press, 1987.

POWELL, W. W.; DIMAGGIO, P. J. (Eds) *The new institutionalism in organizational analysis*. Chicago: University of Chicago Press, 1991.

RATCLIFF, R. E. Banks and corporate lending: an analysis of the impact of the internal structure of t he capitalist class on the lending behavior of banks. *American Sociology Review*, v. 45, p. 553-570, 1980.

SAILER, R. E. Structural equivalence: meaning and definition, computation and application. *Social Networks*, v. 1, n. 1, p. 73-90, 1978.

SCIULLI, D. *Theory of societal constitutionalism*: foundations of a non-Marxist critical theory. New York: Cambridge University Press, 1992.

SCOTT, J. *Social network analysis*: a handbook. Newbury Park, CA: Sage, 1991.

SIMMEL, G. The triad. In: WOLFF, K. H. (Ed) *The sociology of Georg Simmel*. New York: Free Press, 1950.

SINGH, H.; HARIANTO, F. Management-board relations, takeover risk, and the adoption of golden parachutes. *Academy of Management Journal*, v. 32, n. 1, p. 7-24, 1989.

STEARNS, L. B.; MIZRUCHI, M. S. Corporate financing: economic and social aspects. In: SWEDBERG, R. (Ed) *Explorations in economic sociology*. New York: Sage, 1993.

STEPHENSON, K.; ZELEN, M. Rethinking centrality: methods and examples. *Social Networks*, v. 11, n. 1, p. 1-37, 1989.

STOKMAN, F. N.; VAN DEN BOS, J. M. M. A. two-stage model of policymaking with an empirical test in the U.S. energy-policy domain. In: MOORE, G.; WHITT, J. A. (Eds) *Research in politics and society*. Greenwich, CT: JAI Press, 1992.

SWIDLER, A. Culture in action: symbols and strategies. *American Sociological Review*, v. 51, n. 2, p. 273-286, 1986.

UZZI, B. The sources and consequences of embeddedness for the economic performance of organizations: the network effect. *American Sociological Review*, v. 61, n. 4, p. 674-698, 1996.

WADE, J.; O'REILLY, C. A. III; CHANDRATAT, I. Golden parachutes: CEOs and the exercise of social influence. *Administrative Science Quarterly*, v. 35, n. 4, p. 587-603, 1990.

WEESIE, J.; FLAP. H. (Eds) *Social networks through time*. Utrecht, Netherlands: ISOR, 1990.

WELLMAN, B. Network analysis: from method and metaphor to theory and substance. In: WELLMAN, B.; BERKOWITZ, S. D. (Eds) *Social structures*: a network approach. New York: Cambridge University Press, 1988.

WHITE, D. R.; REITZ, K. P. Graph and semigroup homomorphisms on networks of relations. *Social Networks*, v. 5, p. 193-234, 1983.

WHITE, H. C. *Chains of opportunity*. Cambridge, MA: Harvard University Press, 1970.

WHITE, H. C. Varieties of markets. In: WELLMAN, B.; BERKOWITZ, S. D. (Eds) *Social structures*: a network approach. New York: Cambridge University Press, 1988.

WHITE, H. C. Social grammar for culture: reply to stephen brint. *Sociological Theory*, v. 10, n. 2, p. 209-213, 1992a.

WHITE, H. C. *Identity and control*: a structural theory of social action. Princeton, NJ: Princeton University Press, 1992b.

WHITE, H. C. *Careers and creativity*: social forces in the arts. Boulder, CO: Westview, 1993.

WHITE, H. C.; BOORMAN, S. A.; BREIGER, R. L. Social structure from multiple networks. 1. Blockmodels of roles and positions. *American Journal of Sociology*, v. 81, n. 4, p. 730-780, 1976.

WILLIAMSON, O. E. *Markets and hierarchies*: analysis and antitrust implications. New York: Free Press, 1975.

WILLIAMSON, O. E. Comparative economic organization: the analysis of discrete structural alternatives. *Administrative Science Quarterly*, v. 36, n. 2, p. 269-296, 1991.

WINSHIP, C. Thoughts about roles and relations: an old document revisited. *Social Networks*, v. 10, p. 209-231, 1988.

5

A SOCIOLOGIA ECONÔMICA DO CAPITALISMO: UMA INTRODUÇÃO E AGENDA DE PESQUISA*

Richard Swedberg

---

* O artigo "*The economic sociology of capitalism: an introduction and agenda*", de Richard Swedberg, foi originalmente publicado em *The economic sociology of capitalism*, livro editado por Richard Swedberg e Victor Nee, pela Princeton University Press em 2005. Copyright ©2005 Princeton University Press. Todos os direitos reservados. Nenhuma parte deste artigo pode ser reproduzida por qualquer meio ou forma sem permissão por escrito da Princeton University Press. Para obter autorização, entre em contato com Princeton University Press (press.princeton.edu).

O capitalismo é o sistema econômico dominante no mundo atual e, aparentemente, há poucas alternativas em vista. O socialismo, seu principal concorrente, foi intensamente enfraquecido pelo colapso da União Soviética. Nos locais onde o socialismo ainda prevalece, como na República Popular da China, estão sendo promovidas sérias tentativas de direcionar o sistema econômico como um todo para o capitalismo, de forma a torná-lo mais eficiente. "Não faz diferença se o gato é branco ou preto, contanto que ele pegue os ratos", para mencionar uma famosa frase de Deng Xiaoping (BECKER, 2000, p. 52-53).

Ainda que a superioridade do capitalismo como sistema econômico e máquina de crescimento tenha fascinado os economistas durante séculos, o mesmo não se aplica aos sociólogos. Para os sociólogos, o capitalismo tem interesse principalmente por seus efeitos *sociais* – como o sistema capitalista levou, de maneira geral, às lutas de classe, anomia, desigualdade e problemas sociais. O capitalismo como sistema econômico por si só e como gerador de riqueza tem atraído consideravelmente menos interesse. Parte dessa reação provavelmente se deve à lastimável divisão de trabalho que se desenvolveu entre economistas e sociólogos no século XIX: os economistas estudavam a economia e os sociólogos estudavam a sociedade menos a economia. Nesse sentido, como em tantos outros, a sociologia tem sido essencialmente uma "ciência do não utilizado" (WIRTH, 1948).

Essa divisão de trabalho entre economistas e sociólogos, contudo, não ficou isenta de críticas. Na década de 1980, os sociólogos, especialmente nos Estados Unidos, voltaram sua atenção ao estudo da economia em si, fazendo perguntas como as que se seguem: de onde vêm os mercados? Como a ação econômica é imersa nas relações sociais? Qual papel as normas e a confiança exercem na economia? (WHITE, 1981; STINCHCOMBE, 1983; COLEMAN, 1985; GRANOVETTER, 1985).

Logo ficou claro que questões dessa natureza anunciavam novidades. Um enorme volume de pesquisas – conhecido como a "Nova Sociologia Econômica" – imediatamente se constituiu. Em meados da década de 1990, foram elaborados estudos suficientes para compor um manual de sociologia econômica, com capítulos sobre tópicos como "grupos de negócios", "uma perspectiva da escolha racional para a sociologia econômica" e "redes sociais e vida econômica" (GRANOVETTER, 1994; COLEMAN, 1994; POWELL e SMITH-DOERR, 1994). Essa tendência se manteve com solidez, e hoje em dia a sociologia econômica representa um dos pontos fortes da sociologia norte-americana.

Em todos esses textos elaborados por sociólogos sobre a economia, a ênfase tem sido dada primordialmente aos fenômenos de médio alcance, e poucos esforços têm sido realizados para analisar o capitalismo. É difícil dizer por que isso acontece. Uma possível resposta é considerar o capitalismo como algo natural, o que pode parecer especialmente verdadeiro em escolas de administração, nas quais se encontram atualmente vários sociólogos econômicos importantes. Outra pode ser que os novos sociólogos econômicos (com poucas exceções) não parecem se interessar muito por política – e o conceito de capitalismo é tradicionalmente associado, entre os sociólogos, a uma crítica política do capitalismo. As contribuições para o estudo do capitalismo encontradas na sociologia marxista, por exemplo, não têm sido muito exploradas pelos sociólogos econômicos contemporâneos.[1]

Se nos voltarmos agora aos economistas, percebemos que eles costumam se manter distantes das análises do capitalismo como sistema econômico e, em vez disso, se concentram no funcionamento do sistema de preços e se preocupam em mostrar como isso levou a uma alocação de recursos eficiente. A palavra "capitalismo" raramente foi mencionada pelos economistas durante o século XX, quando subitamente decidiram recebê-la de braços abertos (SOMBART, 1930; BLOCK, 2000). Desde então, no entanto, os economistas fizeram rápidos progressos. Como resultado, os mais importantes estudiosos acadêmicos do capitalismo não são mais sociólogos, mas sim economistas – de Friedrich Hayek e Milton Friedman, que deram início à tendência, a Douglass North, Oliver Williamson e outros, que deram prosseguimento a ela.

Neste capítulo, faremos um esforço para apresentar uma agenda para um estudo sociológico do capitalismo. Há duas razões pelas quais esse tipo de estudo pode ser chamado de *sociologia econômica do capitalismo*. Para começar, a maior ênfase não é nos efeitos sociais do capitalismo, mas no capitalismo como um sistema econômico por si só – nas empresas, nos bancos, mercados e outras instituições econômicas que compõem o núcleo da economia. É aqui que entra o termo "econômica" em "sociologia econômica". Em segundo lugar, apesar de já termos várias teorias econômicas do capitalismo, precisamos de uma que leve suficientemente em consideração a dimensão social do mecanismo capitalista – e é aqui que entra o termo "sociologia" em "sociologia econômica".

Um estudo do capitalismo como um sistema econômico deveria consistir em duas partes. Para começar, é preciso estudar os fenômenos individuais de médio alcance. Com efeito, essa constitui em grande parte a tarefa mais importante de uma sociologia econômica do capitalismo, e não pode ser substituída por estudos do capitalismo em nível macro. Mas, apesar de os estudos do capitalismo em si não serem predominantes, eles têm sua própria e distinta *raison d'être*. Uma delas é que estudos dessa natureza esboçam as conexões básicas entre as diferentes partes da economia – como a totalidade do processo econômico funciona em conjunto. Em relação a isso, eles também mostram que o estudo das várias partes da economia precisa ser inter-relacionado. Ao estudar cada parte individual do sistema capitalista, também é importante ter claro o que impulsiona o sistema como um todo. E, por fim, como os clássicos já sabiam muito bem, existe uma lógica geral do capitalismo como sistema econômico, e sobre o qual os agentes individuais não estão cientes. Por meio da sua própria lógica e das conseqüências não intencionais, o capitalismo não apenas produz a riqueza individual como também a riqueza social (Smith), não apenas produz avanços para alguns como também empecilhos e dificuldades para outros (Marx, Weber).

UM MODELO BÁSICO DO CAPITALISMO

A referência a Adam Smith, Marx e Weber nos conduz naturalmente ao próximo passo da presente discussão, isto é, ao ponto de partida analítico para uma sociologia econômica do capitalismo. Esse ponto de partida consiste na proposição de que os *interesses* impelem as ações dos indivíduos, e que eles ocorrem de maneira muito específica no capitalismo. Os agentes na sociedade são impelidos por uma variedade de interesses – políticos, econômicos, legais e assim por diante. É importante salientar aqui a *pluralidade dos interesses*, já que isso faz com que a análise seja realista, além de flexível. Interesses da mesma natureza, bem como de naturezas distintas, podem reforçar uns aos outros, compensar uns aos outros, bloquear uns aos outros e assim por diante. Os interesses, é importante notar, são o que proporciona a *força* do sistema econômico – o que faz com que milhões de pessoas se levantem de manhã e trabalhem o dia inteiro. Os interesses também explicam por que os bancos, mercados financeiros e instituições similares são tão poderosos: eles são capazes de mobilizar e energizar massas de pessoas para a ação por meio de seu controle sobre os recursos econômicos.

Nesse ponto, deve-se notar que os sociólogos muitas vezes tendem a ignorar os interesses e a se concentrar exclusivamente nas relações sociais e em seu possível impacto. Essa ênfase exclusiva nas relações sociais pode, em certa medida, ser explicada como a miopia profissional do sociólogo. Ela encontra correspondência, na profissão do economista, na ênfase exagerada ao lado puramente econômico das coisas – nos interesses econômicos e em seus efeitos, *menos* nas relações sociais e em outros tipos de interesses. Uma sociologia econômica vigorosa tentaria se beneficiar do melhor da sociologia e da economia e *unir* interesses e relações sociais em uma única e mesma análise. Os interesses, em resumo, são sempre socialmente definidos e só podem ser concretizados por meio de relações sociais.[2]

A nossa definição de instituição pode ser utilizada para exemplificar essa necessidade de recorrer, na análise, tanto aos interesses quanto às relações sociais. As instituições costumam ser definidas, em sociologia – especialmente na abordagem que tem sido desenvolvida por vários especialistas de teoria das organizações da Universidade Stanford –, em termos exclusivamente sociais, isto é, como regras, modelos, construções sociais e assim por diante. Tudo, desse ponto de vista, pode ser uma instituição, de um aperto de mão e uma dança ao estado e à empresa. Os indivíduos, com seus interesses, de alguma forma são abstraídos para dar espaço a uma visão de instituições como estruturas puras e vazias que são imitadas, duplicadas e assim por diante, relativamente sem esforço.

Em contraste com essa abordagem, as instituições serão aqui definidas como *concretizações duráveis* ou *amálgamas de interesses e relações sociais*. Essa visão das instituições se encontra atualmente em desenvolvimento, mas ainda não está plenamente consolidada (SWEDBERG, 2003b). De acordo com essa perspectiva, tanto os interesses dos indivíduos, como os interesses dos agentes corporativos, devem ser sempre explicitamente levados em consideração. Uma empresa de negócios, por exemplo, não existe a menos que também sejam incluídos o capital da empresa e os interesses a ela associados. De forma similar, uma família não existe a menos que se levem em consideração as forças (interesses) que atraem os membros uns aos outros – sejam elas emocionais, sexuais e/ou econômicas. É possível acrescentar a isso que não existe apenas uma dimensão temporal das instituições – elas tendem a durar por algum tempo – mas também um elemento normativo: elas lhe dizem *como* os interesses devem ser concretizados na sociedade, sejam eles familiares, políticos, econômicos ou de outra natureza. Quanto mais legítima é uma instituição, mais esse elemento normativo tende a ser considerado natural – o que, por sua vez, dá legitimidade à instituição e a fortalece. Por fim, como um sinal da importância das instituições para a sociedade, elas também costumam ser controladas pela lei.

Agora será apresentado um modelo básico para o capitalismo fundamentado em uma mistura de sociologia e economia. O nosso ponto de partida geral é a definição convencional da economia como consistindo em produção, distribuição e consumo. Para mencionar um conhecido texto: "A economia é o estudo de como o homem e a sociedade acabam *escolhendo*, com ou sem a utilização da moeda, empregar *escassos* recursos produtivos que poderiam ter uma utilização alternativa, para produzir várias mercadorias e distribuí-las ao consumo, agora ou no futuro, entre várias pessoas e grupos na sociedade" (SAMUELSON, 1970, p. 4).

Essa definição descreve a economia como um processo: todas as economias começam com a *produção*, prosseguem com a *distribuição* e acabam no *consumo*. Dessa forma, todas as economias podem ser organizadas de duas formas fundamentalmente diferentes. Weber expressou essa idéia com a ajuda de suas duas categorias, "economia doméstica" (*Haushalten*) e "geração de lucros" (*Erwerben*): produz-se para o consumo ou para o lucro (WEBER, [1922] 1978, p. 86-100). Marx aludiu ao mesmo fenômeno quando falou do "valor de uso" *versus* "valor de troca" (MARX, [1867] 1906, p. 42-43). E o mesmo fez Aristóteles, com a sua famosa distinção entre *oekonomia* (arte da economia doméstica) e *chrematistica* (arte de ganhar dinheiro; ARISTÓTELES, 1946: 18 ss., cf. FINLEY, [1973] 1985, p. 17).

Sugiro que a chave para as diferentes formas de organizar a economia deve ser encontrada na forma como o produto econômico é *distribuído*, no sentido de ser passado adiante no processo econômico. Como o leitor notará, distancio-me da forma como o termo "distribuição" costuma ser utilizado em economia – como a divisão do que é produzido – e, em vez disso, concentro-me nos diferentes mecanismos sociais por meio dos quais o que tem sido produzido está sendo transmitido.

Para demonstrar a fecundidade dessa abordagem, podemos nos remeter aos três conceitos de Polanyi, *redistribuição, reciprocidade* e *troca* (POLANYI, [1957] 1971). De acordo com a perspectiva de Polanyi, fica claro que uma forma de distribuir ou transmitir o que se produz é por meio da *redistribuição*. O agente que realiza a redistribuição costuma ser o Estado ou alguma outra autoridade política. O Estado socialista moderno é um exemplo de sistema primordialmente baseado na redistribuição. Outros exemplos podem ser facilmente encontrados, por exemplo, na Antigüidade. O que é redistribuído é então consumido. Parte do que é produzido sempre é reservada para a produção futura; o tamanho dessa parte é decidido pela autoridade política. Uma economia primordialmente baseada na redistribuição é capaz de crescimento – mas não do tipo dinâmico de crescimento característico do capitalismo. Trata-se de um crescimento que prefere seguir e refletir decisões políticas do que uma lógica interna e independente.

A segunda forma de distribuir ou transmitir o que é produzido, de acordo com Polanyi, é pela *reciprocidade*. Isso implica uma forma horizontal de distribuição, como é comum em uma economia familiar ou de parentesco. Mais uma vez, parte do que se produz é sempre reservada para a produção futura. E, mais uma vez, o resultado de proceder dessa forma não leva a uma economia dinâmica. Uma economia baseada em reciprocidade tende ao tradicionalismo e à alguma forma de eqüidade.

Somente a terceira forma de distribuir ou transmitir a produção – por meio da *troca* – pode levar a um sistema econômico verdadeiramente dinâmico, com uma economia sempre crescente. A razão para isso é que esse sistema é impelido não exclusivamente pelo eterno interesse humano no consumo, mas também pelo poderoso interesse no *lucro*. Este último ativa as pessoas de forma muito diferente da redistribuição e reciprocidade. E com base na premissa de que o lucro também é reinvestido na produção, um sistema econômico dinâmico – o *capitalismo* – pode surgir.

Figura 1 – O capitalismo e outras formas de organizar processo e interesses econômicos

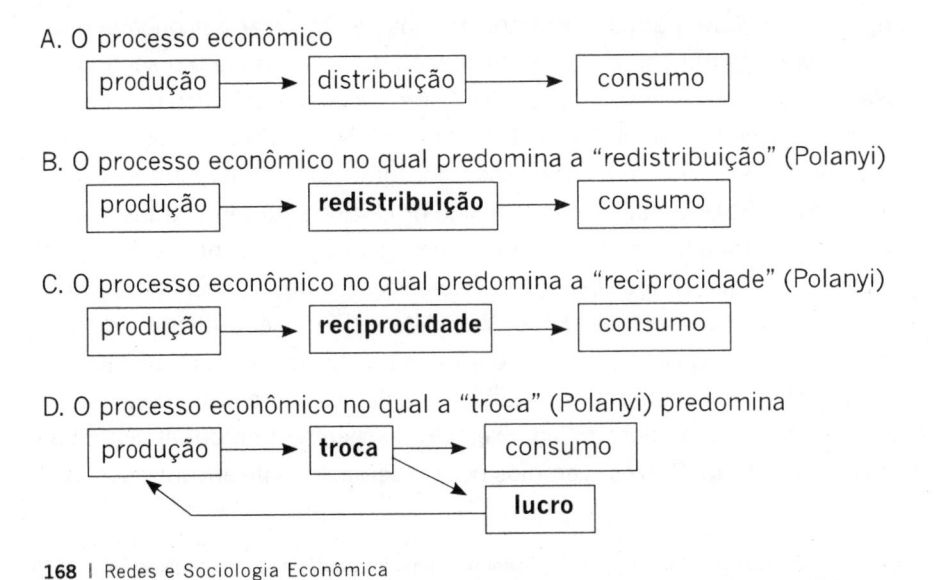

A. O processo econômico

produção → distribuição → consumo

B. O processo econômico no qual predomina a "redistribuição" (Polanyi)

produção → **redistribuição** → consumo

C. O processo econômico no qual predomina a "reciprocidade" (Polanyi)

produção → **reciprocidade** → consumo

D. O processo econômico no qual a "troca" (Polanyi) predomina

produção → **troca** → consumo → **lucro** → (produção)

Comentário: O processo econômico em qualquer sociedade pode ser definido como consistindo em *produção, distribuição e consumo*. O ato da distribuição ou transmissão do que foi produzido pode ser organizado em fundamentalmente três formas; e a forma escolhida terá um enorme impacto sobre a produtividade da economia, bem como sobre sua estrutura social e a relação com o restante da sociedade. De acordo com Polanyi, podemos chamar essas formas de *redistribuição* (por exemplo, pelo Estado), *reciprocidade* (por exemplo, em uma família) e *troca* (em um mercado). A troca caracteriza a organização capitalista da economia, e esse tipo de economia desenvolve sua dinâmica a partir do fato de que a meta final do processo econômico não é exclusivamente o consumo, mas também o *lucro*. Quanto mais esse lucro é reinvestido na produção, mais dinâmica será a economia. Os dois mecanismos-chave do capitalismo, em outras palavras, são a *troca organizada (o mercado)* e o *ciclo de realimentação do lucro para a produção*. Deve-se salientar que é a utilização desses dois mecanismos que faz com que a organização dos interesses econômicos na forma do capitalismo seja tão efetiva para transformar a realidade econômica.

O que é único no capitalismo, em comparação com outros sistemas econômicos baseados na redistribuição e reciprocidade, é que apenas ele é impulsionado primordialmente pela motivação dos lucros. Os dois mecanismos sociais mais importantes no capitalismo são, em conseqüência, a *troca* e a *realimentação do lucro para a produção* (veja a Figura 1). O fato de o tipo capitalista de economia conter vários setores ou economias locais (mas interconectadas) baseadas na reciprocidade e na redistribuição aumenta a sua complexidade. O que pode ser chamado de economia do estado, por exemplo, se baseia na redistribuição, ao passo que a *economia doméstica* se baseia em uma mistura de redistribuição e reciprocidade. A *economia sem fins lucrativos* se baseia na troca, mas não visa ao lucro. O único setor diretamente baseado em troca e lucro é, em conseqüência, a *economia corporativa*.

De acordo com esse modelo, pode-se dizer que as economias capitalistas modernas consistem em vários setores ou economias locais (mas interconectadas). Há, para começar, a economia corporativa, na qual domina a troca. Há também o setor sem fins lucrativos, que se baseia, entre outras coisas, na redistribuição. O Estado responde por uma enorme parcela do PNB (entre 30 e 50 por cento), e o que se chama de economia do estado se baseia primordialmente na redistribuição. A economia doméstica se baseia em uma mistura de redistribuição e reciprocidade.

O restante deste capítulo tenta explicar as implicações desse modelo de capitalismo, para a sociologia econômica. Fica claro que isso tem importantes conseqüências para o que pode ser visto como a tarefa central da sociologia econômica – em outras palavras, produzir estudos sobre produção, distribuição, consumo e geração de lucros (as primeiras quatro seções do capítulo). Acrescentemos a isso os três tópicos cruciais a seguir: o impacto sobre o processo econômico do *direito*, da *política* e da *cultura* (as três seções subseqüentes). No que se refere a esses tópicos, também é fundamental investigar como eles podem *acelerar*, *desacelerar* ou *bloquear* o crescimento econômico. Mesmo assim, o nosso modelo obviamente permanece significativamente simplista e, em seu estado atual, mantém-se em silêncio no que se refere a uma série de importantes fenômenos econômicos, da poupança à dinâmica do ciclo econômico. O foco deste capítulo é no nível macroeconômico do processo econômico. A lógica em que o modelo se baseia, contudo, também pode ser utilizada para compreender aspectos essenciais do que acontece na economia nos níveis micro e meso.

Há uma série de teorias do capitalismo nas ciências sociais. O que essas teorias podem acrescentar à abordagem apresentada neste capítulo será explorado na próxima seção. Dá-se especial atenção às obras de Marx, Weber, Schumpeter, Douglass North e dos defensores de outras abordagens ao capitalismo. O capítulo termina discutindo algumas maneiras de tornar mais complexo o modelo de capitalismo apresentado aqui.

A SOCIOLOGIA DA DISTRIBUIÇÃO

O sistema capitalista consiste de três processos básicos interdependentes e influenciados pelo fato de fazerem parte de um sistema dinâmico: produção, distribuição e consumo. Contudo, um desses processos é especialmente importante: a *distribuição*, na forma de trocas no mercado. Essa também é a principal razão pela qual é preferível começar com a distribuição em vez da produção (que, de outra forma, vem "primeiro" no processo econômico).

Quando se decide começar o processo com a distribuição na forma de trocas, fica imediatamente claro que há uma importante precondição para que a troca ocorra, mais especificamente, a propriedade privada. De uma perspectiva sociológica, explica Weber, a propriedade pode ser conceitualizada como uma forma específica de relação social fechada. Mais precisamente, ela representa uma relação que permite que o agente exclua outros da oportunidade de utilizar algum item ou pessoa. Esse direito também é alienável e pode ser herdado. A propriedade é normalmente protegida por lei, o que significa que, se uma lei relevante for infligida, utiliza-se a coerção para restaurá-la (WEBER, [1922] 1978, p. 22, 44).

Essa visão de propriedade se assemelha à dos economistas, como uma série de direitos de propriedade vigentes (BARZEL, 1989). A principal diferença é que o elemento das relações sociais é muito mais proeminente e visível na visão sociológica de propriedade. De qualquer forma, a existência de uma compatibilidade básica entre a visão de propriedade da economia e da sociologia pode ser ilustrada pelo fato de que nos últimos anos surgiu uma série de estudos sociológicos baseados na noção dos direitos de propriedade (CAMPBELL e LINDBERG, 1990; NEE, 1992; OI e WALDER, 1999).

O elemento fundamental referente à propriedade privada em oposição à coletiva é que a primeira exerce um apelo direto ao indivíduo e, com isso, motiva-o de um modo que a propriedade coletiva é incapaz de fazer. Alguns podem argumentar que as pessoas deveriam, em princípio, ser tão motivadas pela perspectiva de adquirir e utilizar a propriedade coletiva como o são pela perspectiva de adquirir e utilizar a propriedade privada. O fato de raramente ser esse o caso, contudo, tem a ver com o problema dos aproveitadores (OLSON, 1965). Também é muito fácil para alguns poucos indivíduos fazer mau uso ou destruir a propriedade coletiva.

Uma vez que a propriedade privada existe, a troca se torna possível. A força impulsionadora da troca vem do fato de que ambas as partes estarão em melhores condições fazendo trocas uma com a outra do que não o fazendo. O Agente A pode atribuir à sua bicicleta o valor de $ 50 e o Agente B de $ 70; no caso de uma troca, ambos se beneficiam – e a riqueza social terá aumentado em $ 20. Para que uma troca ocorra, não é necessário que uma parte se beneficie enquanto a outra se prejudique (ótimo de Pareto). Necessário é que ambas as partes se beneficiem em X sem que uma terceira se prejudique em mais de X, de acordo com o chamado conceito de eficiência de Kaldor-Hicks. Este último conceito de eficiência costuma ser utilizado na economia porque suas demandas são menos rigorosas do que as do ótimo de Pareto. A razão da referência a esse conceito aqui, contudo, é que ele explica muito bem a natureza da troca, especialmente o que impele as duas partes a se envolverem na troca.

Sociólogos e economistas têm desenvolvido diferentes abordagens sobre os mercados – o papel que eles exercem no processo econômico, o que normalmente é regulado em um mercado e assim por diante. Para os economistas, os mercados são primordialmente processos de formação de preço, nos quais o preço ajuda a alocar recursos escassos com eficiência. Tradicionalmente, os economistas têm negligenciado as dimensões institucionais dos mercados, como as regras para troca, o mecanismo da garantia do cumprimento das leis e assim por diante (NORTH, 1977, p. 710; COASE, 1988, p. 7).

Os sociólogos, por outro lado, tendem a enfatizar o papel das relações sociais e instituições nos mercados. Os sociólogos contemporâneos costumam analisar as redes sociais criadas por agentes de mercado interagindo uns com os outros (BAKER, 1984; UZZI, 1997). Weber observou que os mercados não se consistem em repetidos atos de troca, mas também em competição entre os agentes para decidir quem compra e quem vende (WEBER, [1922] 1978, p. 82-85, 635). Essa idéia de "concorrência por oportunidades de troca" é perfeitamente compatível com a abordagem das redes sociais, como demonstrou Ronald Burt em sua teoria da autonomia estrutural (WEBER, [1922] 1978, p. 635; BURT, 1983, 1992).

Considerando que metade da verdade está nas mãos dos economistas e a outra metade nas mãos dos sociólogos, por assim dizer, em se tratando de mercados, parece natural que eles deveriam tentar coordenar seus esforços. Os economistas precisam compreender melhor o papel das relações sociais no mercado, e os sociólogos precisam compreender melhor como os preços se formam e os efeitos que exercem sobre a economia. Os preços impulsionam muitas mudanças econômicas no capitalismo, como esclareceu Douglass North, mas o fazem por meio de uma estrutura social na qual estão imersos os interesses e na qual ocorrem muitos outros processos paralelamente (NORTH e THOMAS, 1973; cf. HAYEK, 1945).

Uma sociologia econômica dos mercados também deveria estudar quais são as mudanças no mecanismo de troca que fazem a engrenagem do capitalismo girar mais depressa e quais são aquelas que desaceleram ou bloqueiam tal engrenagem. De acordo com a teoria dos custos de transação, custos mais baixos nos acordos de mercado indicam um mecanismo de trocas mais eficiente. Isso de fato se comprova, e há razões econômicas para tanto. Custos mais baixos de transação nesse contexto, contudo, costumam ser obtidos por meio de mudanças nas relações sociais e nos mecanismo sociais – e é nesse ponto que os sociólogos podem ser de grande utilidade (HEDSTRÖM e SWEDBERG, 1998). Tome-se como exemplo a cláusula de boa-fé ou o fato de que, se o comprador agir de boa-fé, não importa se o vendedor não adquirir os bens em questão de forma apropriada. A boa-fé naturalmente reduz os custos de transação – mas também é um fato de tamanha complexidade social, que o sociólogo pode estar mais bem equipado do que o economista para analisá-lo. O mesmo se aplica a muitas outras formas de confiança na vida econômica (FUKUYAMA, 1995).

Mas a sociologia econômica não se interessa apenas por aquilo que faz as engrenagens do capitalismo girarem mais depressa. Há a questão igualmente desafiadora do que faz com que elas desacelerem ou parem. Mais uma vez, a obra de Weber pode ser utilizada para ilustrar esse ponto. Se os burocratas de uma empresa ganharem poder às custas do empresário, por exemplo, a geração de lucros será desacelerada, já que os burocratas são por natureza um tanto alheios à idéia de geração de lucros. Uma razão para isso, segundo Weber, baseia-se no fato de as pessoas que têm renda fixa considerarem desonroso motivar-se exclusivamente por considerações econômicas (WEBER, [1922] 1978, p. 1108-1109). Mas há também o fato de que, se as empresas individuais e os capitalistas não forem impedidos de tentar criar monopólios, o capitalismo definhará por falta de concorrência que o mantêm vivo (WEBER, [1922] 1978, p. 202-205). Recentes escândalos na América corporativa também mostraram como uma contabilidade desonesta e falsa pode desacelerar o crescimento econômico e impedir novos investimentos.

Em suma, o mercado é *a* instituição central do capitalismo. É necessário acrescentar que isso só é verdadeiro quando a maior parte da produção passa pelo mercado. Na grande maioria das sociedades, no decorrer da história, os mercados de fato exerceram um papel, mas normalmente marginal. Só depois do final do século XIX, em países como a Inglaterra e os Estados Unidos, é que a maior parte da produção – alimentos, roupas e assim por diante – começou a ser gerada na forma de mercadorias a serem trocadas no mercado. Em 1790, por exemplo, 80 por cento de todo o vestuário nos Estados Unidos era produzido internamente, ao passo que um século mais tarde 90 por cento era produzido no exterior (BOORSTIN, 1974, p. 97-99).

Pode-se acrescentar que, quando a maior parte da produção passa pelo mercado, a concorrência pela troca a que Weber se refere como característica do mercado também passa a dominar o que acontece na economia fora do mercado. Em outras palavras, em vez de simplesmente levar alguns itens excedentes ao mercado, como os camponeses faziam na Idade Média, em uma economia capitalista moderna os produtores devem iniciar a concorrência e pensar no mercado muito antes de nele entrar. Ou seja, quando se fala em economia de mercado, a referência é a uma economia em que o mercado não é utilizado apenas para troca; também domina a produção (e o consumo, como veremos em breve).

Antes de concluir o tópico da distribuição, algo também precisa ser dito sobre a *moeda*, já que esse é o ponto do processo econômico no qual a moeda entra em cena. Há duas razões principais para isso: a moeda é o meio de troca por excelência e também um facilitador do crédito (MENGER, 1892; INGHAM, 2004).

O passo histórico do escambo à troca com a utilização da moeda ampliou enormemente o número de mercadorias que podiam ser trocadas. De modo geral, a moeda também ajuda o processo de troca a ocorrer sem percalços e reduz o seu custo. Similarmente, muitas outras inovações financeiras – como letras de câmbio, certificados de depósitos e assim por diante – ajudaram a reduzir os custos de transição e se desenvolveram em estreito contato com os mercados.

Enquanto a moeda, como qualquer outro fenômeno econômico, tem uma dimensão cultural (um ponto ao qual retornarei adiante), seu papel no processo econômico geral é do maior interesse para a sociologia econômica. Na economia baseada na reciprocidade, a moeda muitas vezes exerce um papel subordinado, já que outros valores, além do "ponto de conexão monetário", decidem quem deve obter o quê. Na economia baseada na redistribuição, a moeda está freqüentemente em utilização, como nos lembram recentes exemplos de socialismo de Estado. Interesses políticos, contudo, dominam as operações monetárias nesse tipo de sociedade, e os Estados socialistas normalmente fracassam em suas tentativas de simular preços de troca ou mercado efetivo.

No capitalismo, por outro lado, a moeda e os mercados são protegidos pela existência de "compromissos confiáveis" da parte dos governantes políticos, isto é, por garantias dos governantes de que eles não intervirão de forma inadequada no funcionamento do mercado. Em resumo, permite-se que a moeda opere "livremente", o que, portanto, pode ajudar o mercado a operar de forma mais suave e barata. A moeda também exerce um importante papel no processo capitalista na forma de capital, isto é, como recursos dedicados à busca do lucro. A moeda e os mercados, em suma, pertencem um ao outro e, dessa forma, precisam ser estudados juntos.

A SOCIOLOGIA DA PRODUÇÃO

A próxima grande área na sociologia econômica do capitalismo é a *produção*. Nenhuma sociedade pode viver sem produção, e toda produção envolve coordenação social – um elemento sociológico. No entanto, uma sociologia econômica da produção pode querer partir da seguinte e bem conhecida premissa econômica: que a produção consiste na combinação de alguns ou todos os fatores de produção tradicionais (terra, trabalho, capital, tecnologia e "organização";

MARSHALL, [1890] 1961). Os sociólogos podem querer acrescentar que todos esses fatores de produção têm seus próprios perfis sociológicos distintos – tanto antes de entrarem na produção como depois de interagirem com a empresa. No que se refere ao modelo básico do capitalismo, os fatores de produção podem ser conceitualizados como insumos à produção (veja a Figura 2).

Também se deve enfatizar que não é a forma organizacional em si (seja o capital ou a tecnologia) o principal fator determinante da produtividade. É um erro comum entre teóricos das organizações, por exemplo, pensar que todas as organizações são o que mais importa – da mesma forma como os marxistas pensam que o trabalho é a chave para toda a produção, os engenheiros (e muitos historiadores econômicos) pensam que a tecnologia é a causa de todo o crescimento econômico e assim por diante. *Todos* esses fatores contribuem para a produtividade, combinados em conjunto ou individualmente.

Também é nesse ponto que entra em cena o empreendedorismo no sentido schumpeteriano. O empreendedorismo é classicamente definido por Schumpeter como a criação de *"novas combinações"* (SCHUMPETER, 1934, p. 65-66; grifo nosso). Uma inovação pode consistir, por exemplo, em um novo tipo de mercadoria ou em alguma nova forma de reduzir o preço, o que normalmente resultará em grande lucro para o empreendedor. Logo, contudo, haverá mais empreendedores, e o lucro será reduzido, até que se atinja um patamar em que se fazem investimentos em excesso. Quando isso ocorre para várias inovações, de acordo com Schumpeter, um ciclo econômico é acionado e se desenvolve na economia – até haver uma nova onda de inovações e todo o processo se repetir.

Figura 2 – Os fatores de produção no capitalismo

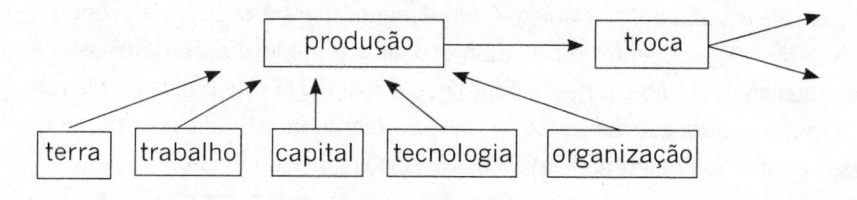

```
                    produção ─────────► troca
                   ▲  ▲  ▲  ▲  ▲
                  ╱   │  │  │   ╲
              ┌─────┬────────┬───────┬───────────┬─────────────┐
              │terra│trabalho│capital│tecnologia │ organização │
              └─────┴────────┴───────┴───────────┴─────────────┘
```

Comentário: No que se refere à economia, a sociologia econômica aborda o estudo da produção em termos de seus cinco fatores: terra, trabalho, capital, tecnologia e organização (Marshall). Todos esses fatores – não apenas a tecnologia – influenciam o nível de produtividade.

Fator de produção número 1: trabalho

Quando se discutiam os fatores de produção no século XIX, a terra costumava receber um papel proeminente. No capitalismo de hoje, contudo, a terra tem muito menos importância para a economia como um todo, e em geral o indivíduo não depende do trabalho na terra para sobreviver. Dessa forma, a terra como fator de produção será desconsiderada neste capítulo e passarei diretamente para a discussão sobre trabalho, que manteve a sua importância central para o processo de produção.

O trabalho, como moderno fator de produção, normalmente passa por dois estágios. O primeiro, que ocorre *antes* de o trabalho entrar no processo produtivo, é seguido do estágio no qual o trabalho entra no mercado e no local de trabalho propriamente. Duas instituições centrais para o trabalho antes de ele entrar no processo produtivo são a casa e a escola. Em casa, as crianças aprendem valores, disciplina e interação (que alguns analistas referem como capital social e outros, como capital cultural). Elas também vivem em uma economia doméstica e se influenciam por seus valores. Na escola se ensinam várias habilidades, algumas das quais com seu valor na produção, como a leitura, a escrita e a matemática básica na escola de engenharia, programação de computadores e física nuclear na universidade (que alguns analistas chamam de capital humano; para uma discussão das diferentes formas de capital, veja BOURDIEU, 1986; COLEMAN, 1990).

De acordo com uma conhecida vertente da teoria sociológica, quando o trabalho é distribuído pelo mercado, tende a se formar amplos e frouxos grupos de pessoas com interesses econômicos e oportunidades de vida semelhantes (as *classes*). Na ausência de um mercado, ou quando o mercado estiver controlado, digamos, por uma profissão, o trabalho, em vez disso, tende a formar pequenos e coesos grupos, centrados ao redor da honra e do consumo (os *grupos de status*; WEBER, [1922] 1978, p. 302-307). Independentemente da relação exata entre classe e *status*, por um lado, e classe e trabalho, por outro, é fundamental para a sociologia econômica tentar teorizar a ligação entre o processo econômico e a formação de classes e grupos de *status* na sociedade. É nesse ponto que a sociologia econômica precisa se conectar com a teoria da estratificação – e talvez a teoria da estratificação também possa, nesse ponto, obter alguma inspiração da sociologia econômica.

É importante esclarecer que, para muitas pessoas que fazem parte do processo capitalista, a economia representa basicamente dor e dificuldades. Enquanto a busca do lucro é fonte de empolgação e riqueza para o empreendedor bem-sucedido, um grande número de pessoas sofre com o funcionamento diário do capitalismo. Max Weber e Pierre Bourdieu tentaram teorizar essa situação com a ajuda do conceito da teodicéia ("Por que há sofrimento no mundo e por que algumas pessoas sofrem mais do que outras?"; WEBER, 1946; BOURDIEU e outros, 1999). Weber, por exemplo, refere-se ao que chama de "a teodicéia da boa sorte" ou ao fato de que pessoas que têm sucesso também querem sentir que merecem sua boa sorte e, portanto, desenvolvem e buscam várias opiniões para esse fim (WEBER, 1946, p. 271). Também há o equivalente à "teodicéia do sofrimento", que explica aos que têm menos sorte por que eles sofrem e por que devem suportar um mundo adverso. Apesar de o conceito da teodicéia originalmente ter sido de natureza religiosa, ele se tornou secular nas obras de Weber e Bourdieu, além de cada vez mais aplicável ao mundo da economia.

Na sociedade capitalista moderna, o trabalho tende a se dividir em três amplas categorias: trabalhadores, profissionais e gestores. A sociologia é tradicionalmente habilidosa na análise da estrutura de grupos, bem como da mentalidade de seus membros, ao passo que os economistas normalmente tendem a utilizar um conceito não diferenciado de trabalho e enfatizar o papel crucial exercido pela produtividade do trabalhador (de acordo com a fórmula padrão da teoria da produtividade marginal; mas veja-se também a diferente abordagem da economia pessoal, por exemplo, em LAZEAR, 1995). Mais uma vez, parece que tanto a sociologia quanto a economia podem se beneficiar das descobertas uma da outra.

Até que ponto o trabalho, antes e depois de entrar no processo de produção, acelera, desacelera ou interrompe as engrenagens do capitalismo? O que acontece em casa e na escola, em termos de criação de valores e habilidades, é claramente de grande relevância para responder a essa questão. O mesmo se aplica ao ambiente de trabalho, onde se constituem grupos e normas informais e onde os sindicatos de trabalhadores podem ter um papel ativo. Ele também é importante se o elemento de *status* ou de classe predominar. Os grupos de *status*, argumenta Weber, são inerentemente anticapitalistas, já que colocam a honra e outros valores não econômicos antes da geração de lucros. São contrários ao mercado, já que o mercado desconsidera os valores que seus membros prezam. Quanto maior o impacto do mercado sobre o trabalho, maior é a predominância do elemento da classe. Nessa situação, agentes individuais costumam aceitar a lógica do mercado: a necessidade de eficiência, geração de lucros e reinvestimento constante. A honra do tipo existente em um grupo de *status* pode ser caracterizada como um interesse ideal – mas um interesse ideal estreitamente aliado aos interesses materiais.

Fator de produção número 2: capital

Os economistas tradicionalmente prestam muito mais atenção ao papel do capital no processo de produção, ao passo que os sociólogos, quando chegam a estudar o capital, tendem a analisar seu papel fora da produção, na forma da chamada riqueza (KEISTER, 2000). Mais uma vez, as duas abordagens podem se beneficiar ao recorrer às descobertas uma da outra, para obter uma visão completa do que está acontecendo. Pode-se acrescentar a isso que os grupos sociais que controlam os recursos econômicos têm diferentes atitudes em relação à riqueza – como ela deve ser adquirida, para o que pode ser utilizada e assim por diante. Os aristocratas, por exemplo, tradicionalmente desprezavam os comerciantes e o mesmo se aplica aos guerreiros. Há também o fato de que determinados grupos de comerciantes assumem riscos maiores do que outros, e isso naturalmente tem um importante impacto sobre a geração de riqueza e capital. Além disso, os comerciantes lidam com diferentes tipos de mercadorias, como exemplifica o aparecimento histórico do *negociante* – termo originalmente utilizado nos Estados Unidos nos anos 1830 para denotar um novo tipo de comerciante, que negociava não apenas mercadorias como também terra e tudo o que pudesse resultar em lucro (BOORSTIN, 1974, p. 115).[3]

O controle sobre o capital costuma ser delegado pelo proprietário a algum outro agente, o que cria para o proprietário o famoso problema do controle corporativo. Um tipo flexível de análise que os economistas utilizam para lidar com essa situação é a teoria da agência, que se baseia na idéia de que o proprietário (o principal) tem interesses diferentes dos da pessoa a quem ele atribui alguma tarefa específica (o agente). Isso significa que algo precisa ser feito em relação à divergência de interesses. Uma solução é a observação direta do agente (monitoramento); outra é dar ao agente um incentivo para agir de acordo com o interesse do proprietário (alinhamento de interesses). A primeira solução é menos fácil de executar quando se trata de gestores em oposição a trabalhadores; também há o problema de "quem monitorará o monitor" (ALCHIAN e DEMSETZ, 1972).

A teoria da agência pode enriquecer as análises da sociologia, especialmente no que se refere à questão de como o proprietário pode manter o controle sobre seu capital na presença de um gestor. De acordo com Harrison White, por exemplo, a vantagem de uma teoria da agência é que "ela é intensamente social em seus mecanismos, já que faz com que uma pessoa faça algo a outra *vis-à-vis* uma terceira pessoa, mas apenas com uma substancial confiança na situação do cenário social" (WHITE, 1985, p. 187; cf. WHITE, 1992, p. 245-54). James Coleman também tem uma visão positiva do potencial sociológico da teoria da agência, como se evidencia na seguinte citação de *Foundations of social theory*: "Uma vez realizada uma transação, na qual o principal satisfaz os interesses do agente (por exemplo, por meio de um pagamento monetário) em troca da utilização, por parte do agente, de suas ações para realizar os interesses do principal, um sistema social é criado" (COLEMAN, 1990, p. 152).

Uma corporação pode adquirir capital de várias formas – de bancos, investidores de risco, mercado financeiro e assim por diante. Cada uma dessas instituições tem sua própria história e sua estrutura social distinta que a sociologia pode ajudar a analisar. Fundos de pensão e outros fundos mútuos que se tornaram participantes-chave no mercado financeiro moderno muitas vezes são administrados por indivíduos. Atualmente se sabe muito pouco sobre eles. A teoria da agência, combinada com a sociologia econômica, representa um modo de abordar esse tipo de questão.

A maneira como o capital é levado para a produção também afetará a geração do valor econômico. Assumir riscos, como já mencionamos, é um fator crucial neste ponto do processo, estreitamente relacionado ao nível de lucro. Mas assumir riscos por si só também é afetado por relações sociais, como ilustra o surgimento histórico do capital de risco nos Estados Unidos, algumas décadas atrás. O que caracteriza os investidores de risco costuma ser um conhecimento íntimo do negócio no qual eles investem, muitas vezes combinado com alguma forma de controle sobre a empresa visada. Juntas, essas duas medidas fazem com que os riscos sejam mais administráveis – e, dessa forma, também aumentem as chances de ganhar lucros maiores. Mais uma vez, este é um tópico no qual a sociologia econômica pode ser útil.

Fator de produção número 3: tecnologia

O capitalismo contemporâneo é significativamente dependente da tecnologia, principalmente porque ajuda a aumentar a produtividade (ROSENBERG e BIRDZELL, 1986; MOKYR, 1990). Exatamente como isso é feito, contudo, é algo que nem os economistas nem os sociólogos compreendem muito bem. O conceito da produtividade, por exemplo, precisa de muito esclarecimento. Os economistas percebem bem a importância da tecnologia nesse contexto, mas têm dificuldade de teorizá-la (SOLOW, 2002). Um indicativo disso é a discussão sobre o papel dos computadores no crescimento econômico dos Estados Unidos na década de 1990. "É possível ver a era dos computadores por toda parte, exceto nos dados estatísticos sobre a produtividade", para citar uma frase famosa de Robert Solow (SOLOW, 1987).

Outra dificuldade com a visão dos economistas sobre a tecnologia é que eles costumam considerar a tecnologia como a única razão para o crescimento da produtividade. Enquanto as inovações tecnológicas podem muito bem ser a principal razão para o crescimento da produtividade no capitalismo moderno, esse fator está longe de ser o único e certamente não poderia operar isoladamente. A organização social, em particular, afeta a produtividade, fato que a sociologia industrial deixou claro décadas atrás (ROY, 1952; cf. ROETHLISBERGER e DICKSON, 1939).

Os sociólogos diferem dos economistas no fato de raramente observarem que a tecnologia é de grande importância para a produtividade e a geração dos lucros. Os sociólogos da ciência da velha escola vêem a ciência principalmente como um bem público, o que pode ter sido verdadeiro no passado, mas não tanto hoje em dia. Os modernos sociólogos da ciência, por outro lado, afirmam que a ciência e a tecnologia devem ser entendidas essencialmente como formas de construção social, posição que pode muito bem se aplicar a uma perspectiva filosófica, mas que é de relevância limitada para a compreensão do papel que a ciência e a tecnologia exercem sobre o processo econômico.

Pelos historiadores da tecnologia, sabemos que a tecnologia economicamente relevante por muito tempo foi surgindo de forma lenta, evolucionária – como evidencia a história do barco, do machado, do arado e assim por diante. Durante a Revolução Industrial, e muito mais intensamente durante a segunda metade do século XIX, no entanto, ocorreu um encontro histórico entre o capitalismo e a ciência. Essa aliança se mantém até hoje e tem se tornado cada vez mais importante para o crescimento dinâmico do capitalismo.

Tem-se observado freqüentemente que a organização social pode acelerar ou bloquear o surgimento de novas tecnologias, o que, por sua vez, afeta a economia. Em seu estudo sobre as religiões da Índia, por exemplo, Weber observa que o sistema de castas impede inovações ao proibir mudanças nas ferramentas dos artesãos (WEBER, [1921] 1958, p. 103; cf. SCHROEDER e SWEDBERG, 2002). Como a punição para uma mudança desse tipo é religiosa, o exemplo de Weber também ilustra como o interesse religioso (no caso, a reencarnação bem-sucedida) pode ser utilizado para impedir o interesse econômico (no caso, maior produtividade). Na sociedade atual, para utilizar um exemplo mais contemporâneo, estamos testemunhando uma importante mudança nos direitos de propriedade científica, o que tem ajudado a acelerar a produção. Apesar de a ciência até recentemente ter sido vista como um bem comum, encontramos atualmente cada vez mais formas de transformá-la em um bem privado (MIROWSKI e MIRIAM-SENT, 2002). Ás forças que causaram essa mudança são evidentes. Um novo medicamento pode, por exemplo, gerar bilhões de dólares em lucros, em contrapartida, cerca de 800 milhões de dólares são necessários para se desenvolver um novo medicamento.

Fator de produção número 4: organização (Marshall)

Alfred Marshall intuiu limites ao estudo da economia em sua época e afirmou, em *Princípios de economia* [1890] (1961), que não apenas a terra, o trabalho e o capital, como também a "organização" deveriam ser considerados fatores de produção. Por organização, Marshall se referia a vários fenômenos, entre eles a empresa individual, ou ainda um conjunto de empresas na mesma região geográfica, que ele chamou de "distrito industrial" (MARSHALL, [1890] 1961, 1, p. 138-139, 240-313). A idéia de que a organização é crucial para a geração de lucros também reside no coração da área de estudos conhecida como economia organizacional, que se baseia em uma mistura de teoria da agência, teoria dos jogos, análise de custos de transação, direito e economia – mas não na sociologia (BARNES e OUCHI, 1986; MILGROM e ROBERTS, 1992).

Não obstante, os sociólogos desenvolveram uma série de ferramentas conceituais que podem ser utilizadas para analisar a forma como os fatores de produção atuam em uma empresa que visa ao lucro. Contudo, os sociólogos estão, até certo ponto, impedidos de fazer a contribuição que poderiam ser capazes de fazer por sua crença de que a unidade central de análise é a organização genérica e não a corporação (cf. DAVIS e MCADAM, 2000). Quando os sociólogos chegam a pesquisar empresas, isso se traduz em conhecimento sobre organizações em geral (PERROW, 2002). Os fatos apresentados a seguir sobre a empresa moderna são, em conseqüência, ignorados: (1) que a empresa tem sua própria história institucional; (2) que a empresa é tratada de forma diferente de outras organizações em termos de leis e regulamentações; e (3) que as empresas na sociedade moderna controlam mais recursos econômicos do que qualquer outro tipo de organização, com exceção do Estado.

Independentemente dessa crítica, fica claro que inúmeros conceitos e teorias de médio alcance desenvolvidos na teoria das organizações podem ser de considerável ajuda na análise das corporações, e, até certo ponto, já têm sido utilizados para esse fim. Isso se aplica, por exemplo, à ecologia populacional e à teoria da dependência de recursos (BURT, 1983; CARROL e HANNAN, 1995). As redes sociais são outra ferramenta útil que pode ser utilizada, por exemplo, para traçar as relações entre corporações que resultam de suas tentativas de gerar lucros (EBERS, 1997). Também há a idéia de que grupos de trabalho podem desenvolver normas contrárias às metas da corporação, chamadas de normas de oposição (NEE, 1998).

Fica evidente que a forma como uma corporação é organizada irá acelerar, desacelerar ou bloquear a geração de lucros. O que antes se pensava representar o projeto ideal para uma empresa – a enorme empresa burocraticamente organizada, com grande parte do conhecimento e poder de decisão concentrada no topo (WEBER, CHANDLER) – perdeu sua popularidade. É de fato verdade que determinadas novas tecnologias, além de novas formas de apelar aos interesses dos funcionários, podem substituir o monitoramento pelo alinhamento de interesses e que isso levou a mudanças no tipo obsoleto de corporação. O que as empresas modernas buscam, contudo, não é tanto criar uma corporação descentralizada ou menos formal por si, mas fazer o que for necessário para gerar lucro.

A SOCIOLOGIA DO CONSUMO

O consumo, para citar a obra *A riqueza das nações*, representa o produto final da produção: "O consumo é o único fim e propósito de toda produção" (SMITH, [1776] 1976, p. 660). Do ponto de vista do modelo do capitalismo apresentado neste capítulo, contudo, as coisas não são tão simples. Para começar, a forma como a renda, ao final do processo, é dividida entre consumo e lucro é de importância fundamental. Quanto maior for o lucro é retirado pelos proprietários para alimentar de novo a produção, mais rapidamente a engrenagem do capitalismo tende a girar.

Também há o fato de que o consumo afeta a produtividade do trabalho. Voltando à Figura 1, pode-se imaginar uma linha que vá do consumo à produção, com o trabalho como fator de produção. Alimento adequado e um pouco de lazer, para abastecer o corpo e a mente, são exemplos disso. A educação paga com recursos privados seria outro exemplo.

Mas, mesmo que o consumo tivesse um efeito indireto sobre a produção, como acabamos de exemplificar, ainda assim sua principal contribuição para o capitalismo seria simplesmente a sua ocorrência. O fato de os seres humanos deverem satisfazer suas necessidades materiais pode soar como uma trivialidade. E de fato é, com a exceção de que o consumo sempre precisa aumentar no capitalismo, em contraste com a economia baseada na redistribuição ou na reciprocidade. Se isso não ocorrer, os lucros ficam estagnados, e o capitalismo perde sua vitalidade. Isso significa que sempre são necessários esforços, como parte do processo de produção, para incentivar ao máximo o consumo. A publicidade é uma forma de atingir essa meta, mas há muitas outras maneiras. Na sociedade capitalista moderna, configurações completas, na forma de *shopping centers* e similares, foram criadas justamente para esse fim. Um observador se refere a elas como "meios de consumo" (RITZER, 1999).

O consumo pode ser acelerado, desacelerado ou bloqueado por meio do impacto de várias forças – e, dessa forma, afetar os mecanismos do capitalismo. Os Estados Unidos, por exemplo, há muito tempo são uma sociedade comercial, com uma população que demonstra um grande desejo de "conforto" democrático em oposição ao "luxo" aristocrata; isso claramente lubrifica a engrenagem do capitalismo (TOCQUEVILLE, [1835-1840] 1945). Imediatamente após os ataques de 11 de Setembro, para utilizar outro exemplo norte-americano, a atividade de comprar foi praticamente proclamada um dever patriótico para evitar o declínio da economia. Também há exemplos de sociedades que tentaram bloquear o consumo. Um desses exemplos é a Florença do século XV, quando a cidade era governada por Savonarola, que promoveu as famosas "fogueiras das vaidades" – destruição pública em fogueiras de vestidos caros, pinturas sensuais e similares que eram considerados uma difamação da vida devota (sobre leis suntuárias, veja HUNT, 1995).

A SOCIOLOGIA DO LUCRO

Já mencionamos o fato de que o nível de lucro está diretamente relacionado à quantidade reservada ao consumo. A isso é possível acrescentar que o lucro, de acordo com os economistas, pode, em princípio, não ser afetado por forças sociais. Os sociólogos, no entanto, vêem as coisas de forma diferente. Para os sociólogos, a produtividade é notoriamente difícil de mensurar e a teoria da produtividade marginal é de difícil aplicação empírica. Também é evidente que, como observamos anteriormente, as relações sociais de um trabalhador afetam sua produtividade. Um trabalhador pode, por exemplo, ser mais ou menos produtivo, dependendo do grupo de trabalho do qual participa (GRANOVETTER, 1988). O valor do salário, é claro, também afeta o nível de lucro e depende, entre outras coisas, da força dos sindicatos.

Independentemente da quantidade real do lucro, no entanto, é a *oportunidade de mais lucro* que impulsiona o processo capitalista para frente. De acordo com Weber, o capitalismo é primordialmente caracterizado pela "busca do lucro, do eternamente *renovado* lucro" (WEBER, [1904-5] 1958, p. 17). Marx expressou a mesma idéia em sua conhecida fórmula D-M-D', onde D representa moeda, M representa mercadoria e D' representa moeda mais um incremento, o que equivale à mais-valia (MARX, [1867] 1990, p. 247-257). Na mesma linha, o processo capitalista é acionado pela busca do lucro e – igualmente importante – mantido em movimento pelo reinvestimento contínuo do lucro na produção.

Fica claro que, apesar de o montante do lucro em relação ao consumo ser uma coisa, a parcela reinvestida do lucro é outra. Também é evidente que o nível de reinvestimento é influenciado pelas forças sociais. Em uma discussão sobre a América Latina no final da década de 1960, S. M. Lipset observou, por exemplo, como negociantes bem-sucedidos no Chile, Argentina, Paraguai e alguns outros países muitas vezes retiraram seus rendimentos da indústria e os investiram em terras para adquirir o *status* de proprietários de terras (LIPSET, [1967] 1988). Negociantes puritanos em *A ética protestante*, de Weber, por outro lado, utilizavam muito pouco do lucro no próprio consumo e reinvestiam a maior parte. Eles desprezavam os aristocratas e o consumo de luxo. A religião dos puritanos lhes permitiu obter lucros, já que isso significava que Deus favorecia suas atividades. Eles não tinham, contudo, permissão para satisfazer os sentidos – da mesma forma que não podiam apreciar o sexo, mesmo que devessem procriar.

De acordo com Weber, a contabilidade surgiu da necessidade de calcular os lucros, como exemplificado pela necessidade de se saber exatamente quanto era devido a cada participante de uma *commenda* (WEBER, [1923] 1981, p. 206-207). Pode-se acrescentar que o lucro é uma construção social, no sentido de que o que é apresentado como lucro em, digamos, um relatório anual pode diferir significativamente do que se declara às autoridades tributárias. Como qualquer leitor de jornal sabe depois do incidente com a Enron, a forma como as regras contábeis são aplicadas também afetam o nível de lucro. "Contabilidade agressiva" é a expressão atualmente utilizada para práticas contábeis nos Estados Unidos que estão na zona cinzento entre a legalidade e a ilegalidade, e que são utilizadas para aumentar artificialmente os lucros.

Entre os fatores que podem bloquear o lucro e a geração de lucros, a religião tem uma importância histórica especial. A maioria das religiões assume uma postura negativa em relação aos negócios, já que a geração de lucros tem sido vista como um fator impeditivo da tentativa de levar uma vida de acordo com os princípios religiosos. "Não é possível servir ao mesmo tempo a Deus e ao dinheiro" (Evangelho segundo Mateus, 6, 24). Mas também existem exceções, não somente nas quais a religião e a busca do lucro coexistem, como também a religião de fato *encoraja* a geração de lucro. O caso mais famoso é obviamente o protestantismo ascético, como analisado em *A ética protestante*. Também é possível acrescentar a América contemporânea, já que os Estados Unidos são ao mesmo tempo um país muito religioso e têm o mais vigoroso capitalismo. Digo "possível" porque nem os sociólogos da religião nem os sociólogos econômicos abordam diretamente essa questão, de forma que, em conseqüência, não sabemos qual papel a religião realmente exerce no capitalismo norte-americano contemporâneo (cf. INGLEHART e BAKER, 2000; BARRO, 2002).

FATOR ADICIONAL NÚMERO 1: O PAPEL DO DIREITO

Além dos fatores que compõem o modelo básico do capitalismo, que discutimos neste capítulo, alguns outros devem ser acrescentados: direito, políticas (inclusive o Estado) e cultura. O direito costuma fazer parte do mecanismo político, mas merece ser analisado individualmente e abordado em uma seção à parte. Uma razão para isso é que as leis constituem uma camada extra, por assim dizer, entre as decisões políticas e sua execução (SWEDBERG, 2003a; cf. EDELMAN e STRYKER, 2005). Para se tornar realidade, as decisões políticas muitas vezes precisam ser traduzidas para a linguagem jurídica e interpretadas por especialistas em direito. Agentes individuais também precisam orientar suas ações para o direito em si e agir em conformidade com ele, para que ele tenha um efeito sobre seu comportamento. Outra razão pela qual o direito merece ser tratado separadamente do Estado é que os tribunais podem ser mais ou menos independentes do restante do Estado. Os tribunais norte-americanos, por exemplo, são em grande parte compostos por juízes eleitos, em oposição aos tribunais europeus, nos quais os juízes são nomeados, e são essencialmente funcionários públicos. Além disso, todas as leis nos Estados Unidos estão sujeitas a uma revisão judicial e podem, em princípio, ser anuladas. A União Européia, deve-se acrescentar, parece estar se movendo em uma direção similar.

A relação básica entre direito e economia é a que se segue. Como a propriedade privada é uma precondição para uma economia capitalista, o mesmo ocorre com as leis referentes à propriedade privada. Sempre surgem conflitos na sociedade, inclusive na economia, e a lei representa um modo legítimo de solucionar os conflitos. O direito também ajuda a assegurar a previsibilidade, que é essencial para uma economia capitalista avançada. Em geral, a economia prospera na paz e a lei é essencial para garantir a paz na sociedade.

Os sociólogos muitas vezes já observaram que o direito é necessário para *prevenir* a ocorrência de certas ações econômicas. O direito, por exemplo, é utilizado para impedir a formação de monopólios e a discriminação contra mulheres e minorias no mercado de trabalho (FLIGSTEIN, 1990; EDELMAN, 1992). Os sociólogos também observaram que o direito pode ser utilizado para *punir* os agentes econômicos que se envolvem em tipos desviantes de comportamento, de pequenos roubos no ambiente de trabalho ao tipo de transgressão econômica policiada pela Comissão de Valores Mobiliários americana (SHAPIRO, 1984; TUCKER, 1999).

O que não tem sido muito explorado pelos sociólogos, contudo, é que o direito pode exercer um papel facilitador na economia (SWEDBERG, 2003a). A lei pode, por exemplo, ajudar a "liberar a energia [econômica]", para mencionar a famosa expressão de James Willard Hurst (1956). Os juízes podem ser incentivados a utilizar a maximização da riqueza para orientar a resolução das questões legais (POSNER, 1981). Em geral, os contratos também proporcionam aos agentes uma nova ferramenta por meio da qual podem criar, eles mesmos, as relações econômicas (WEBER, [1922] 1978, p. 667).

Com base no que acabou de ser dito, fica claro que O direito pode facilitar o processo capitalista e fazer com que ele opere de forma mais eficiente. Também fica evidente que ele é capaz de bloquear o desenvolvimento econômico, proibindo certos tipos de ações econômicas. Um exemplo histórico disso é a designação de certos empréstimos como usura. É necessário acrescentar, contudo, que os empresários muitas vezes escolhem desconsiderar as leis – eles muitas vezes ignoram, independentemente de favorecê-los ou não (MACAULAY, 1963). Outra idéia básica da sociologia do direito é que importantes transformações econômicas podem ocorrer sem nenhuma mudança equivalente no sistema legal (WEBER, [1922] 1978, p. 333-334; RENNER, [1904] 1949).

FATOR ADICIONAL NÚMERO 2: O PAPEL DA POLÍTICA (INCLUSIVE DO ESTADO)

O papel da política e do Estado na economia é complexo. Em geral, o Estado em uma economia capitalista tem menos poder sobre a economia do que em uma economia redistributivista. No último caso, o Estado controla a maior parte dos recursos econômicos e também decide as regras a serem seguidas. Em uma economia capitalista, o Estado tem apenas o poder de determinar regras e canalizar certos recursos de um ponto da sociedade a outro, e não de decidir como os recursos econômicos devem ser utilizados para fins de produção. Esta última situação, como tem sido observado com freqüência pelos economistas, é na verdade mais complexa do que pode parecer à primeira vista. O Estado capitalista precisa solucionar o que foi chamado de "o dilema político fundamental de uma economia", isto é, o fato de o Estado precisar ser forte o suficiente para garantir a execução dos direitos de propriedade privada e, ao mesmo tempo, abster-se de aplicar essa força para expropriar a propriedade privada (NORTH e outros, 2000, p. 21; veja o Quadro 1).

Quadro 1 – Capacidade do Estado de controlar recursos para a produção *versus* capacidade de determinar regras na economia

		Controle de recursos de produção	
		SIM	NÃO
Capacidade de determinar as regras	SIM	Estado socialista	Estado capitalista
	NÃO	Estados patrimoniais antigamente	Não-estado libertário

Comentário: O Estado pode deter tipos diferentes de controle sobre a economia: o controle de recursos para a produção é um deles, a capacidade de determinar regras na economia é outro. No capitalismo moderno, o Estado normalmente não tem controle dos recursos para a produção, mas pode determinar regras na economia. No socialismo, por outro lado, o Estado detém o controle sobre os recursos econômicos, além da capacidade de determinar regras.

O fato de o Estado capitalista ter pouca voz em relação à utilização dos recursos econômicos no que se refere à produção não significa que ele não tenha poder econômico. Nenhum Estado pode existir sem recursos econômicos próprios, especialmente o Estado capitalista moderno, que tem uma série de tarefas para realizar: defesa, educação, saúde, assistência social, regulamentação e assim por diante. O Estado capitalista financia suas despesas principalmente coletando parte do que foi produzido, que, de outra forma, seria alocada ao consumo ou ao lucro. A decisão de impor tributos sobre o consumo ou lucro é uma importante questão política. O estudo sociológico da geração e gasto dos recursos do Estado pertence a um campo de estudo bastante negligenciado, conhecido como sociologia fiscal (SCHUMPETER, [1918] 1991).

Uma questão que tem sido muito discutida nas ciências sociais contemporâneas é a relação entre democracia e capitalismo. Há várias opiniões diferentes sobre a questão. Há, por um lado, a afirmação de S. M. Lipset de que os países prósperos tendem a ser democráticos, o que levou a um enorme volume de pesquisas (LIPSET, 1960; para uma visão mais aprofundada dessa tese, veja, FRIEDMAN, 1962). Uma descoberta que surgiu da discussão sobre a tese de Lipset é a idéia de que é muito difícil identificar os mecanismos sociais exatos que respondem pela relação entre prosperidade e democracia (para uma revisão da literatura, veja DIAMOND, 1992). Weber, por outro lado, considera a relação entre capitalismo e democracia muito mais problemática, e essa visão tem sido recentemente reforçada por vários estudos de Robert Barro (WEBER, [1916] 1994, p. 68-70; BARRO, 2000). Uma terceira teoria afirma que os países que foram industrializados sob a liderança da burguesia tendem a se tornar democráticos, em oposição aos países que foram industrializados sob a liderança de uma classe de proprietários de terras (MOORE, 1966; cf. RUESCHEMEYER e outros, 1997).

Democrático ou não, fica claro que o Estado capitalista pode direcionar a economia de várias formas. Há duas formas tradicionais de fazer isso: por meio das políticas fiscal e monetária – dois tópicos sobre os quais os economistas, diferentemente dos sociólogos, têm muito conhecimento. A isso se deve acrescentar que o Estado também pode influenciar a economia por meio da regulamentação e da política industrial, e que a primeira, em especial, é extremamente importante na sociedade moderna. Apesar de os economistas se preocuparem com o fato de que essas últimas duas formas de influenciar a economia possam drenar a vitalidade do capitalismo, os sociólogos tendem a vê-las como positivas e muito necessárias (veja, por exemplo, STIGLER, 1971 *versus* FLIGSTEIN, 2001). As regulamentações, bem com a política industrial, em resumo, podem ser utilizadas para acelerar a economia, além de desacelerá-la – e o mesmo pode ser dito em relação às políticas monetária e fiscal.

FATOR ADICIONAL NÚMERO 3: O PAPEL DA CULTURA NA ECONOMIA

A cultura constitui um tópico difícil e complexo, tanto para os economistas quanto para os sociólogos. Na sociologia, o conceito tradicional da cultura se baseia significativamente em Weber e cobre essencialmente dois tópicos que se sobrepõem, mas não são idênticos: *atribuição de valor* (*valuation*) e *formação de sentido* (*sense-making*) (WEBER, [1904] 1949, p. 76, [1907] 1977, p. 109; cf. [1922] 1978, p. 98). Ou, em termos mais concretos, o elemento cultural de uma ação econômica tem relação com o fato de que (1) tudo o que for econômico costuma ser visto como sendo positivo ou negativo, e (2) os fenômenos econômicos, como todos os fenômenos humanos, de alguma forma precisam se organizar na mente humana para ter sentido e adquirir uma *Gestalt* (forma) distinta.

Para citar um dos exemplos de Weber, que lida com o primeiro ponto, a geração de lucro pode ser vista como negativa em uma religião (por exemplo, o catolicismo) ou como positiva em outra (por exemplo, no protestantismo ascético). E para citar um dos exemplos de Weber que ilustra como as pessoas compreendem o sentido de um fenômeno econômico com a ajuda da cultura: o ato de passar pequenos pedaços de metal de uma pessoa a outra apenas se transforma em uma troca de moeda em determinadas condições (WEBER, [1907] 1977, p. 109).

Pode-se acrescentar que o fato de as transações monetárias serem vistas como positivas ou negativas também é uma questão que envolve a cultura, de uma perspectiva weberiana. Em praticamente todas as culturas, esse tipo de atividade tem sido desprezado e associado a vários grupos marginalizados, como os judeus na Europa medieval. Isso não ocorre tanto no capitalismo moderno – no qual, mesmo assim, traços dessas crenças antigas ainda permanecem, como ilustra a hostilidade instintiva a alguém como George Soros ou ao capital financeiro de forma geral.

Recentemente houve tentativas de trazer alguns achados da psicologia cognitiva para o conceito sociológico de cultura (DIMAGGIO, 1997). Ainda é cedo demais para se saber até que ponto essas tentativas obterão sucesso. O que continua verdadeiro, contudo, é a fecundidade da abordagem weberiana em igualar a cultura tanto a valores como à formação de sentido. Uma série de estudos sobre a cultura econômica, da análise de Tocqueville dos Estados Unidos do século XIX à análise de Clifford Geertz da Indonésia no século XX, confirma isso (TOCQUEVILLE, [1835-1840] 1945; GEERTZ, 1963; e também LIPSET, [1967] 1988, 1996).

Alguns desses estudos também mostram como a cultura econômica pode acelerar o processo econômico. Isso, por exemplo, é o que Tocqueville alega ter feito a cultura norte-americana na economia no século XIX, ou também o que Weber alega ter feito o protestantismo ascético em certas partes da Europa ocidental alguns séculos antes. Com efeito, o livro *A democracia na América*, de Tocqueville, pode ser vista como uma continuação de *A ética protestante* a esse respeito, e sua teoria sobre o papel exercido na economia norte-americana pela religião (diluindo o interesse imediato no "interesse propriamente compreendido") se alinha às idéias de Weber sobre o impacto dos puritanos.

O fato de a cultura econômica também poder refrear e bloquear o desenvolvimento capitalista pode, de forma similar, ser ilustrado recorrendo às obras de Tocqueville e Weber. A cultura do Sul dos Estados Unidos, de acordo com A democracia na América, desvalorizava a mão-de-obra associando-a à escravidão, o que levou a uma economia estagnada. O mesmo se aplicava, de acordo com Weber, a sociedades com uma ética econômica dualista, segundo a qual os membros do grupo deveriam ser tratados com justiça, enquanto a desonestidade e a trapaça eram permitidas ao lidar com pessoas de fora. Essa atitude dificultou o surgimento do capitalismo racional.

Por fim, menção especial deve ser feita a uma tentativa recente de reviver um conceito cultural clássico na análise do capitalismo, qual seja, a noção de Weber do "espírito do capitalismo". Em *Le nouvel esprit du capitalisme* (1999), Luc Boltanski e Eve Chiapello analisam os principais tipos de ideologia que têm sido utilizados para justificar o capitalismo, do século XIX até os dias de hoje. A definição do espírito do capitalismo é a seguinte: "Chamamos de um 'espírito do capitalismo' a ideologia que justifica o comprometimento das pessoas com o capitalismo e que faz com que esse comprometimento seja atrativo" (BOLTANSKI e CHIAPELLO, 2002, p. 2). Durante grande parte do século XX, o espírito do capitalismo se concentrou ao redor das grandes organizações e da estabilidade, mas atualmente ele está em vias de ser substituído por "um novo espírito do capitalismo". O coração desse novo espírito, segundo eles, consiste principalmente em argumentos que justificam e enaltecem um mundo econômico descentralizado, no qual a flexibilidade e as redes sociais exercem um papel-chave. Administrar uma corporação é visto como conceber e executar uma série interminável de "projetos", cada um dos quais com sua própria rede de relacionamentos (o "Mundo dos Projetos").

SOBRE AS DIFERENTES TENTATIVAS DE ANÁLISE DO CAPITALISMO

A principal mensagem deste capítulo até agora é que a geração de lucro está no centro do empreendimento capitalista, e que também deveria estar no centro da análise do capitalismo. Em relação a isso, sugeriu-se que a sociologia econômica deveria estudar os fatores que favorecem a geração de lucro, além dos fatores que a desaceleram ou bloqueiam. Existem várias teorias concorrentes do capitalismo – elaboradas pelos clássicos, pelos economistas e pelos sociólogos. Há elementos a serem aprendidos em muitas dessas teorias, especialmente as de Weber, Schumpeter e North. Algumas delas, contudo, estão obsoletas e não são muito úteis.

Uma teoria do capitalismo que parece menos relevante hoje em dia é a de Marx, que também tem sido a mais popular entre os sociólogos (BERGER, 1986, 1987). Há várias razões pelas quais os sociólogos de hoje podem querer substituir a teoria de Marx por uma nova. Uma delas tem a ver com a visão marxista de cultura e direito como parte da chamada superestrutura, criada por forças econômicas e incapaz de influenciar por si só a economia. Essa idéia está absolutamente errada – bem como a teoria de Marx de que o que impulsiona a história na sociedade capitalista é a produção da mais-valia, expressa na luta de classe. De forma geral, a visão de capitalismo de Marx se refere ao capitalismo do século XIX na Europa, que incluía a miséria abjeta das cidades e muitas vezes confrontos violentos entre as classes. Essa situação, contudo, *não* se mostrou uma característica permanente do capitalismo. A situação econômica geral é muito diferente em vários países hoje em dia, e a classe trabalhadora tem mais a perder do que os seus grilhões.

Boa parte do que Weber e Schumpeter afirmam sobre o capitalismo, por outro lado, ainda é relevante para uma compreensão do capitalismo. *A história geral da economia* de Weber, por exemplo, continua insuperável como uma história concentrada do capitalismo. Similarmente, a obra *Economia e sociedade* é, sob certos aspectos, instrutiva – e o mesmo pode-se dizer da importante obra de Schumpeter *Capitalismo, socialismo e democracia*.

Uma sugestão importante de Weber em relação ao capitalismo é que se deve falar dele não no singular (como fez Marx), mas no *plural*, ou seja, sobre diferentes tipos de capitalismo. Sua própria tipologia em *Economia e sociedade* – capitalismo racional, político e tradicional – é um exemplo disso (WEBER, [1922] 1978, p. 164-166). Apesar de essa tipologia ser bem conhecida nos círculos sociológicos, tem sido pouco utilizada em estudos concretos.

Também se deve enfatizar que, mesmo que muito se aprenda com uma leitura textual mais detalhada dos clássicos, o verdadeiro desafio para os sociólogos econômicos de hoje é incorporar as descobertas dos clássicos em relação ao capitalismo a uma nova e mais vigorosa teoria que possa ser utilizada para analisar o capitalismo contemporâneo. Assim como a economia política clássica se transformou, no passado, na economia neoclássica, a sociologia clássica precisa se transformar em um tipo mais efetivo de sociologia.

Uma obra que ilustra como fazer isso é *A ética protestante*, obra normalmente vista pelos sociólogos como um estudo sobre o modo como o protestantismo ascético ajudou a criar o espírito do capitalismo moderno. O argumento de Weber sobre a questão, por exemplo, foi elaborado por James Coleman em seu famoso modelo de relações macro-micro-macro, no capítulo 1 de *Foundations of sociology* (COLEMAN, 1990, p. 6-10). A doutrina do protestantismo afeta as atitudes de fiéis individuais, que gradualmente transferem o esquema metódico de suas novas crenças religiosas para as atividades econômicas, ajudando, dessa forma, a criar, junto com outros indivíduos em posição similar, o espírito do capitalismo moderno.

No que pese a ênfase na ligação entre atitudes religiosas e econômicas ter feito parte da história de Weber, *A ética protestante* também pode ser lida – e de forma mais efetiva, eu diria – como uma análise centrada nos interesses e em sua relação com as estruturas sociais. O protestantismo ascético teve tanto impacto sobre o indivíduo, de acordo com essa visão, pelo fato de ter afetado profundamente seus interesses religiosos (*Heilsgüter*), e não apenas suas atitudes religiosas. Como indica Coleman, Weber mergulha abaixo da superfície, incorporando interesses dos indivíduos. Quando o crente passou a considerar que suas realizações na área da economia também poderiam influenciar suas chances no "outro mundo", a força dos interesses econômicos se uniu a dos interesses religiosos, o que criou uma força extremamente poderosa. Com efeito, era tão poderosa que foi capaz de romper os antigos domínios da religião tradicional e da ideologia capitalista tradicional. *A ética protestante*, desse ponto de vista, pode ser visto como um caso clássico de como conduzir uma efetiva análise de interesses com a ajuda da sociologia.

Deixando agora os sociólogos por um momento e voltando aos economistas, fica claro que estes não se interessaram muito pela produção de teorias sobre o capitalismo. Desde a virada do século XIX até meados da década de 1970, com o avanço extraordinário da Nova Economia Institucional, os economistas não prestavam muita atenção às instituições. Outra razão é que os economistas associavam o termo "capitalismo" à ideologia política do socialismo e evitavam o termo o máximo que podiam.[4] Uma importante exceção a toda essa tendência é a obra de Schumpeter, que merece menção especial (cf. GALBRAITH, [1952] 1956; HAYEK, 1954; MISES, 1956; FRIEDMAN, 1962).

A teoria geral do capitalismo de Schumpeter pode ser encontrada em uma série de obras, as mais importantes das quais são *Teoria do desenvolvimento econômico* (1911, 1934), *Ciclos econômicos* (1939) e *Capitalismo, socialismo e democracia* (1942; e SWEDBERG, 2002). O centro do argumento de Schumpeter é que o capitalismo se mantém e declina com o empreendedorismo: se o capitalismo apresentar continuamente novas oportunidades de lucro, prosperará; de outra forma, definhará e será substituído por alguma forma de burocracia e socialismo. A "destruição criativa", ou substituição de antigos negócios por novos, é a essência do processo capitalista (SCHUMPETER, [1942] 1994, p. 81-86). Na última importante afirmação de Schumpeter sobre o capitalismo – um artigo que escreveu para a *Encyclopaedia Brittanica* em 1946 –, ele define o capitalismo como se segue: "Uma sociedade é chamada de capitalista quando confia seu processo econômico à orientação do negociante privado" (SCHUMPETER, [1946] 1951, p. 184). O capitalismo, afirma também nessa obra, passou por uma série de diferentes períodos, do "Capitalismo Inicial" à "Fase Moderna". De todos esses períodos, observa Schumpeter, o mais favorável ao capitalismo foi o "Capitalismo Intacto". Durante esse período, acionado pela Revolução Industrial e que durou até o final do século XIX, os elementos do livre comércio e o laissez-faire eram muito fortes, os impostos estavam baixos e havia pouco protecionismo.

Dos economistas contemporâneos que escreveram sobre o capitalismo, Douglass North pode ser considerado o mais importante (NORTH, 1970; NORTH e THOMAS, 1973). Pode-se afirmar que a teoria do capitalismo inicialmente desenvolvida por North como um sistema impulsionado primordialmente pelas variações dos preços relativos, o que leva a direitos de propriedade eficientes, é menos realista do que sua teoria posterior do capitalismo com grande ênfase nas instituições e normas. Essa é uma visão bem adequada ao modelo de capitalismo como composição especial de interesses e relações sociais apresentado neste capítulo.

A isso se deve acrescentar que as obras de North estão repletas de idéias que se mostraram muito úteis à análise do capitalismo. Entre elas, sua teoria do Estado como instituição que maximiza a riqueza (ou utilidade) do governante; suas idéias sobre o papel positivo exercido pelos erros no decorrer da história; e sua análise de como a reputação, em determinadas condições, pode substituir a coerção como forma de reforçar decisões jurídicas em relação à economia.

Há também algumas teorias do capitalismo criadas por outros cientistas sociais além dos economistas. Immanuel Wallerstein e seus seguidores, por exemplo, criaram uma teoria do capitalismo como um sistema mundial e devem receber os créditos pela condução de pesquisas em muitos países, as quais normalmente atraem pouca atenção dos acadêmicos ocidentais (cf. WALLERSTEIN, 1974-1989; veja HALL, 2000). A idéia de Wallerstein de que o capitalismo é o primeiro sistema econômico que não coincide com um território político constitui outra idéia útil gerada por essa perspectiva. O capitalismo, em resumo, é um sistema que vai além das fronteiras de impérios e estados-nação. Como teoria geral do capitalismo, no entanto, a idéia do capitalismo como sistema mundial com um centro, uma periferia e assim por diante é menos útil. Desde sua criação, na década de 1970, a teoria do sistema mundial também seguiu sua própria e distinta trajetória e mais ou menos ignorou os acontecimentos da economia e da sociologia econômica.

Outra teoria do capitalismo ou, mais precisamente, do capitalismo ocidental avançado se associa aos estudos sobre "produção flexível" (PIORE e SABEL, 1984; ZEITLIN, 1990). Duas importantes contribuições dessa teoria devem-se ao fato de ter atraído a atenção para a existência de distritos industriais e ao impacto descentralizador de algumas novas tecnologias. O lado negativo é que esse tipo de teoria tende a exagerar o impacto da tecnologia. Tem também um forte tom normativo, como muitos estudos na economia política. Por fim, Sabel, Piore e outros não assumem nenhuma posição no que se refere a uma série de questões fundamentais para uma teoria completa do capitalismo.

Desde o final da década de 1980, também surgiu uma literatura conhecida como "variedades do capitalismo" (BERGER e DORE, 1996; CROUCH e STREECK, 1997; HOLLINGSWORTH e BOYER, 1997; HALL e SOSKICE, 2001; cf. KITSCHELT e outros, 1999). A principal idéia é esboçar a estrutura institucional e social da economia de países industriais e comparar essas estruturas utilizando a abordagem da economia política. Muitas descobertas e fatos empíricos valiosos podem ser encontrados nessa literatura, que atualmente representa o concorrente mais importante à teoria do capitalismo de North.

O lado negativo é o fato de que grande parte da literatura sobre as variedades do capitalismo talvez seja melhor descrita como estudo sobre a história política e econômica de países ocidentais individuais e de como compará-los uns aos outros, do que como um estudo do capitalismo e sua dinâmica especial. Duas desvantagens adicionais dessa abordagem são: seu tom normativo e sua tendência geral de desconsiderar o fato de que o capitalismo precisa ser compreendido como um sistema social centrado na geração de lucros e não como uma série de instituições sociais, econômicas e políticas voltadas para a governança. As relações sociais (na forma de instituições), e não os interesses, estão no centro dessa abordagem.

OBSERVAÇÕES A TÍTULO DE CONCLUSÃO

Interesses materiais e ideais governam diretamente o comportamento dos homens.
Max Weber, *The sociology of religion* (1946, p. 212)

Neste capítulo fez-se uma tentativa de esboçar um modelo de capitalismo que pudesse ser útil para delinear uma agenda de pesquisa para uma sociologia econômica do capitalismo. De acordo com a argumentação apresentada, a produção, a troca, o consumo e o lucro constituem os quatro principais temas de uma sociologia econômica desse tipo. Também deve ser acrescentado o impacto que o direito, a política e a cultura podem exercer sobre esses fatores.

Muito mais foi deixado de fora do que incluído neste capítulo, como costuma ser o caso quando temas amplos são abordados. No entanto, espera-se que o núcleo da discussão seja útil, isto é, a necessidade de se colocar no centro da análise os interesses e a forma como atuam nas relações sociais. Afirmo que a sociologia econômica não deve analisar exclusivamente as relações sociais, seja na forma de redes sociais, organizações, instituições ou o que for, mas também precisa levar em consideração aquilo que impulsiona a ação social, isto é, os *interesses* (cf. SWEDBERG, 2003b, 2005).

Antes de concluir este capítulo, dois tópicos importantes precisam ser tratados. O primeiro se refere à relação da teoria que acabou de ser apresentada com a teoria da escolha racional, e o segundo, com a necessidade de se considerar etnia e gênero. A teoria da escolha racional recorre ao individualismo metodológico e enfatiza com veemência o elemento da escolha. O agente econômico, muito resumidamente, escolhe o que é melhor para ele. Neste capítulo, distancio-me de muitos economistas ao enfatizar o papel exercido pelos interesses muito mais do que o papel exercido pelas preferências. Também discordo da premissa de que o agente conhece seus interesses e automaticamente escolhe a melhor forma de proceder.

A posição que defendo é a seguinte. Os agentes por vezes desconhecem os próprios interesses e, mesmo que os conhecerem, ainda poderiam não saber como concretizá-los. De forma geral, a realidade econômica muitas vezes é tal que, independentemente do que os agentes façam, eles não conseguirão êxito ou obterão apenas um êxito parcial na concretização de seus interesses. O fato de essa descrição sobre o papel dos interesses corresponder à realidade é algo do qual os investimentos perdidos, as falências, as escolhas profissionais e assim por diante não nos deixam esquecer. O que Erving Goffman disse sobre a teoria dos jogos se aplica, na minha opinião, também aos interesses:

> As pessoas muitas vezes não sabem em que jogo estão ou com quem estão jogando até terem terminado de jogar. Mesmo quando conhecem a própria posição, podem não saber com clareza contra quem, se é que existe alguém, estão jogando e, se houver alguém, qual é o jogo do outro, muito menos o quadro de referência de possíveis jogadas. Conhecendo as próprias jogadas possíveis, elas podem ser relativamente incapazes de fazer qualquer estimativa das probabilidades dos vários resultados ou do valor a ser atribuído a cada um [...]. Evidentemente, é possível lidar com essas várias dificuldades aproximando os resultados possíveis ao valor e às probabilidades de cada um e lançando o resultado em uma matriz de jogo; mas, apesar de isso se justificar como exercício, as aproximações podem ter (e parecer ter) lamentavelmente muito pouca relação com os fatos (GOFFMAN, [1961] 1972, p. 149-150).

Um segundo ponto que precisa ser abordado neste capítulo tem a ver com o papel de etnia e gênero no capitalismo. Ambos os fenômenos são profundamente influenciados pela cultura. Apesar de os dois princípios básicos de Weber em relação à cultura serem suficientemente simples – cultura envolve atribuição de valor e formação de sentido, os fenômenos culturais são difíceis de analisar empiricamente, e etnia e gênero ilustram muito bem esse ponto. Apesar de haver uma tendência entre os sociólogos de estudar e discutir esses dois fenômenos independentemente do capitalismo, eu argumentaria que é fundamental para a sociologia econômica tentar incluí-los na análise como um fenômeno econômico.

Como isso dever ser feito é algo que ainda precisa ser discutido. Já existe uma importante literatura sociológica sobre etnia e economia, bem como sobre mulheres e economia (LIGHT e KARAGEORGIS, 1994; MILKMAN e TOWNSLEY, 1994; ENGLAND e FOLBRE, 2005). Com base nesses estudos, fica claro que as atividades das minorias e das mulheres costumam ser desvalorizadas de várias maneiras – por meio de preconceitos, estereótipos, entre outros. Mesmo assim, os interesses impulsionam as ações das maiorias e dos homens em relação às minorias e às mulheres, e a forma como uma série de diferentes interesses se alinham, se contrapõem e assim por diante terá um importante impacto sobre o que ocorre nas relações étnicas e de gênero. Analisar gênero e etnia sem levar os interesses em consideração pode resultar em pesquisas que retratam esses elementos como construções sociais que se desenvolvem à deriva, o que deve ser evitado. Nesse caso, como em todos os casos na sociologia econômica, um ponto de partida útil para a análise pode ser a seguinte máxima: *siga seus interesses*!

NOTAS

1. Para exceções, veja especialmente a obra de Fred Block e Erik Olin Wright. Os autores possuem uma notável lista de publicações na área da sociologia marxista. Suas principais contribuições foram derrubar os dogmas da teoria marxista do Estado (Block) e conduzir a análise marxista de classes para uma direção empírica (WRIGHT; BLOCK, 1987; WRIGHT, 1997). Em seu trabalho atual, deve-se mencionar, Block recorre significativamente à obra de Karl Polanyi, em especial *A grande transformação*.

2. Para uma elaboração dessa discussão, veja *Principles of Economic Sociology* (SWEDBERG, 2003b).

3. O *Oxford English Dictionary* inclui apenas duas referências a "mulher de negócios" (business woman), uma datada de 1844 e a outra de 1958 (*Oxford English Dictionary On-line*, 1989).

4. O termo "capitalismo" tem sua origem na palavra latina "*caput*", que significa "cabeça", como em "cabeça de gado" (BRAUDEL, [1979] 1985, p. 232-239; cf. WEBER, [1922] 1978, p. 95-96). Um dos primeiros significados da palavra "capital" é o da riqueza, além da soma do principal de um empréstimo. O termo "capital [monetário]" foi originalmente utilizado na Itália medieval. A palavra "capitalista" foi usada muitos séculos depois e nunca em um sentido amistoso. O termo "capitalismo" pode ser remontado ao século XIX e, provavelmente, a Louis Blanc. O termo já era, contudo, provavelmente utilizado no século XVIII. Marx nunca utilizou o termo "capitalismo" em seus textos publicados. Em círculos acadêmicos, o termo "capitalismo" foi popularizado por Wener Sombart por volta da virada do século XX (cf. SOMBART, 1930). Sombart observa, entretanto, que, apesar de o termo "capitalismo" ser utilizado pelos membros da Escola Histórica Germânica, outros economistas não o utilizavam (a única exceção foi Schumpeter). Na década de 1950, tanto Hayek quanto Galbraith ajudaram a romper essa tendência utilizando a palavra "capitalismo" em suas obras. Ambos também traçaram comentários sobre as conotações negativas do termo. De acordo com Hayek, a razão para que economistas evitem o termo capitalismo é clara: "Ele [isto é, o capitalismo] é associado à idéia da ascensão do proletariado que, por meio de algum processo tortuoso, foi privado do direito de propriedade das ferramentas necessárias para realizar seu trabalho" (HAYEK, 1954, p. 15). Galbraith observou que "por muitos anos esse termo [isto é, o capitalismo]... tem sido considerado vagamente obsceno. Todo tipo de eufemismo – livre iniciativa, iniciativa individual, o sistema competitivo e o sistema de preços – é atualmente utilizado em seu lugar" (GALBRAITH, [1952] 1956, p. 4). A história mais recente do termo "capitalismo" foi escrita por Fred Block. Na década de 1960, nos Estados Unidos, de acordo com Block, o termo "capitalismo" foi associado à propaganda política comunista e deliberadamente evitado pela classe dominante. "É impossível ver o quanto mudou em trinta anos... [Hoje em dia] homens de negócios falam rotineiramente sobre o capitalismo, e o termo perdeu sua associação com qualquer discurso crítico" (BLOCK, 2000, p. 84-85).

REFERÊNCIAS

ALCHIAN, A.; DEMSETZ, H. Production, information costs, and economic organization. *American Economic Review*, v. 62, n. 5, p. 777-795, 1972.

ARISTOTLE. *The politics of Aristotle*. Ernest Baker (trans.). New York: Oxford University Press, 1946.

BAKER, W. The social structure of a national securities market. *American Journal of Sociology*, v. 89, n. 4, p. 775-811, 1984.

BARNES, J.; OUCHI, W. (Eds) *Organizational economics*. San Francisco: Jossey Bass Publishers, 1986.

BARRO, R. Democracy and the rule of law. In: BUENO DE MESQUITO, B.; ROOT, H. (Eds) *Governing for prosperity*. New Haven: Yale University Press, 2000. p. 209-231.

BARRO, R. Religiosity and economic variables in a panel of countries. Palestra conduzida no Weatherhead Center, Harvard University, 2002.

BARZEL, Y. *The economic analysis of property rights*. Cambridge, MA: Cambridge University Press, 1989.

BECKER, JR. *The chinese*. New York: Oxford University Press, 2000.

BERGER, P. *The capitalist revolution*: fifty propositions about prosperity, equality, and liberty. New York: Basic Books, 1986.

BERGER, P (Ed) *Modern capitalism*. Vol. I. *Capitalism and equality in America*. New York: Institute for Educational Affairs, 1987.

BERGER, S.; DORE, R. (Eds) *National diversity and global capitalism*. Ithaca: Cornell University Press, 1996.

BLOCK, F. *Revising state theory*: essays in politics and postindustrialization. Philadelphia: Temple University Press, 1987.

BLOCK, F. Deconstructing capitalism as a system. *Rethinking Marxism*, v. 12, n. 3, p. 83-98, 2000.

BOLTANSKI, L.; CHIAPELLO, E. *Le nouvel esprit du capitalisme*. Paris: Gallimard, 1999.

BOLTANSKI, L. The new spirit of capitalism. Trabalho apresentado na Conference of Europeanists, Chicago, 4-16 março. Veja também: http://www.sociologia.unimib.it/mastersqs/rivi/boltan.pdf

BOORSTIN, D. *The americans*: the democratic experience. New York: Vintage, 1974.

BOURDIEU, P. The forms of capital. In: RICHARDSON, J. G. (Ed) *Handbook of theory and research for the sociology of education*. Westport, CT: Greenwood Press, 1986. p. 241-58.

BOURDIEU, P. e outros. *The weight of the world*: social suffering in contemporary societies. Stanford: Stanford University Press, 2000.

BRAUDEL, F. *The wheels of commerce*. Vol. II. *Civilization and capitalism, 15th-18th century*. London: Fontana Press, [1979] 1985.

BRINTON, M.; NEE, V. (Eds) *The new institutionalism in sociology*. New York: Sage, 1998.

BURT, R. *Corporate profits and cooptation*: networks of market constraints and directorate ties in the American economy. New York: Academic Press, 1983.

BURT, R. *Structural holes*: the social structure of competition. Cambridge, MA: Harvard University Press, 1992.

CAMPBELL, J.; LINDBERG, L. Property rights and the organization of economic activity by the state. *American Sociological Review*, v. 55, n. 5, p. 634-647, 1990.

CARROLL, G.; HANNAH, M. (Eds) *Organizations in industry*: strategy, structure, and selection. New York: Oxford University Press, 1992.

CARROLL, G.; HANNAN, M. *The demography of corporations and industries*. Princeton: Princeton University Press, 2000.

COASE, R. H. *The firm, the market and the law*. Chicago: University of Chicago Press, 1988.

COLEMAN, J. Introducing social structure into economic analysis. *American Economic Review*, v. 74, n. 2, p. 84-88, 1985.

COLEMAN, J. *Foundations of social theory*. Cambridge, MA: Harvard University Press, 1990.

COLEMAN, J. A rational choice perspective on economic sociology. In: SMELSER, N.; SWEDBERG, R. (Eds) *The handbook of economic sociology*. New York; Princeton: Sage; Princeton University Press, 1994. p. 166-180.

CROUCH, C.; STREECK, W. (Eds) *Political economy of modern capitalism*. London: Sage, 1997

DAVIS, G.; MCADAM, D. Corporations, classes, and social movement after managerialism. *Research in Organizational Behavior*, v. 22, p. 195-238, 2000.

DIAMOND, L. Economic development and democracy reconsidered. *American Behavioral Scientist*, v. 35, n. 4/5, p. 450-499, 1992.

DIMAGGIO, P. Culture and cognition. *Annual Review of Sociology*, v. 23, p. 263-287, 1997.

EBERS, M. (Ed) *The formation of inter-organizational networks*. Oxford: Oxford University Press, 1997.

EDELMAN, L. Legal ambiguity and symbolic structures: organizational mediation of civil rights. *American Journal of Sociology*, v. 97, n. 6, p. 1531-1576, 1992.

EDELMAN, L; STRYKER, R. A sociological approach to law and economy. In: SMELSER, N.; SWEDBERG, R. (Eds) *The handbook of economic sociology*. 2. ed. Princeton: Princeton University Press, p. 527-551, 2005.

ENGLAND, P.; FOLBRE, N. Gender and economy in economic sociology. In: SMELSER, N.; SWEDBERG, R. (Eds) *The handbook of economic sociology*. 2. ed. New York; Princeton: Sage; Princeton University Press, 2005. p. 627-649.

FINLEY, M. I. *The ancient economy*. London: Hogarth Press, [1973] 1985.

FLIGSTEIN, N. *The transformation of corporate control*. Cambridge, MA: Harvard University Press, 1990.

FLIGSTEIN, N. *The architecture of markets*: an economic sociology of twenty-first century capitalist societies. Princeton: Princeton University Press, 2001.

FRIEDMAN, M. *Capitalism and freedom*. Chicago: University of Chicago Press, 1962.

FUKUYAMA, F. *Trust*: the social virtues and the creation of prosperity. London: Penguin, 1995.

GALBRAITH, K. *American capitalism*: the concept of countervailing power. Ed. rev. Boston: Houghton Mifflin Company, [1952] 1956.

GEERTZ, C. *Peddlers and princes*: social development and economic change in two indonesian towns. Chicago: University of Chicago Press, 1963.

GOFFMAN, E. Strategic interaction. In: GOFFMAN, E. *Strategic Interaction*. New York: Ballantine Books, [1969] 1972. p. 83-145.

GRANOVETTER, M. Economic action and social structure: the problem of embeddedness. *American Journal of Sociology*, v. 91, n. 3, p. 481-510, 1985.

GRANOVETTER, M. The sociological and economic approaches to labor market analysis: a social structural view. In: FARKAS, G.; ENGLAND, P. (Eds) *Industries, firms and jobs*: sociological and economic approaches. New York: Plenum Press, 1988. p. 187-216.

GRANOVETTER, M. Business groups. In: SMELSER, N.; SWEDBERG, R. (Eds) *The handbook of economic sociology*. New York; Princeton: Sage; Princeton University Press, 1994. p. 453-475.

HALL, P.; SOSKICE, D. *Varieties of capitalism*: the institutional foundations of comparative advantage. New York: Oxford University Press, 2001.

HALL, T. (Ed). *A world-systems reader*. Lanham, MD: Rowman and Littlefield, 2000.

HANNAN, M.; CARROLL, G. *Dynamics of organizational populations*. Oxford: Oxford University Press, 1992.

HAYEK, F. The use of knowledge in society. *American Economic Review*, v. 35, n. 4, p. 519-530, 1945.

HAYEK, F. (Ed) *Capitalism and the historians*. Chicago: University of Chicago Press, 1954.

HEDSTRÖM, P.; SWEDBERG, R. (Eds) *Social mechanisms*: an analytical approach to social theory. Cambridge, MA: Cambridge University Press, 1998.

HOLLINGSWORTH, R.; BOYER, R. (Eds) *Contemporary capitalism*: the embeddedness of institutions. Cambridge, MA: Cambridge University Press, 1997.

HOLLINGSWORTH, R.; SCHMITTER, P.; STREECK, W. (Eds) *Governing capitalist economies*. New York: Oxford University Press, 1994.

HUNT, A. Moralizing luxury: the discourse of the governance of consumption. *Journal of Historical Sociology*, v. 8, n. 4, p. 352-374, 1995.

HURST, J. W. *Law and the condition of freedom in the nineteenth-century*. Madison, WI: University of Wisconsin Press, 1956.

INGHAM, G. *The nature of money*. Cambridge: Polity Press, 2004.

INGLEHART, R.; BAKER, W. Modernization, cultural change, and persistance of traditional values. *American Sociological Review*, v. 65, n. 1, p. 19-51, 2000.

KEISTER, L. *Wealth in America*: trends in wealth inequality. Cambridge, MA: Cambridge University Press, 2000.

KITSCHELT, H.; LANGE, P.; MARKS, G.; STEPHENS, J. (Eds) *Continuity and change in contemporary capitalism*. Cambridge, MA: Cambridge University Press, 1999.

LAZEAR, E. *Personnel economics*. Cambridge, MA: The MIT Press, 1995.

LIGHT, I.; KARAGEORGIS, S. The ethnic economy. In: SMELSER, N.; SWEDBERG, R. (Eds) *The handbook of economic sociology*. New York; Princeton: Sage; Princeton University Press, 1994. p. 647-671.

LIPSET, S. M. *Political man*: the social basis of politics. New York: Doubleday, 1960.

LIPSET, S. M. Values and entrepreneurship in the Americas. In: LIPSET, S. M. *Revolution and counterrevolution*: change and persistence in social structures. New Brunswick, NJ: Transaction Books, [1967] 1988. p. 77-140.

LIPSET, S. M. *Continental divide*: the United States and institutions of the United States and Canada. Washington, DC: Canadian-American Committee, 1989.

LIPSET, S. M. *American exceptionalism*: a double-edged sword. New York: W. W. Norton, 1996.

MACAULAY, S. Non-contractual relations in business: a preliminary study. *American Sociological Review*, v. 28, n. 1, p. 55-67, 1963.

MARSHALL, A. *Principles of economics*. 9. ed. 2 vols. London: Macmillan and Company, [1890] 1961.

MARX, K. *Capital*: a critique of political economy. Vol. 1. London: Penguin, [1867] 1990.

MARX, K.; ENGELS, F. Manifesto of the communist party. In: TUCKER, R. C. *The Marx-Engels reader*. 2. ed. New York: W. W. Norton & Company, [1848] 1978. p. 473-500.

MENGER, C. On the origin of money. *Economic Journal*, v. 2, n. 6, p. 239-255, 1892.

MILGROM, P.; NORTH, D.; WEINGAST, B. The role of institutions in the revival of trade: the law merchant, private judges, and the Champagne fairs. *Economics and Politics*, v. 2, n. 1, p. 23, 1990.

MILGROM, P.; ROBERTS, J. *Economics, organization and management*. New Jersey: Prentice-Hall, 1992.

MILKMAN, R; TOWNSLEY, E. Gender and the economy. In: SMELSER, N.; SWEDBERG, R. (Eds) *The handbook of economic sociology*. New York; Princeton: Sage; Princeton University Press, 1994. p. 600-619.

MIROWSKI, P.; MIRIAM-SENT, E. (Eds) *Science bought and sold*: essays in the economics of science. Chicago: University of Chicago Press, 2002.

MISES, L. *The anti-capitalist mentality*. Princeton: Van Nostrand, 1956.

MOKYR, J. *The lever of riches*: technological creativity and economic progress. New York: Oxford University Press, 1990.

MOORE, B. *Origins of democracy and dictatorship*. Boston: Beacon Press, 1966.

NEE, V. Organizational dynamics of market transition: hybrid forms, property rights, and mixed economy in China. *Administrative Science Quarterly*, v. 37, n. 1, p. 1-27, 1992.

NEE, V. Norms and networks in economic and organizational performance. *American Economic Review*, v. 88, n. 2, p. 85-89, 1998a.

NORTH, D. An economic theory of the growth of the western world. *Journal of Economic History*, v. 23, n. 1, p. 1-17, 1970.

NORTH, D. Markets and other allocation systems in history: the challenge of Karl Polanyi. *Journal of European Economic History*, v. 6, n. 3, p. 703-716, 1977.

NORTH, D.; SUMMERHILL, W.; WEINGAST, B. Order, disorder, and economic change: Latin America versus North America. In: BUENO DE MESQUITO, B.; ROOT, H. (Eds) *Governing for prosperity*. New Haven: Yale University Press, 2000. p. 59-84.

NORTH, D.; THOMAS, R. *The rise of the western world*. Cambridge, MA: Cambridge University Press, 1973.

NORTH, D.; WEINGAST, B. Constitutions and commitment: the evolution of institutions governing public choice in seventeenth-century England. *Journal of Economic History*, v. 49, n. 4, p. 803-832, 1989.

OI, J.; WALDER, A. (Eds) *Property rights and economic reform in China*. Stanford: Stanford University Press, 1999.

OLSON, M. *The logic of collective action*: collective action and the theory of groups. Cambridge, MA: Harvard University Press, 1965.

OXFORD English Dictionary Online. Business 24. Business Woman. 2. ed. 1989.

PIORE, M.; SABEL, C. *The second industrial divide*: possibilities for prosperity. New York: Basic Books, 1984.

POLANYI, K. The economy as instituted process. In: POLANYI, K.; ARENSBERG, C. M.; PEARSON, H. W. (Eds) *Trade and market in the early empires*. Chicago: Henry Regnery Company, [1957] 1971. p. 243-269.

POSNER, R. *Economic analysis of law*. 5. ed. Boston: Little, Brown and Company, [1972] 1998.

POSNER, R. *The economic of justice*. Cambridge, MA: Harvard University Press, 1981.

POWELL, W. W.; SMITH-DOERR, L. 1994. Networks and economic life. In: SMELSER, N. J.; SWEDBERG, R. (Eds) *The handbook of economic sociology*. Princeton: Princeton University Press. p. 368-402.

RENNER, K. *The institutions of private law and their social function*. Boston: Routledge & Kegan Paul, [1904] 1949.

RITZER, G. *Enchanting a disenchanted world*: revolutionizing the means of consumption. Thousand Oaks, CA: Pine Forge Press, 1999.

ROETHLISBERGER, F.; DICKSON, W. *Management and the worker*. Cambridge, MA: Harvard University Press, 1939.

ROSENBERG, N.; BIRDXELL, L. E. *How the west grew rich*. New York: Basic Books, 1986.

ROY, D. Quota restrictions and goldbricking in a machine shop. *American Journal of Sociology*, v. 57, n. 5, p. 427-442, 1952.

RUESCHEMEYER, D.; STEPHENS, E. H.; STEPHENS, J. *Capitalist development and democracy*. Cambridge, MA: Polity Press, 1992.

SAMUELSON, P. *Economics*. 8. ed. New York: McGraw-Hill, 1970.

SCHROEDER, R.; SWEDBERG, R. Weberian perspectives on science, technology and the economy. *British Journal of Sociology*, v. 53, n. 3, p. 383-401, 2002.

SCHUMPETER, J. A. *Theorie der wortschaftichen Entwicklung*. Leipzig: Duncker & Humblot, 1911.

SCHUMPETER, J. A. The crisis of the tax state. In: SWEDBERG, R. (Ed) *The economics and sociology of capitalism*. Princeton: Princeton University Press, [1918] 1991. p. 99-140.

SCHUMPETER, J. A. *The theory of economic development*. Cambridge, MA; Harvard University Press, 1934.

SCHUMPETER, J. *Business cycles*: a theorical, historical, and statistical analysis of the capitalism process. 2 vols. New York: McGraw-Hill, 1939.

SCHUMPETER, J. A. *Capitalism, socialism and democracy*. London: Routledge, [1942] 1994.

SCHUMPETER, J. A. Capitalism. In: SCHUMPETER, J. A. *Essays*. New York: Addison-Wesley. [1946] 1951. p. 184-205.

SHAPIRO, S. *Wayward capitalists*: target of the security and exchange commission. New Haven: Yale University Press, 1984.

SMITH, A. *An inquiry into the nature and causes of the wealth of nations*. 2 vols. Oxford: Oxford University Press, [1776] 1976.

SOLOW, R. We'd better watch out. *New York Times Book Review*, Nova Iorque, p. 36, 12.07.1987.

SOLOW, R. *Growth theory*: an exposition. 2. ed. New York: Oxford University Press, 2002.

SOMBART, W. Capitalism. In: JOHNSON, A.; SELIGMAN, E. R. A. (Eds) *Encyclopaedia of the social sciences*. Vol. III. New York: Macmillan, 1930. p. 195-216.

STIGLER, G. The theory of economic regulation. *Bell Journal of Economics*, v. 2, n. 1, p. 3-21, 1971.

STINCHCOMBE, A. *Economic sociology*. New York: Academic Press, 1983.

SWEDBERG, R. Markets as social structures. In: SMELSER, N.; SWEDBERG, R. (Eds) *The handbook of economic sociology*. New York; Princeton: Sage; Princeton University Press, 1994. p. 255-282.

SWEDBERG, R. The economic sociology of capitalism: Weber and Schumpeter. *Journal of Classical Sociology*, v. 2, n. 3, p. 227-255, 2002.

SWEDBERG, R. The case for an economic sociology of law. *Theory and Society*, v. 32, n. 1, p. 1-37, 2003a.

SWEDBERG, R. *Principles of economic sociology*. Princeton: Princeton University Press, 2003b.

SWEDBERG, R. *Interest*. London: Open University Press, 2005.

TOCQUEVILLE, A. *Democracy in America*. Trans. Henry Reeve. 2 vols. New York: Vintage Books, [1835-1840] 1945.

TUCKER, J. Worker deviance as social control. *Research in the Sociology of Work*, v. 8, p. 1-16, 1999.

UZZI, B. Social structure and competition in interfirm networks: the paradox of embeddedness. *Administrative Science Quarterly*, v. 42, n. 1, p. 35-67, 1997.

WALLERSTEIN, I. *The modern world system*, I-III. New York: Academic Press, 1974-1989.

WEBER, M. "Objectivity" in social science and social policy. In: WEBER, M. *The methodology of the social sciences*. New York: The Free Press, [1904] 1949. p. 49-112.

WEBER, M. *The protestant ethic and the spirit of capitalism*. New York: Charles Scribner's Sons, [1904-05] 1958.

WEBER, M. Critique of stammler. New York: The Free Press, [1907] 1977.

WEBER, M. Between two laws. In: WEBER, M. *Political writings*. Cambridge, MA: Cambridge University Press, [1916] 1994. p. 75-79.

WEBER, M. *The religion of India*. New York: The Free Press, [1921] 1958.

WEBER, M. *Economy and society*: an outline of interpretive sociology. 2 vols. Berkeley: University of California Press, [1922] 1978.

WEBER, M. *General economic history*. New Brunswick, NJ: Transaction Books, [1923] 1981.

WEBER, M. In: GERTH, H; WRIGHT MILLS, C. (Eds) *From Max Weber*. New York: Oxford University Press, 1946.

WEINGAST, B. Political institutions: rational choice perspectives. In: GORDIN, R.; KLINGEMANN, H.-D. (Eds) *A new handbook of political science*. Oxford: Oxford University Press, 1996. p. 167-190.

WHITE, H. Where do markets come from? *American Journal of Sociology*, v. 87, n. 3, p. 517-547, 1981.

WHITE, H. Agency as control. In: PRATT, J.; ZECKHAUSER, R. (Eds) *Principals and agents*: the structure of business. Boston: Harvard Business School, 1985. p. 187-212.

WHITE, H. *Identity and control*: a structural theory of social action. Princeton: Princeton University Press, 1992.

WIRTH, L. American sociology, 1915-47. *American Journal of Sociology*, v. I-LII, p. 273-281, 1948.

WRIGHT, E. O. *Classes*. London: Verso, 1997.

ZEITLIN, J. *Industrial districts and local economic regionalism*. Geneva: International Institute for Labour Studies, 1990.

6
O CONTEXTO DO EMPREENDEDORISMO*
Alberto Martinelli

---

* Uma versão anterior deste artigo foi publicada em *Crossroads of entrepreneurship*, livro editado por Guido Corbetta, Morton Huse e Davide Ravasi, pela editora Kluwer, em 2004. Todos os direitos reservados. Para obter autorização, entre em contato com www.springer.com.

O objetivo deste artigo é analisar o contexto sociocultural e político-institucional no qual o empreendedorismo surge e se desenvolve. O empreendedor é um inovador que combina e transforma os fatores de produção (trabalho, terra e capital, além de conhecimento e capital social) para produzir bens e serviços de valor agregado a serem vendidos em um mercado mais ou menos competitivo, em um determinado contexto. O grau de competitividade do mercado depende do número de concorrentes existentes e potenciais, das relações com consumidores e fornecedores e da disponibilidade de produtos substitutos. O grau de competitividade do empreendedor depende da razão qualidade-preço, que, por sua vez, depende do modo como os fatores de produção são empregados. Tanto a estrutura das oportunidades de mercado quanto as estratégias do empreendedor são socialmente imersas. O ambiente sociocultural e político-institucional influencia as atitudes e motivações empreendedoras, os recursos que podem ser mobilizados, as restrições e oportunidades para abrir e expandir um negócio e o clima cultural que pode validar ou dificultar o papel do empreendedor. Dito de forma ligeiramente diferente, com base na teoria da responsabilidade social corporativa e das relações com os *stakeholders* (FREEMAN, 1984; CLARKSON, 1995; CHIESI, MARTINELLI e PELLEGATTA, 2000), o contexto do empreendedorismo pode ser analisado em termos de pluralidade dos *stakeholders*, isto é, todos aqueles grupos e indivíduos cuja cooperação é necessária para um desempenho bem-sucedido nos negócios e que têm reivindicações, direitos e interesses em jogo nas atividades da empresa: acionistas e investidores, empregados, consumidores/clientes, fornecedores e as várias comunidades políticas que proporcionam infra-estruturas, leis, regulamentação de conflito não violento e legitimidade social.

Nesta discussão do contexto do empreendedorismo, começarei com a conceitualização clássica de Schumpeter para analisar a forma como o tema tem sido abordado na economia e em outras ciências sociais. Depois, examinarei as principais contribuições à análise em termos de desvio social e marginalidade étnica, variáveis contextuais estruturais e culturais, de oportunidades e restrições situacionais, à luz de conceitos como dupla imersão (*double embeddedness*), combinação institucional (*institutional mix*) e *stakeholder*. Por fim, discutirei o empreendedorismo étnico como um caso paradigmático.

SCHUMPETER COMO UM PONTO DE PARTIDA

Schumpeter é o teórico do empreendedorismo por excelência. Devemos a ele não somente o argumento mais convincente a favor do papel essencial do empreendedorismo no desenvolvimento econômico, como também o fato de ele ter aberto caminho para a análise do contexto do empreendedorismo.

Schumpeter (1926) definiu a função empreendedora como inovação – a criação de uma nova combinação dos fatores de produção que altera as condições de oferta, arranja os recursos existentes de novas maneiras e, dessa forma, estabelece uma nova função de produção. Ele argumentou que o empreendedorismo requer um tipo específico de personalidade e conduta que difere da mera conduta racional do homem econômico. A conduta empreendedora é influenciada pelo contexto cultural do capitalismo, mas ao mesmo tempo o transcende, na medida em que envolve uma mescla de elementos racionais-utilitários e emocionais–não-racionais. Por um lado, ela é racional no sentido de demandar uma grande medida de projeção e planejamento. Por outro, ela não é utilitária por residir em um impulso autônomo de conquistar e lutar, de atingir e criar por conta própria, e também por residir em um sonho de desenvolver uma dinastia familiar. O empreendedor capitalista se beneficia dos componentes racionalmente embasados de seu ambiente social e cultural, como a moeda, a ciência e a liberdade individual, e orienta sua conduta a valores racionais, mas ele não é o produto médio da cultura capitalista. A inovação empreendedora é basicamente um ato criativo e se desvia da cultura burguesa, que define a racionalidade do ponto de vista mais restrito de calcular as vantagens de curto prazo. A "racionalidade" do empreendedor tem um elemento de lucro e ganho, mas também se baseia no desejo e na capacidade de realizar um projeto, de pensar no novo e no original, e agir para concretizar esses pensamentos. Nesse aspecto o empreendedor difere tanto do administrador quanto do proprietário do capital financeiro. Em sua análise do contexto cultural que promove a conduta e as motivações empreendedoras, Schumpeter se distancia de premissas tanto dos economistas clássicos quanto dos neoclássicos e da linha de pensamento de estudiosos como Weber, Pareto, Sombart e Tonnies, todos os quais, de modos diferentes, tenderam a igualar a racionalidade utilitária ou funcional ao capitalismo.

Schumpeter (1927, 1942) contribuiu para o estudo do contexto do empreendedorismo não apenas por meio da análise das raízes culturais da conduta empreendedora, como também por meio da investigação da relação entre a função empreendedora e a classe burguesa, que se relaciona estreitamente com a questão de o empreendedorismo ser um fenômeno universal ou historicamente contingente. Schumpeter argumenta que o empreendedorismo, como um fenômeno histórico específico, é uma expressão do fenômeno geral da liderança e reside na premissa da diferenciação de uma esfera econômica distinta, separada das outras – uma premissa que se encontra no núcleo de estudos sociológicos clássicos da sociedade moderna. No passado, a função empreendedora se misturava a outras funções nas ações de líderes religiosos, políticos e sociais. A liderança, definida como a capacidade de conceber e liderar a criação de inovações, faz-se presente em qualquer sociedade histórica. O que muda nos diferentes contextos históricos é a esfera privilegiada na qual a liderança se aplica, que se relaciona à função essencial para a sobrevivência e o desenvolvimento de uma dada sociedade. O empreendedorismo é a forma histórica específica assumida pela liderança no capitalismo. Considerando a importância da inovação e da concorrência nesse tipo de economia, o empreendedor é um elemento particularmente diferenciado (e até mesmo essencial) do desenvolvimento capitalista.

A conceitualização de Schumpeter do contexto do empreendedorismo é mais bem compreendida à luz de sua análise das classes sociais. Ele desenvolveu uma visão singular da estratificação social e da relação entre empreendedorismo e classes sociais. Para ele, a estrutura de classes é a ordem hierárquica das famílias. Os indivíduos pertencem a classes independentemente da própria vontade. O fator básico que explica a mobilidade das famílias dentro das classes é o mesmo que explica a mobilidade de uma classe à outra: a capacidade de se adaptar às necessidades estabelecidas pelo ambiente social de uma época histórica e de demonstrar as habilidades socialmente reconhecidas, necessárias para um papel de liderança. As classes sociais mudam lentamente com o tempo, como hotéis ou ônibus, ocupadas por diferentes populações. O desempenho de funções socialmente importantes é o fator essencial das classes, por gerar prestígio social e consolidar a sociedade em níveis. Uma vez estabelecido, o sistema de prestígio social tende a adquirir vida própria – a vida das recompensas e gratificações sociais, influência e submissão – e muitas vezes sobrevive muito tempo depois que a base funcional já se desgastou. O *status* das classes superiores na sociedade, e das principais famílias dessas classes, é consolidado por meio dos vínculos de solidariedade entre seus membros e a transmissão de privilégios sociais de uma geração à outra. Na sociedade capitalista, a burguesia é a classe mais importante porque as famílias burguesas desempenharam o papel de inovação e liderança na economia, e porque adquirem, consolidam e transferem prestígio, poder e riqueza a gerações futuras.

O ESTUDO DO CONTEXTO DO EMPREENDEDORISMO NA ECONOMIA E EM OUTRAS CIÊNCIAS SOCIAIS

Schumpeter – junto com alguns poucos estudiosos, como Kirzner – representou uma notável exceção no estudo econômico do empreendedorismo. Com efeito, para a maioria dos economistas, a questão do empreendedorismo não é problemática. O empreendedorismo é apenas uma variável dependente de fatores econômicos, como a disponibilidade do capital, trabalho, matéria-prima e tecnologia avançada, mobilidade de fatores e acesso aos mercados. A maioria dos economistas parece pensar que as atividades empresariais surgirão mais ou menos espontaneamente, sempre que as condições econômicas forem favoráveis, como uma ocorrência natural da maximização racional dos lucros. Apesar de suas premissas de individualismo metodológico, a economia de corrente predominante salienta variáveis externas e sistêmicas de modo muito mais unilateral. De fato, presume-se que os agentes econômicos se comportem de um modo fixo, racional e maximizador, para reagir sistematicamente e sem atrito a condições externas do mercado, sem deixar espaço algum para a verdadeira inovação.

O contexto é ignorado ou levado em consideração negligenciando sua complexidade social e cultural e a variedade de diferentes contextos históricos. Além disso, a interação entre agente e contexto não é reconhecida, por não haver nenhuma teoria do agente, individual ou coletivo, que leve em consideração seus motivos, valores, atitudes, processos cognitivos ou interesses percebidos.

Um exemplo dessa abordagem ao empreendedorismo é proporcionado pelos economistas do desenvolvimento do período pós-Segunda Guerra Mundial, que argumentam que o lucro empresarial deveria ser a recompensa naturalmente correspondente que as condições do mercado requerem e possibilitam. Essa abordagem se baseia em um conjunto de premissas implícitas sobre as mudanças ocorridas em economias subdesenvolvidas, uma vez que os incentivos apropriados são introduzidos: que os fatores de produção são relativamente móveis; que os produtores, consumidores e proprietários de recursos têm conhecimento de todas as oportunidades abertas a eles; que o risco e a incerteza são mínimos; e, o mais importante para o tema que abordamos aqui, que a influência das instituições sociais é neutra. As implicações políticas dessa abordagem para uma estratégia de desenvolvimento são: permita que o mercado funcione e remova as barreiras da sociedade tradicional, e os empreendedores surgirão por toda parte. Quando as premissas acima são afrouxadas e surgem a segmentação de mercado, a ignorância, o impedimento da mobilidade de fatores e os controles administrativos pervasivos, o papel "extraordinário" dos empreendedores se torna evidente, bem como a necessidade de analisar com mais profundidade os fatores capazes de favorecer essa formação. O desenvolvimento econômico requer muito mais do que condições apropriadas de mercado, e o empreendedorismo não pode ser visto como uma reação inevitável e espontânea a essas condições; em vez disso, a interação entre o empreendedorismo e seu contexto é um fator essencial para a compreensão do processo de desenvolvimento.

Essa visão, comum em outras ciências sociais, é compartilhada apenas por alguns poucos economistas, como Kirzner, que, sob a influência de Schumpeter, Von Mises e Hayek, critica a economia de corrente predominante pela sua noção fundamental de escolha individual como uma questão de "comportamento maximizador" (1973, 1989). A ação humana é em parte orientada pelo critério de maximização, mas a prontidão, a criatividade e o discernimento, isto é, os elementos característicos do empreendedor, também influenciam o que fazemos. O empreendedorismo é favorecido por um sistema apropriado de incentivos não apenas econômicos, mas também sociais, não apenas pelo lucro, mas também pela fama, prestígio e poder. A concorrência empresarial é um procedimento de descoberta de oportunidades de lucro e o sistema competitivo depende da interação irrestrita de indivíduos, isto é, um sistema fundamentalmente social.

Essa visão do empreendedorismo – uma exceção na teoria econômica – é a regra em outras ciência sociais. A maioria dos sociólogos, psicólogos sociais, historiadores de negócios e antropólogos tende a ver o empreendedorismo como um fenômeno muito mais problemático, profundamente imerso nas sociedades e culturas; eles se concentram na influência de fatores não econômicos e na interação mútua entre eles – como normas e crenças culturais, relações de classe e ação coletiva, intervenção e controle do Estado, estruturas organizacionais, solidariedade limitada e confiança, *status* de marginalidade e comportamento desviante, motivações para a realização. E eles analisam a interação entre o agente e o contexto. Metaforicamente, podemos dizer que, para o surgimento do empreendedorismo, é necessário que a "semente" encontre um "terreno" apropriado. Alguns estudiosos se concentram na semente, isto é, nas características psicológicas específicas de personalidades empreendedoras ou em suas características sociais. Outros estudiosos se concentram no "terreno", analisado em termos de seus fatores estruturais (tipos de mercados, fatores de produção, relações de classe e étnicas, planejamento governamental etc.) ou fatores culturais (ética nos negócios, aprovação social da atividade econômica etc.). Por um lado, há estudos que se concentram na ação e não no contexto, enfatizam as características pessoais e motivações de realização e examinam variáveis macro-sociológicas, como redução do *status* de grupos marginais, apenas na extensão em que influenciam a socialização familiar em termos de características específicas de personalidade. Por outro lado, há abordagens que se concentram em variáveis sistêmicas, tanto estruturais quanto culturais, e em modelos situacionistas, que enfatizam o contexto em vez da ação, com diferenças significativas entre modelos simplificados demais – que ignoram completamente a autonomia da agência humana – e modelos mais sofisticados – que vêem uma relação mais dialética entre o agente e o contexto e/ou entre o agente e a situação. Neste artigo, discutirei o último tipo dessas abordagens, com foco no contexto do empreendedorismo por meio da noção da dupla (ou mista) imersão (KLOOSTERMAN e outros, 1999; MARTINELLI, 2002b).

A DUPLA IMERSÃO

O conceito da dupla imersão salienta as duas principais formas nas quais o contexto do empreendedorismo pode ser analisado: em primeiro lugar, como um ambiente político-institucional do capitalismo de mercado, como, por exemplo, tipos de mercados (de fatores de produção e de bens e serviços) e tipos de leis (fiscais, trabalhistas, antitruste etc.) e instituições de governança; em segundo lugar, como um contexto social e cultural dos empreendedores, como atitudes culturais que favoreçam a inovação tecnológica e o risco (por exemplo, o empreendedor desviante) ou redes de relacionamentos sociais e capital social. Discutirei o primeiro tipo de questões com referência às contribuições de Fligstein, Hollingsworth e Boyer, e ao meu próprio trabalho sobre combinações institucionais de mecanismos de coordenação e *stakeholders* da empresa; e examinarei os fatores estruturais e culturais que favorecem ou impedem a ação empresarial com referência a vários autores, incluindo Hoselitz e Young, Waldinger e Rath, Berger e Portes, Glade, Gibb e Ritchie.

O estudo do contexto institucional do empreendedorismo representa uma longa tradição de pesquisas: desde o Harvard Center for Entrepreneurial History a estudos recentes sobre as variedades de capitalismo e a imersão de instituições.

Os empreendedores bem-sucedidos – que exploram avanços tecnológicos ou entram em um novo mercado de matérias-primas, bens ou serviços e, com isso, conseguem uma vantagem competitiva – não operam em um vácuo social. Eles precisam convencer investidores, obter matéria-prima, construir uma organização e motivar os funcionários. Eles também precisam descobrir maneiras de estabilizar as relações com os concorrentes e se ajustar às regras e leis determinadas pelos governos. O dinamismo do capitalismo empresarial é possibilitado por um complexo conjunto de relações sociais de empresas umas com as outras, com seus *stakeholders* e com os governos. O impulso intrínseco do capitalismo empresarial deve ser regulado por instituições sociais estáveis, leis e políticas públicas.

O empreendedorismo é basicamente definido pela inovação tecnológica em um mercado competitivo. No entanto, tanto a tecnologia quanto a concorrência requerem uma ampla organização social. A inovação é completamente diferente da invenção: a introdução de uma nova tecnologia costuma ser conduzida pela percepção de que a solução de um problema específico renderá lucros, mas também pela intuição de que as estruturas de apoio necessárias para a criação de um novo mercado estarão disponíveis. De forma similar, a concorrência produz reações sócio-organizacionais. Grande parte da história das maiores corporações pode ser interpretada como tentativas de estabilizar mercados e encontrar formas não predatórias de competir (FLIGSTEIN, 2001). Empreendedores bem-sucedidos são aqueles que conseguem estabelecer relações estáveis com seus contextos internos e externos, com seus funcionários, fornecedores, clientes e principais concorrentes. A capacidade de estabelecer essas relações é por si só dependente da produção de instituições sociais estáveis, como governos e leis.

Ao contrário da visão de que as empresas são produtoras eficientes de riqueza enquanto os governos são intrusivos e ineficientes, argumentamos que as atividades empresariais para sobreviver e se desenvolver requerem o estabelecimento de um ambiente legal e político estável e confiável. A legislação e políticas de governo são necessárias nas formas de patentes, leis antimonopolistas, leis de proteção ao consumidor, gastos públicos para sustentar a demanda agregada, apoio a empresas exportadoras etc. O empreendedorismo prospera em um contexto regulamentado, no qual a confiança dos clientes, investidores e funcionários não é abalada por comportamento predatório e ações ilegais. A má conduta nos negócios, como exemplificaram os casos Enron e Worldcom, tem um efeito prejudicial maior do que ataques terroristas, por abalar a confiança dos investidores e dos cidadãos na integridade do jogo no mercado.

COMBINAÇÕES INSTITUCIONAIS E *STAKEHOLDERS*

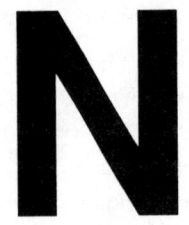

Não existe um único ambiente institucional apropriado para o desenvolvimento empresarial. Diferentes variedades de capitalismo existem e evoluem com o tempo, bem como diferentes modos de controle corporativo. Fligstein (1990) demonstrou como diferentes formas de controle corporativo sucederam-se umas às outras na história das empresas norte-americanas no século XX – da integração vertical ao controle financeiro – e como o governo e as leis, além de estratégias competitivas, avançam com elas. Mas o contexto institucional do empreendedorismo não se limita à interação entre mercados, empresas e governos. Estudos sobre a variedade institucional dos capitalismos têm demonstrado como combinações institucionais mais complexos de mercados, estados, organizações hierárquicas, comunidades, clãs e redes de relacionamento e associações coordenam e regulam as atividades no mundo dos negócios (WILLIAMSON, 1975; STREECK e SCHMITTER, 1985; CHIESI e MARTINELLI, 1989; HOLLINSGWORTH e BOYER, 1997). Cada um desses mecanismos de coordenação tem sua própria lógica, sua própria estrutura organizacional, suas próprias regras de troca, seus próprios procedimentos para reforçar o cumprimento tanto individual quanto coletivamente; pode ser avaliado em termos de eficiência e eficácia na entrega de bens privados e coletivos, e em termos da capacidade de atender às demandas e expectativas de vários *stakeholders* da empresa.

A abordagem que se concentra na variedade de capitalismos e combinações institucionais de mecanismos de coordenação pode ser integrada com proveito à abordagem dos *stakeholders*. Em ambas as abordagens o que realmente importa é a ênfase sobre o complexo ambiente da ação empresarial que deve levar em consideração interesses, exigências e valores de uma variedade de indivíduos, grupos e instituições. Os *stakeholders* são pessoas ou grupos que detêm a propriedade, direitos ou interesses em uma corporação e suas atividades, passadas, presentes ou futuras. Em um sentido mais restrito, os *stakeholders* são todos os grupos ou indivíduos identificáveis dos quais a organização depende para a sua sobrevivência: acionistas, funcionários, clientes, fornecedores e órgãos públicos relevantes. Em um nível mais amplo, contudo, um *stakeholder* é qualquer grupo ou indivíduo identificável que pode afetar e/ou é afetado pelo desempenho organizacional em termos de seus produtos, políticas e processos de trabalho. Nesse sentido, grupos de interesse público, grupos de protesto, comunidades locais, órgãos do governo, associações comerciais, concorrentes, sindicatos e a imprensa são *stakeholders* organizacionais. De forma ligeiramente diferente, podemos traçar a distinção entre *stakeholders* primários – sem a contínua participação dos quais a corporação não tem como sobreviver como uma empresa ativa; normalmente acionistas, investidores, funcionários, clientes e fornecedores, além do que se define como o grupo de *stakeholders* públicos: governos e comunidades que proporcionam a infra-estrutura, mercados, leis e regulamentações – e os grupos de *stakeholders* secundários – definidos como aqueles que influenciam ou afetam a corporação, mas não se envolvem em transações com a corporação e não são essenciais para a sua sobrevivência (CLARKSON, 1995). Um componente fundamental do papel empresarial é a administração dos *stakeholders*, isto é, a capacidade de lidar com a rede de inter-relações da ação empresarial. A identificação dos *stakeholders* relevantes e de sua importância relativa é, por sua vez, influenciada pelo contexto institucional geral.

A prioridade atribuída a diferentes tipos de *stakeholders* na vida empresarial ajuda a traçar a distinção entre dois importantes modelos de capitalismo contemporâneo: o europeu continental e o anglo-saxão (MARTINELLI, 2002a). No primeiro – que também pode ser definido como o modelo de economia de mercado social – a meta da competitividade de mercado tem sido buscada junto com a meta da coesão social por meio de diferentes tipos de políticas de bem-estar social e várias formas de ajustes para o comum acordo e a co-determinação (*Mitbestimmung*). Os sindicatos são importantes agentes no sistema político, e os trabalhadores, junto com os acionistas, são os *stakeholders* mais importantes da empresa. Na cultura política desses países, vários direitos básicos – acima de tudo os direitos sociais ao emprego, segurança no trabalho, assistência médica e planos de aposentadoria – foram assegurados aos cidadãos enquanto trabalhadores. No segundo modelo – que também pode ser definido como o modelo de capitalismo impulsionado pelo mercado – o maior interesse se volta às regras do jogo competitivo. Leis antitruste, regulamentações da Security Exchange Commission em relação a negociações privilegiadas, leis de proteção ao consumidor, são todos exemplos de um contexto institucional no qual os cidadãos são percebidos antes de tudo como empreendedores, investidores e consumidores, e não como trabalhadores.

Como Boyer, W. Coleman, Hollingsworth e Sabel argumentam de forma convincente (HOLLINGSWORTH e BOYER, 1997), não há uma combinação melhor de mecanismos de coordenação institucional. Nenhum arranjo institucional pode ter a pretensão da validade universal, já que uma combinação mais complexa de arranjos específicos ao contexto e em contínua evolução coordena a atividade econômica – combinando o interesse próprio individual com a obrigação social, e o poder com a cooperação.

Essa riqueza do contexto institucional não foi reduzida em virtude da globalização. Ao contrário da crença predominante, a globalização não induz à homogeneização na direção de um único modelo, mas estimula uma variedade de reações institucionais – enraizadas nos códigos culturais específicos e nas relações sociais em diferentes países e regiões. Para explicar essa contínua importância do contexto, o conceito de aninhamento (*nestedness*) foi desenvolvido por Hollingsworth e Boyer (1997). O aninhamento define o complexo entrelaçamento de instituições em todos os níveis do mundo, que resulta da globalização, e impõe a recombinação de instituições econômicas nos vários níveis espaciais, já que a imersão das instituições econômicas no nível do estado-nação foi progressivamente desgastando-o tanto no plano mais alto (supranacionalização) quanto no mais baixo (regionalização). O aninhamento implica que a evolução das instituições capitalistas produzirá uma série de modalidades de governança em vários níveis da sociedade, e que a mudança institucional e da política econômica será mais difícil, já que nenhuma autoridade central supranacional será capaz de monitorar com eficácia uma série de inovações. Abordei o mesmo tipo de problemas em uma perspectiva mais ampla, discutindo como a governança global – que não pode ser limitada à governança do mercado global – pode ser mais bem concebida como uma governança de várias camadas a ser atingida por meio de padrões complexos de interdependência institucional (MARTINELLI, 2003).

Para concluir, esse tipo de estudos que se concentram no contexto institucional do empreendedorismo desafia duas premissas centrais da economia neoclássica: a premissa de uma teoria geral sobre o modo como as pessoas alocam recursos escassos a diferentes fins, que é aplicável a todas as sociedades em todas as épocas; e a premissa de mercados perfeitamente competitivos, que se baseia na maximização dos lucros e na informação perfeita. Esses estudos sustentam, pelo contrário, que as relações e as instituições sociais não são exógenas ao capitalismo de mercado, mas elementos endógenos da mesma forma como a inovação e a concorrência; e que, por terem evoluído ao longo do tempo como soluções a crises de mercado específicas, depressões econômicas e conflitos sociais e políticos, elas mudam ao longo do tempo e de um lugar ao outro.

DESVIO SOCIAL E MARGINALIDADE ÉTNICA

Vamos analisar agora o outro lado da dupla imersão do empreendedorismo, isto é, o contexto social e cultural dos empreendedores. A questão das condições contextuais que produzem empreendedores tem sido tradicionalmente abordada por alguns sociólogos em termos de desvio e marginalidade. Como afirmei acima, o empreendedor de Schumpeter é, pelo menos em certa extensão, um desviante, que desenvolve atitudes não racionais em um ambiente racional. Em *Der moderne Kapitalismus* (1916-27), Sombart observa que a criatividade e a capacidade de romper padrões e valores tradicionais que caracterizam o empreendedor capitalista podem ser encontradas em todos os povos, grupos sociais e religiões, mas são mais freqüentes entre os membros de determinadas minorias, como os hereges, os estrangeiros e principalmente os judeus. Esses grupos não são totalmente aceitos nas sociedades às quais pertencem, e, dessa forma, podem evitar com mais facilidade do que os outros os valores e normas tradicionais que regulam o comportamento econômico na Europa pré-moderna. Devido a seu *status* de minoria, eles são ao mesmo tempo tolerados e oprimidos, e tendem a desenvolver talentos especiais nas atividades comerciais e financeiras que têm a permissão de realizar; e, devido a seu senso aguçado de diversidade, eles mantêm um alto nível de solidariedade de grupo que favorece a confiança e, em conseqüência, o crédito entre os membros do grupo.

As percepções tanto de Sombart quanto de Schumpeter foram desenvolvidas algumas décadas mais tarde por teóricos da modernização como Hoselitz e Young. Hoselitz (1963) argumentou que os empreendedores são desviantes devido a seu *status* marginal. Atuando em um contexto social hostil, no qual as atitudes predominantes são contra a inovação, e sendo excluídos do poder político, eles se concentram nos negócios; mas, por estarem fora do sistema de valores dominantes, eles são sujeitos a menos sanções por seu comportamento desviante. Dessa forma, devido à sua posição ambígua de um ponto de vista cultural ou social, grupos marginais como os judeus e os gregos na Europa medieval, os libaneses na África ocidental, os chineses no sudeste da Ásia, os indianos na África oriental, são, de forma peculiar, adequados a promover ajustes criativos em situações de mudança e, no decorrer desse processo de ajuste, desenvolver autênticas inovações no comportamento social.

Na mesma linha, Young (1971) identificou como uma variável-chave o nível de solidariedade orgânica (no sentido de Durkheim) que caracteriza as interações no grupo. O que é relevante, de acordo com Young, não é ser desviante em relação à sociedade mais ampla, mas ter recursos institucionais como uma fonte e vantagem competitiva para o membro do grupo, que pode superar a falta de reconhecimento social e a impossibilidade de acesso a importantes redes sociais.

Trabalhos mais recentes sobre comunidades étnicas (WARD e JENKINS, 1984; WALDINGER e outros, 1990; LIGHT e ROSENSTEIN, 1995; RATH, 2000) – que discutirei mais adiante – e mulheres (GOFFEE e SCASE, 1985) seguem uma abordagem "posicional" similar. Fatores estruturais na sociedade mais ampla, como racismo, sexismo e credencialismo, submetem os *"outsiders"* a processos de obstrução excludente; esses *"outsiders"* muitas vezes formam "grupos de alimentação" dos quais surgem novos empreendedores.

O CONTEXTO ESTRUTURAL DO EMPREENDEDORISMO

A abordagem da marginalidade social foi contestada em dois aspectos: no aspecto estrutural, por aqueles que argumentam que as classes dominantes na sociedade podem produzir empreendedores mais do que os grupos marginais, devido ao acesso a recursos econômicos, políticos e sociais; e, no aspecto cultural, por aqueles que salientam a importância de valores sociais essenciais (hegemônicos) e vêem a aprovação social como um requisito para o empreendedorismo. Dentre os primeiros, concentrar-me-ei na interpretação da análise de classes da formação empresarial; dentre os últimos, discutirei a chamada abordagem "neoweberiana" e modelos de "legitimidade social ou atitudes sociais".

As evidências empíricas da abordagem da marginalidade social em geral provêm de países europeus antes da Revolução Industrial (quando a cultura hegemônica não favorecia a atividade econômica e grupos marginais como os judeus, hereges e estrangeiros podiam ser mais facilmente aceitos nesses papéis) ou de sociedades industriais avançadas ou recém-industrializadas com amplos grupos de imigração e altos índices de mobilidade social (como os Estados Unidos e países do Pacífico). No entanto, na industrialização dos atuais países desenvolvidos (tanto os primeiros países a se industrializar, como a Grã-Bretanha e a França, quanto os "retardatários", como a Alemanha, Itália e Japão), nos quais existiam estruturas de classe mais consolidadas, uma grande porcentagem dos novos empreendedores surgiu de grupos de status pré-industrial já "privilegiados" e de corrente predominante, como comerciantes, proprietários de terras e artesãos abastados, que possuíam tanto recursos materiais quanto intelectuais para a realização econômica.

Estudos clássicos de desenvolvimento capitalista – tanto de tradições marxistas quanto não marxistas, salientando as relações sociais de produção, políticas do governo e conflitos políticos e sociais – mostram a importância de grupos de *status* e classes dominantes, e não marginais. A explicação de Marx da acumulação primitiva de capital (1867), a análise de Pirenne do papel dos comerciantes na formação da burguesia urbana (1914), a visão de Brentano da aristocracia aquisitiva como uma classe protocapitalista (1916) e a tese de Dobb do papel revolucionário exercido por pequenos proprietários rurais e artesão independentes (1946) são exemplos da importância dos grupos sociais que ocuparam posições bem estabelecidas nas sociedades "tradicionais" e que exerceram um papel modernizador essencial. Ainda que por caminhos diferentes, estudos da modernização e do desenvolvimento do mundo capitalista feitos por Barrington Moore (1966), Bendix (1978), Wallerstein (1979) e outros mostram a importância das classes sociais bem estabelecidas na formação e consolidação empresarial.

Mesmo em uma sociedade muito mais aberta como os Estados Unidos, a contribuição dos imigrantes e das classes mais baixas à formação do empreendedorismo tem sido bastante superestimada e pode ser vista como um exemplo do mito do homem que vence pelos próprios esforços (*self-made man*). Historiadores de negócios do Harvard Center for Entrepreneurial History como Miller e Neu e Gregory (1952) e sociólogos como Mills (1956) descobriram um padrão estável de recrutamento: a maior parte da elite dos negócios no período da grande industrialização norte-americana (1870-1910) foi proveniente de proprietários de terras ou famílias empresariais, ao passo que as classes mais baixas contribuíram com algo entre 10 e 20 por cento. Uma crítica similar das origens populares dos empreendedores em países industrializados também surge em importantes estudos sobre a mobilidade social (LIPSET e BENDIX, 1959).

A abordagem da marginalidade social é mais bem compreendida se aplicada a situações históricas nas quais a cultura dominante não incentiva as atividades empresariais, ao passo que grupos marginais podem ser aceitos com mais facilidade nesses papéis. Em sociedades capitalistas modernas, pelo contrário, nas quais valores de realização individual e racional-utilitária são amplamente aceitos, os empreendedores têm muito mais chances de vir de grupos centrais ou até mesmo dominantes na sociedade.

A importância das classes média e alta na formação do empresariado é evidenciada pelas pesquisas de muitas outras sociedades ocidentais contemporâneas (BOTTOMORE e BRYM, 1989; MARTINELLI e outros, 1981). Importantes variáveis nesse sentido são os mecanismos e instituições de reprodução social da classe empresarial, como escolas, padrões de casamento e redes sociais. Há diferenças significativas entre os setores econômicos, sendo a porcentagem de novos empreendedores que foram gestores ou profissionais em geral superior em setores tecnologicamente avançados como computadores, produtos farmacêuticos e química fina, e em vários ramos da economia de serviços, na qual habilidades profissionais e credenciais educacionais constituem um recurso fundamental para o sucesso empresarial, e testemunhamos muitos exemplos de empresas compradas por membros da própria administração.

O CONTEXTO CULTURAL DO EMPREENDEDORISMO

A análise comparativa de Weber (1922) da ética religiosa e da ação econômica na origem do capitalismo proporciona as bases para estudos que salientam variáveis do contexto cultural. Pesquisas neoweberianas se concentram no grau em que as forças da racionalização responsáveis por desalojar os indivíduos de sua imersão na natureza, religião e tradição continuam a moldar o crescimento econômico e a modernização social. Desenvolvendo o trabalho de Weber e Parsons (e na mesma linha que o perspicaz estudo de Berman sobre a modernidade, de 1982), estudiosos como Kellner (1973), Brigitte Berger (1991) e outros se concentraram no estilo cognitivo típico que distingue a consciência moderna, como a racionalidade instrumental e uma pronunciada propensão a combinar e recombinar vários elementos de suas atividades para a realização de fins racionalmente calculados. Essa abordagem cultural ao empreendedorismo argumenta que o crescimento econômico se desenvolve de baixo para cima e não de cima para baixo: indivíduos comuns, concorrendo uns com os outros para atingir uma variedade de metas – entre as quais o lucro econômico e o autodesenvolvimento – em suas atividades, práticas, hábitos e idéias cotidianas criam as bases para o surgimento de outras instituições distintamente modernas que podem exercer a mediação entre elas e estruturas sociais distantes, de grande escala.

Evidências dessa abordagem são encontradas em várias pesquisas empíricas, entre as quais: a análise de Redding (1990) da relação entre aspectos básicos da cultura chinesa – como a ética confucionista e atitudes familiares – e o comportamento empreendedor entre os chineses que moram no exterior; a análise de Martin (1990) do papel de seitas protestantes na geração de um processo dinâmico entre segmentos dos pobres urbanos em cidades da América Latina contemporânea que promovem atividades empresariais; e a tese de Landa do sucesso empresarial de grupos intermediários eticamente homogêneos na África e no sudeste da Ásia (B. BERGER, 1991).

Interpretações culturais foram acusadas, por estudiosos de migrações como Portes (1995), de terem pouco poder preditivo, já que são evocadas somente depois que um determinado grupo demonstrou sua destreza econômica, e de serem, em última instância, tautológicas, já que, se uma determinada minoria tiver sucesso, isso deve ter ocorrido pelo fato de o grupo possuir originalmente, ou ter adquirido posteriormente, os valores corretos. A essas críticas, acrescento outras duas: para começar, esses estudos não fazem uma distinção clara entre cultura hegemônica e subculturas de grupos marginais: algumas vezes é o contraste com os valores culturais dominantes que é apresentado com uma causa do sucesso empresarial; em outras ocasiões é a convergência com o valor dominante da racionalidade instrumental. Em segundo lugar, o conceito de cultura costuma ser ampliado a ponto de incluir a interação social em geral e todos os tipos de redes sociais, sem atenção a variáveis estruturais como padrões de solidariedade, classe, *status* e relações de poder, normas legais e acordos e políticas públicas, que fundamentalmente afetam a interação social. No entanto, apesar de ser unilateral demais, essa abordagem pode contribuir para explicar por que minorias étnicas com um *status* marginal similar mostram níveis diferentes de desempenho econômico.

O paradigma cultural mais claramente alternativo em relação à abordagem da marginalidade social é o modelo das atitudes sociais (ou legitimidade cultural), desenvolvido por membros do Harvard Centre for Entrepreneurial History, como Landes (1949) e Sawyer (1951), e por sociólogos como Lipset (1967). Comparando os Estados Unidos e a América Latina, Lipset explica as diferenças no foco do desenvolvimento econômico em termos do nível de legitimidade do empreendedorismo. Normas culturais, expectativas de papel e sanções sociais esses que podem favorecer ou prejudicar a inovação.

Comparando a França e os Estados Unidos, tanto Landes quanto Sawyer sustentam que o atraso no qual a França completou o processo de industrialização e o diferente grau de desenvolvimento econômico dos dois países foram devidos à diferente herança histórica das duas nações. Enquanto na França a herança feudal deixou um resíduo consistente de atitudes sociais hostis ao empreendedorismo que limitavam o recrutamento dos empreendedores, nos Estados Unidos, a ausência de um passado feudal permitiu o crescimento de um contexto sociocultural especialmente receptivo à inovação e ao empreendedorismo. Gerschenkron (1962) refuta as teses de Landes e Sawyer, mas sem se aproximar da abordagem da marginalidade social. Ele argumenta que o erro de dar importância demais às atitudes sociais está em pressupor a existência de um sistema de valores homogêneo e generalizado na sociedade. Para sustentar sua argumentação, Gerschenkron aponta os casos dos *fermiers généraux* do século XVIII na França e dos servos emancipados do século XIX na Rússia, que se tornaram empreendedores apesar do ambiente cultural desfavorável. A crítica de Gerschenkron se expressa em sua teoria dos diferentes caminhos para o desenvolvimento econômico; de acordo com ele, diferentes países se desenvolvem por meio de uma combinação diferente do que ele chama de "agentes institucionais" de desenvolvimento, como empreendedores, bancos de negócios e governos.

A ABORDAGEM SITUACIONAL

A relação entre contexto estrutural e ação empreendedora também está no núcleo da "abordagem situacional". A "abordagem situacional" foi apresentada por Glade (1967). Em vez de analisar, no nível macro, as condições institucionais do empreendedorismo, Glade se pergunta o que o empreendedor de fato faz. Ele aponta a necessidade de uma análise situacional do empreendedorismo no nível micro, em termos de estruturas dinâmicas de oportunidades. De acordo com ele, os agentes fazem escolhas e tomam decisões dentro de contextos sociais que são estruturas de oportunidade que mudam com o tempo. Empreendedores são indivíduos capazes de reconhecer as novas oportunidades e se beneficiar delas, sem perdê-las para os outros. Nas palavras de Glade, "o que surge como características integrais de qualquer determinada situação é tanto uma estrutura 'objetiva' da oportunidade econômica quanto uma estrutura de vantagem diferencial na capacidade dos participantes do sistema de perceber essas oportunidades e agir de acordo com elas".

A abordagem de Glade foi desenvolvida por Greenfield e Strickon (1981). Eles propõem utilizar a biologia darwinista como uma metáfora para o estudo da mudança; da mesma forma como Darwin rejeitou uma biologia tipológica e essencialista, eles também rejeitam tipos fixos de empreendedorismo – uma analogia da espécie imutável – e reconhecem a diversidade de comportamentos existente em populações humanas específicas (ou comunidades), que, em seus extremos, incluem a inovação e a novidade. Esses diversos comportamentos interagem com seus ambientes para produzir resultados que são avaliados tanto pelo agente quanto pelos outros. As inovações consideradas mais vantajosas em termos do padrão predominante no grupo podem ser selecionadas, "aprendidas" e imitadas, resultando no estabelecimento de um padrão estatístico. Sociedade, cultura, religião, política e economia não são vistas como entidades com uma realidade própria, mas como padrões estatísticos derivados dos comportamentos variáveis dos membros de comunidades específicas.

Gibb e Ritchie (1982) integraram o conceito de grupo de referência na abordagem situacional. Seu "modelo de desenvolvimento social" interpreta o empreendedorismo em termos das situações nas quais os indivíduos se encontram e dos grupos sociais aos quais eles se relacionam. Como indivíduos em geral, eles mudam continuamente, e são suas interações com contextos sociais específicos e grupos de referência que produzem ambições e comportamentos distintivos. A ampla variedade de influências e interações impossibilita definir um único modelo de empreendedor, mas não impede o desenvolvimento de tipologias. A tipologia que eles sugerem traça a distinção entre quatro tipos de empreendedor: os "improvisadores", os "revisionistas", os "substitutos" e os "reversores", cada um identificado como o centro de diferentes conjuntos de influências.

As contribuições mais convincentes ao estudo do contexto do empreendedorismo são as que integram várias abordagens e selecionam a combinação mais apropriada para a análise de questões empíricas e realidades históricas específicas. Visando comprovar esse argumento, discutirei o empreendedorismo étnico como um caso paradigmático com referência a estudos tão diversos quanto o estudo de Aldrich e Waldinger (1990) do empreendedorismo étnico, a abordagem de Kloosterman (1999) da imersão mista, a análise de mercados de Engelen (2001) e minha própria contribuição (MARTINELLI, 2002b). Todos esses estudos elaboram modelos que tentam combinar uma pluralidade de variáveis visando a compreender a relação entre o empreendedor e o contexto no qual ele está imerso: redes sociais, tendências de migração seletiva, padrões de migração, estrutura dos mercados, acesso a propriedades, padrões residenciais, cultura do grupo e níveis de aspiração, políticas de imigração e mercado de trabalho.

EMPREENDEDORISMO ÉTNICO COMO UM CASO PARADIGMÁTICO

Concluirei essa discussão analisando o empreendedorismo étnico e imigrante como um caso paradigmático, na medida em que ele demonstra a eficácia de uma abordagem multidisciplinar ao estudo do contexto do empreendedorismo. Aldrich e Waldinger (1990) proporcionam um bom exemplo que se concentra em variáveis tão diversas quanto a estrutura dos mercados, acesso à propriedade, políticas do governo, características do grupo, fatores influenciadores e mobilização de recursos. No que se refere ao tipo de ambientes econômicos que podem sustentar novos empreendedores imigrantes, eles identificam mercados urbanos essenciais cada vez mais abandonados por grandes varejistas de alimentos, mercados nos quais as economias de escala são baixas, mercados afetados por instabilidade ou incerteza, mercados de bens exóticos; no que se refere ao acesso à propriedade, as condições relevantes são o nível de concorrência interétnica por empregos e negócios, padrões de segregação e sucessão residencial e políticas do governo para a imigração e mercado de trabalho. No que se refere às características do grupo, fatores influenciadores e mobilização de recursos, eles se concentram em tendências de migração seletiva, padrões de migração, níveis culturais e de aspiração, redes sociais étnicas e capacidade de organização. Apesar de a preferência de Aldrich e Waldinger ser pelas variáveis estruturais e institucionais – como nichos de mercado e mobilização de recursos do grupo – em detrimento das variáveis culturais – como herança cultural do grupo – eles estão dispostos a levar em consideração todas as co-variáveis que podem afetar de modo razoável a formação do empresariado em comunidades étnicas.

Na mesma linha, Kloostermann, van der Leun e Rath (1999) adotam o conceito da imersão mista para comparar várias formas de empreendedorismo imigrante em diferentes contextos nacionais e urbanos. Eles estudam o empreendedorismo étnico tanto do ponto de vista da oferta – no que se refere à imersão relativamente concreta nas redes sociais e especificidades culturais dos imigrantes – quanto do ponto de vista da demanda – no que se refere à imersão mais abstrata no ambiente socioeconômico – não somente a dinâmica dos mercados disponíveis como também a natureza das relações sociais e político-institucionais do país de destino. Em outras palavras, as características sociais e culturais do grupo étnico são relacionadas à estrutura de oportunidade disponível, na qual os empreendedores étnicos precisam encontrar possibilidades para abrir um negócio e subseqüentemente manter e expandir esse negócio.

A principal questão a ser solucionada no estudo do empreendedorismo étnico e imigrante é: Que recursos humanos, financeiros e de capital social eles precisam negociar com o ambiente? E que oportunidades específicas e obstáculos específicos eles encontrarão? Em outras palavras, que vantagens e desvantagens específicas os empreendedores não nativos têm para lidar com seus *stakeholders*? Mais especificamente para:

a) adquirir o capital de investimento necessário para abrir e desenvolver o negócio;

b) recrutar, gerenciar e remunerar a mão-de-obra e introduzir inovações em processos;

c) lidar com concorrentes e adaptar/influenciar a estrutura dos mercados relevantes;

d) lidar com os consumidores/clientes e introduzir inovações de produto;

e) adaptar-se a ou se beneficiar dos tipos de políticas e leis de imigração que possam beneficiar ou prejudicar suas atividades.

Um exemplo dessa abordagem é o estudo de Godsell (BERGER, 1991) de como os nativos da África do Sul, imersos em comunidades e redes orgânicas, foram notadamente bem-sucedidos em burlar as enormes restrições legais e políticas do *apartheid*. Outro exemplo dessa abordagem é o estudo de Portes e Min Zhou (1992) dos imigrantes dominicanos e outras minorias domésticas dos Estados Unidos. Concentrando-se nas minorias que tiveram êxito na economia norte-americana não devido à auto-suficiência, completa assimilação do tipo certo de valores e aquisição de habilidades educacionais comercializáveis, nem por meio de muita assistência governamental, eles analisam os processos causais relevantes na estrutura social da comunidade étnica, com suas redes de relacionamento, estrutura normativa e efeitos de apoio ou restrição sobre a ação econômica individual.

Pesquisas sociológicas sobre o empreendedorismo étnico mostram a importância para o êxito da solidariedade limitada e da confiança como fontes do capital social (J. COLEMAN, 1989), em comparação com os valores apropriados da abordagem cultural e com as oportunidades econômicas e credenciais culturais da abordagem econômica. A solidariedade limitada é criada entre clientes, empregados e investidores imigrantes que são tratados como estrangeiros e pela maior conscientização dos símbolos da nacionalidade comum. A solidariedade limitada é acompanhada pela existência da confiança contra a má conduta entre empreendedores étnicos potenciais. A confiança se baseia no ostracismo dos violadores, excluindo-os de fontes de crédito e oportunidade na economia étnica, em vez de uma fidelidade cultural generalizada, como se demonstra pelas transações flexíveis entre comerciantes judeus de diamantes em Nova York e na operação de crédito rotativo entre comunidades de imigrantes asiáticos. A solidariedade limitada e a confiança como fontes de capital social não se originam de orientações de valores compartilhados, mas da posição das minorias étnicas na estrutura social mais ampla. Cidadãos da China, Coréia ou Cuba não exibem nenhuma *bien-faisance* e solidariedade excepcionais nas transações econômicas quando estão em seus países de origem. Esses benefícios resultam do fato de serem membros de uma minoria social identificável no país de destino. O capital social representado pelas redes sociais na comunidade étnica é importante na aquisição dos recursos humanos e financeiros necessários para a atividade empresarial e na criação de mercados "protegidos" especializados para bens e serviços étnicos (MA MUNG, 1992).

As redes sociais e especificidades culturais favorecem o processo de compras de baixo custo de meios de produção essenciais e a formação de pontos-de-venda protegidos para seus produtos. No que se refere aos investimentos, a variável-chave é a coesão social do grupo familiar e da comunidade étnica. Redes de assistência mútua – que exercem um importante papel no favorecimento da integração dos recém-chegados – também são relevantes ao proporcionar ajuda financeira. Instituições de imigrantes, como centros religiosos, escolas comunitárias e associações étnicas, também costumam ajudar coletando dinheiro e proporcionando capital de risco. As empresas pioneiras freqüentemente se tornam incubadoras de outras empresas relacionadas, administradas por parentes e amigos dos quais eles compram e aos quais financiam.

Redes étnicas e familiares também são importantes no recrutamento e gestão dos funcionários. O mercado de trabalho em geral é um mercado de demanda, no qual os fornecedores da mão-de-obra não têm poder de negociação devido ao número e ao *status* irregular da maioria dos imigrantes. Além disso, os empreendedores imigrantes se interessam em atrair trabalhadores de seu próprio contexto étnico e de suas relações familiares por serem mais confiáveis. Pequenas empresas familiares, de mão-de-obra intensiva, costumam fundamentar sua competitividade em salários mais baixos, mais tempo de trabalho e maior disponibilidade dos clientes. Esse costuma ser o caso de todas as pequenas empresas étnicas que oferecem uma variedade de serviços de manutenção residencial, vigilância e serviços domésticos (empregadas domésticas, restaurantes, serviços de entrega de refeições, lavanderias etc.), que deixaram de ser realizados por uma população feminina cada vez mais integrada no mercado de trabalho das cidades globais (SASSEN, 1991). É nesse tipo de emprego que se evidenciam algumas das características mais negativas das empresas étnicas, como salários baixos, nenhuma proteção legal dos direitos dos trabalhadores, formas de exploração e segregação no trabalho, mão-de-obra infantil e incentivo à imigração ilegal.

O capital social composto de redes de relações étnicas também é relevante para lidar com os consumidores-clientes e no lançamento de inovações de produto por meio da formação de mercados étnicos e da oferta de produtos étnicos.

Os mercados étnicos estão no núcleo de várias tipologias, como as que podem ser extraídas dos estudos de Ma Mung (1992) e Ambrosini (ZINCONE, 2001) e que normalmente traçam a distinção entre:

a) empresas especificamente étnicas que atendem às necessidades particulares de uma comunidade imigrante espacialmente concentrada e integrada, fornecendo bens e serviços que não estão disponíveis no mercado em geral, com no caso de açougues rituais islâmicos;

b) empresas "intermediárias" que oferecem produtos e, mais especificamente, serviços que não são tradicionalmente étnicos, mas precisam ser mediados e "traduzidos" por meio de relações de confiança com os clientes potenciais, como nos casos de serviços médicos e legais, consultoria tributária e financeira, agências de viagens, livros e vídeos nos idiomas nativos;

c) empresas "exóticas" que oferecem bens e serviços de uma tradição cultural específica – importados ou produzidos no país de imigração – para consumidores cada vez mais heterogêneos, como nos casos típicos de reforma e entretenimento.

Esse tipo de tipologia que se concentra na especialização de produtos e estratégias de *marketing* costuma ser estática, mas pode ser facilmente transformada em seqüências de fases esquematizando as estratégias de crescimento de empreendedores imigrantes, como a sugerida por Waldinger e seus colegas (1990), que, com base na pesquisa conduzida por Ward e Reeves (1984) na região da Inglaterra central, identifica uma seqüência de quatro fases na trajetória dos empreendedores étnicos:

a) a primeira fase é a dos "primeiros mercados de entrada", baseados em um alto nível de concentração étnica e espacial, por um lado, e em um baixo nível de especialização econômica, por outro;

b) o desenvolvimento dos chamados "nichos étnicos" constitui a segunda fase, na qual o alto nível de concentração espacial e étnica é integrado a um mercado muito mais ampliado, de forma que a especialização econômica se desenvolve;

c) na terceira fase esses nichos étnicos são transformados nos chamados "mercados intermediários", nos quais minorias intermediárias vendem "mercadorias étnicas" para a população em geral. Essa estratégia mantém intacta a natureza étnica das mercadorias, mas implica uma abrupta ruptura com a lógica espacial da segregação étnica. Trata-se de uma estratégia empresarial no sentido de Schumpeter, na medida em que o *marketing* inovador e as técnicas de distribuição encontram novos mercados espacialmente muito mais amplos do que os mercados de entrada da primeira fase e grupos de clientes mais ricos e culturalmente mais heterogêneos.

d) a quarta fase, final, é a da assimilação econômica, na qual a própria natureza dos produtos étnicos, dos processos produtivos e das estratégias de *marketing* e distribuição é transformada de acordo com uma lógica orientada pelo mercado, para atender as preferências do público geral. Há a ocorrência de um processo de hibridização cultural, no qual os empreendedores étnicos perdem progressivamente suas características étnicas e adquirem as características das empresas da corrente predominante. Em uma linha similar, Jones se concentra nas estratégias de ruptura de mercados segregados, estreitos, e na procura de mercados gerais.

Esse tipo de seqüência foi criticado por Engelen (2001) por três principais razões. Em primeiro lugar, porque ele denuncia uma ideologia assimilacionista na medida em que a assimilação econômica é apresentada como a meta de êxito nos negócios e integração social. Em segundo lugar, por negligenciar o fato de que a inovação tende a promover diferenças e não semelhanças, isto é, tende a fazer com que um determinado negócio seja o mais diferente possível de seus concorrentes. Em terceiro lugar, porque estratégias orientadas pelo fator do espaço são mais eficazes e mais adequadas a alguns tipos de empreendedores (varejistas) do que a outros (fabricantes ou atacadistas).

A maioria dos estudos sobre o empreendedorismo étnico se concentra nas relações com os compradores (consumidores/clientes) como o *stakeholder*-chave e tende a limitar a análise do contexto às variáveis sociais e culturais que afetam as estratégias de crescimento e mercados de vendas potenciais e, em menor extensão, o processo de compras de baixo custo de meios de produção essenciais. Pelo menos igualmente importantes, contudo, deveriam ser os estudos que se concentram nos concorrentes e nas barreiras à entrada de vários tipos: barreiras econômico-financeiras – em termos de dinheiro necessário – barreiras culturais – em termos de preconceitos e requisitos de competência – e barreiras legais – em termos de leis e regulamentações de migração.

Uma contribuição interessante a esta última perspectiva é a de Engelen (2001), que coloca no núcleo de sua argumentação o processo de concorrência. Ele adota o conceito de Harrison White de mercado como um grupo de produtores que produzem bens e serviços substituíveis, um "espaço de produto" no qual os "produtores observam uns aos outros", e oferece informações e explicações sobre as estratégias dos concorrentes com elementos centrais da atividade empresarial, além das redes sociais como a condição básica para a escolha adequada da própria estratégia. Engelen então aplica ao estudo do empreendedorismo étnico a análise de Porter do processo competitivo e das barreiras ou ameaças à entrada, de acordo com a qual o nível de competitividade é mais alto na ausência de economias de escala, no caso de a diferenciação de produtos ser mínima, se os requisitos de capital forem baixos, se os custos de transação forem limitados, se o acesso aos canais de distribuição for relativamente aberto e se a regulamentação do governo for limitada.

Porter argumenta que os empreendedores utilizam uma combinação de cinco estratégias diferentes para elevar uma ou mais dessas barreiras visando a limitar ameaças à entrada e lucratividade:

a) estratégias de produto: abrir novos nichos de mercado criando novos produtos e lançando novas combinações de produto e produtos antigos em novos locais;

b) estratégias de processos de produção: visando cortar os custos de produção tanto diretamente – por meio de investimentos para reduzir a mão-de-obra – quanto indiretamente – transformando as tarefas em tarefas complexas e desafiadoras enquanto a organização é simplificada ao máximo;

c) estratégias de *marketing*, vendas e distribuição: coletando informações melhores sobre as preferências dos consumidores, por meio de esquemas "compre agora e pague depois", introduzindo o comércio eletrônico etc.;

d) estratégias de integração e cooperação: que podem se relacionar à capacidade das empresas de reajustar seus limites.

Com base nessa estrutura conceitual, um conjunto de hipóteses pode ser formulado sobre as estratégias competitivas e combinações de estratégias mais viáveis que os empreendedores étnicos e imigrantes podem adotar para melhorar seu posicionamento em um determinado espaço de mercado. As barreiras à entrada variam muito de um país a outro, de um setor da economia a outro, e em relação ao problema de entrar em um mercado ou de consolidar o próprio negócio.

As diferenças entre os países são mais evidentes no que se refere às políticas públicas e leis (não apenas políticas de imigração específicas, como também políticas e leis tributárias, comerciais e trabalhistas mais gerais). Diferenças claras, por exemplo, existem entre países anglo-saxões, nos quais prevalece um modelo de capitalismo "orientado pelo mercado" – que oferece ambientes mais favoráveis às atividades econômicas independentes dos imigrantes devido a uma maior disseminação do mercado livre – e países da Europa continental – nos quais prevalece um modelo de capitalismo da "economia de mercado social" – que, por um lado, possui políticas trabalhistas mais desenvolvidas e políticas de assistência social mais generosas, mas, por outro lado, mostram uma maior rigidez na permissão ao acesso ao mercado de trabalho independente (só para dar um exemplo, é relativamente fácil para um imigrante em Nova York obter uma licença para trabalhar como motorista de táxi, o que é praticamente impossível em Milão). Considerando essa diversidade, discutirei alguns exemplos de estratégias empresariais étnicas e de imigrantes especialmente no que se refere à situação atual na Itália.

Os empreendedores étnicos e imigrantes tendem a se concentrar em mercados de barreiras baixas, nas quais as regras de entrada são relativamente inclusivas ou, se exclusivas, não têm a execução rigorosamente assegurada e nos quais os requisitos de capital e as economias de escala são pequenos. Mas mercados de baixas barreiras também são aqueles nos quais as chances de sobrevivência da empresa são menores (como demonstram os altos índices de mortalidade desse tipo de empresa). Empreendedores étnicos e imigrantes que sobrevivem e crescem são, portanto, aqueles que possuem recursos para obter vantagens competitivas e criar barreiras aos recém-chegados por meio de estratégias de produto, processo e *marketing*, e que operam em nichos de mercado.

Exemplos típicos de inovação de produto são encontrados em novas combinações de produto para atividades e lazer (por exemplo, formas interétnicas de comida e música) e em novas localizações para produtos antigos (no vestuário, móveis e decoração, consultórios de medicina oriental etc.). A inovação de empresas étnicas e imigrantes se beneficia da hibridização cultural e da expansão dos horizontes das preferências dos consumidores, promovida pela globalização. Esse tipo de estratégia vai contra a tese da assimilação econômica em "mercados normais" como chave para o êxito de empreendedores étnicos e imigrantes, que discutimos acima.

No que se refere à inovação de processos, as práticas flexíveis de emprego, as tarefas de baixa qualificação e a exteriorização dos custos por meio da terceirização são as estratégias mais freqüentemente aplicadas entre as empresas étnicas (RAM, 1994), mas também o emprego de mão-de-obra imigrante irregular com baixos salários e a ausência de direitos trabalhistas (MARTINELLI, 2002b).

Em *marketing*, vendas e distribuição, as estratégias mais freqüentemente adotadas são o emprego de novas tecnologias de baixo custo – como telefones celulares e a Internet – e a utilização de redes sociais étnicas como canais de distribuição comercial.

Estratégias cooperativas que visam dividir os custos de operação e distribuir os riscos financeiros também são amplamente utilizadas, muitas vezes por meio da formação de redes de empresas que podem usufruir de maior flexibilidade e maior capacidade de adaptação às condições dinâmicas do mercado (HOLLINGSWORTH e BOYER, 1997).

Uma palavra final pode ser dita em relação ao contexto do empreendedorismo étnico no sentido mais geral do impacto da globalização. Apesar de as situações serem bastante diversas em diferentes países e para diferentes grupos de imigração, é possível sugerir que, em geral, os benefícios parecem ser maiores do que as restrições. Para começar, a globalização promove uma expansão dos horizontes das preferências dos consumidores por meio da hibridização cultural como nas áreas da alimentação, música, vestuário, práticas médicas etc. Em segundo lugar, ela contribui para o crescimento de comunidades étnicas transnacionais, que são globalmente vinculadas; essas redes proporcionam mão-de-obra (não somente de baixa qualificação como também mão-de-obra tecnologicamente especializada), bem como capital (não apenas da forma tradicional como também na forma de microcrédito), pontos-de-venda para os produtos e desenvolvimento imobiliário, conectando as comunidades étnicas nos países de origem e destino. Por outro lado, importantes restrições são encontradas nos vários tipos de discriminação institucional, nas inúmeras formas de reação cultural adversa, nos padrões de segregação urbana e índices de mortalidade mais altos de empresas em mercados de barreiras baixas abertos aos imigrantes.

REFERÊNCIAS

ALDRICH, H. E.; WALDINGER, R. Ethnicity and entrepreneurship. *Annual Review of Sociology*, v. 16, p. 111-135, 1990.

BERMAN, M. *All that is solid melts into the air*: the experience of modernity. New York: Simon and Schuster, 1982.

BERGER, B. (Ed) *The culture of entrepreneurship*. San Francisco: ICS Press, 1991.

BERGER, P.; BERGER, B.; KELLNER, H. *The homeless mind*: modernization and consciousness. New York: Random House, 1973.

BOTTOMORE, T.; BRYM, R. J. (Eds) *The capitalist class*: an international study. New York: Harvester Wheatsheaf, 1989.

BRENTANO, L. *Die anfange des modernen kapitalismus*. Munchen: Verlag Konigliche Akademie der Wissenschaften, 1916.

CHIESI, A.; MARTINELLI, A. The representation of business interests as a mechanism of social regulation. In: LANGE, P.; REGINI, M. (Eds) *State, market and social regulation*. Cambridge, MA: Cambridge University Press, 1989.

CHIESI, A.; MARTINELLI, A.; PELLEGATTA, M. *Il bilancio sociale*. Milano: Il Sole/24 Ore, 2000.

CLARKSON, M. A stakeholder framework for analyzing and evaluating corporate social performance. *Academy of Management Review*, v. 20, n. 1, p. 92-117, 1995.

COLE, A. H. *Business enterprise in its social setting*. Cambridge, MA: Harvard University Press, 1959.

COLEMAN, J. S. Social capital and the creation of human capital. *American Journal of Sociology*, v. 94, supplement, p. 95-120, 1988.

DOBB, M. *Studies in the development of capitalism*. London: Routledge and Kegan Paul, 1946.

ENGELEN, E. Breaking in and breaking out: a weberian approach to entrepreneurial opportunities. *Journal of Ethnic and Migration Studies*, v. 27, n. 2, p. 203-223, 2001.

FLIGSTEIN, N. T*he transformation of corporate control*. Cambridge, MA: Harvard University Press, 1990.

FLIGSTEIN, N. *The architecture of markets*. Princeton, NJ: Princeton University Press, 2001.

FREEMAN, E. R. *Strategic management*: a stakeholder approach. Marshfield, MA: Pitman, 1984.

GERSCHENKRON, A. The modernization of entrepreneurship. In: GERSCHENKRON, A. *Continuity in history and other essays*. Cambridge, MA: Belknap Press, 1966.

GIBB, A.; RITCHIE, J. Understanding the process of starting small businesses. *European Small Business Journal*, v. 1, n. 1, p. 26-45, 1982.

GLADE, W. P. Approaches to a theory of entrepreneurial formation. *Explorations in Entrepreneurial History*, v. 2, n. 4, p. 245-259, 1967.

GOFFEE, R.; SCASE, R. *Women in charge*: the experiences of female entrepreneurs. London: Allen & Unwin, 1985.

GREENFIELD, S. M.; STRICKON, A. (Eds) *Entrepreneurship and social change*. Lanham: University Press of America, 1986.

HOLLINGSWORTH, J. R.; BOYER, R. (Eds) *Contemporary capitalism*: the embeddedness of institutions. Cambridge, MA: Cambridge University Press, 1997.

HOSELITZ, B. F. Entrepreneurship and traditional elites. *Explorations in Entrepreneurial History*, v. 2, n. 1, p. 36-49, 1963.

KIRZNER I. M. *Perception, opportunity and profit*: studies in the theory of entrepreneurship. Chicago: University of Chicago Press, 1973.

KIRZNER I. M. *Discovery, capitalism and distributive justice*. Oxford: Basil Blackwell, 1989.

KLOOSTERMAN, R.; VAN DER LEUN, J. P.; RATH, J. Mixed embeddedness, migrant entrepreneurs and informal economic activities. *International Journal of Urban and Regional Research*, v. 14, n. 5, p. 659-76, 1999.

KLOOSTERMAN, R.; RATH, J. Immigrant entrepreneurs in advanced economies: mixed embeddedness further explored. *Journal of Ethnic and Migration Studies*, v. 27, n. 2, p. 189-201, 2001.

LANDES, D. French business and the businessman: a social and cultural analysis. In: EARLE, E. M. (Ed) *Modern France*. Princeton, NJ: Princeton University Press, 1951.

LANDA, J. Culture and entrepreneurship in less developed societies. In: BERGER, B. (Ed) *The culture of entrepreneurship*. San Francisco: ICS Press, 1991.

LIGHT, I.; ROSENSTEIN, C. *Race, ethnicity, and entrepreneurship in urban America*. New York: Aldine de Gruyter, 1995

LIPSET, S. M.; BENDIX, R. *Social mobility in industrial society*. Berkeley: University of California Press, 1959.

LIPSET, S. M. Values, education, and entrepreneurship. In: LIPSET, S. M.; SOLARI, A. (Eds) *Elites in Latin America*. London: Oxford University Press, 1967.

MA MUNG, E. L'expansion du commerce ethnique: Asiatiques et Maghrébins dans la région parisienne. *Revue Européenne des Migrations Internationales*, v. 8, n. 1, p. 39-59, 1992.

MARTIN, D. *Tongues of fire*: the explosion of protestantism in Latin America. Cambridge, MA: Harvard University Press, 1990.

MARTINELLI, A. Il modello comunità e impresa: stakeholder e responsabilità sociale. In: HINNA, L. (Ed) *Il bilancio sociale*. Milano: Il Sole/24 Ore, 2002a.

MARTINELLI, A. Imprenditorialità etnica e società multiculturale. Paper presented at the conference "Multiethnic metropolis. Implications for urban development in the XXI century". Università Bocconi, Milano, June 2002b.

MARTINELLI, A. Markets, governments, communities and global governance. Presidential address to the XVII World Congress of Sociology, Brisbane 2002. *International Sociology*, n. 1, 2003.

MARTINELLI, A.; CHIESI, A.; DALLA CHIESA, N. *I grandi imprenditori italiani*. Milano: Feltrinelli, 1981.

MARX, K. *Capital*. New York: The Modern Library, 1906.

MILLS, C. W. *The power elite*. New York: Oxford University Press, 1956.

PIRENNE, H. Les étapes de l'histoire sociale du capitalisme. *Bulletin de la Classe de Lettres de l'Académie Royale de Belgique*, Bruxelles, 1914.

PORTES, A. (Ed) *The economic sociology of immigration*: essays on networks, ethnicity and entrepreneurship. New York: Sage, 1995.

PORTES, A.; ZHOU, M. Gaining the upper hand: economic mobility among immigrants and domestic minorities. *Ethnic and Racial Studies*, v. 15, n. 4, p. 491-522, 1992.

RAM, M. *Managing to survive*: working lives in small firms. Oxford: Blackwell, 1994.

RATH, J. (Ed) *Immigrant businesses*: the economic, political and social environment. Houndmills, UK: Macmillan, 2000.

REDDING, S. G. *The spirit of chinese capitalism*. New York: De Gruyter, 1990.

SABEL, C. H. Constitutional orders: trust building and response to change. In: HOLLINGSWORTH, J. R.; BOYER, R. (Eds) *Contemporary capitalism*: the embeddedness of institutions. Cambridge, MA: Cambridge University Press, 1997.

SASSEN, S. *The global city*: New York/London/Tokyo. Princeton, NJ: Princeton University Press, 1991.

SAWYER, J. E. The entrepreneur and the social order: France and the United States. In: MILLER, W. (Ed) *Men in business*: essays in the history of entrepreneurship. Cambridge, MA: Harvard University Press, 1952.

SCHUMPETER, J. *The theory of economic development*. Cambridge, MA: Harvard University Press, 1934.

SCHUMPETER, J. Social classes in an ethnically homogeneous environment, 1927

SCHUMPETER, J. *Capitalism, socialism and democracy*. New York: Harper and Row, 1942.

SOMBART, W. *Der moderne kapitalismus*. München, 1916-1927.

STREECK, W.; SCHMITTER, P. Community, market, state – and associations? In: STREECK, W.; SCHMITTER, P. *Private interest government*: beyond markets and state. London: Sage, 1985.

SUTTON, F. X.; HARRIS, S. E.; KAYSEN, C.; TOBIN, J. *The american business creed*. Cambridge, MA: Harvard University Press, 1956.

WALDINGER, R.; ALDRICH, H.; WARD, R. e outros. *Ethnic entrepreneurship*: immigrant business in industrial societies. Newbury Park, CA: Sage, 1990.

WARD, R.; JENKINS, R. (Eds) *Ethnic communities in business*: strategies for economic survival. Cambridge, MA: Cambridge University Press, 1984.

WEBER, M. *Economy and society*: an outline of interpretative sociology. Berkeley: University of California Press, 1978.

WEBER, M. *Gesammelte aufsätze zur religionsozilogie*. Tübingen: Mohr, 1922.

WILLIAMSON, O. E. *Markets and hierarchies*: analysis and antitrust implications. New York: The Free Press, 1975.

YOUNG, F. V. A macrosociological interpretation of entrepreneurship. In: KILBY, P. (Ed) *Entrepreneurship and economic development*. New York: Free Press, 1971.

ZINCONE, G. *Secondo rapporto sull'integrazione degli immigrati in Italia*. Bologna: Il Mulino, 2001.

PARTE II
CONTRIBUIÇÕES DAS PESQUISAS EMPÍRICAS NO BRASIL

7
ECONOMIA E EMPREENDEDORISMO ÉTNICO: BALANÇO HISTÓRICO DA EXPERIÊNCIA PAULISTA*

Oswaldo Mário Serra Truzzi
Mário Sacomano Neto

---

* O artigo "*Economia e empreendedorismo étnico: balanço histórico da experiência paulista*", de Oswaldo Mário Serra Truzzi e Mário Sacomano Neto, foi originalmente publicado na *RAE-revista de administração de empresas*, v. 47, n. 2 p. 37-48, 2007.

INTRODUÇÃO

Tornou-se redundância afirmar o papel decisivo dos empreendedores no capitalismo. Dotados de sensibilidade em detectar tendências e nichos a serem explorados no tecido econômico, empreendedores são os agentes que, da perspectiva schumpeteriana, concebem inovações e organizam a atividade produtiva, impulsionando a economia.

Historicamente, analisando a experiência de conformação da indústria nacional e em especial paulista – sua base geográfica mais importante – observa-se que a matriz do empresariado originou-se basicamente da experiência de recepção de imigrantes, inaugurada a partir do final do século passado. Por certo, a maioria deles veio a São Paulo na condição de colonos, na expectativa de, após alguns anos de trabalho na lavoura cafeeira, tornarem-se proprietários rurais. Mas também é certo que o desenvolvimento da economia e do complexo cafeeiro impulsionou as atividades industriais. Num primeiro momento, a indústria acompanhou e dependeu do desenvolvimento do café para, em seguida, afirmar-se como fonte de acumulação endógena, alimentada por si própria, independendo dele.

Que imigrantes estiveram à frente da experiência de industrialização em São Paulo? Dean (1971) mostrou que, de modo geral, dedicaram-se aos primórdios da atividade industrial aqueles que ou vieram já com algum capital, ou já detinham algum tipo de experiência comercial ou artesanal na terra de origem, ou que aqui haviam adquirido alguma experiência no comércio importador, passando mais tarde a tentar produzir o que antes era importado (MARTINS, 1979). Inevitável que neste ponto se toque na questão do quase monopólio do trabalho qualificado e do êxito dos imigrantes a partir do comércio miúdo e da pequena oficina. O casamento entre habilidades prévias e oportunidades que passaram a existir no país em grande parte favoreceu a inserção de parcelas de imigrantes em atividades empresariais, processo ainda mais facilitado tanto pelo pouco interesse e mesmo desprezo das elites agrárias tradicionais por atividades não relacionadas à agricultura, quanto pela pouca concorrência da mão-de-obra de origem escrava.

Apoiado em levantamento empírico realizado entre empresários de médio e grande porte da capital e da região do ABC em 1962, o estudo de Bresser-Pereira, um dos raros trabalhos destinados a esmiuçar a origem étnica e social de empresários, chega a conclusões que reforçam a relação empresário-etnia. O autor conclui pela origem étnica esmagadoramente estrangeira dos empresários (84,3%), entendendo-se como incluídos nessa categoria os filhos e os netos de imigrantes. Identifica ainda a extração predominantemente de classe média desse empresariado, localizando nas economias familiares a proveniência do capital inicial utilizado para a abertura das empresas. Dessa forma, embora Bresser-Pereira preste pouca atenção aos impulsos à industrialização ocorridos nas duas décadas anteriores à crise de 1929, termina por afirmar que sua pesquisa constitui uma demonstração vigorosa de que a crise de 1929 impediu a transferência direta de investimentos da agricultura cafeeira para atividades industriais. Como a agricultura cafeeira estava sob a égide dos fazendeiros, que formavam a base da oligarquia agrícola comercial dominante até 1930, conclui-se que o promotor por excelência da atividade industrial não teria sido o fazendeiro de café, mas o imigrante (PEREIRA, 1964).

Essa constatação foi muitas vezes corroborada por estudos de história local e regional realizados no interior de São Paulo, como o que se empreendeu, por exemplo, ao analisar São Carlos. Município desenvolvido nos marcos da economia cafeeira, fortemente tributário da imigração italiana, não se observa ali um único caso de fazendeiro que tenha investido em atividades industriais a partir dos anos 1940, quando a cidade se industrializou (TRUZZI, 1986).

Se a industrialização paulista deve grande parte de seu vigor à capacidade empreendedora dos imigrantes, tomados em seu conjunto, uma análise mais cuidadosa da participação de cada etnia específica no processo de industrialização pode revelar relações difíceis de captar quando se analisa a totalidade dos estrangeiros empreendedores em São Paulo. Por esse fato, a sociologia econômica contribui de forma significativa para o estudo do empreendedorismo étnico,[1] ao chamar a atenção para as relações existentes entre a economia e a sociedade. As redes de relacionamentos e o capital social estabelecido entre os imigrantes fornecem subsídios para um entendimento mais cuidadoso do tema.

SOCIOLOGIA ECONÔMICA

Segundo Swedberg (1993), a sociologia econômica surgiu com Max Weber no fim do século XIX, que se preocupou profundamente com a polarização entre um braço histórico e outro analítico nas análises econômicas, levando assim à chamada "guerra dos métodos" (*Methodenstreit*). Outras contribuições, de Émile Durkheim, Karl Marx e Karl Polanyi, foram substancialmente importantes para entender a estrutura social de troca nos mercados modernos. Esses autores contribuíram, contrapondo-se à idéia de que a esfera econômica é suficientemente autônoma em relação à esfera social, como acreditavam os economistas clássicos (GRANOVETTER, 1985).

Por definição, a sociologia econômica é entendida por meio da utilização da estrutura de referências, variáveis e formas de explanação da sociologia em atividades complexas relacionadas com a produção, distribuição, troca e consumo de recursos escassos e serviços (SMELSER e SWEDBERG, 1994). Atualmente, a sociologia econômica contribui de maneira expressiva para a análise organizacional, no sentido de compreender o modo como os atores econômicos, apesar de seus interesses, são condicionados pela interação e pela estrutura social. Um conjunto de temas surge dessa proposição, para se compreender que a arena econômica é formada por muitos mecanismos sociais, como confiança, cooperação e competição (SWEDBERG, 1993).

Compreender a relação entre a ação econômica e a estrutura social é o que motiva, em parte, o trabalho de Granovetter (1985), que utiliza o conceito de *embeddedness* (imersão) para ilustrar o modo como as relações sociais condicionam o comportamento econômico e as instituições. O autor diferencia e critica duas concepções do homem econômico, ou ator econômico, utilizando dois conceitos: o primeiro é o *oversocialized*, que compreende que os atores obedecem a normas e a valores consensualmente desenvolvidos, por meio da socialização; o segundo é o *undersocialized*, que compreende que os atores não sofrem nenhum impacto da estrutura social nem das relações de produção, distribuição ou consumo. Granovetter (1985) critica ambas as concepções por considerarem o caráter atomístico dos atores. Na verdade, os atores não decidem como átomos independentes e também não aderem inteiramente a normas implícitas, desconsiderando seus interesses. Da perspectiva do *embeddedness*, os atores têm uma ação intencional dentro do sistema de relações sociais (GRANOVETTER, 1985). O autor destaca ainda que a ação econômica e de resultados é afetada por pares de atores e pela estrutura geral da rede.

A partir do trabalho de Granovetter, muitos outros autores têm se debruçado sobre o conceito de *embeddedness* para compreender um conjunto significativo de aspectos, entre eles: Uzzi (1996, 1997), Grabher (1993), Gnyawali (2000), Rowley, Behrens e Krackhardt (2000). A perspectiva do *embeddedness* busca demonstrar como a estrutura de troca nos mercados está embutida em processos sociais complexos (DACIN, VENTRESCA e BEAL, 1999). Como destacado por Zukin e Dimaggio (1990), existem quatro tipos de *embeddedness*: político, cognitivo, cultural e estrutural. O *embeddedness* político observa os limites institucionais do poder econômico e dos incentivos; o cognitivo observa os processos da estrutura mental na lógica econômica; o cultural considera que as crenças e os valores suportam a ação econômica (UZZI, 1996); e, por fim, o *embeddedness* estrutural preocupa-se com a qualidade do material e a estrutura de conexões entre os atores.

A sociologia econômica tem um amplo conjunto de temas e questões que contribuem para o estudo da economia e do empreendedorismo étnico, a começar pela indissociação entre economia e sociedade. No caso do empreendedorismo étnico, os atores estão imersos (*embedded*) pela interação, pela estrutura social e pelos mecanismos sociais, principalmente a confiança e a cooperação.

REDES ÉTNICAS E CAPITAL SOCIAL

As relações densas e difusas são denominadas por Burt (1992) *capital social*. Segundo o autor, a arena competitiva tem uma estrutura social: atores confiando em outros atores, obrigados a suportar outros, dependentes de trocas com outros. Cada ator tem suas redes de contatos. A posição ocupada por um ator na estrutura social da arena proporciona vantagens e posições privilegiadas.

Questões empíricas dessa linha de trabalho voltam-se para a magnitude de associações entre recursos de contato e o próprio recurso do ator, e para as variações nas associações por meio dos tipos de relações (BURT, 1992). Evidências empíricas estão fartamente disponíveis. As pessoas desenvolvem relações com pessoas similares ou com as quais se identificam. Existem razões óbvias para isso: as pessoas socialmente similares passam o tempo nos mesmos lugares, e as relações entre elas assim emergem. Além disso, as pessoas socialmente similares têm mais interesses em comum, e assim as relações são mantidas. A opinião e os recursos de um indivíduo estão relacionados com as opiniões e os recursos de seus contatos estreitos (BURT, 1992). Essa caracterização é de fato muito clara dentro dos empreendedores étnicos.

O primeiro tipo de capital social é denominado por Burt (1992) *buraco estrutural*. Essa expressão foi utilizada para descrever a posição que um ator pode ocupar entre contatos não redundantes. Os buracos estruturais proporcionam benefícios aos atores que ocupam essa posição na rede. Esses atores intermediários também são conhecidos como *brokers*. Então, para os setores dinâmicos, em que as inovações tecnológicas são rápidas, são necessárias informações não redundantes, promovidas normalmente por redes difusas.

A outra forma de capital social das redes são as relações cooperativas, também entendidas como *strong ties*, particularmente relevantes para o estudo das redes étnicas. Diferentemente dos buracos estruturais, as relações cooperativas encerram informações redundantes, normas de confiança, previsibilidade das relações e contratos de longo prazo. Maior coesão e densidade permitem a troca de informações refinadas, reciprocidade, normas cooperativas etc. Essas relações fortes e duradouras podem, entretanto, dificultar o acesso dos atores às novas informações que circulam fora daquele ambiente restrito.

As redes e a economia étnica encerram, por natureza, relações coesas entre os participantes da comunidade. Diversos autores têm sugerido que um dos recursos mais importantes que as comunidades possuem é o capital social que está diretamente associado a taxas mais elevadas de sucesso nos negócios (MARTES e RODRIGUES, 2004). Comunidades com alto capital social proporcionam aos atores acesso a informações privilegiadas, recursos e, ainda, um esforço cooperativo para o desenvolvimento dos negócios. Esse fato influencia de forma significativa o desenvolvimento e a formatação da estrutura social e econômica de determinadas regiões.

CULTURA EM ORGANIZAÇÕES ÉTNICAS

A partir dos anos 1980, o tema da cultura organizacional popularizou-se nos compêndios de Administração. Até então, mesmo de um ponto de vista sociológico, as organizações tradicionalmente eram encaradas como estruturas sociais pouco afetadas por determinantes culturais. A maior parte das organizações era vista como submetida a uma regra geral de eficiência de aplicação universal e não a condicionantes culturais específicos. Nesse sentido, as empresas sempre tenderam a ser apreendidas como o domínio do não-simbólico, no sentido de que estão mais inclinadas a refletir leis econômicas universais do que hábitos sociais locais. A fórmula coaduna-se melhor com os praticantes de uma ciência administrativa ávidos por receitas de aplicação universal, mesmo que tais receitas, ao cabo de alguns anos, sejam suplantadas por outras, gerando o fenômeno da sucessão de modismos na administração.

Existirão pressupostos transcendentais de racionalidade que determinam as características centrais das organizações, ou será a racionalidade no interior das organizações um subproduto cultural sujeito a idiossincrasias? (DOBBIN, 1994). Essa dicotomia interpretativa entre uma corrente de pensamento que toma a racionalidade das organizações como fenômeno "acultural" e outra que a percebe como conjunto de práticas e comportamentos – inclusive os da empresa moderna – que são artefatos culturais pode ser vista como resultante da influência do pensamento de Max Weber. Ao discorrer a respeito da crescente importância das burocracias racionalizadas no mundo ocidental, Weber descreve-as em termos de um tipo ideal poderoso, cuja lógica e cujo *modus operandi* implacáveis de certo modo refletem um desenvolvimento superior em termos de formas organizacionais. Ao fixar que as burocracias racionais-legais obedecem a regulamentos e regras, definidas segundo esferas de competência, hierarquizadas e especializadas em carreiras, Weber incentiva leituras dispostas a sugerir e a enfatizar a aplicação de princípios de validade universal para a empresa moderna. Por outro lado, e em contraste com a perspectiva anterior, Weber, em seus trabalhos sobre religião, associa as origens da conduta racional acumulativa em que se baseia a empresa moderna não a um conjunto de leis econômicas universais capazes de ditar parâmetros de eficiência, mas a circunstâncias relacionadas à evolução do protestantismo no Ocidente. Mais ainda. Em seus escritos metodológicos, Weber insiste em que todo comportamento social é indeterminado e que todas as práticas sociais apenas podem ser compreendidas por meio de interpretações, ou seja, nunca o significado pode se referir a algo objetivamente "correto" ou "verdadeiro" em algum sentido metafísico. Nos últimos anos, a emergência de um vasto corpo de literatura empenhado em relativizar pressupostos de racionalidade tomados como universais, e em desenvolver o tema das culturas organizacionais na empresa moderna, sugere que a resposta à pergunta formulada no início do parágrafo inclina-se para a segunda alternativa.

De um ponto de vista mais instrumental, a administração moderna passou a se interessar pelo tema de culturas organizacionais à medida que este fornecia um enfoque inovador para o problema da doutrinação e do envolvimento de todos os escalões da empresa com os objetivos gerais definidos pela cúpula. O que está em jogo é a difusão não espontânea de valores, atitudes e práticas administrativas valorizadas pelas empresas. Numa perspectiva mais interessante, Etzioni (1974), ao tratar da questão dos tipos de poder utilizados para garantir o envolvimento do indivíduo nas organizações, referia-se a três possibilidades: coercitivo, remunerativo e normativo. A temática hoje referida como cultura organizacional vincula-se claramente a este último tipo.

O problema da formação e da difusão de culturas em organizações pode ser apreendido a partir dos níveis interno e externo, isto é, a questão pode ser enfocada nos contextos intra-organizacional e interorganizacional. De um ponto de vista do interior da empresa, a formação da cultura organizacional parece resultar de uma bem-sucedida percepção compartilhada[2] de enfrentamento de determinada situação. Essa é pelo menos a posição dos autores que optam por utilizar uma abordagem do tema cuja ênfase recai sobre mecanismos de *integração*, em contraposição a outros que preferem privilegiar a dinâmica do poder disputado por diferentes subculturas (*diferenciação*), ou ainda a alguns que acentuam a complexidade e a multiplicidade de pontos de vista não compartilhados (*fragmentação*) (MARTIN, 1992). Embora simplificadora, a visão integradora é mais operacional para nossos fins. Schein, por exemplo, define *cultura organizacional* como o conjunto de

> [...] pressupostos básicos – inventados, descobertos ou desenvolvidos por um determinado grupo quando este aprende a lidar com seus problemas de adaptação externa e integração interna – que funcionaram suficientemente bem para ser considerados válidos e, portanto, para serem ensinados aos novos membros como o modo correto de perceber, pensar e sentir em relação a esses problemas (SCHEIN, 1985, p. XX).

Por isso, duas considerações influenciam de modo decisivo a formação da cultura em uma empresa. Uma diz respeito ao papel do líder ou fundador, porque em grande medida ele é o responsável pelo modo como a situação é apreendida e enfrentada, além de deter a iniciativa para mobilizar recursos e pessoas. A outra consideração envolve o ambiente maior no qual a empresa está inserida, sobretudo no que se refere aos condicionantes tecnológicos e de mercado, responsável por lançar desafios e parametrizar condicionantes sob os quais a empresa opera (FERRO, 1991; FISCHER, 1989).

De um ponto de vista interorganizacional, a difusão de uma cultura comum entre empresas associa-se menos às vicissitudes do fundador ou líder de cada uma delas e mais a uma experiência comum de enfrentamento de condições lançadas pelo ambiente. Além disso, à medida que outras práticas empresariais são adotadas e difundidas, o campo torna-se mais homogêneo, não porque as práticas empresariais tendam a convergir para um modelo racional mais perfeito, mas porque as escolas, a mídia, as associações e outras instituições de influência no mundo empresarial difundem isomorfismos que acabam sendo adotados por conjuntos de empresas (DIMAGGIO e POWELL, 1991).

UMA ECONOMIA ÉTNICA

No plano do desenvolvimento recente da assim chamada economia étnica, dentro da sociologia econômica, que novos *insights* pode nos trazer essa abordagem para a relação entre empresários e etnicidade? Algumas das características de uma economia étnica apontadas pela literatura incluem integração e cooperação étnica, fontes étnicas de capital, trabalho e informação, restrições a competição intragrupo, especialização ocupacional, concentração geográfica, solidariedade étnica e confiança em redes internacionais de base étnica (GOLD, 1989).

Curiosamente, a exemplo do debate relativo à cultura organizacional, o conceito de economia étnica também guarda distância em relação à racionalidade puramente capitalista, moderna e impessoal, ainda que seja incapaz de transcendê-la, operando claramente dentro de seus marcos. Esta se caracterizaria por evitar relações pessoais privilegiadas, inclusive as que se baseiam em vínculos étnicos. Num outro pólo, a noção de economia étnica também recebe influência do conceito bastante utilizado na literatura americana de *middleman minorities*, traduzido aqui livremente por minorias mercantis.[3] O termo refere-se a determinados grupos étnicos que historicamente se especializaram no comércio e na intermediação em sociedades pré-capitalistas, cuja vocação é mantida até hoje. Judeus e armênios representariam os exemplos clássicos.

Uma definição mais operacional do conceito de economia étnica requer defini-la como qualquer conjunto de empregadores, auto-empregados ou simplesmente empregados pertencentes a um mesmo grupo étnico ou de imigrantes (BONACICH e MODELL, 1980). Dessa forma, toda minoria mercantil tem uma economia étnica, mas não vice-versa. Este último conceito torna-se mais operacional porque é mais abrangente, no sentido de dar conta de outros grupos não historicamente identificados como minorias mercantis e de sua utilização poder se aplicar também a sociedades capitalistas avançadas.

A análise de uma economia étnica, isto é, de um ramo de negócios que opera segundo os critérios e as características apontados, nos instrumenta a distinguir se um grupo, ao se hospedar em determinada economia, o fez majoritariamente, capturando empregos já disponíveis ou criando e enxertando novas firmas e empregos na economia hospedeira. Uma série de estudos mostra que, para determinado grupo, o equilíbrio entre essas duas estratégias – aproveitar oportunidades já oferecidas pelo mercado de trabalho ou criar oportunidades de auto-emprego – resulta em diferenças essenciais do ponto de vista da mobilidade econômica. Não há uma regra universal, e tudo depende da comparação entre níveis de remuneração dentro e fora do setor definido como operando nos termos de uma economia étnica. Há casos em que todos ganham ao se manterem fora do mercado de trabalho mais geral e no interior da economia étnica. Mas há outros em que os beneficiados são apenas os empregadores, enquanto seus empregados conterrâneos são explorados. Outro caso comum ocorre quando todos – empregadores, auto-empregados e empregados – são mais mal remunerados no interior da economia étnica do que os conterrâneos inseridos fora dela. Entretanto, como o mercado de trabalho em geral não abriga a todos, a inserção na economia étnica livra-os do desemprego. Nesse caso, numa situação de pleno emprego, a economia étnica não se sustentaria (LIGHT e KARAGEORGIS, 1994). Uma interessante decorrência disso é que, ao contrário da noção mais comum proclamada pela teoria da assimilação, esta nem sempre incrementa a mobilidade. Muitas vezes, o auto-emprego étnico torna mais rentável a não assimilação do que a assimilação.

De qualquer forma, economias étnicas grandes e lucrativas exigem forte capacidade empresarial, ou seja, dependem da habilidade do grupo em explorar condições de demanda favoráveis. Os sociólogos em geral tenderam a explorar o lado da oferta, isto é, o modo como tais habilidades, transformadas em capacidades empresariais, foram formadas e se disponibilizaram. Numa outra perspectiva, os economistas investiram mais em explicar o mesmo fenômeno pelo lado da demanda: uma economia étnica emerge quando as atividades empresariais étnicas são valorizadas pelo mercado. Isso pode ocorrer nos casos em que o mercado incentiva as ofertas de serviços de consumo especiais para conterrâneos, o aparecimento de pequenos e médios negócios em meio ao tecido empresarial, a substituição de grupos étnicos estabelecidos anteriormente; ou, ainda, quando existem políticas governamentais etnicamente orientadas que incentivam a abertura de firmas.

Ainda que interessantes, as explicações pelo lado da demanda são insuficientes para explicar por que, de modo geral, os grupos étnicos exibem taxas mais altas de auto-emprego do que os nativos, e também por que certos grupos étnicos apresentam desempenho melhor que outros. Sempre é bom lembrar que as demandas devem ser percebidas, reconhecidas ou descobertas pelos empreendedores, o que nos remete imediatamente à discussão de um equipamento cognitivo adequado e dos recursos disponíveis para o aproveitamento das oportunidades. Alguns autores recomendam então um enfoque interativo capaz de explorar as congruências entre demandas do ambiente econômico e recursos informais da população étnica (WALDINGER, WARD e ALDRICH, 1985).

Do lado dos recursos, boa parte deles diz respeito ao acesso a capital financeiro e humano. Desse ponto de vista, as desigualdades no aproveitamento de oportunidades entre grupos étnicos distintos refletiriam a circunstância de que alguns grupos são mais pobres, discriminados ou vitimados do que outros, impedindo-os de emprestar ou economizar recursos financeiros necessários às atividades empresariais. O problema desse argumento é que a maior parte dos recursos financeiros empregados na abertura de firmas entre grupos étnicos não resulta de empréstimos de fora, mas de economias mobilizadas pelo próprio dono, sua família, amigos e conterrâneos. Por sua vez, como tanto a capacidade de poupar como a de mobilizar redes são variáveis em última análise culturalmente determinadas entre diferentes grupos, alguns fornecem empresários com maior abundância que outros. De modo semelhante, é possível perseguir o mesmo tipo de determinante, de fundo cultural, nas explicações que privilegiam desigualdades na disponibilidade não de capitais financeiros, mas de capital humano entre grupos.

Para explicar capacidades empresariais distintas, vários pesquisadores recorrem a explicações que enfatizam os recursos de classe e os recursos étnicos. Os *recursos de classe* dizem respeito a atributos materiais e culturais inerentes à burguesia de um grupo que a impulsionam para exercer atividades empresariais. A pertinência à classe burguesa já no país de origem se reproduziu no país de destino.

Já os *recursos étnicos* dizem respeito a aspectos socioculturais e demográficos de todo o grupo, e não apenas de sua fração burguesa, que incentivam atividades empresariais. Existem etnias que evitam o trabalho assalariado, a não ser de forma temporária e como perspectiva para o estabelecimento do negócio próprio. No caso dos imigrantes judeus, por exemplo, em quase todo o mundo, praticamente toda a comunidade aspirava em determinada época ao auto-emprego, e não apenas uma fração burguesa do grupo étnico. Nesse caso, a aspiração para tornar-se empresário constituiu um recurso étnico, e não apenas de uma classe.

Os recursos étnicos podem ser mais bem explorados quando integrados por uma rede. As redes de imigração podem ser caracterizadas como conjuntos de laços interpessoais que ligam migrantes, pioneiros migrantes e não migrantes, em áreas de origem e destino, por meio de vínculos de parentesco, amizade e conterraneidade. O estudo das redes étnicas constitui um tópico de particular interesse porque possibilita conectar os determinantes da imigração aos níveis micro e macro.

ECONOMIA ÉTNICA NO ESTADO DE SÃO PAULO

A imigração de origem italiana, por ser a mais numerosa, foi responsável por parcela muito significativa das empresas fundadas por imigrantes em todo o Estado. Como os italianos inauguraram a imigração em massa a São Paulo e se disseminaram por toda a parte, é natural que, com seu pioneirismo, tenham ocupado um espaço privilegiado em segmentos muito diversos do tecido industrial em formação. Mesmo que a colônia tenha nas figuras de Matarazzo, Crespi, Pinotti Gamba e outros a identificação mais popular do binômio *italianità-indústria*, a influência dos italianos na formação do parque empresarial paulista estendeu-se muito além de seus grupos econômicos historicamente mais famosos.

Um pouco diverso é o caso dos empresários de origem portuguesa, em função de que o fluxo migratório se compôs de dois contingentes nitidamente distintos, um rural e outro urbano. No meio rural, não se pode dizer que a presença de portugueses tenha sido importante. Porém, no ambiente urbano os portugueses deixaram uma marca indelével em várias regiões do Brasil, sobretudo à frente de atividades comerciais. Em termos regionais, a presença de empresários portugueses ocorreu de forma muito marcante no Rio de Janeiro. Porém, mesmo em São Paulo, o comércio atacadista de tecidos, estabelecido no início do século na Rua Florêncio de Abreu, foi implantado por firmas portuguesas, muitas abastecidas por firmas de conterrâneos instaladas na então capital federal.

Além do setor têxtil, negócios de portugueses proliferaram no comércio atacadista e varejista, por vezes importador e exportador, de gêneros alimentícios e matérias-primas nacionais. De fato, o comércio constituiu a esfera por excelência dos negócios de portugueses no Brasil, provavelmente porque a maior parte não dispunha de recursos suficientes, conexões ou tecnologia para se aventurar com maior profundidade em atividades industriais.[4] De um ponto de vista cultural, Pescatello (1970) sugeriu ainda que os portugueses preferiram o comércio por este ser uma empresa muito mais sujeita a contatos pessoais, mais condizentes com a índole deste imigrante, do que a indústria.

Isso se reflete até os dias de hoje na ocorrência de grupos econômicos capitaneados por empresários de origem portuguesa que dominam grandes redes de distribuição e de supermercados, a exemplo de Martins (Armazéns Martins), Diniz (Grupo Pão de Açúcar), Veríssimo (Grupo Eldorado), Artur Sendas (Grupo Sendas). Graças a essa presença significativa no meio citadino, autores como Klein (1991) puderam observar que a imigração portuguesa no Brasil acabou resultando, comparativamente a outros grupos étnicos, em uma estrutura ocupacional mais complexa, e em um padrão de mobilidade menos determinado unicamente pelo acesso à propriedade no meio rural.

Atrás de italianos e portugueses, o terceiro grande contingente de imigrantes chegados a São Paulo pouco se notabilizou por suas capacidades empreendedoras. Os espanhóis, embora tenham assumido um papel de muita relevância entre as lideranças do movimento operário no início do século passado, raramente ousaram realizar incursões mais conseqüentes na propriedade de firmas comerciais e industriais paulistas. A maior parte de suas firmas eram pequenas e pouco capitalizadas, e se tivéssemos que apontar um nicho de mercado dominado pela etnia haveria alguma dificuldade. Não por acaso, a única referência disponível de um ramo econômico no qual os espanhóis tenham se concentrado em São Paulo é o de firmas especializadas em trabalhos de demolição, acompanhadas da comercialização de ferro-velho. Após sugerir que a fraca destinação urbana e os altos índices de analfabetismo associados ao grupo podem ter debilitado sua capacidade empresarial, Klein (1994) conclui que é evidente que os espanhóis foram lentos em se tornar empresários, apesar de sua importância numérica na população imigrante.

À parte as três etnias majoritárias, responsáveis pelo fluxo principal de imigrantes chegados a São Paulo, chamam a atenção as assim chamadas etnias comerciais, compostas predominantemente por libaneses, sírios e judeus. São grupos marcados por acentuada destinação urbana, que experimentaram uma trajetória de mobilidade socioeconômica muito forte, em geral iniciada pela mascateação, que, desenvolvida do pequeno ao grande comércio varejista e atacadista, floresceu em alguns setores industriais. No comércio, dedicaram-se em profusão a armarinhos, roupas prontas e artigos têxteis de modo geral. Na indústria, prosseguiram em setores afins, como o de confecção e o têxtil. O que distingue tais grupos frente à experiência das etnias majoritárias é a forte articulação interna das colônias, alimentada por um sentido de identidade religiosa, familiar ou de conterraneidade capaz de prover uma estrutura de recepção e acolhimento ao imigrante muito operativa. Ambas as colônias operaram com nichos econômicos verticalmente integrados, embora entre sírio-libaneses e judeus despontem algumas diferenças dignas de nota: enquanto os primeiros vieram a partir dos últimos anos do século XIX e se espalharam por todo o território nacional, os judeus chegaram principalmente a partir dos anos 1920 e tenderam a se concentrar na capital paulista (TRUZZI, 1996).

A Tabela 1 atesta o volume e a distribuição no Estado, por nacionalidade, das empresas cujos proprietários eram estrangeiros, em 1934. Embora imprecisa porque abrigue sob a alínea *brasileira* grande número de empresas lideradas por filhos de estrangeiros nascidos no Brasil, ela nos fornece algumas indicações sobre a relação empresário-etnia naquela época.

Tabela 1 – Tamanho médio das empresas em São Paulo segundo a nacionalidade dos proprietários (1934)

Nacionalidade do empresário	Número de empresas	Capital médio investido por empresa	Número médio de operários por empresa	Força motriz média por empresa (cv)	Valor médio da produção por empresa
Brasileira	4.837	.413	31	39	.350
Italiana	2.181	.58	9	8	.99
Portuguesa	.460	.83	11	12	.134
Espanhola	.275	.37	7	4	.86
Sírio-libanesa	.225	.223	26	26	.434
Alemã	.122	.52	12	8	.134
Japonesa	62	23	7	3	.47
Austríaca	44	.75	13	13	.108
Inglesa*	27	2.522	69	145	1.142
Americana*	18	1.034	38	86	1.230
Francesa	13	.72	17	13	.200
Canadense*	4	133.028	2.058	730	25.363
Outras	307	.187	19	12	.244
Total	8.575	.340	24	27	.274

OBS.: Valores em contos de réis
Fonte: Estatística Industrial do Estado de São Paulo, 1934, p.28

Em primeiro lugar, apesar da distorção mencionada, é interessante notar que, mesmo assim, quase metade (44%) das empresas pertencia a estrangeiros. Dessas, 58% pertenciam a italianos e 12% a portugueses, perfazendo um subtotal de 70%. Os espanhóis confirmam seu reduzido desempenho por estarem à frente de empresas de pequeno porte e pouco capitalizadas. Para uma avaliação dos japoneses, chegados tardiamente, em 1934, ainda é muito cedo. Em seguida, desconsideradas as empresas canadenses, inglesas e americanas, cujos porte é elevado devido ao fato de operarem basicamente nos setores de fornecimento de energia, ferrovia e telefonia, muitas vezes em regime de monopólio, salta aos olhos o tamanho médio das empresas pertencentes a sírios e libaneses. O tamanho pode ser aferido em função do capital médio investido por empresa, do número médio de operários, da capacidade energética instalada ou do valor médio da produção. Infelizmente, poloneses e russos, as nacionalidades que supostamente mais abrigariam judeus, encontram-se incluídos na categoria *outras*.

Frente a esse quadro de significativa importância do estrangeiro na composição do empresariado paulista, acreditamos que o tema mereça ser mais detidamente investigado, à luz dos desenvolvimentos recentes nas áreas de sociologia econômica e cultura organizacional, e para tanto passamos a estabelecer alguns nexos e considerações.

CONSIDERAÇÕES SOBRE O CASO PAULISTA

À luz desses desenvolvimentos recentes, como situar a relação empresários-etnicidade na experiência paulista? O que há de novo nas considerações teóricas mencionadas? O restante deste artigo orienta-se por essas indagações.

Nas experiências paulista, brasileira e mundial, pequenos negócios parecem constituir parte importante do processo de instalação num novo país. Entre imigrantes, o nível geralmente alto de auto-emprego mascara grandes variações entre grupos étnicos. Na primeira metade do século passado, por exemplo, observamos altos índices de auto-emprego em etnias historicamente comerciais, como sírios e libaneses, judeus e armênios. No meio termo, localizam-se os portugueses e em seguida, italianos e espanhóis. Como tratar tais diferenças?

As observações de campo sugerem que, para o primeiro grupo de etnias, as assim chamadas comerciais, a capacidade empresarial está associada a um recurso étnico relacionado a cada etnia como um todo, prevalecente entre todos os seus estratos. Durante décadas, independentemente do pioneirismo ou da chegada mais tardia ao país, a esmagadora maioria dos imigrantes desses grupos visava ao estabelecimento de um negócio próprio da família. É claro que houve assalariamento, mas sempre de caráter temporário, subordinado a uma estratégia de formação do primeiro pecúlio que possibilitasse a abertura do negócio próprio. Pouco importava também o porte inicial dessa firma: média, pequena, minúscula, ou ainda não estabelecida fisicamente, como no caso dos mascates, em que a firma é um baú de mercadorias. O essencial era granjear independência de ação e não condicionar o retorno da operação a um limite preestabelecido, como na relação assalariada. No dizer de um entrevistado, "todos buscávamos cuidar do nosso próprio nariz".

Parece que o mesmo não se passou entre as etnias majoritárias. Aí a aspiração de estabelecer um negócio próprio esteve muitas vezes associada não a um recurso étnico, mas a um recurso de classe. Determinados estratos com experiência comercial ou urbana anterior predispunham-se com maior facilidade a abrir suas firmas. Os casos dos industriais italianos são típicos: a começar do próprio Matarazzo, a maior parte deles detinha alguma extração social privilegiada em relação à massa de seus conterrâneos.

Que relação podemos estabelecer entre as redes de imigrantes e a instalação de uma economia étnica? As redes de imigrantes que alimentam empreendedores étnicos geram modificações na economia existente na localidade de destino. Tais modificações permitem aumentar a capacidade de absorção de novos imigrantes da mesma origem. Há pelo menos três modos distintos pelos quais as redes de migrantes incentivam uma economia étnica: (1) quando a rede se abastece com mão-de-obra co-étnica de baixo custo e estabelecem-se relações preferenciais entre firmas fornecedoras e firmas clientes; (2) quando as redes provêem informação econômica tanto para empreendedores imigrantes quanto para aspirantes; (3) quando as redes provêem acesso a vários tipos de ajuda mútua e assistência, como, por exemplo, acesso ao crédito (LIGHT e BHACHU, 1993).

Mais uma vez, os dados disponíveis sugerem que a densidade e a eficácia das redes étnicas na defesa de um nicho econômico particular foram maiores entre etnias comerciais. Não que não houvesse redes estabelecidas no interior das outras etnias. Sabemos, por exemplo, do vigor com que proliferou o mutualismo entre italianos, portugueses e espanhóis, e que Matarazzo, por exemplo, recrutava grande parcela de seus operários junto à colônia italiana, preferindo inclusive importar conterrâneos para desempenhar funções de sua confiança. Há indícios de que os empresários portugueses e espanhóis bem-sucedidos faziam o mesmo, utilizando-se fartamente do trabalho de co-nacionais e sendo inclusive legitimados no interior de suas respectivas colônias por serem capazes de demonstrar o valor da raça frente às elites nativas.

Entretanto, do ponto de vista de formação de um nicho econômico, algumas redes se mostraram mais produtivas que outras. É verdade que, no caso de italianos, como estes estavam dispersos em quase todos os ramos econômicos, fica mais difícil vislumbrar um nicho particular a ser defendido. Mas, com certeza, aí influíram principalmente componentes culturais, em alguns casos as relações de solidariedade e entreajuda vigentes no interior das colônias, o grau em que tais relações se institucionalizaram e a capacidade dos grandes empresários em abrir espaço para uma cadeia de empresários médios e pequenos co-nacionais. Neste último caso, o exemplo de Jafet entre os libaneses é típico. Por outro lado, os judeus representam o caso extremo de uma colônia altamente integrada, com instituições de auxílio mútuo construídas, inclusive, com apoio razoável de organizações internacionais da própria etnia (TRUZZI, 2001).

De qualquer forma, as características mais importantes dos imigrantes para se estabelecerem com seus próprios negócios parecem ter sido as habilidades trazidas, o caráter permanente, em contraposição ao temporário, da imigração e, sobretudo, a capacidade de mobilizar redes e recursos étnicos. De comum, havia o obstáculo em penetrar em setores econômicos já explorados, restrição que, no caso paulista em particular e nacional de modo geral, pouco se aplicou, dado o raro interesse das oligarquias locais por atividades não relacionadas à produção de café ou de produtos agrícolas regionalmente significativos.

Assim é que os imigrantes tenderam inicialmente a se instalar em setores com poucas barreiras à entrada, como é o caso do comércio, para, aos poucos, alguns dentre os mais bem-sucedidos tornarem-se industriais. Teoricamente, poderíamos esperar maior dificuldade de inserção de imigrantes em ramos mais duros, com maiores exigências tecnológicas e de capital. Ainda assim, provavelmente em função do exposto anteriormente, mesmo um setor de alta composição orgânica de capital, como o da produção de papel e celulose, foi até há pouco amplamente dominado por judeus e sírio-libaneses. Isso ocorreu apesar de o setor depender decisivamente do financiamento estatal, em princípio menos ao alcance de grupos étnicos (GRUN, 1994).

Outra possibilidade ilustra com particular relevância o caso mais recente de implantação de uma colônia coreana no bairro do Bom Retiro, em São Paulo. Trata-se de um caso clássico de sucessão étnica. Como sabemos, embora aberto com a finalidade de abrigar principalmente imigrantes italianos ao final do século, o bairro – ao menos em sua porção mais alta, próxima à estação ferroviária – constituiu um encrave de judeus provenientes do Leste Europeu a partir de meados dos anos 1920, boa parte deles ocupados com a comercialização e a fabricação de artigos de vestuário. Com o passar dos anos, a colônia experimentou uma mobilidade econômica notável. Boa parte dos judeus deslocou suas moradias para outros bairros, como Higienópolis, chamado na colônia de Melhor Retiro. E os filhos, formados no ensino superior, adentraram em massa no mercado de profissões liberais. Sem perspectivas de sucessão, desejando melhor sorte para seus filhos, uma grande quantidade de comerciantes, alguns com 30 ou 40 anos de balcão, pouco futuro vislumbrava para a continuidade de seus negócios. Surgem então os coreanos, um grupo de imigração mais recente, razoavelmente capitalizados – inclusive com incentivos do governo coreano – e ávidos por se implantarem como pequenos empresários no tecido econômico paulistano. O resultado é uma maciça transferência de firmas dos judeus para os coreanos, nos moldes de um interessante caso de complementaridade étnica. O abandono de empreendedores prévios criou assim um espaço, no mesmo ramo, a ser preenchido (TRUZZI, 2001).

Nesse caso, é claro que os judeus remanescentes se queixam dos recém-instalados coreanos. Que reclamações são freqüentes? Os judeus queixam-se basicamente da impossibilidade de competir com os coreanos no tocante ao baixo custo de sua mão-de-obra. Enquanto os judeus mantêm funcionários registrados, de custo mais elevado, os coreanos empregam maciçamente mão-de-obra familiar ou exploram conterrâneos recém-chegados, que mal se comunicam no novo país. É interessante notar que as duas práticas foram largamente exercidas pelos judeus em épocas anteriores, mas hoje não se encontram mais disponíveis para essa etnia, seja porque os familiares ganharam outro prestígio na sociedade, seja porque o fluxo migratório e, por conseqüência, a entrada de conterrâneos cessaram. Além disso, hoje os coreanos ainda contam com a possibilidade de empregar imigrantes ilegais vindos de países vizinhos da América Latina, como paraguaios e bolivianos, os assim chamados "brasiguaios", em regime de clara exploração.

Estes, por sua vez, à medida que alguns conseguem se tornar empresários, vão formando sua própria rede de recrutamento de mão-de-obra entre imigrantes conterrâneos recém-chegados. Infelizmente até agora muito pouco pesquisadas, seria de particular interesse investigar a relação entre as estruturas formal e informal, incorporadoras de trabalho ilegal entre imigrantes. Os poucos estudos disponíveis mostram que os imigrantes ilegais tendem a ser empregados por conterrâneos, e que essa experiência prévia com emprego assalariado em firmas de co-étnicos aumenta a probabilidade de auto-emprego no mesmo setor. Dessa forma, a assim denominada *empresa étnica*, embora explore seus funcionários, a médio prazo parece responder pelo grande potencial de recepção, acolhimento e integração de imigrantes.

Por outro lado, a circunstância de hoje se registrar um dramático aumento de pequenas firmas subcontratadas que facilitaram a entrada de imigrantes coreanos na indústria de confecções, em São Paulo, Los Angeles, Berlim ou Paris, sugere uma estratégia étnica comum a ser empregada independentemente do país de destino. Na ausência de estudos comparativos mais cuidadosos, há indicações de que são firmas que operam segundo um mesmo padrão, tirando basicamente proveito da agilidade de responder rapidamente a demandas de produção flexível segundo flutuações da moda (LIGHT e BHACHU, 1993).

Essa série de questões suscitadas pela assim chamada economia étnica sugere que investimentos interessantes de pesquisa seriam também muito bem-vindos no campo das culturas organizacionais desenvolvidas no interior de tais empresas étnicas, conforme exploramos anteriormente. A questão poderia ser colocada nos seguintes termos: trouxe a experiência empresarial imigrante alguma marca cultural para o interior das empresas cujo reflexo esclareça a seleção e a adoção de atitudes e práticas administrativas usualmente empregadas?

Os condicionantes da acumulação inicial, o emprego familiar, a experiência sucessória, as trajetórias de mobilidade entre gerações, a eficácia das redes étnicas sugerem o estabelecimento de padrões que em princípio ajudaram a delinear uma cultura empresarial brasileira, por vezes mesmo em oposição ao propalado nos livros de teoria administrativa. Há todo um campo a ser explorado, interno à história das empresas, carente de esforços que reúnam e dêem coerência a informações sobre os códigos próprios de socialização, *modus operandi*, histórias, mitos e ritos associados à marca do fundador imigrante. Num mundo crescentemente globalizado, talvez ainda fosse possível resgatar identidades e retraçar a formação de uma parcela do empresariado nacional a partir tanto da cultura quanto da qualidade das redes étnicas montadas.

Num plano mais contemporâneo, pode-se perguntar sobre a oportunidade de atualizar tais experiências. Sabemos que, sobretudo em tempos recessivos, ou de crescimento econômico modesto e com reduzida oferta de empregos formais, o mercado tende a estimular auto-empreendimentos. Basta que se observe a proliferação de camelôs de origem nordestina em São Paulo. Como migrantes nacionais, eles operariam como seus antecessores estrangeiros? Com certeza, importam também parentes e conterrâneos, montam teias de informação, auto-ajuda, subemprego etc. Existirá um aprendizado de como operar em rede que se difunde?

NOTAS

1. Não se vislumbra aqui o empreendedorismo (étnico ou de outro tipo), por mais vigoroso que seja, como algo capaz de desfazer ou solucionar as contradições entre capital e trabalho.

2. Uma das definições influentes de cultura enfatiza precisamente este aspecto: conjunto de significados compartilhados.

3. A tradução literal para o português do vocábulo *middleman* é "intermediário", "revendedor".

4. A exceção em São Paulo fica por conta do comendador Pereira Inácio, fundador do Grupo Votorantim.

REFERÊNCIAS

BONACICH, E.; MODELL, J. *The economic basis of ethnic solidarity*. Berkeley: University of California Press, 1980.

BURT, R. S. *Structural holes*: the social structures of competition. Cambridge: Harvard University Press, 1992.

DACIN, M. T.; VENTRESCA, M. J.; BEAL, B. D. The embeddedness of organizations: dialogue and directions. *Journal of Management*, v. 25, n. 3, p. 317-356, 1999.

DI MAGGIO, P.; POWELL, W. (Eds) *The new institutionalism in organizational analysis*. Chicago: University of Chicago Press, 1991.

DOBBIN, F. R. Cultural models of organization: the social construction of rational organizing principles. In: CRANE, D. (Ed) *The sociology of culture*. Oxford, UK: Blackwell, 1994.

ETZIONI, A. *Análise comparativa de organizações complexas*. Rio de Janeiro: Zahar, 1974.

FERRO, J. R. *Decifrando culturas organizacionais*. Tese (Doutorado em Administração de Empresas) FGV-EAESP, São Paulo, 1991.

FLEURY, M. T. L.; FISCHER, R. M. *Cultura e poder nas organizações*. São Paulo: Atlas, 1989.

GNYAWALI, D.; MADHAVAN, R. Cooperative networks and competitive dynamics: a structural embeddedness perspective. *Academy of Management Review*, v. 26, n. 3, p. 431-445, 2001.

GOLD, S. J. Chinese-Vietnamese entrepreneurs in Southern California: an enclave with co-ethnic customers? In: PROCEEDINGS OF THE AMERICAN SOCIOLOGICAL ASSOCIATION, *Anais*. San Francisco, 1989.

GRABHER, G. *The embedded firm*: on the socioeconomics of industrial networks. London: Routledge, 1993.

GRANOVETTER, M. S. Economic action and social structure: the problem of embeddedness. *American Journal of Sociology*, v. 91, p. 491-501, 1985.

GRUN, R. *Origens étnicas do empresariado e cultura organizacional brasileira*. Relatório Fapesp, São Paulo, 1994. Mimeo.

KLEIN, H. *A imigração espanhola no Brasil*. São Paulo: Sumaré e Fapesp, 1994.

KLEIN, H. The social and economic integration of portuguese immigrants in Brazil in the late nineteenth and twentieth centuries. *Journal of Latin American Studies*, n. 23, 1991, p. 321.

LIGHT, I.; BHACHU, P. *Immigration and entrepreneurship*: culture, capital, and ethnic networks. New Brunswick, NJ: Transaction Publishers, 1993.

LIGHT, I.; KARAGEORGIS, S. The ethnic economy. In: SMELSER, N.; SWEDBERG, R. (Eds) *The handbook of economic sociology*. Princeton, NJ: Princeton University Press, 1994.

MARTES, A. C. B.; RODRIGUEZ, C. L. Afiliação religiosa e empreendedorismo étnico: o caso dos brasileiros nos Estados Unidos. *Revista de Administração Contemporânea*, v. 8, n. 3, p. 117-141, 2004.

MARTIN, J. *Cultures in organizations*: three perspectives. New York and Oxford: Oxford University Press, 1992.

MARTINS, J. S. *O cativeiro da terra*. São Paulo: Ciências Humanas, 1979.

PEREIRA, L. C. B. Origens étnicas e sociais do empresário paulista. *RAE-revista de administração de empresas*, v. 11, n. 4, p. 83-106, 1964.

PESCATELLO, A. M. *Both ends of the journey:* an historical study of migration and change in Brazil and Portugal, 1889-1914. 167 p. Tese (Doutorado em Letras) – University of California at Los Angeles, Los Angeles, 1970.

ROWLEY, T.; BEHRENS, D.; KRACKHARDT, D. Redundant governance structures: an analysis of structural and relational embeddedness in the steel and semiconductor industries. *Strategic Management Journal*, v. 21, p. 369-386, 2000.

SCHEIN, E. *Organizational culture and leadership*. San Francisco: Jossey-Bass, 1985.

SMELSER, N. J.; SWEDBERG, R. The sociological perspective on the economy. In: SMELSER, N. J.; SWEDBERG, R. *The handbook of economic sociology*. Princeton, NJ: Princeton University Press, 1994.

SWEDBERG, R. *Explorations in economics sociology*. New York: Russel Sage Foundation, 1993.

TRUZZI, O. *Café e indústria*: São Carlos (1850-1950). São Carlos: Universidade Federal de São Carlos, 1986.

TRUZZI, O. *De mascates a doutores*: sírios e libaneses em São Paulo. São Paulo: Sumaré, 1991.

TRUZZI, O. Etnias em convívio: o bairro do Bom Retiro em São Paulo. *Estudos Históricos*, v. 28, p. 143-166, 2001.

TRUZZI, O. *Patrícios*: sírios e libaneses em São Paulo. São Paulo: Hucitec, 1996.

UZZI, B. Social structure and competition in interfirm networks: the paradox of embeddedness. *Administrative Science Quarterly*, v. 42, n. 1, p. 35-67, 1997.

UZZI, B. The sources and consequences of embeddedness for the economic performance of organizations: the network effect. *American Sociological Review*, v. 61, p. 674-698, 1996.

WALDINGER, R.; WARD, R.; ALDRICH, H. Ethnic business and occupational mobility in advanced societies. *Sociology*, v. 19, n. 4, p. 586-597, 1985.

WARREN, D. *A industrialização de São Paulo*. São Paulo: Difel, 1971.

ZUKIN, S.; DIMAGGIO, P. *Structures of capital*. Cambridge: Cambridge University Press, 1990.

8
HABILIDADES SOCIAIS NO MERCADO DE LEITE*
Reginaldo Sales Magalhães

---

* O artigo "*Habilidades sociais no mercado de leite*", de Reginaldo Sales Magalhães, foi originalmente publicado na *RAE-revista de administração de empresas*, v. 47, n. 2, p. 15-25, 2007.

INTRODUÇÃO

Desmentindo todas as previsões feitas nas últimas décadas, segundo as quais o mercado lácteo tenderia a concentrar a captação de leite em grandes empresas multinacionais do setor, três novos sistemas de cooperativas de agricultores familiares vêm ampliando sua posição no mercado da região Sul do Brasil. Erros nas previsões dos especialistas ou capacidade excepcional das novas cooperativas? Na verdade, o que parece justificar a aparente contradição entre prognósticos e fatos são as insuficiências teóricas que sustentam os estudos sobre os mercados e as organizações.

A maioria das análises do mercado de leite enfatiza fortemente o processo de concentração da indústria e as mudanças de um padrão de produção e mercado que até há poucos anos estava restrito ao âmbito local e que passa a ter dinâmicas cada vez mais globais. A difusão de novas tecnologias, que levou ao aumento do consumo de leite com embalagens de longa vida e de leite em pó, tornou possível a conservação do produto por períodos mais longos e o transporte por extensas distâncias, transformando-se assim o leite numa *commodity*. Segundo Carvalho (2005, p. 15), a dinâmica setorial passa a ser dada exogenamente pelas matrizes estrangeiras ou pelos demandantes do produto.

Partindo dessas premissas, os estudos sobre as condições de mercado em territórios específicos analisam apenas o impacto de mudanças globais ou macroeconômicas sobre as condições locais de produção. Estariam então os territórios e seus agentes totalmente subordinados a uma lógica global? Estariam as regras de mercado e os padrões de produção subordinados às determinações estabelecidas pelas grandes empresas líderes mundiais? É o que parecia confirmar-se ao longo dos anos 1990. A Parmalat instalou-se na região com intensa agressividade, comprando pequenas indústrias e ameaçando formar um monopólio na indústria de leite e laticínios na região Sul. Com o aumento da competição nos mercados de leite, as cooperativas tradicionais passaram a adotar uma série de medidas, visando a reduzir custos, principalmente por meio da profissionalização da gestão, da seleção e da redução do quadro de cooperados (JANK e GALAN, 1997).

Alguém que observasse com pouca atenção essas intenções poderia emitir o juízo de que o destino da região estava selado. Porém, não foi o que ocorreu: a formação e a expansão das novas cooperativas de agricultores familiares contradizem tais previsões para o mercado de leite brasileiro. Por quê?

Em primeiro lugar, porque, ao lado de grandes empresas multinacionais e laticínios de médio porte, está se consolidando um modelo de organização produtiva baseado em redes de pequenas cooperativas. Tais organizações foram formadas com base na iniciativa de organizações sociais que, diferentemente do modelo tradicional, conseguem alcançar níveis razoáveis de competitividade justamente com os agricultores excluídos. Como conseqüência, em vez da tão propalada exclusão social, a organização econômica redundou, por meio da intervenção dos atores sociais, em uma atenuação do processo de concentração da renda.

Essa não é, todavia, a visão predominante sobre os mercados: a maioria dos estudos concentra-se na análise da concorrência entre as empresas pelo mercado consumidor, mas não aborda o problema da concorrência pelo acesso à matéria-prima. Segundo Fligstein (2001), os mercados são mais bem caracterizados pela relação entre produtores concorrentes de um mesmo segmento – e não pela relação entre produtores e consumidores. Para White (1981), os comportamentos dos agentes econômicos não são orientados por uma demanda amorfa: em vez disso, os produtores observam-se uns aos outros dentro de uma estrutura social em que as ações consideradas mais eficientes são reproduzidas.

As empresas buscam mais do que a maximização de curto prazo dos seus lucros. Querem sobreviver por meio do estabelecimento de relações estáveis com fornecedores e competidores. Para os estudos que se restringem aos pressupostos da economia neoclássica, as firmas são caixas-pretas, impenetráveis ao olhar de um cientista que não leve em consideração as estruturas, as relações sociais e a história que as construíram. Outra limitação teórica importante dos estudos sobre os mercados é que costumam restringir-se ao campo econômico. Entretanto, a formação dos mercados e suas constantes mudanças, bem como os comportamentos econômicos dos indivíduos, são resultado de interações freqüentes entre campos econômicos, políticos e culturais (BOURDIEU, 2005). Sem levar em conta as influências do mundo social, importantes fenômenos econômicos são negligenciados pelos estudos de mercado baseados nas teorias econômicas neoclássicas.

Na verdade, vemos que os mercados são resultados de configurações de interesses econômicos e relações sociais (SWEDBERG, 2003) que se estabelecem de diferentes formas, dependendo da estrutura e da posição que cada agente ocupa no campo de forças. Cada agente constrói estratégias de luta e de cooperação. Alianças entre empresas, cooperativas, sindicatos e produtores são estratégias encontradas pelos agentes econômicos para estabilizar as relações entre competidores. São coalizões de interesses e compromissos, muitas vezes na esfera dos domínios políticos, que permitem a estabilização dos mercados (FLIGSTEIN, 2001).

Se existem então condições específicas em que os mercados apresentam características particulares para determinado território, poderíamos conceber a existência de mercados territoriais? Mercados são arenas sociais em que ocorrem trocas estruturadas, que por sua vez necessitam de regras e estruturas sociais para guiar e organizar as transações. A formação de um mercado territorial consolida-se à medida que as organizações, neste caso as cooperativas, formem instituições peculiares no território em questão.

Os mercados de leite caracterizam-se por interações complexas entre diversos agentes. Para que essas interações se estabilizem, é necessário que os atores compartilhem pressupostos cognitivos, padrões habituais e regras para governar novas interações. Ou seja, para que se formem mercados com características específicas em um território, é necessário que existam nele determinadas estruturas sociais. De acordo com Fligstein (2001), essas estruturas podem ser classificadas em quatro categorias, a saber: direitos de propriedade, estruturas de governança, regras de troca e concepções de controle.

A primeira categoria, *direitos de propriedade*, define as relações sociais entre os proprietários e o conjunto da sociedade, produzindo dois tipos de estabilidade: definem o poder nas relações intra e interfirmas. A segunda categoria, *estruturas de governança*, refere-se às regras gerais, tanto formais quanto informais, de uma sociedade, que estabelecem relações de cooperação e competição e limitam o modo de organização dessas sociedades. A terceira categoria, *concepções de controle*, reflete arranjos específicos de mercado entre atores de firmas segundo princípios de organização interna, táticas de cooperação e competição, e hierarquias ou o ordenamento das firmas em determinado mercado. A concepção de controle é uma forma de "conhecimento local" (GEERTZ, 1983). É um produto historicamente específico a cada indústria, a cada sociedade e cultura, à medida que forma um tipo de compreensão e práticas disponíveis em um mercado. Por fim, a quarta categoria, *regras de troca*, define quem pode transacionar com quem, e as condições em que essas transações são realizadas, sendo que a padronização de produtos é cada vez mais importante nesse contexto. As mudanças nos mercados de leite promovidas pelas cooperativas são analisadas sob o ângulo dessas estruturas sociais.

Uma série de fatores faz com que haja uma grande concorrência no mercado de leite na região Sul do Brasil. As empresas engajam-se em uma dura guerra de preços para garantir o acesso à matéria-prima. As novas cooperativas, mediante a organização de um grande número de produtores, conseguiram elevar os preços recebidos, porém com freqüência as empresas utilizam a mesma estratégia para conquistar novos produtores. O principal objetivo dessa pesquisa foi compreender como as cooperativas conseguiram garantir a estabilidade da oferta de leite em um ambiente tão competitivo e dispondo de pouquíssimos recursos econômicos. Uma questão que se apresenta como um grande desafio para a ciência econômica e para os tradicionais estudos de mercado é: por que os produtores de leite se mantêm fieis às cooperativas, mesmo quando recebem propostas de preços melhores por parte das empresas concorrentes?

Essa questão será analisada à luz da sociologia econômica e confrontada com evidências empíricas levantadas em três sistemas de cooperativas de produtores de leite localizadas nas regiões sudoeste do Paraná, oeste de Santa Catarina e noroeste do Rio Grande do Sul. Por meio de entrevistas com dirigentes e técnicos de cooperativas, produtores e lideranças de organizações sociais, identificaram-se as relações sociais, as formas de organização e as instituições que estruturam o mercado de leite nessas regiões. Além disso, foram reconstruídos processos históricos que levaram à mudança nas relações entre os produtores e as indústrias, e à formação das cooperativas. Nas próximas sessões, são analisadas as características do mercado de leite na região, as formas de organização das cooperativas e as relações sociais entre organizações e agricultores familiares. Ao final, são apresentadas as conclusões a respeito do papel que as habilidades sociais dos agricultores familiares e suas cooperativas cumpriram na conquista de maiores espaços no mercado de leite da região.

O MERCADO REGIONAL DE LEITE

O tradicional mercado de leite caracterizava-se por um comércio local, em geral pouco regulamentado por regras formais, com predomínio de pequenos produtores e laticínios artesanais, em uma cadeia de produção curta, com poucos intermediários entre os produtores primários e os consumidores, e baixo valor agregado aos produtos. Era a época do leiteiro, que deixava o leite à frente da porta do consumidor. Desde então, a intervenção estatal passou a ter influência constante no mercado de leite. De 1945 a 1991, o principal instrumento de regulação do mercado foi o tabelamento de preços, que, junto com os programas sociais de distribuição de leite, por meio das compras institucionais, fizeram com que os governos passassem a ser os principais demandantes do produto. Segundo Carvalho (2005, p. 3), no final dos anos 1990, os programas sociais consumiam aproximadamente 30% do total do leite tipo C produzido no Brasil. Nesse período, o governo adotou mecanismos indiretos de orientação da produção, mediante políticas de crédito, pesquisa e assistência técnica.

A ação do Estado no mercado de leite foi alvo de muitas críticas. O tabelamento foi apontado como principal fator responsável pela baixa produtividade e qualidade dos produtos lácteos, com a existência de indústrias com grande capacidade ociosa e sérios problemas de gestão e de eficiência. A crise crescente do setor ampliou a dependência de importação, que, junto com o fim do tabelamento, levou a uma grande mudança institucional no setor e à formação de novos arranjos produtivos.

Segundo Pilati (2004, p. 12), por serem produtos perecíveis e de giro rápido, os lácteos caracterizam-se por compras repetitivas. Porém, são muito sensíveis às oscilações de preço, qualidade, atendimento e serviços de logística dos ofertantes. Muitas vezes, a mudança de 1 centavo no preço de 1 litro de leite, por exemplo, pode influenciar na decisão de indústrias, atacadistas e supermercados. Ou seja, o mercado de leite é caracterizado por forte concorrência, tanto no acesso à matéria-prima quanto na oferta para o mercado consumidor. Apesar da crescente concentração da industrialização de leite em grandes empresas de atuação global, o mercado de leite apresenta pesada concorrência nas duas pontas da cadeia. É, em suma, um mercado com grande instabilidade, provocada pelas constantes oscilações na oferta nas regiões produtoras, além de muito sensível às oscilações econômicas, aos subsídios governamentais, à política cambial e às variações climáticas.

Apesar do ambiente instável, na última década a produção brasileira de leite cresceu 48%; o consumo interno cresceu 42%, ao passo que as importações reduziram-se em 82% e as exportações cresceram 666% – o que levou, em 2004, a uma balança comercial positiva. Por outro lado, desde 1973 o preço do leite vem apresentando queda constante (NEVES e outros, 2005).

A maioria das pesquisas indica que há um crescente processo de globalização nos mercados de leite, baseado em algumas grandes mudanças. Primeira, a abertura comercial do início dos anos 1990, que elevou os padrões de competitividade, obrigando as empresas a adotar novas estratégias, reduzir custos, aumentar a escala de produção e melhorar a qualidade do produto. Segunda, a adoção da tecnologia de esterilização do leite e da embalagem longa vida, que transformou o leite em uma *commodity*, permitindo a comercialização a longas distâncias e o armazenamento do produto por prazos longos. Terceira, o aumento de fusões e aquisições, principais estratégias utilizadas no final dos anos 1990 e início dos anos 2000. Entre 1989 e 1999, por exemplo, a Parmalat adquiriu 22 plantas industriais e a Nestlé, outras 8 plantas. Esses casos foram considerados uma tendência para o setor (CARVALHO, 2005, p. 5).

Em quarto lugar, a regulamentação da qualidade do leite está provocando grande reestruturação nos sistemas produtivos e na relação entre as indústrias e os produtores, principalmente com a entrada em vigor da Portaria 56 do Ministério da Agricultura, a qual estabelece novos padrões técnicos, higiênicos e sanitários para a produção de leite. Adicionalmente, os elevados investimentos no setor deverão, segundo as previsões, causar grande exclusão de produtores que não tenham condições de ter acesso aos recursos necessários para manter a atividade.

Uma das principais limitações dessas análises é sua tendência de sobrepor a importância de fatores exógenos e não levar em conta as estratégias utilizadas pelas empresas e organizações para ocupar melhores posições no mercado. Se fossem consideradas as relações endógenas entre as indústrias e os produtores de leite, seriam observadas situações específicas nas quais os mercados de leite, em importantes regiões, mantêm características locais, determinadas por instituições próprias de cada território. O conhecimento concreto revela que o preço não está dado, nem é o resultado abstrato do equilíbrio entre oferta e demanda, mas é objeto de constantes tentativas de manipulação pelo uso do poder de que cada agente dispõe. Todos os mercados são regulados por estruturas sociais. Garcia-Parpet (2003, p. 25-29), por exemplo, mostra que a dinâmica de um mercado é permanentemente influenciada por agentes que se reorganizam, criam laços, fazem acordos, formam redes de comunicação, reduzem a transparência e reforçam vínculos com o objetivo de eliminar a concorrência. Assim, preservar a concorrência depende de um contínuo esforço de controle.

A Mesorregião Grande Fronteira Mercosul, um grande território que engloba o sudoeste do Paraná, o oeste de Santa Catarina e o noroeste do Rio Grande do Sul, ocupa o segundo lugar na produção de leite do país, perdendo para o Estado de Minas Gerais. A região tem uma produção de leite maior, por exemplo, que toda a produção do Uruguai. O leite é especialmente importante na reprodução da agricultura familiar, atingindo quase a totalidade dos estabelecimentos agrícolas do território.

Na região, a produção tomou vulto a partir de meados dos anos 1980 e final dos anos 1990, quando a indústria de suínos e aves promoveu grande concentração da produção, excluindo um grande número de produtores familiares. Com maior densidade de ocupação de mão-de-obra, possibilidade de descentralização de parte da indústria em pequenas unidades e menor valor dos investimentos necessários, a produção de leite foi a melhor alternativa encontrada (TESTA e outros, 2003, p. 15). Ao contrário da suinocultura e da avicultura, que apresentam um mercado muito concentrado em grandes indústrias (Sadia, Chapecó, Perdigão etc.), o mercado de leite tem uma estrutura menos concentrada e com maior concorrência. Muitos produtores de soja, pressionados pelas grandes oscilações de preços e pelas perdas recentes provocadas por variações climáticas, vêm também convertendo suas unidades de produção para a bovinocultura de leite.

Com oferta e demanda crescentes, grande número de empresas disputa o acesso aos produtores. No oeste de Santa Catarina, 51 empresas, sendo 14 cooperativas, 2 laticínios médios, 17 laticínios pequenos, 2 multinacionais e 16 miniusinas, concorrem pelo leite vendido por 40 mil produtores, em 118 municípios (TESTA e outros, 2003, p. 29). Com tal grau de concorrência, as principais empresas não conseguem definir padrões de preço e qualidade, abrindo espaço para novos agentes serem formados e ampliarem posições no mercado. As grandes cooperativas tradicionais perderam espaço, que foram ocupados principalmente por laticínios regionais. Um grande número de pequenos laticínios ainda se mantém na atividade, sustentando-se por meio dos mercados informais.

Mesmo nesse ambiente de grande concorrência, três sistemas de cooperativas da agricultura familiar construíram, em poucos anos, uma participação expressiva no mercado da região. A questão que nos fazemos neste ponto é se a forma de organização desses sistemas ajuda a explicar seu desempenho. É o que veremos a seguir.

A ORGANIZAÇÃO DAS COOPERATIVAS

O sistema Coorlac, criado em 1994, surgiu do processo de privatização da antiga Corlac, Companhia Riograndense de Laticínios e Correlatos, em um processo de negociação conduzido pelos sindicatos de trabalhadores. A empresa enfrentava crise e sucateamento há alguns anos, resultado de grande endividamento com produtores, funcionários e tributos. Após longa negociação entre governo do Estado, produtores e sindicatos, definiu-se um processo de cooperativização. Os postos de recolhimento e indústrias da antiga Corlac foram desmembrados e passaram a ser administrados por cooperativas. Atualmente, esse sistema é formado por uma central estadual, pela Coorlac, quatro centrais regionais e 22 cooperativas singulares. Destas, 21 são formadas por agricultores familiares e uma é formada por ex-funcionários da estatal. A Coorlac ocupava, segundo dados de 2002 da Associação Brasileira dos Produtores de Leite, a décima sétima posição no *ranking* nacional de empresas em volume de produção, com média de 20 milhões de litros por mês, e o sétimo lugar com relação ao número de produtores, com 6 mil associados.

Em Santa Catarina, as cooperativas de leite da agricultura familiar começaram a ser formadas a partir de 2001, pela iniciativa de 26 famílias no município de Arvoredo, com o apoio dos sindicatos da agricultura familiar de Chapecó e Coronel Freitas. Dessa primeira organização foram criadas outras 7 cooperativas que integram a Associação das Cooperativas Produtoras de Leite do Oeste Catarinense (Ascooper). O sistema de cooperativas tem 2.200 sócios que produzem cerca de 3 milhões de litros de leite por mês. A Ascooper tem o apoio de um conjunto de parceiros. Os principais são a Apaco (Associação dos Pequenos Agricultores do Oeste Catarinense), que faz assessoria na gestão da cooperativa e dos produtores de leite, os sindicatos da agricultura familiar, que auxiliam no trabalho de organização dos produtores, e o Sistema Cresol, que oferece crédito para os produtores e cooperativas.

As cooperativas possuem uma organização descentralizada cuja principal função é manter uma relação contínua e estreita com os associados. Cada cooperativa possui uma coordenação formada por representantes dos municípios que fazem parte de sua área de abrangência. Em cada município existe uma coordenação local, e, em cada comunidade, duas ou três lideranças são responsáveis pela relação com os associados. As lideranças comunitárias reúnem-se regularmente com os sócios em cada comunidade para discutir preços, produção e transporte. Esse formato organizacional permite uma relação de proximidade com os associados que resulta em grande participação. As cooperativas não possuem uma estrutura de comercialização e industrialização. Elas atuam exclusivamente no processo de organização dos produtores, e o seu papel é negociar o volume total de produção com as empresas que industrializam leite na região, uma vez que as indústrias não possuem uma estrutura similar de coordenação local para garantir o abastecimento do produto.

No Paraná, o Sistema de Cooperativas de Leite da Agricultura Familiar com Interação Solidária (Sisclaf) é composto por 16 cooperativas singulares e por uma cooperativa central. As primeiras cooperativas do sistema foram formadas em 1998, e a cooperativa central foi criada em 2004. As cooperativas singulares têm abrangência municipal com o papel de organizar grupos de produtores, coordenar a assistência técnica local, e são organizadas por meio de pequenos grupos comunitários. A direção da cooperativa reúne todos os coordenadores de grupos para discutir as condições do mercado, da produção, do transporte, a assistência técnica e as estratégias da cooperativa.

As cooperativas locais integram-se em núcleos regionais cujos objetivos são promover a articulação das cooperativas em microrregiões, fazer a negociação com parceiros regionais, coordenar a assistência técnica, controlar a coleta e a qualidade do leite. A cooperativa central tem o papel de formular estratégias e projetos para o sistema, prestar serviços de apoio às cooperativas e representar o conjunto das organizações. O sistema possui 2 mil associados que produzem, em média, cerca de 2,5 milhões de litros de leite por mês. Para administrar esse complexo sistema de logística, cada cooperativa possui apenas um pequeno escritório, com um funcionário e um ou dois dirigentes parcialmente liberados para o trabalho de organização, cadastramento, negociação com empresas, pagamento aos cooperados e venda de insumos e equipamentos.

Os três sistemas de cooperativas de leite reúnem-se no Fórum Sul do Leite, uma organização criada em 2003 com o apoio do Sistema Cresol, da Federação dos Trabalhadores da Agricultura Familiar da Região Sul (Fetraf-Sul) e de ONGs. O papel dessa organização é representar os três sistemas na negociação de políticas públicas relacionadas à cadeia de produção de leite, promover intercâmbios entre os sistemas e a negociação de projetos de capacitação e assistência técnica, e sua principal função é ampliar o acesso a recursos públicos.

A análise do papel das organizações na estruturação dos mercados é um tema central para a Economia Institucional. Segundo a economia dos custos de transação (WILLIAMSON, 1989), são os altos custos de contratação, monitoramento e *enforcement* que as empresas têm que assumir para se relacionar com grande número de pequenos produtores que explicam a opção preferencial por poucos produtores de grande escala. O acesso dos agricultores familiares aos mercados de leite por meio da venda de matéria-prima para grandes laticínios só seria possível com sistemas de governança que viessem a possibilitar uma redução dos custos de transação.

No entanto, mais do que reduzir os custos de transação, as cooperativas de leite conseguiram desenvolver e mobilizar, de forma eficiente, importantes recursos que propiciaram a sua expansão no mercado. Em primeiro lugar, elas criaram um tipo de *capital tecnológico* (BOURDIEU, 2005, p. 25), originalmente desenvolvido nas cooperativas de crédito e utilizado nas cooperativas de leite. A capacidade de criar essa complexa organização depende de uma série de procedimentos e competências únicas, que Geertz (1983) define como *conhecimento local*, construído por uma longa história de relacionamento entre as organizações e os agricultores familiares. Em segundo lugar, as cooperativas conseguiram transformar em capital econômico um *grande capital* simbólico baseado em forte identidade dos agricultores familiares que estimula a confiança, a credibilidade e o reconhecimento da organização. É essa capacidade de mobilizar diferentes formas de capital como estratégia de alçar agricultores familiares pobres a posições de maior destaque no mercado de leite que chamamos de habilidades sociais das cooperativas.

HABILIDADES SOCIAIS

As teorias baseadas na Economia Institucional analisam a condição de as empresas ampliarem a participação nos mercados em função da capacidade que possuam para adotar estruturas organizacionais, sobretudo estratégias financeiras, estratégias de formação de preço e controle de propriedade, adequadas às condições de mercado (KARLSON, 2005). Além dos aspectos econômicos, o acesso dos agricultores familiares na cadeia do leite dependeria ainda de uma "coordenação eficiente" facilitada por governos que contribuíssem para a redução dos riscos e dos custos de governança, facilitando o fluxo de informações, o acesso a crédito, seguro e organizações de P&D (ZYLBERSZTAJN, 1995).

As cooperativas, em particular, apresentam problemas específicos nas estruturas de controle de propriedade. Segundo Bialoskorski Neto (1999), como nas cooperativas os direitos de propriedade são difusos, problemas de governança, como assimetrias de informação entre diretoria e associados, problemas de agência e custos de participação são mais freqüentes. Partindo dessa abordagem analítica, as recomendações para controlar a emergência de comportamentos oportunistas acaba por centrar-se nas estratégias de gestão das cooperativas que visem ao fortalecimento das estruturas de representação, na transparência de informação, na redução dos custos de transação, na coordenação contratual, no aumento da participação dos cooperados e na redução dos conflitos de agência (BIALOSKORSKI NETO, 2002).

O ambiente de grande incerteza que caracteriza o mercado de leite exige a definição de regras que regulem o relacionamento entre as organizações, e entre as organizações e os indivíduos. As três cooperativas de leite analisadas neste artigo formaram um ambiente institucional (NORTH, 1990) que possibilita uma interação estável e previsível que permite tanto às cooperativas quanto aos produtores menos capitalizados manterem sua inserção no mercado.

Essa poderia ser uma boa explicação para a fidelidade que os agricultores familiares buscam preservar nas suas relações com as cooperativas em detrimento das melhores ofertas dos grandes laticínios. Parte dos problemas enfrentados pelas organizações e das estratégias por elas construídas pode ser compreendida à luz da Economia Institucional, porém essa abordagem limita-se à análise dos problemas e das estratégias oriundos das relações entre indivíduos e organizações. Uma visão subsocializada do comportamento dos atores, como definiu Granovetter (1985), não permite compreender como as relações sociais se entrelaçam com a vida econômica e como ações coletivas se estruturam na formação dos mercados.

A fidelidade dos produtores com compradores é uma das questões centrais para a concorrência entre empresas no mercado de leite. Segundo o dirigente de um dos sistemas de cooperativas de leite, "é fundamental, determinante, ter controle da matéria prima". As cooperativas precisam de estabilidade, da garantia de que os produtores vão entregar a quantidade de leite compromissada com a indústria. Em todo o mercado de leite das últimas décadas, a principal estratégia utilizada pelas empresas compradoras para atuar em um mercado altamente instável e fortemente competitivo é o estabelecimento de relacionamentos duradouros entre produtores e compradores (NASSAR e outros, 2002). Estabilizar as relações entre indústria e fornecedores é, segundo Fligstein (2001), o principal desafio das firmas. No mercado de leite, a constante guerra de preços é um fator de desestabilização das relações entre os agentes, e por isso as empresas buscam formar coalizões que garantam condições estáveis de acesso à matéria-prima.

Essa relação pode ser analisada à luz dos incentivos econômicos que as empresas oferecem aos produtores, e esse é o tipo de incentivo que as empresas e as cooperativas tradicionais normalmente utilizam. Ademais, nas três cooperativas da agricultura familiar, além dos incentivos econômicos, são mobilizados também incentivos de outra ordem, que passaremos a descrever a seguir.

Incentivos econômicos

A principal estratégia utilizada pelas empresas tradicionais para manter a fidelidade dos produtores é o uso de incentivos econômicos, principalmente por meio de políticas de bonificação. Consiste em um sistema de diferenciação de preço que visa estimular o aumento da produção, da produtividade e a melhoria da qualidade do leite. Dependendo da quantidade e da regularidade da produção, da utilização de equipamentos modernos na produção e no armazenamento do leite, da realização periódica de testes e vacinações, os preços podem variar em até 70% entre produtores de uma mesma região (TESTA e outros, 2003, p. 37).

Com forte crítica à discriminação dos produtores menos capitalizados, a formação das cooperativas de agricultores familiares foi uma alternativa explícita à política de bonificação. No início, todas as cooperativas passaram a adotar um preço único, provocando assim grande elevação do preço recebido pelos pequenos produtores. Porém, as cooperativas vêm sofrendo agressivo ataque das empresas que oferecem preços mais altos para os maiores e melhores produtores. Isso fez com que as cooperativas começassem também a adotar uma política de diferenciação de preços, ainda que mais branda. O combate à bonificação representa, para as cooperativas, forte contradição. Ao mesmo tempo em que foi tema importante da luta política dos sindicatos e um dos fortes motivadores para a criação das próprias cooperativas, sua eliminação reduz a capacidade que as cooperativas têm de manter a relação com os maiores produtores, melhorar a qualidade e aumentar a estabilidade da oferta. Considerando esse contexto político, para as cooperativas esse é um incentivo pouco eficaz.

Outro tipo de incentivo econômico utilizado para garantir a fidelidade dos produtores é a oferta de assistência técnica e financiamento para os produtores de leite. Pesquisa realizada pela Cocel mostra que mais de 80% dos produtores concentram-se nas faixas de produção de 5 a 75 litros de leite por dia. A cooperativa considera que o volume ideal seria uma produção mínima de 100 litros diários, uma faixa em que estão apenas 5% dos produtores. Dos 1.164 produtores de leite, 345 possuíam ordenhadeiras, dos quais apenas 34 possuíam equipamentos de resfriamento a granel; 538 resfriamento de imersão; 550 empregando congeladores e 34 utilizando geladeiras. Os dados mostram que, apesar de todos utilizarem algum tipo de resfriamento para a conservação do leite, as condições de armazenamento são ainda precárias para a maioria dos produtores.

Outra importante restrição é a carência de assistência técnica. Um quarto dos produtores nunca recebeu nenhum tipo de assistência técnica; pouco mais de um terço recebe visitas de técnicos às propriedades uma ou duas vezes por ano; e apenas 8% dos produtores recebem visitas mensais. A inseminação artificial é uma prática mais corrente entre os produtores, pois quase a metade deles a utiliza pelo menos em parte dos animais. Porém, para um terço dos produtores e aproximadamente metade dos animais, essa é uma técnica que nunca foi utilizada. Segundo os dirigentes das cooperativas, as empresas que compram leite na região oferecem assistência técnica apenas para os produtores que entregam acima de mil litros por mês. A maioria dos pequenos produtores, portanto, não tem acesso a esse importante serviço. Nesse sentido, é evidente por que os produtores vendem sua produção para as cooperativas, mesmo recebendo preços menores devido ao acesso à assistência técnica, inseminação, capacitação e financiamento.

Para viabilizar o financiamento, as cooperativas de produtores de leite têm forte relação com cooperativas de crédito. Assim como ressalta Granovetter (2001), as ligações estreitas entre agentes financeiros, produtores e comerciantes são determinantes nos processos de inovação. A necessidade de implantação da coleta e transporte de leite resfriado a granel obrigou os produtores a instalar resfriadores de leite nas propriedades. Muitas empresas passaram a financiar os produtores para a aquisição do equipamento, constituindo assim uma forma de dependência entre produtores e empresas. As cooperativas de crédito do Sistema Cresol oferecem serviços financeiros para a produção de leite, especialmente financiamento para a aquisição de equipamentos, de animais, prestando ainda serviço de pagamento dos produtores. Segundo técnicos da Cresol-Baser, no último ano, 60 a 70% da carteira das cooperativas de crédito da região foram destinados a financiamentos da produção de leite.

Os incentivos econômicos são muito criticados por lideranças locais e mesmo pelos próprios dirigentes das cooperativas como uma forma tradicional de exclusão. É uma contradição permanente entre a racionalidade econômica e os objetivos sociais das cooperativas. Porém, mais do que engessar as organizações em infindáveis discussões e conflitos internos, essa contradição força as organizações a buscarem inovações que possibilitem a combinação de eficiência econômica e inserção social (MAGALHÃES, 2005). A solução desse conflito foi, em parte, viabilizada pela importância menor que os incentivos econômicos têm para as cooperativas em comparação com as grandes empresas, graças aos incentivos não econômicos desenvolvidos no processo histórico a partir do qual as cooperativas foram criadas.

Incentivos não econômicos

A fidelidade dos produtores é garantida, sobretudo, por incentivos simbólicos mobilizados pelas cooperativas, que se baseiam na identidade que os produtores familiares têm com os vínculos comunitários e na identidade política construída pelos sindicatos da agricultura familiar.

Para compreender como esses incentivos influenciam o comportamento dos indivíduos, é necessário ter em mente quais são os objetivos da ação nas relações sociais subjacentes às transações econômicas. Para Fligstein (1999), o objetivo básico da ação é obter a cooperação dos outros atores, sendo esse o resultado de identidades coletivas, mais do que de interesses individuais. A habilidade para obter cooperação pode ser vista genericamente como uma habilidade social cuja base cognitiva vem da psicologia social, em especial da corrente do interacionismo simbólico (MEAD, 1934), segundo a qual os indivíduos agem conforme suas crenças e valores, esses são os princípios elementares de sua identidade. Os valores e as crenças organizam os objetivos e os meios sociais que os indivíduos utilizam para atingi-los.

As relações entre as cooperativas e os produtores foram fortalecidas por meio de laços comunitários, por uma simples, porém determinante, mudança no sistema de transporte do leite. O controle do transporte é uma importante estratégia de concorrência no mercado de leite. Os *freteiros* ou *transportadores* são os agentes que fazem a coleta de leite nas propriedades e atuam como intermediários na relação entre indústria e produtores. A relação entre produtores e *freteiros* vai muito além do que aparenta ser apenas uma prestação de serviços. O contato freqüente, quase diário, e de longo período entre os produtores e os *freteiros* cria relações de proximidade e laços de confiança (ABRAMOVAY, 2000, p. 301) que são determinantes na concorrência entre as empresas. Às relações de mercado são sobrepostos vínculos políticos, de vizinhança, de parentesco, de reciprocidade etc.

Mesmo recebendo preços mais baixos, alguns produtores mantêm a fidelidade com indústrias devido aos laços de compromisso com os *freteiros*.

Como relata um produtor familiar de leite em Francisco Beltrão, no Paraná: "Muitas famílias não saem da empresa porque o freteiro é bom, mesmo que receba 10 centavos a menos." Diversos outros serviços necessários à atividade de produção ou às variadas necessidades das famílias são atendidos pelos *freteiros*. Essa relação de dependência que o sistema tradicional de transporte impõe aos produtores reduz a liberdade de escolha no mercado. Nessas relações, estabelecem-se regras de troca que definem quem pode transacionar com quem e as condições em que as transações são realizadas.

A substituição dos intermediários externos por intermediários da própria organização, normalmente pessoas escolhidas nas comunidades, significou importante mudança nos direitos de propriedade, estabelecendo-se novas relações de poder e hierarquia. As linhas passaram a ser coordenadas pelos próprios produtores, com o apoio de lideranças locais e representantes da cooperativa, fazendo com que os laços comunitários passassem a ter um peso primordial nas relações entre os produtores e as organizações.

Incentivos simbólicos também se expressam por meio da identidade dos produtores com os sindicatos da agricultura familiar, o que contribui expressivamente para gerar forte coesão social entre os associados. A maioria das cooperativas foi formada por lideranças dos sindicatos que passaram a exercer cargos de direção nas duas organizações. Essa proximidade permite importante combinação entre racionalidade econômica na gestão das organizações e uma coesão social que fortalece os vínculos.

No entanto, a relação com os sindicatos não é isenta de tensões. Em muitos municípios, as cooperativas têm grandes dificuldades relacionais com esses organismos. As cooperativas buscam construir sua autonomia e uma racionalidade baseada na viabilidade econômica e na relação com os mercados, enquanto os sindicatos se orientam e tentam orientar as cooperativas segundo seus objetivos políticos. Reivindicam inclusive maior contribuição financeira das cooperativas para as lutas e as mobilizações organizadas pelos sindicatos. As cooperativas não discordam da importância que as lutas sindicais têm para a sua própria viabilidade econômica, mas defendem que a sua contribuição deve ser orientada por resultados concretos.

Um segundo ponto de tensão refere-se à visão sobre os mercados. Os sindicatos possuem visões de mundo eminentemente avessas às regras dos mercados, enquanto as novas concepções de controle formadas pelas cooperativas de leite foram resultado de mudanças culturais, sobretudo de um processo de racionalização econômica constantemente questionada pelas organizações sindicais. Dessa maneira, a formação desse campo estruturado pelas organizações da agricultura familiar pode ser caracterizada por um sistema de oposições fundamentais: a combinação conflituosa de racionalidade econômica e cultura política. Processo semelhante a esse foi descrito em um trabalho sobre as cooperativas de crédito no sertão da Bahia, onde a adesão à racionalidade econômica não levou necessariamente ao abandono dos valores que serviram de fundamento à construção histórica da comunidade e à sua coesão (MAGALHÃES, 2005, p. 136). Pelo contrário, a eficiência econômica e o resultado social da ação de organizações econômicas e movimentos sociais explicam-se, justamente, pela associação existente entre a racionalidade econômica e a cultura política dos movimentos. Essa combinação quase inusitada é a característica central que define a forma singular como as cooperativas construíram a sua capacidade de competir nos mercados.

CONCLUSÃO

Os estudos tradicionais que se valem apenas de preços e mercados não são capazes de compreender como os resultados históricos de construções sociais e a habilidade de atores para a mobilização de diferentes formas de capital alteram as estruturas de um mercado e determinam as novas posições que os atores passam a ocupar. Neste estudo sobre o papel das cooperativas no mercado de leite, apesar das diferenças de estilo e de pressupostos, as abordagens da Sociologia Econômica e da Economia Institucional destacam, com importante complementaridade, as formas concretas de interação social nos mercados. Ao contrário das abordagens neoclássicas, que tratam os mercados como mecanismos de formação de preços que podem ser conhecidos de maneira dedutiva, em uma análise institucional e sociológica dos mercados as propriedades são muito mais particularizadas, conhecidas por meio de métodos fundamentalmente indutivos e baseadas na reconstrução de processos históricos (ABRAMOVAY, 2004).

A *Economia Institucional* possibilita identificar a existência de altos custos de transação na relação entre produtores de leite e indústrias de processamento, fazendo com que o controle do mercado por parte das grandes empresas seja parcial. Ao lado dessa conclusão, a *Sociologia Econômica* mostra que em um mercado caracterizado pela presença de grande número de pequenas, médias e grandes empresas, que interagem num processo de grande concorrência, em que as empresas líderes não estão definidas, as habilidades sociais são determinantes para que certas organizações ocupem um espaço de destaque.

A falta de capital econômico é compensada, nas cooperativas, por fortes e densos capitais, especialmente simbólico, social e tecnológico. As organizações da agricultura familiar desse território conseguem mobilizar essas diferentes formas de capital, constituído ao longo de décadas de organização social iniciada pelas Comunidades Eclesiais de Base e levada adiante pela ação política, pedagógica e organizacional patrocinada por sindicatos de trabalhadores rurais e por ONGs.

Uma visão histórica dos movimentos sociais da agricultura familiar revela mudança estratégica substancial nas suas visões sobre os mercados: o esforço de formação de projetos políticos e sociais novos, cujos objetivos centrais são ampliar a participação da agricultura familiar nos mercados ao lado da ação tradicional que visa buscar maior acesso aos recursos públicos. Essas novas habilidades dos movimentos sociais da agricultura familiar materializam-se na forma de estruturas de governança formadas pelas cooperativas com dois focos fundamentais. O primeiro torna-se compreensível pela abordagem da *Economia Institucional* e evidencia a formação de sistemas de governança eficientes no campo das relações sociais e econômicas entre os produtores e as organizações. O segundo emerge à luz da *Sociologia Econômica*, evidenciando a formação de forte identidade comunitária e política entre as organizações da agricultura familiar e entre os agricultores familiares. Ou seja, as estratégias construídas pelas organizações para garantir a relação estável com os produtores não se restringem ao campo econômico. A combinação de princípios ideológicos e capital simbólico que garanta a coesão social de grande número de lideranças comunitárias, sindicais e de outras organizações sociais, aliada a uma capacidade de gestão econômica racional na relação com o mercado e na administração das cooperativas, forma um tipo de controle que tem se mostrado eficiente e capaz de concorrer com grandes empresas multinacionais do setor. A criação das cooperativas modificou tradicionais sistemas de hierarquia e dominação social, como, por exemplo, a relação entre *freteiros* e produtores, e a relação de dependência financeira entre agricultores e indústrias de leite, formando novos laços entre os agricultores familiares e as organizações. A capacidade de organização, aliada à capacidade de formar coalizões com algumas indústrias regionais de médio porte, faz com que as cooperativas de agricultura familiar ocupem parcela importante e crescente do mercado.

As cooperativas de leite formaram também estruturas de governança com o objetivo de estreitar suas relações com os governos e ampliar o acesso às políticas públicas. Os principais projetos financiados com recursos públicos, como capacitação, assistência técnica, infra-estrutura e crédito, são fruto da negociação direta entre o Fórum Sul do Leite e o Sistema Cresol de cooperativas de crédito e instâncias federais do governo, especialmente o Ministério do Desenvolvimento Agrário, o Banco do Brasil e o BNDES. As negociações entre as cooperativas de leite e de crédito com o governo são articuladas de forma mais ou menos planejada com as lutas sindicais. A organização sindical exerce o papel político amplo e relativamente difuso de promover maior visibilidade da agricultura familiar na sociedade e exercer pressão política sobre o governo.

As cooperativas de leite da agricultura familiar são organizações setoriais que têm fortíssima repercussão sobre o conjunto do território, já que elas se voltam para a coordenação de um conjunto de atividades nas quais se envolvem milhares de atores econômicos locais. Apesar do papel econômico muito bem determinado, as cooperativas exercem também importante influência sobre outros campos de relações sociais dos territórios, mostrando que existe forte entrelaçamento entre campos econômicos, políticos, sociais e culturais.

Por fim, esta pesquisa sobre o mercado de leite contribui para o debate sobre um importante aspecto conceitual e, ao mesmo tempo, operacional das políticas de desenvolvimento rural. O novo enfoque traz ganhos significativos em comparação com a visão exclusivamente setorial das políticas de desenvolvimento. A análise desse mercado mostra que os enfoques setoriais e territoriais, tanto do ponto de vista teórico quanto da operacionalização de políticas, poderiam e deveriam ser complementares. Além disso, do ponto de vista teórico, a análise das interações sociais, base do próprio conceito de território e de mercado, também deveria incorporar a análise dos interesses econômicos e políticos dos atores, suas visões de mundo e formas de racionalidade, bases sobre as quais se estabelecem os conflitos e as coalizões entre os atores sociais e a partir das quais podem ser melhor compreendidas. Ou seja, uma compreensão mais nítida dos mercados depende da observação das condições específicas da sua formação histórica em cada território.

AGRADECIMENTO

Esse artigo foi elaborado com base em pesquisa feita no âmbito do programa Movimientos Sociales, Gobernanza Ambiental y Desahollo Territorial Rural, do Rimisp – Centro Latinoamericano para el Desarrollo Rural – realizada no Brasil pela Fundação Instituto de Pesquisas Econômicas (FIPE), com o projeto As Forças Sociais dos Novos Territórios – O caso da Mesorregião Grande Fronteira Mercosul. Agradeço ao Prof. Ricardo Abramovay e a Mônica Schroder pelo trabalho conjunto e pelos importantes comentários sobre o artigo.

REFERÊNCIAS

ABRAMOVAY, R. O capital social dos territórios: repensando o desenvolvimento rural. *Economia Aplicada*, v. 4, n. 2, p. 379-397, 2000.

ABRAMOVAY, R. Entre Deus e o Diabo – mercados e interação humana nas ciências sociais. *Tempo Social*, v. 16, n.2, p. 35-64, 2004.

BIALOSKORSKI NETO, S. A nova geração de cooperativas e a coordenação dos sistemas agroindustriais. II Workshop Brasileiro de Gestão de Sistemas Agroindustriais. Ribeirão Preto: FEA-USP, 1999.

BIALOSKORSKI NETO, S. Estratégias e cooperativas agropecuárias: um ensaio analítico. Seminário de Política Econômica em Cooperativismo e Agronegócios. Viçosa: UFV, 2002.

BOURDIEU, P. *As estruturas sociais da economia*. Política & Sociedade, n. 6, 2005.

CARVALHO, V. R. F. Indústria de laticínios no Rio Grande do Sul: um panorama após o movimento de fusões e aquisições. 1° Encontro de Economia Gaúcha. Porto Alegre: FEE, 2005.

FLIGSTEIN, N. *Social skills and the theory of fields*. Berkeley: University of California, 1999.

FLIGSTEIN, N. *The architecture of markets*: an economic sociology of twenty-first-century capitalist societies. Princeton and Oxford: Princeton University Press, 2001.

GARCIA-PARPET, M.-F. A construção social de um mercado perfeito: o caso de Fontaines-en-Sologne. *Estado, Sociedade e Agricultura*, CPDA, n. 20, 2003.

GEERTZ, C. *Local knowledge*. New York: Basic Books, 1983.

GRANOVETTER, M. Economic action and social structure: the problem of embeddedness. *American Journal of Sociology*, v. 91, n. 3, p. 481-510, 1985.

GRANOVETTER, M. *A theoretical agenda for economic sociology*. New York: Department of Sociology/Stanford: Stanford University, 2001.

JANK, M. S.; GALAN, V. B. Itambé: o desafio das cooperativas no novo cenário do leite brasileiro. Estudos de Caso, São Paulo: PENSA, 1997.

KARLSON, D. Organizational models in U.S. agricultural cooperatives. SLU, Institutionen för Ekonomi: Företagsekonomi, 2005.

MAGALHÃES, R. S. Economia, natureza e cultura. Dissertação (Mestrado) defendida no Programa de Ciência Ambiental, São Paulo: USP, 2005.

MEAD, G. H. *Mind, self, and society*. Chicago: University of Chicago Press, 1934.

NASSAR, A. M.; NOGUEIRA, A. C. L.; FARINA, T. Pool Leite ABC: inovando na comercialização de leite. Seminários Pensa de Agronegócios: Redes e Estratégias Compartilhadas. São Paulo: PENSA/FIA, 2002.

NEVES, M. F. e outros. *Mapeamento e quantificação da cadeia do leite*. Ribeirão Preto: PENSA/FEA-RP/USP, 2005.

NORTH, D. *Institutions, institutional change and economic performance*. Cambridge: Cambridge University Press, 1990.

PILATI, N. Avaliação dos produtos e serviços da Coorlac na perspectiva do canal de distribuição. Monografia apresentada ao Programa de Pós-Graduação em Administração. Porto Alegre: UFRGS, 2004.

SWEDBERG, R. *Principles of economic sociology*. Princeton: Princeton University Press, 2003.

TESTA, V. M.; MELLO, M. A.; FERRARI, D. L.; SILVESTRO, M. L.; DORIGON, C. *A escolha da trajetória da produção de leite como estratégia de desenvolvimento do oeste catarinense*. Florianópolis: Epagri, 2003.

WHITE, H. C. Where do markets come from? *American Journal of Sociology*, v. 87, n. 3, p. 514-547, 1981.

WILLIAMSON, O. Transaction cost economics. In: SCHMALENSEE, R.; WILLIG, R. D. *Handbook of industrial organization*. Elsevier Science, 1989. v. I.

ZYLBERSZTAJN, D. Estruturas de governança e coordenação do agribusiness: uma aplicação da Nova Economia das Instituições. Tese (Livre Docência) – Departamento de Administração. São Paulo: USP, 1995.

9

CALÇADO DO VALE: IMERSÃO SOCIAL E REDES INTERORGANIZACIONAIS*

Mariana Baldi
Marcelo Milano Falcão Vieira

---

* O artigo "*Calçado do Vale: imersão social e redes interorganizacionais*", de Mariana Baldi e Marcelo Milano Falcão Vieira, foi originalmente publicado na *RAE-revista de administração de empresas*, v. 46, n. 3, p. 16-27, 2006.

INTRODUÇÃO

O objetivo deste trabalho é analisar como os tipos de laços sociais, a posição e a arquitetura da rede social e interorganizacional afetaram a ação econômica das organizações do setor coureiro-calçadista do Vale do Rio dos Sinos, no Rio Grande do Sul. As abordagens modernas sobre a teoria organizacional preocupam-se principalmente em compreender as ações organizacionais como resposta às contingências ambientais. O ambiente é considerado somente uma variável técnica e o ambiente social é relegado a um papel residual. No entanto, a definição de eficiência econômica não ocorre num vácuo, mas é dependente de uma contextualização social (GRANOVETTER, 1985). O conceito de eficiência é mediado pelos atores dominantes, e as diferentes concepções de eficiência influenciam as formas e os meios pelos quais eles tentam reproduzir a sua dominação.

Dentre as teorias mais utilizadas para explicar a ação econômica pode ser citada a teoria dos custos de transação (TCE). O ponto central da TCE é a transação ou o intercâmbio de bens ou serviços, supondo que os indivíduos ajam de acordo com seus interesses particulares. Para Hall (1990), o ataque mais freqüente a esse enfoque foi desenvolvido por Granovetter (1985), ao defender que as transações econômicas estão, na realidade, imersas nas relações sociais. A pesquisa inicial sobre "imersão social" [*embeddedness*][1] representava uma confrontação direta com esta abordagem.

Neste trabalho – tal como em Granovetter (1985) – busca-se uma perspectiva contextualizada da organização social da ação econômica. Ou seja, procura-se compreender que as ações organizacionais possuem uma dependência e uma autonomia relativas aos quadros culturais e institucionais de cada país, encontrando-se imersas nesses quadros.

O conceito de imersão social é apresentado como um referencial que supera os limites das abordagens comumente utilizadas para identificar e compreender as organizações. A imersão social refere-se ao inter-relacionamento entre estrutura social e atividade econômica, ou seja, refere-se à forma como a atividade econômica é constituída pela estrutura social (POLANYI, 1947; GRANOVETTER, 1985; ZUKIN e DIMAGGIO, 1990). Por sua vez, a ação econômica é entendida como um tipo de ação social economicamente orientada, isto é, orientada para obter certas utilidades. Como salienta Weber (1992, p. 87), "a realidade da ação econômica nos mostra sempre uma distribuição de serviços distintos entre pessoas diversas e a coordenação deles em tarefas comuns, o que, aliás, se dá em combinações altamente diversas com os meios materiais de obtenção".

O conceito de imersão social permite a superação da análise da ação a partir da organização em si, ao considerar a importância dos laços formados pela organização com outros atores, não apenas no que concerne à posição da organização nessa rede de relações,[2] mas também a partir do conteúdo desses laços. Assim, para o desenvolvimento da pesquisa empírica, escolheu-se o setor de calçados[3] do Vale dos Sinos.

IMERSÃO SOCIAL: REDES SOCIAIS E INTERORGANIZACIONAIS

Argumentos sobre imersão social são usados para corrigir o absolutismo do mercado. Em tais concepções, os atores comportam-se como o *Homo economicus* (BARBER, 1995), o qual é freqüentemente tomado como uma característica do comportamento racional e tratado dentro da economia neoclássica como antropologicamente "normal".

Para Polanyi (1947, p. 112), "se os chamados motivos econômicos fossem naturais do homem, teríamos que julgar todas as sociedades primitivas como não naturais". Diferentemente, o autor sugere que o homem econômico não age para proteger seus interesses individuais, mas sim para proteger seus direitos sociais, estando de tal forma submerso em suas redes de relações sociais que seus motivos brotam dessa relação.

Polanyi (1944) é conhecido como o criador do termo "imersão social" (*embeddedness*). Entretanto, sua preocupação não era desenvolver esse conceito *per se*, mas entender a diferença entre o mercado emergente e os antigos sistemas econômicos (GRANOVETTER, 1985; BARBER, 1995; DACIN, VENTRESCA e BEAL, 1999). Seu argumento era de que nunca antes na história humana o *ganho* e o *lucro* tinham assumido um papel tão importante como no emergente sistema econômico capitalista.

Granovetter (1985), que remonta a Polanyi, define a imersão social como residindo em algum lugar entre a ação sub e sobressocializada. Sua preocupação está no fato de que é necessário estabelecer um adequado elo entre as teorias de nível macro e nível micro. Para isso, é necessário ter um completo entendimento dessas relações sociais nas quais as ações econômicas estão imersas.

Dacin, Ventresca e Beal (1999) consideram que Zukin e DiMaggio (1990) ampliam a concepção de Granovetter ao propor que ela se atrela à natureza contingente da ação econômica no que se refere a quatro mecanismos: cognitivo, cultural, instituições políticas e estruturas sociais (estrutural). Enquanto os três primeiros refletem uma perspectiva social-construcionista, o estrutural reflete a necessidade de se compreender como as estruturas de rede e as qualidades de suas relações afetam a atividade econômica. O presente artigo explora este último mecanismo devido à argumentação de Zukin e DiMaggio (1990), que é a mais importante, sem, no entanto, desconsiderar a relevância das demais.

O artigo de Granovetter (1985) tem uma grande influência na utilização do termo "mecanismo estrutural". Como o autor destaca (GRANOVETTER, 1992), a imersão social se refere às relações diádicas dos atores (por exemplo, uma relação entre A e B) e à estrutura da rede de relações como um todo, que afeta a ação econômica e suas conseqüências. O autor pressupõe que, quanto mais contatos mútuos diádicos estejam conectados uns com os outros, mais informações eficientes se tenham sobre o que os membros dos pares estão fazendo. Conseqüentemente, haverá mais habilidade para moldar aquele comportamento, formando-se um grupo coeso. Esses grupos coesos não apenas espalham informação, mas também geram estruturas normativas e culturais que têm efeito sobre o comportamento, e são chamadas por Granovetter (1992) de *redes de alta densidade*.[4]

O comportamento dos indivíduos é afetado pela imersão estrutural porque tem um impacto sobre a informação disponível quando as decisões são tomadas. As conseqüências para as organizações são também moldadas como um resultado da ação econômica cumulativa dos indivíduos. A estrutura de relações nas quais as ações estão imersas afeta o modo como essa modelagem ocorre, bem como suas conseqüências. Assim, se a rede é fragmentada, ocorre uma redução na homogeneidade do comportamento, bem como na formação de normas (GRANOVETTER, 1992).

As organizações são compostas por diversas formas de laços, que podem diferir por serem fortes ou fracos e pelo que flui por meio deles (recursos, informações ou afeição). Por laços fracos, Granovetter (1973) entende aqueles formados por pessoas conhecidas, mas que não pertencem ao círculo íntimo e que podem disponibilizar informações novas. Diferentemente, os laços fortes são formados por pessoas do círculo íntimo e que disponibilizam apenas informações redundantes.

Apesar da reconhecida natureza complexa dos laços, há uma tendência em se enfocar a forma da rede, ou seja, a localização estrutural dos atores mais do que o seu conteúdo (NOHRIA e ECCLES, 1992; POWELL e SMITH-DOERR, 1994; DACIN, VENTRESCA e BEAL, 1999). Para Nohria (1992), é importante compreender os seguintes pontos: que tipos de laços importam; em que circunstâncias e de que maneira; o que leva à formação de diferentes padrões de redes; e como as redes evoluem e mudam ao longo do tempo. Embora a preocupação com a estrutura dos laços seja dominante na literatura, apenas focando o processo é possível entender como os laços são criados, por que são preservados e que recursos fluem por essas relações e com que conseqüências.

Em relação às organizações, Gulati (1995) mostra a importância da confiança na escolha de estruturas de governança e sugere que a seleção das organizações se baseia não apenas nas atividades a serem desenvolvidas, mas também na existência e freqüência de laços anteriores com o parceiro. Quanto ao oportunismo, defende que a confiança nos parceiros domésticos é maior do que nos parceiros internacionais: conseqüências negativas para a reputação são maiores no contexto doméstico.

Gulati e Gargiulo (1999) argumentam que as redes de alianças prévias são uma fonte de informação confiável sobre parceiros potenciais. A informação que flui por meio dessas redes está "à mão". Fontes de informação sobre competências, necessidades e confiabilidade de parceiros potenciais, bem como a sua posição na rede e os laços indiretos com terceiros, estão relacionados aos mecanismos que moldam a criação de novos laços imersos. Adicionalmente, a posição pode influenciar tanto a facilidade para acessar informação detalhada como a visibilidade e a atratividade de uma firma em relação a outras. Se a posição e a centralidade[5] aumentam a atratividade da organização e o acesso à informação, as organizações têm a tendência de procurar parceiros centrais.

Para Hargadon e Sutton (1997), é necessário ir além de uma agenda de pesquisas que abordem somente a posição, para se poder compreender como certos arranjos estruturais produzem benefícios e oportunidades. O trabalho de Burt (1992) contribuiu, nesse aspecto, ao enfocar como certas estruturas melhoram os retornos, argumentando que aqueles que prosperam são os que possuem redes imediatas densas e coincidentes e, além disso, estão ligados às redes mais distantes, caracterizadas por vários contatos não redundantes.

Uzzi (1996, 1997) sugere que duas formas de troca sumarizam as diferentes formas de transição: laços do tipo *arm's-length* e laços imersos. Os primeiros se caracterizam como relacionamentos de mercado e são distinguidos pela natureza não repetitiva das interações, pelo foco exclusivo em questões econômicas e pela falta de reciprocidade entre os parceiros. Enquanto os laços *arm's-length* refletem os relacionamentos específicos da literatura econômica, os laços imersos são caracterizados pela natureza pessoal dos relacionamentos de negócio.

Os laços imersos possuem três componentes que contribuem para a conformidade no comportamento dos parceiros, quais sejam: arranjos para a solução de problemas em conjunto; confiança; e transferência de informação detalhada. Esses componentes são independentes, embora relacionados, pois todos são elementos da estrutura social. A maioria dos relacionamentos interfirmas é caracterizada por laços *arm's-length*, embora eles sejam menos significantes que os laços imersos. Laços *arm's-length* são menos importantes porque as trocas críticas, em termos de sucesso de negócio e volume, ocorrem com o uso de laços imersos (UZZI, 1996). "Confiança" é definida por Uzzi (1997) como um dos elementos-chave dos laços imersos, sendo a crença de que um parceiro de troca não agiria em função de seu auto-interesse, operando como uma heurística.

Uzzi (1997) destacou um paradoxo de imersão social: os mesmos processos pelos quais cria efeitos positivos sobre a habilidade da organização para se adaptar podem também reduzir sua habilidade para tal. Três condições estão relacionadas com esse efeito negativo. A primeira é a perda de uma organização central da rede, que pode impactar a própria viabilidade da rede. A segunda se refere às mudanças nos arranjos institucionalizados que racionalizam o mercado, causando rupturas nos laços sociais, podendo ocorrer instabilidade e perda dos benefícios da imersão. A terceira ocorre quando todos os vínculos entre as organizações na rede estão baseados em laços imersos, diminuindo o fluxo de novas informações, bem como a potencialidade de acessar idéias inovadoras.

No que se refere às redes altamente imersas, Chen e Chang (2004) afirmam que elas propiciam principalmente a capacidade de inovação incremental.

Adicionalmente, a inovação radical ocorre quando as redes são imersas mas compostas por laços diversos.

Os efeitos da imersão social na ação econômica dependem de duas variáveis: a composição da rede e a forma como a firma é ligada à sua rede. Salienta-se que laços imersos aprofundam a rede, enquanto laços *arm's-length* evitam um completo isolamento por demandas de mercado, ou seja, dependendo da qualidade dos laços interfirmas, da posição da rede e de sua arquitetura, a imersão social pode beneficiar ou não a ação econômica.

REFERÊNCIAS METODOLÓGICAS

A estratégia de pesquisa utilizada foi o estudo de caso do setor calçadista do Vale. Os pesquisadores que estudam a imersão procuram realizar suas investigações em setores que são caracterizados por fortes pressões competitivas, tendo em vista que a teoria econômica dominante defende que nesses casos o papel das relações sociais é mínimo (UZZI, 1996, 1997). Relativamente ao objetivo deste estudo, adotou-se uma abordagem predominantemente qualitativa, que foca a identificação de eventos, as atividades e escolhas ao longo do tempo, permitindo a compreensão da dinâmica do processo de estruturação do setor, suas mudanças, seus atores principais e eventos mais marcantes.

As categorias analíticas – imersão estrutural e ação econômica – foram analisadas por meio de uma perspectiva histórica. Assim, buscou-se compreender o processo de estruturação do setor desde a sua formação até os dias de hoje. Os dados históricos e longitudinais foram usados para identificar seqüências de eventos e para analisar como essas seqüências estão relacionadas com antecedentes bem como moldam conseqüências.

Relativamente à pesquisa sobre imersão, utilizou-se uma análise multinível e *cross level* (DACIN, VENTRESCA e BEAL, 1999). Foram analisados as fontes macro, as relações interatores, os atores privados – suas ações e articulações – e as conseqüências disso para as ações econômicas do setor.

Dados primários, oriundos de entrevistas semi-estruturadas, foram combinados com dados secundários para identificar como a imersão constituiu a ação econômica e suas transformações. Dados secundários foram coletados por meio de artigos científicos e dissertações acerca do *cluster* calçadista do Vale, processo de colonização, e de formação e consolidação da identidade teuto-brasileira. Documentos das entidades, revistas especializadas – como, por exemplo, a *Tecnicouro* – relatórios avaliativos realizados por diferentes órgãos do estado também foram utilizados.

Os sujeitos participantes da pesquisa foram os integrantes do grupo de dirigentes das entidades coletivas representativas do setor ou representantes por eles indicados. Representantes do governo estadual também foram entrevistados, perfazendo um total de dez pessoas, as quais atuavam no setor por um período mínimo de 7 e máximo de 37 anos.

A análise dos dados foi realizada de forma descritiva e interpretativa, pautada na literatura, para que fossem identificados os aspectos concernentes à imersão estrutural. A técnica utilizada para analisar os dados primários foi a análise de conteúdo. Por sua vez, os dados secundários foram analisados por meio da técnica de análise documental (LUDKE e ANDRÉ, 1986; SILVERMAN, 1995).

ASPECTOS CONSTITUTIVOS E CONSTITUINTES

Para uma compreensão adequada da estruturação e transformação do *cluster* calçadista do Vale é fundamental que se remeta ao processo de estruturação da antiga colônia de São Leopoldo. Para isso, a pesquisa resgatou o processo de colonização e as relações sociais que permeavam a comunidade, cujo primeiro período foi de 1824 a 1960.

As colônias alemãs foram instaladas próximo às colônias portuguesas, e uma diferença básica entre elas era que os portugueses possuíam grandes lotes, enquanto os alemães tinham pequenas propriedades. Aliada a esse aspecto, a estruturação da colônia em forma de espinha de peixe propiciou uma proximidade física e social dos membros da comunidade alemã, enquanto os portugueses mantinham grandes distâncias entre os vizinhos (SCHÄFFER, 1995; BAZAN, 1997). Simbolicamente, os alemães estavam vinculados a indivíduos rústicos e sem trato social (BAZAN, 1997).

Para Barbosa (1992), hierarquias econômicas, políticas e simbólicas fomentam a criação e consolidação de identidades. Esses elementos facilitaram o contraste e as oposições inerentes à construção de uma identidade coletiva, e os luso-brasileiros passaram a ser identificados como preguiçosos e alcoólicos, enquanto os teutos se percebiam como trabalhadores, honestos, cuja coragem e comportamento eram exemplares. Essas associações acarretaram o surgimento de convenções coletivas utilizadas no cotidiano e nas trocas.

Os estabelecimentos especializados em calçados surgem somente após o acesso a fontes artificiais de energia e a construção da usina hidrelétrica de São Leopoldo, em 1912. A construção de ferrovias também facilitou a comunicação e o escoamento da produção. A crise mundial de 1929 ajudou a fomentar a expansão industrial brasileira, sendo considerada por Ramos (1966) como um fato decisivo para a formação de um mercado interno. Se até a década de 1930 o calçado produzido era feito a mão, a criação da Companhia Hamburguesa de Energia impulsionou a introdução de máquinas, que substituíram o trabalho manual.

A passagem da fase artesanal para a de manufatura teve que superar diversas dificuldades, como a falta de equipamentos e o acesso à energia. Os laços fortes entre os membros da comunidade alemã possibilitaram a formação de redes de alta densidade, constituídas por grupos coesos que, além de compartilharem informações, possuíam estruturas normativas e culturais semelhantes. As trocas econômicas estavam imersas nos compromissos sociais que permeavam a relação dos membros da comunidade. Muitos desses problemas foram sanados por meio de empréstimos financeiros, de máquinas, ou por meio da troca de conhecimentos mediada pela expectativa de reciprocidade que se baseava na coesão social e nos valores étnicos.

A confiança serviu de base para a criação das primeiras empresas calçadistas e estava baseada no senso de pertencimento à identidade teuto-brasileira. Como defendem Gulati e Gargiulo (1999) e Uzzi (1997), a análise da disponibilidade do parceiro, de sua confiabilidade e de sua capacidade estava imersa no contexto social que permeava a comunidade.

Corroborando Gulati (1995), formavam-se sociedades entre o detentor de capital e o detentor de conhecimento, constituídas sob a certeza de que comportamentos oportunistas não ocorreriam em função das conseqüências negativas que isso teria para a reputação daquele ator. Eram os códigos de conduta da comunidade que exerciam o controle sobre a ação. A confiança operava como uma heurística (UZZI, 1997), ou seja, os atores estavam predispostos a assumir o melhor em relação à ação e aos motivos do outro.

O espírito associativo dos imigrantes alemães e de seus descendentes foi percebido por Klein (1991), Schneider (2004) e Schmitz (1995, 1998) como tendo grande importância ao longo da consolidação do setor. Para Klein (1991), essa influência é percebida inclusive no surgimento das diversas instituições associativas ainda existentes (como a ACI – Associação Comercial, Industrial e de Serviços e a ASSINTECAL – Associação Brasileira de Empresas de Componentes para Couro, Calçados e Artefatos). Os vínculos não econômicos desses atores foram significativos no âmbito econômico, pois tiveram papel fundamental tanto nos compromissos sociais firmados pelos empresários como também na própria rede de cooperação empresarial do período em análise (SCHMITZ, 1993).

Os achados desta pesquisa reforçam a importância de se pesquisarem as organizações econômicas considerando-as como socialmente construídas (NOHRIA, 1992) e como conseqüência das ações de indivíduos socialmente situados em redes de relações pessoais. Tanto os dados primários como secundários reforçam o quanto foram importantes os fortes laços estabelecidos entre os atores do setor calçadista nesse período, pois propiciaram soluções conjuntas de problemas e trocas de informações que permitiram a superação das dificuldades. É possível constatar que o comportamento econômico está imerso em redes de relações interpessoais e que os laços sociais possuem papel fundamental na constituição do setor, corroborando os argumentos dos autores de imersão.

As características peculiares da colonização alemã propiciaram o surgimento de uma comunidade coesa, cujos laços de solidariedade foram fundamentais na sua preservação material e cultural. A reconstrução do processo de formação dos laços da comunidade alemã do Vale permite compreender como esses laços fortes foram criados, bem como por que foram preservados. A confiança advinda do senso de pertencimento à identidade teuto-brasileira mostra que ela serviu de base para a criação das primeiras empresas calçadistas, conectando o dono do capital e o detentor de conhecimento por meio do contexto social. A reputação tem um papel crucial nesses casos, pois as conseqüências negativas de um comportamento oportunista dos que estão inseridos naquele contexto social é temida, e o mecanismo de controle que preponderava advinha dos códigos de condutas respeitados por aquela comunidade.

No entanto, como salientou Uzzi (1997), o fato de estar altamente imersa também acarreta efeitos negativos na ação econômica. Assim, as convenções em torno dos empresários luso-brasileiros provavelmente fizeram com que bons negócios deixassem de ocorrer. A seguir serão abordadas as transformações tanto no sentido material quanto no social que construíram uma nova configuração social do setor não somente pela entrada de novos atores, mas também pela nova estruturação social que se estabeleceu entre os atores que já faziam parte do setor e da comunidade.

De 1960 a 1980: uma nova configuração social no setor calçadista

O crescimento durante os anos 1950 e 1960 fez com que as organizações produtoras de calçados se consolidassem financeiramente, e pequenas indústrias se firmaram como fabricantes de máquinas para calçado (KLEIN, 1991). Esse período é caracterizado por um aumento expressivo da produção e atraiu instituições oficiais de crédito que substituíram as antigas Caixas Rurais, surgindo as estruturas de crédito cooperativo. Nesse sentido, para se formarem empresas, o acesso a créditos bancários se tornou mais importante. Conseqüentemente, ficou comprometido o equilíbrio de poder que até então existia entre os detentores do conhecimento da produção e os detentores de capital (BAZAN, 1997).

O empresário passou a ser uma categoria econômica e socialmente diferenciada, ocorrendo uma justaposição entre a identidade teuto-brasileira e uma nova identidade denominada por Bazan (1997) corporativo-empresarial, que congregava os empresários de todo o setor calçadista. Contudo, a identidade teuto-brasileira permaneceu mediando e facilitando as relações de troca. A mudança na importância das redes de reciprocidade firmadas com base nos princípios étnicos ou corporativos se alterou a partir do início de 1970, quando a produção se voltou para o mercado externo. A especificidade da entrada dos calçados brasileiros no mercado americano merece uma atenção especial porque sua trajetória tem importantes efeitos. O surgimento de um novo ator é fundamental na transformação do setor brasileiro: o agente intermediário. Como salienta Schmitz (1995), o significativo período da ação coletiva e institucionalizadora cedeu lugar a uma fase que, comparativamente, pode ser considerada desintegradora.

Bazan (1997) considera que três processos alteraram o padrão produtivo local: a necessidade de incorporação de um número maior de trabalhadores, não mais restritos à comunidade local; a descentralização das plantas industriais, que se transferiram para áreas adjacentes e para o interior dos municípios do Vale; e a intensificação da subcontratação de serviços de terceiros para realizar tarefas que exigiam intenso trabalho manual, desencadeando a origem de grande número de micro e pequenas empresas.

O corporativismo etno-setorial e a orientação cooperação-competição sofreram importantes modificações quando o setor começou a exportar. Se, por um lado, houve o reforço da identidade corporativo-setorial, por outro, houve o recrudescimento das diferenciações entre os diversos segmentos, invertendo-se o padrão de competitivo-cooperativo para competitivo-conflitivo nos anos 1980 (BAZAN, 1997).

Corroborando Klein (1991), os dados primários revelaram que a importância dos agentes está associada à peculiaridade das exportações ao mercado americano, isto é, o próprio produtor, com sua rede de distribuição varejista, se tornou um importador em função de que não é mais capaz de produzir a preços competitivos. Os agentes passaram a preparar as coleções, negociar preço, colocar os pedidos e controlar a qualidade. Os primeiros agentes que surgiram no Brasil eram norte-americanos, ex-fabricantes de calçados.

Para os varejistas, é indiferente a procedência do calçado, contanto que tenham uma margem de lucro atrativa. São os agentes que se encarregam de obter as melhores margens com os canais de comercialização (KLEIN, 1991). Para Schmitz (1995), o papel dos agentes é bastante controverso, pois existe um sentimento de que os lucros dos produtores são alcançados com muito esforço, em contraste com os deles, que não somente são mais "fáceis" como também *excessivamente* altos. Outro fator de descontentamento é a desconsideração das responsabilidades que os produtores demonstraram em contratos prévios, não dando importância à continuidade do relacionamento comercial. Nesse sentido, o *preço* é que passa a determinar a continuidade ou não da relação.

Apesar do importante papel que os agentes possuem na desestruturação da base étnica de sociabilidade, não são eles os únicos que contribuíram para isso. Como os anos 1970 e 1980 foram de crescimento econômico, vários empresários de outras regiões foram atraídos, rompendo a homogeneidade étnica. Entretanto, a etnicidade ainda aparece como justificativa ideológica do sucesso empresarial em função da disciplina, da seriedade e do espírito empreendedor. Contudo, não é mais a base que sustenta a identidade corporativa e setorial (BAZAN, 1997). Permanece atuando também na relação empregador-operário e na relação operário *antigo* (local e de origem germânica) e operário *de fora*. O fator que os diferencia não é a posição distinta no processo produtivo, mas "a simbologia do que significa ser *bom trabalhador*" (SCHNEIDER, 2004, p. 39). Ou seja, disciplina, organização, zelo e capricho estão associados ao trabalhador teuto-brasileiro ou ao operário *antigo*. Na relação entre o operário antigo e o empresário, a convivência nos mesmos espaços sociais e o longo tempo como empregado fomentam a cumplicidade, a reciprocidade e, fundamentalmente, a fidelidade desse trabalhador.

Para o empresário, essa situação é fundamental para o bom andamento da produção, que é por ela estimulada. Por terem um prestígio maior, os operários *antigos* são convidados a ocupar cargos de confiança e de chefia, a formar novas unidades fabris (ateliês), e são privilegiados no repasse das peças de calçado a serem confeccionados (SCHNEIDER, 2004). Nesse sentido, a força dos laços na estruturação do setor aparece como fundamental na compreensão do seu processo.

Para relativizar o papel da etnicidade, salienta-se a sucessão nas empresas familiares, em que jovens empresários assumiam o controle da empresa. Para eles, a etnicidade estava associada a um aspecto afetivo de afiliação, mas não era um elemento norteador. Para os antigos empresários, por sua vez, esses jovens eram encarados como aventureiros, de quem não se podia esperar lealdade (BAZAN, 1997). Dessa forma, os jovens empresários não somente constituíram as bases para o enfraquecimento da etnicidade e de seus valores – tais como honra, reciprocidade e confiança – mas também suas crenças e valores foram constituídos em uma época em que a etnicidade como base de sustentação já vinha se enfraquecendo.

Por outro lado, os agentes possuíam valores bastante diferenciados dos da comunidade. Pode-se inferir que a capacidade desses agentes de transformação das práticas sociais está bastante relacionada com a posição que eles passaram a ocupar no setor, como um dos atores-chave. O agente representava também um fator de intensificação da competição e da rivalidade entre empresas, pois poucas delas mantinham com ele relações mais ou menos estáveis. A impessoalidade das relações de troca e os interesses voltados ao mercado se fortaleceram com a presença do agente, que não compartilhava de uma história social comum aos demais membros da comunidade.

Por outro lado, a identidade corporativa se fortalecia na medida em que o próprio setor tinha um crescimento muito grande no período. Toda essa transformação provocou diversas mudanças nas organizações e possibilitou grandes ganhos aos produtores brasileiros. A internacionalização acarretou a alteração do processo produtivo, consequência do tipo de calçado exportado: milhares de pares de um único modelo e cor. A produção passou a ser organizada por meio de esteiras, e o trabalho fragmentado permitiu o treinamento rápido, a contratação de trabalhadores despreparados e o pagamento de baixos salários.

A separação entre o empresário e o funcionário era quase inexistente até a década de 1970, e as relações de trabalho eram amistosas. No entanto, com a entrada do Brasil no mercado externo e a intensificação do sindicalismo a partir de 1978, as relações de trabalho se alteram. Nesse período também ocorrem mudanças nas relações entre o empresariado. A troca de conhecimento, que era amistosa e mais disseminada, transforma-se.

Outro aspecto importante é a concentração de poder do produtor de calçados, que passou a influenciar a cadeia de acordo com seus interesses. Um exemplo é a interferência dos produtores no governo para que o couro sofresse restrições de exportação. Esse fato acabou gerando a criação da Aicsul (Associação das Indústrias de Curtume do Rio Grande do Sul). Além de terem seu pleito atendido, os produtores passaram a importar da Argentina o couro semi-acabado, e criaram em suas próprias instalações o processo de acabamento, tornando-se mais independentes do setor de curtume brasileiro. Os empresários de curtume se ressentiam de que os incentivos governamentais beneficiavam somente os fabricantes de calçados, apesar de sua tradição exportadora. Esses fatos refletiram-se na relação de poder e barganha entre o setor produtor de calçados e o setor de curtume, pois este último não possuía outros canais de comercialização a não ser o canal interno. Como conseqüência, os produtores de calçados concentraram grande poder na cadeia.

Com o aumento das exportações, também se ampliou o conflito de interesses entre produtores e fornecedores referente à facilitação na aquisição de matérias-primas e equipamentos no exterior. Entre os próprios produtores também existiam divergências, principalmente entre aqueles voltados para o mercado interno e os que atendiam ao mercado externo. Bazan (1997) afirma que os exportadores passaram a ser beneficiados pelo governo, acirrando as diferenças entre o empresariado tanto em termos do tamanho das empresas quanto do mercado que atingiam. A principal diferença hierárquica era entre as grandes e as pequenas e médias empresas. A importância para a economia estadual e nacional dos produtores de calçados fez com que os empresários se organizassem mais no âmbito político-institucional, assumindo prefeituras, tornando-se deputados estaduais e secretários, e instituindo também os *lobbies* setoriais. Os dados revelam que a distribuição dos recursos pelo governo refletia tal hierarquia.

Em conseqüência, se até meados de 1970 a ACI representava os interesses de todas as organizações do setor, os interesses divergentes originaram diversas instituições, como a Assintecal Abrameq (Associação Brasileira das Indústrias de Máquinas e Equipamentos para os Setores do Couro, Calçados e Afins) e Abaex (Associação Brasileira dos Exportadores de Calçados e Afins). Para Schmitz (1995), a identidade sociocultural foi elemento de base para a reciprocidade e a confiança até o início da década de 1970, enquanto os laços culturais se tornaram mais fracos e tiveram menor influência nos relacionamentos interfirmas na maior parte de 1970 e 1980.

No entanto, essa fase de expansão se alterou a partir do final de 1980, quando a demanda dos países europeus e dos Estados Unidos começou a ocorrer em períodos mais esparsos. Ao mesmo tempo, observou-se a entrada no mercado de países asiáticos, cujos salários eram menores. Os pedidos passaram a ser feitos cada vez mais próximos do momento da venda, em lotes menores e mais diversificados (BAZAN, 1997). O final de 1980 e início de 1990 também se caracterizou por ser um período turbulento no Brasil. Essas mudanças resultaram na falência de diversas empresas de grande porte, e os grandes departamentos de produção deram lugar às minifábricas, que passaram a ter células de produção. Investiu-se em treinamento e buscou-se redução do *turnover*.

Assim, a viabilidade das pequenas empresas aumentou como decorrência do aumento da subcontratação. E em função do aumento nas exigências de qualidade, o fato de as operações serem realizadas fora da organização tornou mais difícil o alcance da qualidade, baseando a relação puramente num padrão de mercado. Portanto, se anteriormente a cooperação interfirmas era fortemente influenciada pela identidade teuto-brasileira, o retorno a esse espírito de cooperação se baseia principalmente nos custos de não cooperar (SCHMITZ, 1995).

COMPREENDER A INSERÇÃO DO *CLUSTER* NO MERCADO MUNDIAL

O calçado do Vale está vinculado à cadeia global de calçados, tendo diferentes destinos, como os Estados Unidos, a Europa, a América Latina e o mercado doméstico. Compreender essa inserção e seus efeitos passa tanto pela *posição na rede* e sua *arquitetura* quanto pelos efeitos disso decorrentes. Como salientam Bazan e Navas-Alemán (2001), as implicações da governança vão muito além de organizar atividades dispersas. Ser o governador da cadeia implica decidir quem vai desempenhar as atividades mais bem remuneradas. O Vale tem como principal mercado exportador os Estados Unidos, país que tem certo controle da cadeia mundial.

Para as autoras, o padrão de governança que prevalece na cadeia americana é o quase-hierárquico, e as razões são: (a) as firmas que lideram detêm o conhecimento essencial das atividades de valor, tais como *design* e marca; (b) se a liderança dessas organizações não for aceita, os compradores possuem diversas alternativas, o que não ocorre com os produtores, pois eles não possuem marca e *design* próprio; (c) para assegurar que os fornecedores vão produzir de acordo com a sua demanda, relações hierárquicas são desenvolvidas para perpetuar o controle sobre todo o processo produtivo; e (d) os compradores barganham preço com os produtores para mantê-los baixo e, por serem organizações de grande porte, exercem poder sobre os produtores e agentes.

Os produtores calçadistas brasileiros não tinham conhecimento da logística de comércio global e, assim, aceitaram exportar seus calçados sob a orientação dos compradores, abrindo mão de suas marcas e *designs*. Neste sentido, Bazan e Navas-Alemán (2001) salientam que, inicialmente, ocorreu um retrocesso funcional, pois eles se concentraram no processo produtivo e abandonaram atividades mais sofisticadas que eles já operavam, pelo menos, no mercado interno.

Embora a governança por meio da quase-hierarquia seja bastante limitante no que se refere ao *upgrade* funcional, as autoras concluíram que ela não ocorre no caso da indústria de suprimentos, pois não sofre as mesmas coações que os produtores, tendo em vista que diversas empresas dessa indústria exportam para outros países considerados competidores da cadeia de calçados brasileira.

Os dados primários revelaram que os exportadores da cadeia de suprimentos evitam a utilização de intermediários. Em alguns casos, contratam representantes de vendas ou agentes somente para a comercialização, tendo eles um papel bem diferenciado dos que atuam na cadeia de calçados. Outro fator importante para a independência da cadeia de suprimentos é o fato de as indústrias operarem simultaneamente em várias cadeias globais de valor. No entanto, essa é uma realidade recente, tendo em vista que durante a década de 1990 a cadeia de suprimentos sofreu com a crise do setor calçadista. Para o setor coureiro, as indústrias moveleira, automobilística e de vestuário surgiram como mercados alternativos porque a indústria de calçados vem aumentando o uso de materiais sintéticos.

Observou-se também que as relações cooperativas que existiam anteriormente à internacionalização vêm sendo recuperadas desde meados da década de 1990. No entanto, o seu retorno não está mais alicerçado na base da etnicidade. Dentre as ações voltadas para a cooperação, pode ser citado o Programa Calçado do Brasil, lançado em 1994 pelos principais atores do setor. No entanto, a sua implementação não ocorreu, e o ano de 1995 é chamado por Schmitz (1998) de *ano da não-ação coletiva*. Para o autor, algumas das maiores empresas que haviam se integrado verticalmente não estavam mais interessadas na eficiência coletiva, pois tinham reduzido sua dependência do *cluster*.

O Programa foi reativado apenas em 1996, tendo como líder a Assintecal, mas logo estava totalmente desarticulado. De acordo com Schmitz (1998), uma das razões foi a obstrução, declarada ou não, de cinco empresas que eram tanto temidas quanto admiradas pelas outras. Eram admiradas porque todas tinham iniciado como pequenas firmas havia duas ou três décadas e agora estavam entre as maiores do mundo, exportando conjuntamente US$ 410 milhões.

O temor era decorrente do relacionamento que elas tinham com o principal comprador dos calçados brasileiros, a empresa norte-americana NW, responsável por 40% das exportações. Tornar-se um fornecedor da NW era o desejo de todo produtor. A posição que as cinco empresas ocupavam na cadeia mundial permitia que elas tivessem um maior acesso a dinheiro, equipamentos, tecnologias, e que angariassem legitimidade, poder e reconhecimento pelas demais organizações, que tanto disputavam o mercado externo como o interno. Em consonância com Gnyawali e Madhavan (2001), por ocuparem uma posição central se pressupõe que possuem algo de valor, retendo poder de barganha. Ressalta-se o fato de essa centralidade ocorrer apenas para o Vale, porque em relação à cadeia mundial eram atores sem capacidade de ação mais efetiva, em decorrência da maneira como estavam inseridos na cadeia global, que fazia com que acabassem agindo em prol dos interesses externos.

CONCLUSÃO

O mecanismo estrutural de imersão social possibilita a compreensão das relações entre os atores tanto no que se refere à rede social quanto à sua inter-relação com as redes interorganizacionais. No caso analisado, o mecanismo estrutural se mostrou fundamental para a compreensão das mudanças ocorridas ao longo da formação do setor e após o processo de internacionalização. Quanto ao processo de internacionalização, diversos aspectos são importantes em torno do agente, quais sejam: sua origem, seus principais vínculos, o papel que exerce na cadeia mundial de calçados e de que forma se pode caracterizar a rede. Corroborando Powell e Smith-Doerr (1994), percebe-se também a importância da maneira como foi formada a rede, que tem muitas conseqüências para as ações dos atores.

Em meados da década de 1970, o agente assume um papel estratégico na rede em relação às exportações. As trocas econômicas do Vale passam a ocorrer num contexto social e culturalmente diferente daquele da comunidade, caracterizando um processo de "desimersão" e reimersão. É importante salientar que não se pressupõe que num processo de "desimersão" ocorra uma substituição *total* de um modo de ver sobre outro, mas que a assimilação de diferentes lógicas e formas de viver são reinventadas e reincorporadas nos padrões daquela comunidade.

A certeza de que comportamentos oportunistas não ocorreriam em função dos códigos de conduta da comunidade perde força na inserção do *cluster* no mercado externo. Corroborando Gulati (1995), percebe-se que as possíveis conseqüências negativas de um comportamento oportunista são mais temidas quando os parceiros estão inseridos no mesmo contexto social.

Os agentes passam a deter o controle sobre todo o processo produtivo e a competência, e a confiabilidade do parceiro passa a se pautar não mais pela identidade étnica, mas pelos interesses econômicos de atores situados em um contexto diverso. Além disso, como salientam Gulati e Gargiulo (1999) e Hargadon e Sutton (1997), por ocuparem uma posição particular na cadeia, os agentes vão ser os primeiros a identificar tanto as oportunidades como as necessidades de grupos diversos, pois preenchem a lacuna no fluxo de informação existente entre o importador americano e o produtor brasileiro. A posição que o agente ocupa e que os atores brasileiros passam a ocupar na cadeia mundial de calçados determina as conseqüências e as oportunidades para a ação econômica.

Baseando-se em Burt (1992), pode-se afirmar que anteriormente à entrada no mercado externo, os atores do Vale possuíam contatos redundantes, ou seja, eram dirigidos às mesmas pessoas que possibilitavam acesso às mesmas informações e aos mesmos benefícios. Dessa forma, as redes em que os atores estavam ligados eram densas e coincidentes, caracterizando-se por uma redundância por coesão. No entanto, contatos não redundantes ampliam os benefícios da rede, pois garantem exposição às diferentes fontes de informação.

O que ocorreu é que os agentes passam a ser os coordenadores da rede, ou seja, os atores centrais que ligam um *cluster* de contatos redundantes (o Vale) a contatos não redundantes (compradores estrangeiros, principalmente o norte-americano). Portanto, embora os benefícios da rede tenham sido ampliados, é o agente que se beneficia ou controla os benefícios, pois estes, de acordo com o conceito de efetividade de Burt (1992), proveram para si e para os compradores norte-americanos o acesso a *clusters* de contatos, aumentando tanto o número como a diversidade de contatos incluídos.

Além dessas mudanças estruturais, acrescentam-se os tipos de laços preponderantes. Se antes da internacionalização laços fortes ligavam os atores, após a entrada no mercado externo laços típicos de mercado ligam os atores do Vale aos seus compradores. Ou seja, o foco estava exclusivamente nas questões econômicas, e a "velha" crença de que o parceiro não agiria em função de seu auto-interesse chega muitas vezes a prejudicar as trocas baseadas em uma outra lógica. Como se constatou, os atores não estavam acostumados à lógica norte-americana dos negócios, tendo como conseqüência diversos negócios que foram desfavoráveis aos atores, pois até o final da década de 1960 a confiança era usada como um mecanismo de governança e as trocas não se pautavam pela necessidade de ter procedimentos formais como contratos.

Os agentes passam a se beneficiar da posição que ocupam na rede e canalizam efeitos positivos para si, pelo fato de terem acesso às oportunidades e soluções que são conhecidas por eles, mas que não são identificadas, apesar de importantes, pelos atores do Vale. Ao manterem desconectados os compradores americanos e os fornecedores brasileiros, ainda perpetuam sua posição e importância na rede, concentrando o fluxo de informações e conhecimento. Essa situação explica o fato de que os agentes foram percebidos de maneira negativa, embora se reconhecesse a importância deles. Por outro lado, pode-se inferir que a capacidade de transformação das práticas correntes deve-se ao fato de este ser um ator central, ou seja, tanto a sua posição na rede quanto a própria arquitetura da rede são fundamentais para a manutenção e a reafirmação de seu poder.

Os dados confirmam que a posição, a arquitetura e o conteúdo da rede que flui por meio dos laços influenciam o comportamento competitivo das organizações, e apontam para a lacuna indicada por Gnyawali e Madhavan (2001) como não estudada explicitamente pelos pesquisadores. Chama a atenção ainda a maneira como os recursos externos influenciam o comportamento competitivo tanto positiva quanto negativamente. No caso específico do Vale, não se realizam atividades geradoras de maior agregação de valor.

Os competidores, antes de serem atores atomizados, estão imersos em uma rede de relações sociais que abarca diferentes níveis e que influencia a sua capacidade competitiva e a sua habilidade de agir e responder à ação dos outros. Nesse sentido, sugere-se a realização de estudos que utilizem a análise de redes para uma melhor compreensão dos fenômenos organizacionais.

Cabe destacar que algumas dificuldades foram encontradas no decorrer da pesquisa empírica, dentre elas, a dificuldade de agendamento com a ABAEX. Entretanto, os dados primários revelaram que ela está "meio desativada", o que pode justificar a impossibilidade de entrevistar um de seus representantes, bem como o fato de que a entidade estava sem um líder que efetivamente a representasse.

Embora este trabalho tenha possibilitado algumas conclusões acerca do relacionamento interorganizacional e, principalmente, sobre redes sociais e organizacionais, outros estudos merecem atenção. Dentre eles, destacam-se: estudos sobre os consórcios em andamento no setor, estudos exploratórios sobre o mecanismo cognitivo de imersão, o qual apresenta um menor nível de conhecimento acumulado.

NOTAS

1 "*Embeddedness*" é o termo original em inglês. Apesar de muitos autores brasileiros o traduzirem como imbricação, esse termo não demonstra com exatidão o sentido do construto. Assim, preferiu-se utilizar "imersão social".

2 A expressão "rede de relações" é entendida como um conjunto de atores que se relacionam direta ou indiretamente. Não se pressupõe que na rede todos os atores estejam horizontalmente posicionados.

3 O setor de calçados é constituído por empresas fornecedoras de componentes para calçados, indústrias de máquinas para calçados, ateliês, agentes exportadores e indústrias fabricantes de calçados.

4 Para Burt (1992), redes densas ocorrem quando cada relacionamento coloca o indivíduo em contato com as mesmas pessoas com que ele já teria contato a partir de outros relacionamentos.

5 "Posição" refere-se à capacidade de definição do sistema social, considerando-se que ela se origina do papel e do *status* que uma organização possui, fruto de suas afiliações e seus padrões de interação (GULATI e GARGIULO, 1999). "Centralidade" refere-se à extensão das relações de um ator a muitos outros no sistema, e à extensão das relações desses a vários outros, tornando esse ator central.

REFERÊNCIAS

BARBER, B. All economies are "embedded": the career of a concept, and beyond. *Social Research*, v. 62, n. 2, p. 387-413, 1995.

BARBOSA, L. *O jeitinho brasileiro*: a arte de ser mais igual que os outros. Rio de Janeiro: Campus, 1992.

BAZAN, L. *Etnia, cooperação e conflito*: mediações da identidade nas relações industriais (um estudo de caso no setor calçadista do Vale dos Sinos). 1997. Dissertação de Mestrado em Sociologia, Universidade Federal do RioGrande do Sul, Porto Alegre, 1997.

BAZAN, L.; NAVAS-ALEMÁN, L. Comparing chain governance and upgrading patterns in the Sinos Valley, Brazil. Artigo apresentado no workshop "Local upgrading in Global Chains", Institute of Development Studies, University of Sussex, 2001.

BURT, R. S. The social structure of competition. In: NOHRIA, N.; ECCLES, R. G. (Eds) *Networks and organizations*: structure, form, and action. Boston: Harvard Business School Press, 1992.

BURT, R. S. The contingent value of social capital. *Administrative Science Quarterly*, v. 42, n. 2, p. 339-365, 1997.

CHEN, C.-J.; CHANG, L.-S. Dynamics of business network embeddedness. *Journal of American Academy of Business*, v. 5, n. 1/2, p. 237-241, 2004.

DACIN, M. T.; VENTRESCA, M. J.; BEAL, B. The embeddedness of organizations: dialogue & directions. *Journal of Management*, v. 25, n. 3, p. 317-356, 1999.

DIMAGGIO, P. Culture and economy. In: SMELSER, N. J.; SWEDBERG, R. (Eds) *The handbook of economic sociology*. Princeton, NJ: Princeton University Press, 1994.

GNYAWALI, D.; MADHAVAN, R. Cooperative networks and competitive dynamics: a structural embeddedness perspective. *Academy of Management Review*, v. 26, n. 3, p. 431-445, 2001.

GRANOVETTER, M. Economic action and social structure: the problem of embeddedness. *American Journal of Sociology*, v. 91, n. 3, 1985.

GRANOVETTER, M. Problems of Explanation in Economic Sociology. In: NOHRIA, N.; ECCLES, R. G. (Eds) *Networks and organizations*: structure, form, and action. Boston: Harvard Business School Press, 1992.

GRANOVETTER, M. The strength of weak ties. *American Journal of Sociology*, v. 78, n. 6, p. 1360-1380, 1973.

GULATI, R. Does familiarity breed trust? The implications of repeated ties for contractual choice in alliances. *Academy of Management Journal*, v. 38, n. 1, p. 85-112, 1995.

GULATI, R.; GARGIULO, M. Where do interorganizational networks come from? *American Journal of Sociology*, v. 104, n. 5, p. 1439-1493, 1999.

HALL, R. H. Desarrollos recientes en teoría organizacional: una revisión. *Ciencia y Sociedad*, v. 25, n. 4, 1990.

HARGADON, A.; SUTTON, R. Technology brokering and innovation in a product development firm. *Administrative Science Quarterly*, v. 42, n. 4, p. 716-749, 1997.

KLEIN, E. *La cadena de distribución y la competitividad de las exportaciones latinoamericanas*: las exportaciones de calzado del Brasil, LC/G1669. Santiago do Chile: Cepal, Naciones Unidas, 1991.

LUDKE, M.; ANDRÉ, M. *Pesquisa em educação*: abordagens qualitativas. São Paulo: EPU, 1986.

NOHRIA, N. Introduction: is a network perspective a useful way of studying organizations? In: NOHRIA, N.; ECCLES, R. G. (Eds) *Networks and organizations*: structure, form, and action. Boston: Harvard Business School Press, 1992.

POLANYI, K. Our obsolete market mentality: civilization must find a new thought pattern. *American Jewish Committee*, v. 3, n. 2, p. 109-117, 1947.

POLANYI, K. *The great transformation*: the political and economic origins of our time. New York/Toronto: Farrar & Rinehart, 1944.

POWELL, W. W.; SMITH-DOERR, L. Networks and economic life. In: SMELSER, N. J.; SWEDBERG, R. (Eds) *The handbook of economic sociology*. Princeton, NJ: Princeton University Press, 1994. p. 183-205.

RAMOS, A. G. *Administração e estratégia do desenvolvimento*: elementos de uma sociologia especial da administração. Rio de Janeiro: Fundação Getúlio Vargas, 1966.

SCHÄFFER, N. *Vida cotidiana e identidade étnica teuto-brasileira (1947-1961)*. 1997. Dissertação de Mestrado em História, Unisinos, São Leopoldo, 1995.

SCHMITZ, H. Small shoemakers and fordist giants: tale of a supercluster. *World Development*, v. 23, n. 1, p. 9-28, 1995.

SCHMITZ, H. Responding to global competitive pressure: local co-operation and upgrading in the Sinos Valley, Brazil. Institute of Development Studies, IDS, *Working Paper* 82, University of Sussex, Brighton, 1998.

SCHNEIDER, S. O mercado de trabalho da indústria coureiro-calçadista do Rio Grande do Sul: formação histórica e desenvolvimento. In: COSTA, A. B.; PASSOS, M. C. (Orgs) *A indústria calçadista no Rio Grande do Sul*. São Leopoldo: Editora Unisinos, 2004.

SILVERMAN, D. *Interpreting qualitative data, methods for analysis talk, text and interaction*. London: Sage, 1995.

UZZI, B. Social structure and competition in interfirm networks: the paradox of embeddedness. *Administrative Science Quarterly*, v. 42, n. 1, p. 35-67, 1997.

UZZI, B. The sources and consequences of embeddedness for the economic performance of organizations: the network effect. *American Sociological Review*, v. 61, p. 674-698, 1996.

WEBER, M. *Economía y sociedad*. México: Fondo de Cultura Económica, 1992.

ZUKIN, S.; DIMAGGIO, P. *Structures of capital*: the social organization of the economy. Cambridge, MA: Cambridge University Press, 1990.

10
RENASCENÇA DA INDÚSTRIA BRASILEIRA DE FILMES: DESTINOS ENTRELAÇADOS?*

Charles Kirschbaum

---

* O artigo "*Renascença da indústria brasileira de filmes: destinos entrelaçados?*", de Charles Kirschbaum, foi originalmente publicado na *RAE-revista de administração de empresas*, v. 46, n. 3, p. 58-71, 2006.

INTRODUÇÃO

A difusão das técnicas de análise de redes sociais acarretou um crescimento da quantidade de pesquisas que exploram a maneira como as organizações obtêm recursos, por meio de alianças estratégicas e laços sociais. Alguns sociólogos econômicos e pesquisadores da área de estudos organizacionais sugerem que as pesquisas recorram também a uma abordagem "relacional" (EMIRBAYER, 1997). Os estudos de DiMaggio (1993) e White (1992), por exemplo, mostram que as categorias podem ofuscar as relações emergentes entre os atores. Essas estruturas emergentes podem ser tão relevantes quanto o rótulo que o ator carrega, e, em alguns contextos, revelam-se até mais importantes que ele. Ruef (2002) ilustra a gestão da inovação por meio de redes sociais; Burt (1992) apresenta uma proposta teórica sobre determinantes estruturais de *performance*.

O objetivo deste artigo é explorar as ferramentas de análise de redes sociais como uma possível contribuição para que se descrevam e se expliquem as dinâmicas em campos organizacionais. Com tal objetivo, escolhemos a indústria de filmes brasileiros nos primeiros nove anos de sua "renascença" (de 1994 a 2002). A escolha é baseada em duas razões principais. Primeiramente, a indústria de filmes é fortemente dependente de recursos criativos localizados em redes externas às hierarquias dos estúdios. Em segundo lugar, é possível observar uma mudança rápida nos anos de formação dessa indústria. Em seguida, esclarecemos a distinção entre esses dois fatores, assim como seus pontos de convergência. Depois, recuperamos algumas questões centrais da disciplina de análise de redes sociais, bem como suas possíveis aplicações na disciplina de estudos organizacionais. Finalmente, construímos nossas hipóteses a respeito da indústria de filmes, para testá-las e discutir os resultados que observarmos à luz da perspectiva relacional.

ORGANIZAÇÕES EM REDE E ANÁLISE DE REDES SOCIAIS

Nos últimos anos, tanto na academia quanto nas empresas de consultoria, houve aumento de interesse no que diz respeito às organizações em rede e à análise de redes sociais. Na academia, por exemplo, Granovetter (1985) sugere que as transações econômicas não podem ser entendidas sem que se levem em consideração as suas relações sociais correspondentes. Powell (1990) mostra que tanto as *hierarquias* quanto os *mercados* são formas idealizadas de análise, dependentes das formas organizacionais de rede subjacentes. Adicionalmente, várias pesquisas vêm sendo desenvolvidas com o objetivo de comparar a *performance* entre firmas dentro de arranjos em rede (HARGADON e SUTTON, 1997; BURT, 2004).

Paralelamente às pesquisas de organizações em rede, há crescimento significativo de pesquisas que utilizam análise de redes sociais (ARS) (POWELL e SMITH-DOERR, 1995). Os analistas de redes sociais preocupam-se em entender a posição estrutural dos atores e grupos inseridos em redes sociais. Além disso, a ARS vem sendo utilizada para comparar organizações em rede com organizações hierárquicas, e mercados com participantes dispersos.

MERCADOS, HIERARQUIAS E ORGANIZAÇÕES EM REDE

Analistas de redes sociais abordam as relações sociais entre atores com o objetivo de descrever as estruturas organizacionais. Esses atores podem ser firmas, pessoas ou mesmo países, ligados por relações direcionais (por exemplo, envio de informação) e não direcionais (por exemplo, alianças estratégicas). Esses poucos elementos já nos fornecem material suficiente para representar nossos modelos ideais, de acordo com a Figura 1.

Figura 1 – Formas organizacionais da perspectiva de análise de redes sociais

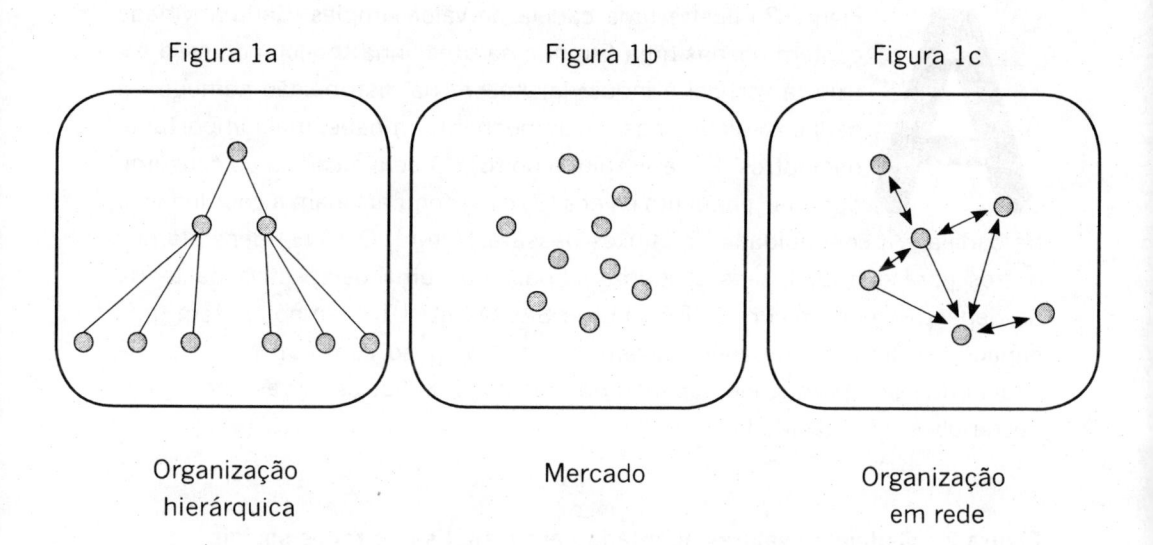

Figura 1a — Organização hierárquica

Figura 1b — Mercado

Figura 1c — Organização em rede

A Figura 1a representa uma estrutura hierárquica ideal. Muito similar aos organogramas tradicionais, essa estrutura exibe todos os indivíduos separados, na base da pirâmide, mas ligados por meio de níveis superiores. Todos os nós são finalmente ligados por meio do nó do topo da estrutura. A partir desse modelo idealizado, toda comunicação entre os indivíduos, em um mesmo nível, deve passar por um nível superior. Em contraste, a Figura 1b ilustra uma estrutura ideal de mercado. Todos os nós estão separados, indicando que não existem coalizões entre eles. Assume-se que a informação é igualmente compartilhada, ao passo que o principal mecanismo de comunicação é o sistema de equilíbrio preço-quantidade.

O hiato entre uma estrutura *hierárquica* e uma estrutura de *mercado* é preenchido pela estrutura de organização em rede (veja a Figura 1c). Nessa estrutura, os indivíduos estão conectados como numa estrutura hierárquica; entretanto, as relações incluem laços verticais e horizontais. Diferentemente da estrutura de mercado, os laços existem, mas não são uniformes, levando à heterogeneidade de difusão de informações.

CADEIA DE VALOR REVISITADA

A Figura 2a ilustra uma cadeia de valor simples. Cada atividade contém apenas uma firma, e há uma linha conectando essa estrutura vertical à indústria. Apesar da distribuição homogênea de laços, alguns nós desempenham um papel mais importante que outros. Por exemplo, o nó (6) conecta a cadeia ao consumidor final, enquanto os nós (3) e (4) compartilham a coordenação da cadeia e a continuidade dos fluxos nessa estrutura. O nó (1) depende dos outros para distribuir seus produtos. A partir de uma perspectiva da teoria da dependência de recursos (PFEFFER e SALANCIK, 1978), o nó (1) tem uma capacidade limitada de alavancagem, em comparação com outras firmas na cadeia de valor, porque ele depende dos recursos de outros atores para poder desenvolver suas atividades.

Figura 2 – Cadeia de valores adaptada para a análise de redes sociais

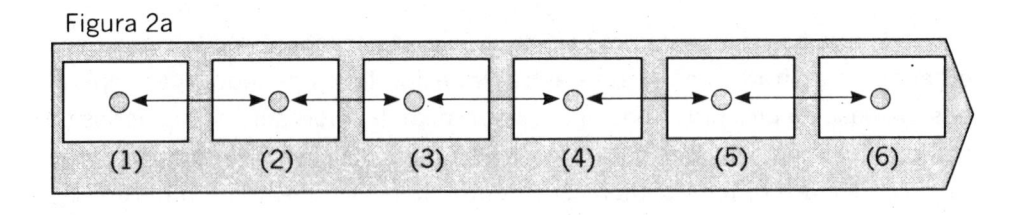

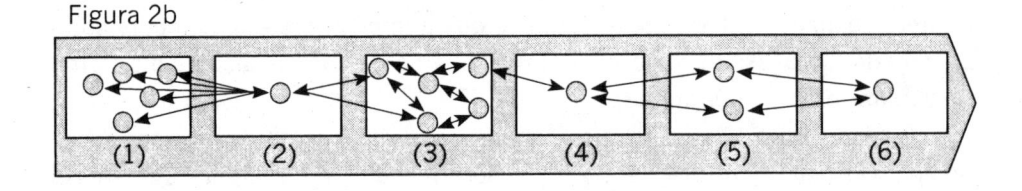

Figura 2a

Figura 2b

A Figura 2b apresenta uma cadeia de valor mais sofisticada. Na atividade 1, encontramos várias firmas desconectadas que dependem de um único nó na atividade 2 para escoar seus produtos. Essa situação dá enorme poder de barganha para as firmas que desempenham a atividade 2 em relação àquelas na atividade 1. Enquanto a atividade 2 é capaz de escolher de quem vai comprar suas matérias-primas, os nós na atividade 1 lutam entre si para conseguir a atenção dos nós na 2. De uma perspectiva da ARS, essa situação é muito próxima da hierarquia idealizada, em que poderes assimétricos marcam a disparidade entre as atividades 1 e 2. No exemplo da indústria de filmes, teríamos vários atores lutando por um papel em um filme, em Hollywood.

Na atividade 3, entretanto, temos uma estrutura similar à organização em rede, ilustrada na Figura 1c. Os nós na atividade 2 entregam as mercadorias para alguns, mas não para todos os nós na atividade 3. Da mesma forma, a atividade 4 traz materiais de poucos intermediários na atividade 3. A capacidade de os nós na atividade 3 se auto-organizarem aumenta o poder de barganha em relação às atividades anteriores e posteriores. Finalmente, comparemos as atividades 3 e 5. Enquanto a atividade 3 contém um grande número de indivíduos, os nós na atividade 5 não estão conectados. Conseqüentemente, enquanto as atividades 4 e 6 são capazes de extrair uma participação alta do valor econômico da atividade 5, é mais difícil para as atividades 2 e 4 obter o mesmo nível de poder de barganha em relação aos membros da atividade 3. Possivelmente, as análises tradicionais de organização industrial não seriam capazes de detectar as diferenças entre as atividades 3 e 5, por não enfatizarem as relações entre as firmas.

REDES SOCIAIS E CAMPOS ORGANIZACIONAIS

Na seção anterior, foram discutidas algumas idéias sobre a maneira como o *framework* de cadeia de valor pode ser traduzido para a análise estrutural. Entretanto, a realidade é mais complexa que o *framework* apresentado. As empresas estão imersas em campos competitivos, em que várias cadeias produtivas competem entre si, e seus membros freqüentemente pertencem a vários arranjos produtivos. Ainda assim, as relações relevantes em um cenário competitivo podem ser analisadas como se fossem diversas cadeias produtivas sobrepostas em várias camadas (veja PORTER, 1999, para exemplos de *clusters* industriais, e SAXENIAN e HSU, 2001, para a relação internacional de coletividades industriais).

Em sociologia econômica, o conjunto de atores relevantes é chamado de "campo organizacional". Powell e outros (2003, p. 4) definem um "campo organizacional" como "uma comunidade de organizações que se engajam em atividades comuns e estão sujeitas às pressões similares de reputação e regulação". Para Bourdieu, a idéia de campo é mais ampla que a definição usada na tradição americana de sociologia econômica. Bourdieu inclui na sua concepção não apenas as organizações relevantes, mas também as lógicas que regem os atores no jogo competitivo (BOURDIEU e WACQUANT, 1992, p. 102). À medida que a pesquisa em ARS ganha maior destaque, os pesquisadores tentam tomar emprestado o conceito de campo organizacional e aplicá-lo às estruturas observadas de relações organizacionais. Essa tradução de conceitos não deu a devida atenção à idéia original de campo organizacional, que engloba tanto as relações entre diversos atores quanto suas lógicas de ação. Embora o posicionamento estrutural seja fortemente relacionado com o comportamento estratégico (DIMAGGIO e POWELL, 1983), a análise estrutural de um campo não pode substituir a interpretação sociológica e econômica das ações dos atores. Em contraste, a ARS fornece um poderoso instrumento para dirigir o foco do analista sobre os atores e as relações mais importantes (DIMAGGIO, 1993).

O EXEMPLO DA INDÚSTRIA CINEMATOGRÁFICA

Nesta seção, recuperamos as idéias revistas nas seções anteriores a fim de entendermos a indústria de filmes. Começamos nossa análise com uma versão simples da cadeia de valor, conforme ilustrada na Figura 3. De forma bastante esquemática, essa cadeia de valor apresenta a maneira como se desenrola a produção de um filme, desde os atores até o público. Os atores representam as cenas juntos, guiados por um roteiro. Essas cenas são cortadas e organizadas por um diretor em um rolo. O diretor e sua equipe são patrocinados por um produtor, que consegue apoio de uma produtora. Finalmente, quando o filme está completo, é lançado em vários festivais de cinema e, assim, distribuído para salas de cinemas e lojas de DVD. Obviamente, essa caracterização de indústria é passível de críticas, pois não capta o esforço colaborativo na produção de um filme.

Figura 3 – Cadeia de valores da indústria cinematográfica

Atores → Diretores → Produtores → Produtora → Distribuidor

A produção de um filme não se realiza numa estrutura hierárquica ideal nem em uma estrutura de mercado ideal, na qual os atores trocam mercadorias sem estabelecer laços sociais. Esse processo assemelha-se, em termos de processo de produção, ao modelo de projeto de Stinchcombe, no qual o planejamento é feito em volta de um produto único, em vez de ser desenhado por meio de um processo segmentado em atividades estanques (STINCHCOMBE, 2001 e POWELL, 1990, para uma aplicação da concepção de projeto para a indústria cinematográfica). Além disso, várias das tarefas necessárias à produção de um filme ocorrem simultaneamente: atores, diretor e equipe podem interagir continuamente, durante meses, para que se possa produzir o filme. Seguindo a mesma lógica, a administração científica e a racionalização de processos têm pouca ambigüidade causal – ou seja, ambigüidade intrínseca aos resultados, ações, recursos e suas interações – prevalece entre atores, diretores e sua equipe.

Ainda assim, não nos deixemos iludir pelo apelo "colaborativo" da produção de filmes. A divisão de trabalho entre os indivíduos é relevante. Além disso, a coordenação entre os papéis requer constante negociação, devido às incertezas envolvidas em um projeto (BECHKY, 2006). Diferentemente de um quinteto de *jazz*, por exemplo, no qual as relações são predominantemente horizontais, na produção de um filme as relações de poder variam de formas pouco óbvias. Os atores secundários recebem apenas uma pequena participação do orçamento do filme sob a forma de salário, enquanto os atores principais recebem uma parte substancial de sua receita. Além disso, ainda que os diretores tenham autonomia substancial na produção de um filme, não é incomum que os produtores interfiram na seleção de atores e no desenvolvimento do enredo.

A produção de um filme pode ser considerada como uma firma de curta duração, na qual indivíduos se reúnem para concluir um projeto e, depois, voltam a se dispersar. Sob essa perspectiva, uma produção implica a formação de uma organização em rede que funciona por poucos meses. Em um filme, um ator "A" pode ter um papel secundário. Entretanto, em outro filme ele pode alcançar um papel central. Um ator famoso participa de vários filmes durante a sua carreira, mas como ator secundário participa de poucos filmes. Da mesma forma, enquanto poucas produtoras e distribuidoras são escolhidas para distribuir o filme aos consumidores finais, uma produtora de nicho pode ter alcance muito limitado. Em resumo, a "categoria" na qual o indivíduo é colocado (ator, diretor, produtor) não é suficiente para que possamos entender seu posicionamento estratégico e sua possível *performance*. Além disso, devido à curta duração das produções, "fotografias" das redes de relações podem fornecer um entendimento limitado das dinâmicas de campo (SALANCIK, 1995). Nesse sentido, a característica de dinamismo da indústria cinematográfica torna-a um objeto atraente para se estudar as dinâmicas de campo.

A indústria cinematográfica brasileira apresenta algumas vantagens adicionais. Apesar de seu rico passado, que incluiu diretores como Glauber Rocha e Nelson Pereira dos Santos, ela quase desapareceu em meados dos anos 1980 (SIMS, 1996). Nos anos 1990, devido a incentivos governamentais, a indústria renasceu, gerando filmes de reconhecimento internacional, como *Central do Brasil* e *Cidade de Deus* (BUTCHER, 2000). Essa renascença dá aos pesquisadores a oportunidade de analisar o nascimento, o desenvolvimento e, talvez, a consolidação de um campo organizacional. O objetivo deste artigo, entretanto, é menos ambicioso: é descrever as estruturas de redes sociais a fim de ilustrar como a sua análise pode enriquecer o entendimento sobre a *performance*.

HIPÓTESES

Sucesso do filme entre os consumidores

As indústrias criativas, especialmente a indústria cinematográfica, são organizadas em torno de projetos. Devido a essa configuração, a ambigüidade causal é alta, pois cada filme segue um desenvolvimento único. É difícil predizer o sucesso comercial de um filme. Lampel e Shamsie (2003) separam o desenvolvimento de um filme em duas fases. A primeira acontece quando os recursos são mobilizados: os indivíduos negociam e chegam a acordos sobre o projeto. À medida que a indústria exteriorizou seus recursos para fora dos estúdios durante os anos 1920 para se tornar um campo em redes, o talento criativo ganhou uma mobilidade que não existia antes (BOWSER, 1990). Com essa mobilidade, a maior parte dos esforços tem sido dedicada à mobilização de recursos, independentemente da qualidade do próprio filme (LAMPEL e SHAMSIE, 2003, p. 2205). Além disso, os produtores mostram confiar mais na agregação de "estrelas", como um previsor de sucesso de bilheteria, do que na qualidade do filme. Em uma indústria fortemente terceirizada, o sucesso comercial está mais relacionado com a capacidade de mobilizar recursos disponíveis na rede do que com a capacidade de transformar os recursos, pois as habilidades de transformação (direção, câmera, efeitos especiais etc.) são igualmente mobilizáveis. Conseqüentemente, os produtores lutam para atrair estrelas para seus filmes com o objetivo de maximizar o sucesso comercial.

Em contraste com o estudo de Lampel e Shamsie, que investiga uma indústria consolidada, nosso estudo tem como objeto uma indústria que luta para conquistar reconhecimento. Embora os atores de filmes brasileiros sejam bem conhecidos pelo público de novelas e peças de teatro, seu sucesso na indústria de filmes pode não ser imediato. Além disso, à medida que os filmes brasileiros ganham um alcance maior que as novelas brasileiras, devemos assumir que os novos públicos podem não estar familiarizados com as estrelas brasileiras. Em conseqüência disso, na estruturação da indústria de filmes o reconhecimento dos críticos de um filme pode ser mais importante que o reconhecimento dado aos atores. Testamos ambas as hipóteses:

> **Hipótese 1a:** Quanto maior for o reconhecimento que um filme receber dos críticos, maior será seu sucesso entre os consumidores.

> **Hipótese 1b:** Quanto maior o uso de astros em um filme, maior será seu sucesso entre os consumidores.

Sobrevivência

A indústria criativa encarna a famosa frase de Andy Warhol: "No futuro, todos serão famosos por 15 minutos." Essa frase se refere à maioria das experiências dos artistas na indústria cinematográfica: poucos têm a chance de aparecer nas telas mais que uma vez.

Seguindo a mesma estrutura da seção anterior, primeiro testamos uma hipótese funcional, em que a alocação do indivíduo a um papel social é determinante para suas chances de sobrevivência na rede. É possível agregar a estratégia posicional porque, sendo baixas as barreiras de entrada, a posição individual é sempre ameaçada por novos iniciantes. Para que um indivíduo possa atuar, não se exige um certificado profissional, como em outras profissões.

Em contraste, as empresas de produção e distribuidores detêm o acesso aos recursos financeiros e canais de distribuição (WASKO, 1982), cujas barreiras de entrada são altas devido aos altos níveis de investimentos necessários e à posição alcançada pelas empresas líderes. Como conseqüência, a permeabilidade da indústria ao talento criativo móvel tem um efeito ambivalente: enquanto traz novo oxigênio para a indústria, também enfraquece a posição dos atores e diretores que já trabalham. Assim, esperamos que a probabilidade de saída de um indivíduo da indústria seja afetada pelo seu papel social:

> **Hipótese 2a:** As chances de sobrevivência do indivíduo dependem de seu papel social categórico.

Ainda assim, alguns atores e diretores se tornam estrelas, consolidando suas posições na indústria, apesar de sua associação com qualquer produtor. Garantida a sobrevivência, o artista pode almejar buscar seu caminho criativo e único. Como apontam Zuckerman e outros (2003), um ator primeiro necessita se estabelecer na indústria para depois explorar seus próprios recursos.

Sugerimos duas perspectivas (entre outras possíveis) para pensar o pertencimento individual a uma rede. O primeiro paradigma é o da dicotomia "centro-periferia". Uma vez que um ator ou diretor pertença ao centro da rede, suas chances de achar um trabalho no período seguinte aumentam. Assim,

> **Hipótese 2b:** As chances de sobrevivência de um indivíduo dependem de sua pertencimento ao centro da rede.

Poderíamos pensar no pertencimento simplesmente como a capacidade que se tem de mobilizar recursos na rede. Os pesquisadores associam o conceito de *capital social* à capacidade de ter acesso a recursos em um espaço social (veja BURT, 2001, para uma revisão). Burt sugere a mensuração de "lacunas estruturais" para que se obtenha uma *proxy* de capital social. Uma lacuna estrutural é a propriedade de um indivíduo em acessar uma rede que contém poucos contatos redundantes. Um ator com um número grande de lacunas estruturais terá melhores chances de obter informações novas em comparação com aqueles atores com poucas lacunas estruturais. A sugestão de Burt desenvolve uma longa genealogia de mensurações baseadas no conceito simmeliano de intermediação. Ainda assim, Borgatti e outros (1998) argumentam que as novas medidas não devem substituir as antigas. A medida "centralidade-meio" [*betweenness centrality*, tradução do autor] pode ser mais adequada e sofisticada que a "lacuna estrutural", quando os dados de toda a rede estão disponíveis.

A capacidade de mobilizar recursos na rede está altamente correlacionada com a centralidade do indivíduo, que pode diferir de seu pertencimento ao centro da rede. Um novo ator conectado a um padrinho no centro pode também pertencer ao centro, mas não terá oportunidades de desempenhar o papel de intermediário entre outros indivíduos, porque é completamente dependente de seu padrinho (POWELL e outros 2003). Da mesma forma, indivíduos periféricos podem conseguir, ainda assim, ter acesso a recursos críticos devido à sua alta "centralidade-meio" (HANNEMAN, 2001). A capacidade de mobilizar recursos está relacionada com as chances de sobrevivência, seguindo a tradição da ecologia organizacional (HANNAN e FREEMAN, 1977). Conseqüentemente,

> **Hipótese 2c:** As chances de sobrevivência de um indivíduo dependem de sua centralidade-meio.

A formulação original de *nicho* nos estudos de ecologia organizacional refere-se às fontes que uma organização detém para conseguir os recursos necessários para sobreviver (HANNAN e FREEMAN, 1977). Formas organizacionais distintas terão o mesmo destino se compartilharem as mesmas fontes de recursos. Seguindo a sugestão de DIMAGGIO (1986), propomos que as organizações e os indivíduos terão o mesmo destino se compartilharem o mesmo nicho. Retomemos nosso exemplo ilustrativo na Figura 2b. Embora os nós na atividade 1 não estejam conectados, todos compartilham a mesma fonte de recursos que são os nós na atividade 2. Quando traduzimos essa idéia para a indústria cinematográfica, podemos esperar que indivíduos estruturalmente equivalentes tenham um destino comum. Assim,

> **Hipótese 2d:** As chances de sobrevivência de um indivíduo são mais altas (ou baixas) dependendo de sua posição estrutural na rede.

Finalmente, o prestígio, por si só, devido ao reconhecimento recebido de críticos de filmes, pode aumentar as chances de continuar na rede (JONES, 2002) e, portanto,

> **Hipótese 2e:** Quanto mais expressivo for o reconhecimento de um indivíduo pelos críticos de cinema, maiores serão suas chances de sobrevivência.

Centralidade na rede

Quando desenvolvemos teorias sobre a estrutura de uma indústria, segundo a perspectiva funcionalista, vislumbramos padrões estruturais altamente correlacionados com papéis sociais (DIMAGGIO, 1993). Com isso, queremos dizer que o elenco irá apresentar estruturas de relações semelhantes. O mesmo se espera das relações sociais dos diretores e dos produtores.

Em indústrias criativas, existe excesso de oferta em relação à demanda correspondente. Além disso, os artistas estão conectados aos consumidores por meio de poucos e seletos intermediários da indústria cultural (DIMAGGIO, 1977; HIRSCH, 1972). Assim, os indivíduos associados à distribuição e à comercialização estão geralmente localizados no centro, e o elenco encontra-se na periferia. Segundo essa lógica, o papel de um indivíduo deveria ser uma variável importante na explicação de sua posição na rede. Dessa forma,

> **Hipótese 3a:** A centralidade de um indivíduo na rede depende de seu papel social categórico.

Como afirma Becker (1982), o sistema de mundo da arte precisa do *feedback* do sucesso comercial para conseguir distinguir os indivíduos de sucesso daqueles condenados às oportunidades menos atrativas. Jones (2002) identifica os sinais de *feedback* utilizados pelos indivíduos na indústria cinematográfica com o objetivo de mobilizar mais recursos. Assim, sugerimos que os indivíduos envolvidos em projetos de sucesso deveriam ter mais acesso a recursos na rede, o que leva à seguinte hipótese:

> **Hipótese 3b:** Quanto maior o sucesso dos filmes em que o indivíduo participou, maior será seu acesso aos recursos no período seguinte.

Burt (1992) mostra que os atores que controlam lacunas estruturais [*structural holes*] eventualmente as exploram para o seu benefício próprio e conquistam melhores oportunidades. Não obstante isso, Burt nos alerta que em muitas situações esses atores que controlam lacunas estruturais podem não ter consciência de sua vantagem. Por essa razão, nem toda vantagem estrutural, bem como nem toda vantagem posicional, é necessariamente explorada. Ainda assim, seguindo o conjunto de hipóteses de "sobrevivência", sugerimos que indivíduos com conjuntos equivalentes de relações serão capazes de atingir níveis compatíveis de centralidade. Assim,

> **Hipótese 3c:** Indivíduos com posições estruturalmente equivalentes atingirão níveis similares de centralidade-centro no período subseqüente.

É importante notar que os indivíduos na indústria cinematográfica – especialmente o elenco e os diretores – poderão receber reconhecimento por sua *performance* individual, reconhecimento esse que, pelo menos em tese, independe do sucesso do grupo. Um ator em um filme pode obter o melhor papel de sua carreira, ainda que o filme em si não seja apreciado pelos críticos.

Devemos, pois, considerar que indivíduos possam querer perseguir estratégias individualistas, maximizando seu reconhecimento, em detrimento de todo o projeto. Isso não deveria nos surpreender, pois não é incomum que os atores entrem em conflito com os diretores. Por exemplo, enquanto os primeiros podem não querer mostrar um ângulo desfavorável frente à câmera, os últimos estarão mais preocupados com o valor estético do projeto como um todo. A probabilidade de que os indivíduos adotem estratégias individualistas puras dependerá do *feedback* da indústria. Dessa forma,

> **Hipótese 3d:** Quanto maior o reconhecimento que um indivíduo recebe, maior será sua centralidade no período subseqüente.

FONTE DOS DADOS

Para construir as redes de indivíduos na indústria cinematográfica brasileira, confiamos no banco de dados da IMDb (disponível em www.imdb.com). O período focado foi o de 1994 a 2002, coletando para cada filme elenco, diretor, produtores, produtoras e distribuidores respectivos. Decidimos não focar outros papéis, como o de roteirista. Ignoramos os filmes em que o Brasil não era o principal país e, além disso, não consideramos os filmes que não apresentassem todos os papéis citados acima. No total, coletamos informações de 73 filmes.

Para todos os fins, assumimos que as interações entre os diversos tipos de papéis sociais são de forma ordenada, isto é, o elenco interage apenas com os diretores, enquanto os diretores interagem com os produtores e o elenco, e assim por diante. Esse pressuposto pode ser simplificador e desprezar alguns fenômenos importantes, como, por exemplo, podemos não dar a atenção necessária à interação entre os produtores e o elenco, que não é intermediada pelo diretor. Apesar de tudo, essa abordagem nos ajuda a reduzir a complexidade e a focar as relações mais importantes.

VARIÁVEIS E ESTRATÉGIA ANALÍTICA

Dividimos nosso período de tempo em três blocos de três anos cada um: 1994 a 1996, 1997 a 1999 e 2000 a 2002. Em cada bloco, estabelecemos os laços entre os indivíduos que representam papéis diferentes por meio de co-participação em um mesmo filme. Assim, pudemos também excluir laços entre indivíduos do mesmo papel social. Reduzimos a complexidade ainda mais ao considerar apenas os laços diretor-ator que aparecessem em, ao menos, dois filmes. A desvantagem dessa abordagem é que, se um laço aparece uma vez em 1999 e novamente em 2000, nós o excluímos da rede devido à nossa separação em blocos.

Variáveis dependentes

Sucesso comercial: os estudos anteriores utilizaram principalmente as estatísticas de bilheteria como uma *proxy* de sucesso comercial (LAMPEL e SHAMSIE, 2003). Entretanto, essa abordagem é conveniente para se estudarem aqueles mercados e filmes com cifras confiáveis de vendas. Nosso estudo é limitado por não dispormos de estatísticas de bilheteria para a maioria dos filmes de nossa amostra. Em seu lugar, utilizamos o ranqueamento de popularidade da IMDb como uma *proxy* de sucesso comercial, no qual o filme mais popular é ranqueado como "1". Realizamos duas transformações para obter COM (sucesso comercial), uma variável com distribuição normal:

$$COM = \frac{1}{\ln(iMDBrank)}$$

Sobrevivência: a sobrevivência é mensurada como uma variável dicotômica. Estamos interessados em identificar os indivíduos (pessoas e organizações) envolvidos em projetos nos períodos subseqüentes de nossa análise. Assim, codificamos como "sobrevivência" (SUR é igual a "1") apenas aqueles casos em que o indivíduo estava ativo no período t e $t + 1$. Da mesma forma, SUR é "0" quando o indivíduo estava ativo em t, mas inativo em $t + 1$.

Variáveis independentes

Reconhecimento: o reconhecimento que um indivíduo ou filme recebe pode ser mensurado pelo número de indicações e prêmios ganhos no período. Assim, *RP* é o número de prêmios ganhos ou indicações. Da mesma forma, *RF* (reconhecimento dado a um filme) é o número de prêmios e indicações ganhos pelo filme. Em outras palavras, apenas pessoas ou filmes recebem reconhecimento. Escolhemos considerar como prêmios para filmes apenas aqueles dados diretamente ao filme, e não a pessoas. O possível viés dessa escolha metodológica será discutido posteriormente.

Papel categórico (CR): Seguindo a nossa cadeia de valor simplificada (veja Figura 3), identificamos cinco papéis categóricos básicos: ator (*C*), diretores (*D*), produtores (*P*), empresas de produção (*Prod*) e distribuidores (*Distrib*). Além desses papéis, em alguns filmes também observamos o rótulo "outros atores", como sendo indivíduos secundários envolvidos no filme. Se um indivíduo possuiu no mesmo período o rótulo de "outros atores" e o de "ator", consideramos o último. Finalmente, alguns indivíduos desempenharam papéis múltiplos e estabeleceram tipos diferentes de laços com outros indivíduos, como se mostra no Quadro 1.

Pertinência ao centro (CORE): O *software* Ucinet oferece-nos uma rotina baseada no algoritmo Tabu Search para identificar os indivíduos que pertencem ao centro de uma rede. O que o algoritmo faz é permutar a matriz de relações ao dividir os nós em duas partições, ao mesmo tempo em que procura o melhor conjunto de indivíduos no centro. Ele oferece uma solução quando, após várias interações, acha os blocos que minimizam os erros em comparação com uma matriz ideal. Codificamos com "1" aqueles indivíduos que pertencem ao centro, e "0" aqueles pertencentes à periferia (HANNEMAN, 2001).

Quadro 1 – Códigos para os papéis categóricos

CÓDIGO	PAPEL CATEGÓRICO
C	Atores
CD	Ator e Diretor
CDP	Ator, Diretor e Produtor
CP	Ator e Produtor
CPProd	Ator, Produtor e Empresa de Produção
D	Diretor
Distrib	Distribuidor
DP	Diretor e Produtor
OC	Outros Atores
P	Produtor
Prod	Empresa de Produção
Prod-Distrib	Produtora e Distribuidor

Centralidade-meio (BW): a centralidade-meio de um indivíduo j é a medida do número de "geodésicas" (o menor caminho entre os nós m e n) que passam por j (para uma revisão, veja FREEMAN, 1979, e WASSERMAN e FAUST, 1997). Calculamos a centralidade-meio dos atores com o auxílio do *software* Ucinet (BORGATTI e outros 2002). Realizamos a correlação entre a variável BW e a mensuração de lacunas estruturais. Para o primeiro período, obtivemos 48%, enquanto para os dois períodos subseqüentes a correlação atingiu 80%. Esses resultados sugerem que pesquisas futuras poderiam ajudar-nos a identificar as fontes de discrepância entre essas duas variáveis.

Posição estrutural (SP): para obter uma mensuração de similaridade estrutural entre os indivíduos, utilizamos a ferramenta de escalonamento dimensional múltiplo (MDS) do *software* Ucinet (veja BORGATTI e outros 2002) para medir a distância euclidiana de dissimilaridade entre os nós. Escolhemos a opção não métrica, dado que nossa rede consiste em relações dicotômicas. Extraímos apenas a primeira dimensão e obtivemos a medida de estresse de 0,092, 0,062 e 0,057 para os períodos t1, t2 e t3 respectivamente. Todas essas medidas estão abaixo de 0,1, o que é considerado excelente (enquanto acima de 0,2 seria inaceitável). Conseqüentemente, decidimos manter apenas uma dimensão de similaridade estrutural para diminuir a complexidade analítica e melhorar a força dessa variável na regressão.

Sucesso de filmes de um indivíduo (IFS): o sucesso de um indivíduo em projetos passados é a média do sucesso comercial dos filmes em que participou, ou seja:

$$IFS_{it} = \frac{\sum_{1}^{n} COM_{it}}{n_{it}}$$

Onde i é o indivíduo em análise, t é o período e n é o número de filmes em que o indivíduo esteve presente no período.

Variáveis de controle

Oscar: seria injusto para com todos os prêmios considerá-los como se tivessem o mesmo impacto sobre o sucesso comercial de um filme ou sobre a carreira de um indivíduo. Entre todos os festivais de premiação, codificamos com "1" sempre que um filme (*OF*) ou pessoa (*OP*) recebeu uma indicação ou ganhou um prêmio da Arts Academy.

Sucesso dos filmes do período (PFS): à medida que os filmes brasileiros alcançam maior reconhecimento, espera-se que seu sucesso coletivo aumente com o tempo. Assim, devemos levar em consideração que é mais difícil para os filmes do primeiro período alcançar reconhecimento do que para os filmes do último período. Ao assumirmos que os usuários do *site* favorecem filmes mais novos, devemos considerar a média de sucesso obtido no período como um fator de distúrbio em nossa análise. Dessa forma,

$$PFS_t = \frac{\sum_{}^{n} COM_t}{n_t}$$

Onde *t* é o período em análise e *n* o número de filmes produzidos em *t*.

Modelos

O Modelo 1 testa as hipóteses 1a e 1b, ao construir uma regressão múltipla linear que prediz o sucesso comercial de um filme baseado nos prêmios e indicações recebidos. Adicionamos dois tipos de variáveis de Controle a esse modelo, a média de sucesso dos filmes do período e o marcador de Oscar:

$$COM_{kt} = \beta_0 + \beta_1 RP_{kt} + \beta_2 RF_{kt} + \beta_3 OF_{kt} + \beta_4 OP_{kt} + \beta_5 PFS_{kt} + \varepsilon \quad \text{(Modelo 1)}$$

onde *k* é o filme e *t* o período em análise. Relaxamos nosso pressuposto de que o sucesso comercial de um filme é vinculado ao sucesso médio de todos os filmes do período para que pudéssemos obter maior força nas outras variáveis. Assim, temos o Modelo 1*:

$$COM_{kt} = \beta_0 + \beta_1 RP_{kt} + \beta_2 RF_{kt} + \beta_3 OF_{kt} + \beta_4 OP_{kt} + \varepsilon \quad \text{(Modelo 1*)}$$

O Modelo 2 testa a probabilidade de sobrevivência de um indivíduo em *t* + *1* para as hipóteses 2a a 2e.

Porque estamos lidando com uma variável que toma apenas 0 ou 1 como resposta, aplicamos um modelo logístico categórico, que toma a seguinte formalização:

$$\ln\left(\frac{\pi_{i,t+1}}{1-\pi_{i,t+1}}\right) = \beta_0 + \beta_1 CR_{it} + \beta_2 CORE_{it} + \beta_3 BW_{it} + \beta_4 SP_{it} + \beta_5 IFS_{it} + \varepsilon \quad \text{(Modelo 2)}$$

onde $\pi_{i,t+1}$ é a probabilidade de que o nó *i* sobreviverá no período subseqüente (ou seja, SUR é igual a 1). Como *SP* não tem a mesma interpretação em períodos diferentes, realizamos análises separadas para cada período.

Finalmente, para testar as hipóteses de 3a a 3c, utilizamos dois modelos, o Modelo 3 e o Modelo 3*. O Modelo 3 é uma regressão linear categorial que tenta predizer a centralidade-meio de um indivíduo baseada em seus parâmetros.

$$BW_{i,t+1} = \beta_0 + \beta_1 CR_{it} + \beta_2 IFS_{it} + \beta_3 SP_{it} + \varepsilon \quad \text{(Modelo 3)}$$

Enquanto o Modelo 3* adiciona os prêmios e indicações recebidos pelo indivíduo no período, o que nos possibilita testar a hipótese 3d. A razão pela qual aplicamos modelos diferentes para essa análise deve-se ao fato de que os prêmios aplicam-se apenas às pessoas, não às organizações.

$$BW_{i,t+1} = \beta_0 + \beta_1 CR_{it} + \beta_2 IFS_{it} + \beta_3 SP_{it} + \beta_4 RP_{it} + \varepsilon \quad \text{(Modelo 3*)}$$

Finalmente, para os Modelos 2, 3 e 3* os casos foram ponderados pelos papéis categóricos com o objetivo de evitar ou reduzir o viés devido à presença majoritária de atores em comparação com os outros papéis sociais.

RESULTADOS

A Tabela 2 mostra os resultados do Modelo 1 (veja a Tabela 1, que contém estatísticas descritivas das variáveis para os três períodos). Obtivemos dois fatores significantes como previsões do sucesso comercial: positivamente ligado ao Oscar e negativamente à média de *COM*. Se relaxarmos o pressuposto de que o sucesso comercial de um filme está ligado ao sucesso médio, obteremos no Modelo 1* um retrato mais compreensível para a comparação entre o peso dos indivíduos e o sucesso coletivo: *RF* (o reconhecimento que o filme recebe) é positivo e significante, enquanto *RP* (reconhecimento que um indivíduo recebe) não é significante.

Tabela 1 – Estatísticas descritivas

	T1		T2		T3	
	Média	Variância	Média	Variância	Média	Variância
CORE	0,022	0,022	0,275	0,200	0,008	0,008
SP	0,165	1,066	(0,033)	1,027	(0,242)	1,040
SUR	0,261	0,193	0,226	0,175		
BWt+1	2,576	31,014	1,930	13,209		
IFS	0,089	0,000	0,094	0,000	0,108	0,001
RP	1,383	0,241	4,105	18,768	4,336	24,583
BW	3,348	60,585	0,883	7,922	0,908	5,626

Tabela 2 – Modelo 1

	Modelo 1	Modelo 1*
RP	0,000 (0,000)	– 0,00 (0,00)
RF	0,002 (0,001)	0,004 (0,001) ***
OF	0,010 (0,005) *	– 0,00 (0,005)
OP	– 0,001 (0,011)	– 0,005 (0,012)
PFS	– 0,006 (0,003) *	
Constante	0,149 (0,028) ***	0,087 (0,012) ***

Nota: Coeficientes não padronizados (erro-padrão), N = 73 (*Cidade de Deus* excluído como outlier).

*** $p < 0,001$

** $p < 0,01$

* $p < 0,05$

Ambos os modelos reforçam o argumento da hipótese 1a em detrimento de 1b. Esses resultados sugerem que uma indústria criativa, em seu início, deveria lutar pelo sucesso coletivo, em vez de promover o reconhecimento individual.

Quando observamos a perspectiva de sobrevivência (Modelo 2, resultados na Tabela 3), o sucesso em filmes passados é a variável mais significativa e com peso mais alto no primeiro período. Paralelamente ao sucesso passado, o papel categórico tem impacto importante para a sobrevivência. A significância global de CR é menor que 0,001 (não reportado na Tabela 3), ainda que nenhum papel tivesse alcançado significância relevante. Além do sucesso passado, a centralidade-meio e a posição estrutural também colaboraram para as chances de sobrevivência, embora com menor peso e significância do que as variáveis identificadas acima.

Tabela 3 – Modelo 2

	Modelo 2			
	t = 1, N = 237	Wald	t = 2, N = 527	Wald
CORE	0,250 (0,519)	0,232	1,228 (0,136) ***	81,189
BW	0,025 (0,011)*	5,707	0,086 (0,021) ***	16,728
SP	0,265 (0,093)*	8,137	– 0,028 (0,053)	0,285
IFS	113,436 (18,830)***	36,288	– 4,741 (5,253)	0,815
Constant	10,855 (8148,822)	0	– 2,001 (0,548) ***	13,322
CR		30,246		147,457

Nota: Coeficientes não padronizados (erro-padrão), Wald; resultados de CR não relacionados, exceto Wald.

*** $p < 0,001$

** $p < 0,01$

* $p < 0,05$

No segundo período, observamos uma mudança nesse retrato. O sucesso passado já não era um fator significante. Em seu lugar, tanto a pertinência ao centro quanto a centralidade-meio ganham em importância e significância em predizer a probabilidade de sobrevivência (ambas com p abaixo de 0,001). Como antes, a significância de CR é alta (p abaixo de 0,001), e agora somos capazes de identificar os papéis mais significantes para predizer a sobrevivência. A partir da Tabela 4, observamos que os papéis Produtores, Diretores, Diretores-Produtores, Produtoras-Distribuidores e Distribuidores eram significantes e afetavam positivamente a probabilidade de sobrevivência. Não surpreende que a maioria desses papéis esteja relacionada com o lado comercial e com a distribuição da indústria. Entretanto, o que nos surpreende é que não observamos um claro efeito negativo de pertinência a papéis criativos como Atores e Diretores. Ao contrário, o papel Diretor apresentou um fator positivo e significante.

Tabela 4 – Modelo 2: Detalhe dos papéis categóricos

	Modelo 2	
	t = 2, N = 527	Wald
Prod	0,633 (0,382)	2,753
P	1,117 (0,396)**	7,968
C	– 0,297 (0,408)	0,53
Distrib	1,073 (0,428)*	6,274
DP	1,173 (0,409)**	8,216
D	0,887 (0,401)*	4,893
CD	– 0,34 (0,715)	0,226
CP	21,922 (20094,798)	0
Prod-Distrib	2,275 (0,429)***	28,104
OC	23,638 (23205,422)	0
CDP	– 20,682 (17974,843)	0

Nota: Coeficientes não padronizados (erro-padrão), Wald.
*** $p < 0,001$ ** $p < 0,01$ * $p < 0,05$

Consistentemente com os resultados da Tabela 4, quando observamos nos modelos 3 e 3* (veja a Tabela 5) os fatores que impactaram a centralidade-centro, o papel categórico continua sendo o mais significante e afeta positivamente a centralidade-centro, para os períodos 1 e 2. Surpreendentemente, quando observamos o período 1, o sucesso de filmes passados tem um fator significante e negativo na centralidade-meio em ambos os modelos, 3 e 3*. Em contraste, a posição estrutural e o reconhecimento pessoal ganham peso positivo e significância no modelo 3*.

Tabela 5 – Modelos 3 e 3*

	t = 1		t = 2	
	Modelo 3, N = 273	Modelo 3*, N = 18	Modelo 3, N = 652	Modelo 3*, N = 71
CR	0,674 (0,048)***	0,462 (0,034)***	0,449 (0,038)***	0,298 (0,093)***
IFS	– 0,511 (0,048)***	– 0,077 (0,023)***	0,078 (0,035)*	0,699 (0,099)***
SP	0,114 (0,046)*	0,09 (0,027)***	– 0,035 (0,038)	0,401 (0,109)***
RP		0,481 (0,064)***		0,465 (0,098)***

Nota: Coeficientes não padronizados (erro-padrão). *** $p < 0,001$ ** $p < 0,01$ * $p < 0,05$

A figura muda um pouco do período 1 para o período 2. No período 2, o sucesso de filmes passados no modelo 3 tem um efeito positivo, embora tenha pouca significância. Entretanto, é importante notar as mudanças quando focamos o comportamento das pessoas no modelo 3*. Todos os fatores (papel categórico, sucesso em filmes passados, posição estrutural e reconhecimento pessoal) atingem alta significância. Além disso, o sucesso de filmes passados e a posição estrutural ultrapassam o peso do papel categórico, o que pode sugerir uma mudança nas opções estratégicas e no poder de barganha dos indivíduos nesse campo.

DISCUSSÃO E CONCLUSÃO

Se as organizações estão cada vez mais dependentes de suas redes sociais, deveríamos esperar que sua sobrevivência estivesse crescentemente ligada à formação dessas redes. Sugerimos que existe tensão perene entre competição e colaboração nas indústrias criativas, o que torna a análise mais complexa do que apenas a consideração dos papéis categóricos dos indivíduos em uma cadeia de valores. Para construir essas proposições, baseamo-nos principalmente nos resultados obtidos em pesquisas sobre essa indústria nos Estados Unidos.

Nosso objeto de estudo, entretanto, difere substancialmente daquele de estudos passados. A indústria brasileira de filmes está se estabelecendo, após uma década de pouca ou nenhuma atividade. De forma geral, ao contrário dos resultados de Lampel e Shamsie (2003), os *recursos de transformação* e, respectivamente, o sucesso do filme são um previsor melhor da popularidade do filme que os *recursos mobilizados*. O resultado não é surpreendente, à medida que lidamos com uma indústria cujos recursos (atores e diretores) têm baixa exposição no mercado mundial. Se o sucesso global é mais importante que o reconhecimento individual, devemos esperar um poder de barganha alto no lado comercial da indústria, que suporta a introdução de novos produtos no mercado mundial.

No primeiro período de nossa análise, de 1994 a 1996, a sobrevivência depende principalmente do sucesso em filmes passados e do papel social. Em uma indústria na qual o sucesso global depende do sucesso do filme, as chances de sobrevivência dos indivíduos aumentam à medida que eles estão associados a filmes de sucesso; ao mesmo tempo, atores e diretores que recebem mais reconhecimento, independentemente de seus projetos passados, vêem suas chances de sobrevivência aumentar ao se tornarem participantes centrais, ao pertencerem ao centro da rede, ou ao aumentarem a centralidade-meio.

A centralidade-meio, assim como o pertencimento ao centro da rede, torna-se um bom previsor de sobrevivência. Se o papel categórico era um dos previsores mais importantes de centralidade-meio no período 1, no período 2 o reconhecimento pessoal e a posição estrutural tornam-se fatores tão ou mais importantes que o papel categórico. Por isso, na proporção em que a indústria se desenvolve, o pertencimento a uma atividade na cadeia de valores deixa de ser a única variável a ser considerada. O posicionamento estrutural torna-se uma dimensão adicional, e o reconhecimento pessoal implica o valor crescente dos recursos móveis na indústria.

Direções para pesquisa futura

De uma perspectiva metodológica, há várias considerações sobre os dados da IMDb. Deveríamos ser capazes de ligar a popularidade do filme ao seu sucesso comercial, e também de comparar a evolução do *ranking* de filmes brasileiros com a do *ranking* geral da IMDb, em busca de um deflator mais acurado. Devemos também entender o perfil do usuário da IMDb. Assumimos a posição que nos leva a afirmar que o usuário do IMDb é um "consumidor global". Além disso, é também válido o questionamento sobre o critério de agrupamento em blocos de três anos. Uma possível alternativa é utilizar "períodos móveis" e verificar a robustez dos modelos nesses blocos adicionais. A amostra utilizada para esse estudo impõe limitações para a generalização dos resultados obtidos. Devido ao número reduzido da amostra e à ausência de dados de *performance*, alguns resultados poderiam ser revistos.

Em termos de escopo, seria interessante distinguir os consumidores brasileiros dos hispano-americanos, norte-americanos, asiáticos e europeus. A cultura brasileira pode ter apelos diferentes para públicos diversos. De uma perspectiva organizacional, a pesquisa futura pode estar interessada em investigar a estrutura dos estúdios brasileiros. Deve ser interessante verificar se o poder de barganha dos atores e diretores mudou com o ganho relativo em importância do pessoal criativo.

REFERÊNCIAS

BECHKY, B. A. Gaffers, gofers, and grips: role-based coordination in temporary organizations. *Organization Science*, v. 17, n. 1, p. 3-21, 2006.

BECKER, H. S. *Art worlds*. Berkeley: Univerisity of California Press, 1982.

BORGATTI, S. P. e outros. Network measures of social capital. *Connections*, v. 21, n. 2, p. 36, 1998.

BORGATTI, S. P. e outros. *Ucinet for Windows*: software for social network analysis. Harvard, MA: Analytic Technologies, 2002.

BOURDIEU, P.; WACQUANT, L. J. D. The purpose of reflexive sociology (The Chicago Workshop). In: BOURDIEU, P.; WACQUANT, L. J. D. *An invitation to reflexive sociology*. Chicago: The University of Chicago Press, 1992. p. 61-215.

BOWSER, E. *The transformation of cinema*: 1907-1915. Berkley: University of California Press, 1990.

BURT, R. S. *Structural holes*. Cambridge: Harvard University Press, 1992.

BURT, R. S. The social capital of structural holes. In: GUILLÉN, M. F.; COLLINS, R.; ENGLAND, P.; MEYER, M. (Ed) *New directions in economic sociology*. New York: Russell Sage, 2001. p. 201-247.

BURT, R. S. Structural holes and good ideas. *American Journal of Sociology*, v. 110, n. 2, p. 349-399, 2004.

BUTCHER, P. Brazil: revival at risk – motion picture industry – brief article – critical essay. *UNESCO Courier*, 2000.

DIMAGGIO, P. Market structure, the creative process, and popular culture: toward an organizational reinterpretation of mass-culture theory. *Journal of Popular Culture*, v. 11, n. 2, p. 436-452, 1977.

DIMAGGIO, P. Structural analysis of organizational fields: a blockmodel approach. In: STAW, B.; CUMMINGS, L. *Organizational behavior*. Greenwich: JAI Press, 1986. v. 10, p. 335-370.

DIMAGGIO, P. Nadel's paradox revisited: relational and cultural aspects of organizational structures. In: NOHRIA, H.; ECCLES, R. *Networks and organization*. Boston: Harvard Business School Press, 1993.

DIMAGGIO, P. J.; POWELL, W. W. The iron cage revisited: institutional isomorphism and collective rationality. In: DIMAGGIO, P. J.; POWELL, W. W. *The new institutionalism in organizational analysis*. Chicago: The University of Chicago Press, 1983.

EMIRBAYER, M. Manifesto for a relational sociology. *American Journal of Sociology*, v. 103, n. 2, p. 281-317, 1997.

FREEMAN, L. C. Centrality in social networks: conceptual clarification. *Social Networks*, v. 1, n. 2, p. 215-239, 1979.

GRANOVETTER, M. S. Economic action and social structure: the problem of embeddedness. *American Journal of Sociology*, v. 91, n. 3, p. 481-510, 1985.

HANNAN, M. T.; FREEMAN, J. H. The population ecology of organizations. *American Journal of Sociology*, v. 82, n. 5, p. 929-964, 1977.

HANNEMAN, R. A. *Introduction to social network methods*. Riverside: Department of Sociology, UC-Riverside, 2001.

HARGADON, A.; SUTTON, R. I. Technology brokering and innovation in a product development firm. *Administrative Science Quarterly*, v. 42, n. 4, p. 716-749, 1997.

HIRSCH, P. M. Processing fads and fashions: an organization-set analysis of cultural industry systems. In: GRANOVETTER, M.; SWEDBERG, R. *The sociology of economic life*. Boulder: Westview Press, 1972. p. 287-304.

IMDB site. Disponível em: http://www.imdb.com. Acesso em 04.12.2004.

JONES, C. Signaling expertise: how signals shape careers in creative industries. In: PEIPERL, M. A.; ARTHUR, M. B.; ANAND, N. *Career creativity*: explorations in the remaking of work. Oxford: Oxford University Press, 2002.

LAMPEL, J.; SHAMSIE, J. Capabilities in motion: new organizational forms and the reshaping of the Hollywood movie industry. *Journal of Management Studies*, v. 40, n. 8, p. 2189-2210, 2003.

PFEFFER, J.; SALANCIK, G. R. *The external control of organizations a resource dependence perspective*: with new introduction. Stanford: Ebrary, 1978.

PORTER, M. E. *Competição*: estratégias competitivas essenciais. Rio de Janeiro: Campus, 1999.

POWELL, W. W. Neither market nor hierarchy: network forms of organization. *Research in Organizational Behavior*, v. 12, p. 295-336, 1990.

POWELL, W. W.; SMITH-DOERR, L. Networks and economic life. In: SMELSER, N. J.; SWEDBERG, R. *The handbook of economic sociology*. Princeton: Princeton University Press, 1995.

POWELL, W. W. e outros. Network dynamics and field evolution: the growth of interorganizational collaboration in the life sciences. *American Journal of Sociology*, v. 110, n. 4, p. 1132-1205, 2003.

RUEF, M. Strong ties, weak ties and islands: structural and cultural predictors of organizational innovation. *Ind Corp Change*, v. 11, p. 427-449, 2002.

SALANCIK, G. R. Wanted: a good network theory of organization. *Administrative Science Quarterly*, v. 45, n. 1, p. 1-24, 1995.

SAXENIAN, A.; HSU, J.-Y. The Silicon Valley – Hsinchu Connection: technical communities and industrial upgrading. *Industrial and Corporate Change*, 2001.

SIMS, A. *Estado e cinema no Brasil*. São Paulo: Annablume, 1996.

STINCHCOMBE, A. L. Bureucratic and craft administration of production: a comparative study. In: GRANOVETTER, M.; SWEDBERG, R. *The sociology of economic life*. Cambridge: Westview Press, 2001. p. 273-284.

WASKO, J. *Movies and money*: financing the american film industry. Norwood: Ablex Publishing, 1982.

WASSERMAN, S.; FAUST, K. *Social network analysis*: methods and applications. Cambridge: Cambridge University Press, 1997.

WHITE, H. C. *Identity and control*. Princeton: Princeton University Press, 1992.

ZUCKERMAN, E. W. e outros. Robust identities or nonentities? Typecasting in the feature-film labor market. *American Journal of Sociology*, v. 108, n. 5, p. 1018-1074, 2003.

Gráfica Futura
Acabamento e impressão
Rua Leôncio Zambel, 16 – Jardim das Torres
CEP 13.575-520 – São Carlos/SP
Tel.: (16) 3307-5156
E-mail: graficafutura@graficafutura.com.br